© Hermann-Josef Emons Verlag
Alle Rechte vorbehalten
Gestaltung: Tobias Doetsch
Druck und Bindung: CPI – Clausen & Bosse, Leck
Printed in Germany 2013
ISBN 978-3-95451-061-0
Originalausgabe

Unser Newsletter informiert Sie
regelmäßig über Neues von emons:
Kostenlos bestellen unter
www.emons-verlag.de

Inhalt

Vorwort

Im vorliegenden Buch werden die großen und interessanten, meistenteils aber in der Literatur noch nicht behandelten Kriminalfälle des Rheinlands in der Preußenzeit (1815–1918) dargestellt. Der im Allgemeinen nicht klar umgrenzte Begriff des Rheinlands umfasst hier den Bereich der früheren preußischen Rheinprovinz, also das Gebiet von Saarbrücken bis Kleve in weitem Bogen entlang des Rheins. Aber nicht nur die Kriminalität in den größeren Städten wie Saarbrücken, Trier, Boppard, Koblenz, Neuwied, Bonn, Brühl, Aachen, Köln, Elberfeld, Mönchengladbach, Neuss, Düsseldorf, Viersen, Krefeld, Werden/Ruhr, Mülheim/Ruhr, Essen, Duisburg, Wesel und Kleve ist hier berücksichtigt, sondern auch das, was sich in kleineren Ortschaften an schweren oder sonst wie erwähnenswerten Delikten ereignet hat.

Die Quellenlage zu dem Thema ist dürftig. Da die Originalgerichtsakten aus der Preußenzeit heute leider zum größten Teil nicht mehr überliefert sind, war sehr viel Zeitungsrecherche vonnöten, um etwas über die damaligen Fälle und Prozesse zu erfahren. In diesem Zusammenhang muss ich mich sehr bei Herrn Christian Schrepper aus Essen bedanken, der in Hinsicht der Hinrichtungen, die in der preußischen Rheinprovinz vorgenommen wurden, wesentliche Vorarbeiten geleistet und mir zur Verfügung gestellt hat. Mit seiner Hilfe war es möglich, eine vollständige Liste der Hinrichtungen in der Rheinprovinz zu erstellen. Sehr ergiebige Quellen waren zudem die in Köln und Düsseldorf erschienenen Gerichts-Zeitungen sowie die Rheinisch-Westfälische Gerichts-Zeitung.

Die Hinrichtungen erfolgten in jenen Städten, in denen auch die Schwurgerichte ansässig waren, welche die entsprechenden Todesurteile gefällt haben. Das sind im Fall der Rheinprovinz die Städte Aachen, Bonn, Duisburg, Düsseldorf, Elberfeld, Essen, Koblenz, Köln, Kleve, Krefeld, Saarbrücken, Trier und Werden/Ruhr, wo kurze Zeit ein Inquisitoriat bestand. Der Großteil dieser Städte gehörte dem Oberlandesgerichtsbezirk Köln an, in welchem die Guillotine als Hinrichtungsinstrument diente. Duisburg, Werden und Essen zählten zum Oberlandesgerichtsbezirk Hamm, in dem die Hinrichtungen mit dem Handbeil erfolgten. Im Ersten Weltkrieg wurden Todesurteile häufig auch durch Erschießungskommandos vollstreckt. Allgemein auf die Todesurteile bezogen, waren es die preußischen Monarchen, die durch eine Begnadigung eine Hinrichtung in letzter Instanz abwenden konnten.

Neben der Darstellung der einzelnen Kriminalfälle spiegelt das Buch auch die sozialen und gesellschaftlichen Hintergründe des Rheinlands im 19. Jahrhundert wider. Schnell wird hier deutlich, dass der Merkspruch von der »guten alten Zeit« zumindest in wirtschaftlicher Hinsicht für die damalige Bevölkerung kaum zutrifft. Besonders unter den Gegebenheiten der zunehmenden Industrialisierung waren beengte Wohnverhältnisse in den Städten, finanzielle Probleme der oft kinderreichen Familien und ein häufiger Wechsel der Arbeitsstelle keine Seltenheit. Auf der anderen Seite ist interessanterweise auch ein großer Zusammenhalt unter der damaligen Bevölkerung festzustellen in einem Umfeld, in dem der Einzelne noch nicht so sehr der städtischen Anonymität anheimfiel, wie es heute oft der Fall ist.

Insgesamt war die Anteilnahme der Bevölkerung sehr groß, wenn irgendwo ein Verbrechen geschehen war. Eine solche Nachricht verbreitete sich wie ein Lauffeuer, und viele begaben sich zum Tatort, um ihn persönlich in Augenschein nehmen zu können. Allerdings waren auch die Grenzen zur Neugier und zur Schaulust fließend, wenn Menschenmassen die Gerichtsgebäude bei Prozessen regelrecht überfluteten. Das Buch bestätigt, dass die Realität oft unglaublichere Geschichten hervorzubringen vermag, als es die Phantasie erahnen lässt.

Udo Bürger

Die Entscheidung für die Guillotine

Nachdem die Franzosen nach 20-jähriger Herrschaft im Rheinland (1794–1814) militärisch geschlagen worden waren, ging auf dem Wiener Kongress von 1815 das von ihnen verlassene Gebiet am Rhein in preußischen Besitz über. Nun stritten die Gelehrten darüber, ob in diesem Gebiet die bis dahin gültige französische oder die preußische Justiz Vorrang erhalten sollte. Die Vorteile der von den Franzosen eingeführten modernen Rechtsprechung – vor allem mit dem öffentlichen Schwurgerichtsverfahren – lagen für viele Rheinländer auf der Hand, und so begrüßten sie meistenteils, dass elementare Grundsätze der französischen Justiz auch unter preußischer Herrschaft im Rheinland beibehalten wurden. Der französische Code Pénal von 1810 blieb in vielen Teilen des Rheinlandes bis zum Erlass des preußischen Strafgesetzbuches im Jahr 1851 erhalten und der Code Civil sogar bis zum Inkrafttreten des Bürgerlichen Gesetzbuchs am 1. Januar 1900.

Eng damit war die Frage verbunden, auf welche Weise im neuen preußischen Territorium zukünftig Todesurteile vollstreckt werden sollten. Die Regelung ging schließlich dahin, dass im preußischen Oberlandesgerichtsbezirk Köln (wie auch in der preußischen Provinz Hannover) die von den Franzosen eingeführte Guillotine zu Hinrichtungszwecken verwendet wurde, während ansonsten im Königreich Preußen das Handbeil zur Anwendung kam.[1]

Den preußischen Monarchen oblag das Recht, zum Tode verurteilte Delinquenten begnadigen zu können. Dies geschah auch recht häufig, bei besonders schweren Delikten aber wurde von einer Begnadigung abgesehen.[2] Dem ersten Fall aus der Rheinprovinz, bei dem der preußische König Friedrich Wilhelm III.

Gesammtergebniß.

Daß Resultat der vorstehenden Ausführungen ist dahin zusammenzufassen, daß im deutschen Reiche die Enthauptung auf Grund landesrechtlicher Bestimmungen mit vier Werkzeugen vollstreckt wird, nämlich

A. mit dem Schwerte in
1) dem Großherzogtum Mecklenburg-Schwerin,
2) dem Großherzogtum Mecklenburg-Strelitz,
3) dem Herzogtum Anhalt,
4) dem Fürstentum Reuß ä. L.
5) dem Fürstentum Lippe,
6) dem Fürstentum Schaumburg-Lippe,
7) der freien und Hansastadt Bremen.

B. mit dem Handbeile in
1) dem Königreiche Preußen (mit den Fürstentümern Schwarzburg-Rudolstadt, Schwarzburg-Sondershausen, Waldeck) außer der Provinz Hannover und dem Oberlandesgerichtsbezirk Köln,
2) dem Herzogtum Braunschweig,
3) dem Herzogtum Sachsen-Meiningen,
4) dem Herzogtum Sachsen-Altenburg,
5) dem Fürstentum Reuß j. L.

C. mit dem Fallbeile in
1) Königreich Württemberg,
2) dem Großherzogtum Baden,
3) dem Großherzogtum Hessen,
4) dem Großherzogtum Sachsen-Weimar-Eisenach,
5) dem Großherzogtum Oldenburg (Fallbeil oder (?) Fallschwert),
6) dem Herzogtum Sachsen-Koburg-Gotha.
7) der freien und Hansastadt Lübeck,
8) der freien und Hansastadt Hamburg.

D. mit dem Fallschwerte (Guillotine) in
1) der Königlich preußischen Provinz Hannover und dem Oberlandesgerichtsbezirk Köln,
2) dem Königreiche Bayern,
3) dem Königreiche Sachsen,
4) den Reichslanden Elsaß-Lothringen.

Übersicht der Hinrichtungsmethoden im Deutschen Reich (aus: Ramlau, Max: Wie wird im Deutschen Reiche die Enthauptung vollstreckt? Berlin 1900, S. 94/95).

14

eine Begnadigung ablehnte, lag ein Delikt in Waldenrath (südlich von Heinsberg) zugrunde, das im Niederrheinischen Archiv für Gesetzgebung, Rechtswissenschaft und Rechtspflege von 1817 geschildert wird.

Als der in Waldenrath wohnhafte Ackersmann Leonard Gotzen mit seinen Kindern am Sonntag, dem 14. Juli 1816, aus der Kirche heimkehrte, fand er die Haustür verschlossen vor. Da alles Klopfen nichts half, kletterte sein Sohn durchs Fenster, und beim Betreten der Küche bot sich ihm ein grauenvoller Anblick. Seine Mutter Anna Maria (geborene Rongen), 55 Jahre alt, lag leblos und blutüberströmt am Boden. Eine sogleich herbeigeeilte Untersuchungskommission, bestehend aus dem Friedensrichter des Kantons Heinsberg, seinem Schriftführer und einigen Medizinern, stellte an der Leiche von Frau Gotzen mehrere Schnittwunden, besonders am Hals, fest. Die Durchsuchung des Hauses ergab, dass Geld aus mehreren aufgebrochenen Kisten entwendet worden war.

Schnell kam man dem Täter auf die Spur. Ein verdächtiger, mit Geldzählen beschäftigter Mann war in einem Feld bei Waldenrath gesehen und etwas später von der Bürgermiliz in einem anderen Kornfeld aufgegriffen worden, in dem er sich zu verstecken versucht hatte. Ein dort vorgefundener Geldbeutel wurde von einer Tochter Gotzens als der ihrige wiedererkannt. Bei dem Festgenommenen, dessen Kleidung Blutspuren aufwies, handelte es sich um den 20-jährigen Leinweber Ludwig Jansen, geboren in Waldenrath. Sein Vater hatte sich eines Diebstahls schuldig gemacht und war im Gefängnis gestorben; seine Großmutter hatte man in früheren Zeiten wegen eines Felddiebstahls vor der Kirche öffentlich ausgestellt. Jansen war 1815 als Landwehrpflichtiger mit dem ersten Rheinischen Regiment nach Frankreich gezogen, aber nach wenigen Monaten desertiert. Seitdem war er auf der Flucht, schlief in Scheunen und einsam gelegenen Häusern und erbettelte sich Nahrungsmittel.

Nach mehreren Verhören und dem misslungenen Versuch Jansens, die Tat einem ebenfalls desertierten Landwehrmann in die Schuhe zu schieben, legte er schließlich ein Geständnis ab. Demzufolge hatte er sich bereits am 13. Juli 1816 im Hofraum Gotzens versteckt, um eine günstige Gelegenheit zu einem Diebstahl abzuwarten. In der Annahme, alle Bewohner des Hauses seien in die Kirche gegangen, habe er sich, so Jansen, am folgenden Tag Zugang zu dem Wohnhaus verschafft, wo er wider Erwarten in der Küche auf Frau Gotzen gestoßen sei. Es sei zu einem Gerangel gekommen, wobei Letztere mit einem großen Brotmesser auf ihn losgegangen sei, das er ihr aber entrissen und mit dem er dann seinerseits auf sie eingestochen habe.

Am 15. Februar 1817 wurde die Sache in einer öffentlichen Sitzung des Schwurgerichts (früher auch Assisenhof genannt) in Aachen verhandelt. Die Geschworenen kamen zu der Überzeugung, dass der Angeklagte Frau Gotzen »freiwillig und in der vorbedächtlichen Absicht, um nicht von ihr verrathen zu werden«, ermordet und auch den fraglichen Gelddiebstahl verübt habe, woraufhin er zum Tode verurteilt wurde.[3] Der preußische König bestätigte das durch die Guillotine zu vollstreckende Todesurteil, zur Hinrichtung Jansens in Aachen kam es aber dann doch nicht, da er bereits vorher verstarb.[4]

Mitte des 19. Jahrhunderts erfolgte eine grundlegende Änderung der Hinrichtungsmodalitäten. Am 1. Juli 1851 wurde der Code Pénal durch das preußische Strafgesetzbuch abgelöst, welches vorsah, dass Hinrichtungen künftig nicht mehr öffentlich, sondern nur noch in umschlossenen Räumen stattfinden sollten, was in der Folgezeit innerhalb der Gefängnisräumlichkeiten der einzelnen Städte geschah – in der Regel auf den Gefängnishöfen.[5]

Die letzte öffentliche Hinrichtung in der preußischen Rheinprovinz war die von Peter Schenkel, wohnhaft auf dem Nüssenberger Hof bei Longerich, am Morgen des 26. August 1850 auf dem Kölner Neumarkt. Er war am 4. Mai 1850 vom Kölner Assisenhof als überführt angesehen worden, »seine Frau in dem Erftflusse freiwillig und mit Vorbedacht ertränkt zu haben«.[6]

Verordnung.

Da nach den eingegangenen Nachrichten die rückständigen Kriminalsachen in den juletzt angeordneten Assisen nicht alle beendigt werden können, so wird hiermit in Gemäßheit der Art. 80 und 81 der Verordnung vom 6. Julius 1810 verordnet, daß am 17. des künftigen Monats März eine außerordentliche Assisensession in Achen, unter dem Vorsitz des Herrn Ober-Appellationsraths B e w e r von Düsseldorf, eröffnet werde, welches in Gemäßheit der Art. 88 und 89 der oben angeführten Verordnung auf Betreiben des Herrn General-Advocaten bekannt zu machen ist.

Koln, den 14. Februar 1817.

Der Präsident des Ober-Appellationsgerichts,
(gez.) K o e n e n.

Einige Male im Jahr wurden an den Assisenhöfen der jeweiligen Städte mehrere Prozesse an einem Stück abgehandelt. Das konnte je nach Anzahl und Länge der Prozesse Tage oder Wochen dauern. Wenn das immer noch nicht ausreichte, beraumte man eine weitere Prozessperiode (außerordentliche Assisensession) an.

St. Aposteln mit dem Neumarkt, 1844. Auf diesem Platz wurde am 26. August 1850 die letzte öffentliche Hinrichtung in der Rheinprovinz vorgenommen.

Die erste nicht öffentliche Hinrichtung in Aachen fand am 10. Januar 1853 statt (Gereon Terry aus Lövenich im Kreis Erkelenz wegen Vergiftung seines Kindes mit Schwefelsäure)[7] und die erste in Köln im Juli 1853. Nach zweitägiger Verhandlung war der 26-jährige Dienstknecht Wilhelm Stein aus Peppinghausen bei Wipperfürth am 26. Januar 1853 vom Kölner Assisenhof für schuldig befunden worden, einen im gleichen Haus arbeitenden Kollegen, den Knecht Wilhelm Haarhaus, vorsätzlich erschlagen zu haben – anscheinend, um einen von Stein zum Nachteil seines Kollegen begangenen Gelddiebstahl zu vertuschen.

Beide Knechte befanden sich auf dem Weg zu Verwandten von Haarhaus, der diese zu seiner für den folgenden Tag geplanten Hochzeit einladen wollte. Für die unterwegs auf freiem Feld verübte Tat gab es keine Augenzeugen, aber die Aussagen von über 40 Belastungszeugen waren so überzeugend, dass die Geschworenen kaum fünf Minuten brauchten, um sich mit großer Mehrheit über die Schuld des Angeklagten einig zu werden. Das, was während der Verhandlung über dessen rohe Gemütsart verlautete, mag zu diesem Ausgang beigetragen haben; so soll Stein einmal »einem Hund lebendigen Leibes die Haut abgezogen und denselben dann laufen gelassen haben«. Die Guillotinierung des Verurteilten fand am Morgen des 7. Juli 1853 auf einem Hof des Kölner Klingelpütz-Gefängnisses statt. Stein ging mit dem ihn begleitenden Geistlichen betend und »festen Schrittes den letzten Weg und stieg, nachdem er das ihm dargereichte Cruzifix geküßt hatte, eben so fest und ruhig die Stufen des Blutgerüstes hinauf«.[8]

17

Öffentliche Hinrichtungen in Trier, 1818, 1825 und 1842

Der erste Einsatz der Guillotine in der neuen preußischen Rheinprovinz ließ nicht lange auf sich warten. Ein vom Trierer Assisenhof wegen Raubmordes über Peter Roeder verhängtes Todesurteil bestätigte der preußische König am 31. August 1818. In der Presse wurde ausdrücklich darauf aufmerksam gemacht, dass auf dessen Anordnung die Hinrichtung des Verurteilten im Oktober 1818 in Trier nicht mit dem Beil, sondern mittels der Guillotine vollzogen wurde.[1] Roeders Hinrichtung war eine von neun, die 1818 in ganz Preußen stattfanden; acht in Preußen zum Tode Verurteilte waren vom König begnadigt worden, kamen also mit lebenslangen Haftstrafen davon.[2]

Die nächste Hinrichtung in Trier fand am 2. August 1825 statt. Der Bäckergeselle Johann Kilian, geboren in Koblenz im April 1806 und zuletzt wohnhaft im französischen Troyes, hatte sich am 31. Dezember 1824 vor dem Trierer Assisenhof zu verantworten. Die Geschworenen erklärten ihn dort einstimmig für schuldig, am 2. Juni 1824 morgens gegen 5 Uhr auf oder neben der Poststraße bei Strotzbüsch (westlich von Cochem) seinen französischen Reisegefährten Johann Ludwig Legros, ebenfalls Bäckergeselle, ausgeraubt und so schwer verwundet zu haben, dass derselbe wenige Tage später starb.

Nachdem das Kassationsgesuch des Verurteilten um Aufhebung des ausgesprochenen Todesurteils durch eine Entscheidung des Rheinischen Kassations- und Revisionshofes vom 20. April 1825 verworfen und das Todesurteil mittels »Allerhöchster Kabinetsordre« des Königs vom 29. Juni 1825 bestätigt worden war, wurde dasselbe am Morgen des 2. August 1825 mittels der Guillotine vollstreckt, was auf Veranlassung des Oberprokurators in der Trierischen Zeitung vom 4. August »zur Warnung öffentlich bekannt gemacht« wurde.[3]

Wie die Tat vom 2. Juni 1824 im Einzelnen verlief, wird in der Magdeburgischen Zeitung folgendermaßen geschildert: »Der Bäckergeselle Kilian von Coblenz hatte sich mehre Monate in dem Hause eines wohlhabenden Bürgers zu Paris aufgehalten, und war jetzt mit dem Sohne des letztern auf dem Wege, um nach Coblenz sich zurück zu begeben. Die Veranlassung zu der Fußreise von Trier ab, ist nicht bekannt. Auf der Höhe des Weges in der menschenleeren Gegend von Lutzerath (jedoch noch im Regierungsbezirk Trier) angekommen, setzen sich die Reisenden nieder, um auszuruhen. Kilian bittet den Andern um Vorzeigung der geladenen Pistole, welche dieser zu seiner Sicherheit im Busen trägt. Der Franzose übergibt seinem Deutschen Reisegefährten das Schießgewehr ohne Mißtrauen. Kilian ergreift dasselbe, besieht es, wendet es hin und her, zieht den Hahn auf und schießt die darin befindliche Kugel unversehens seinem Reisegefährten von hinten durch das Ohr. Der Getroffene erhebt sich, um den Meuchelmörder zu ergreifen; dieser aber stürzt über ihn her, wirft ihn nieder, versetzt ihm mit einem Steine verschiedene tiefe Löcher in den Kopf, so daß der arme junge Mann entkräftet zusammensinkt. In diesem Augenblick erscheint ein Reiter von fern. Der Bösewicht

Pranger der Stadt Trier, 17. Jahrhundert.

verlässt seine Beute, ohne sie auszuplündern, und läuft querfeldein durchs hohe Korn, bis er, blutend von einem Schnitte, den er bey der Gegenwehr an der Hand erhalten hat, bey einigen einzeln stehenden Höfen angelangt und dort vorgibt, er und sein Kamerad wären von Räubern angefallen. Nur mit Zwang kann er dazu gebracht werden, den Weg zu dem in Blute liegenden Gefährten zu zeigen. Dort angekommen bezeichnet ihn der Sterbende mit den letzten Lebenszeichen als seinen Mörder.«[4]

Nach der Hinrichtung Kilians dauerte es einige Jahre, bis die Guillotine erneut in Trier zum Einsatz kam. Dem ging ein Ehedrama voraus, das sich 1841 in Trier abgespielt hatte. Mit seiner Ehefrau Margaretha Binz (geborene Müller), die sich und ihre Kinder »durch Taglohn redlich zu ernähren bemüht war«, lebte der 48-jährige, vorbestrafte Privatschreiber Johann Binz, geboren und wohnhaft in Trier, stets in Unfrieden, indem er von ihrem spärlichen Verdienst Geld »zur Befriedigung seiner Laster verlangte und wenn sie ihm nichts geben konnte oder wollte, sie und ihre Kinder mißhandelte und ihnen drohte, sie um's Leben zu bringen«.

Diese Drohungen bewogen Frau Binz im März 1841, ihrem Mann die Tür zu weisen. Als ein letzter Überredungsversuch von ihm, sie möge ihn wieder bei sich aufnehmen, am 10. Juni 1841 scheiterte, drohte er ihr mit erhobenem Finger: »Jetzt kannst du dein Todtenhemd anziehen.« Von diesem Augenblick an, so heißt es in der Presseberichterstattung über diesen Fall, war bei Binz »die gegen seine Ehefrau ausgestoßene Drohung, dieselbe zu ermorden, zum Vorsatz geworden«.

Bewaffnet mit einem Messer, »welches er vorher zu einem Dolche zugespitzt hatte«, fing Binz seine Frau, die gerade für andere Leute Essen austrug, am Mittag des 24. Juni 1841 an einem Hauseingang in Trier ab und versetzte ihr drei Messerstiche in den Unterleib. Herbeieilenden Passanten warf er das blutige Messer vor die Füße und begab sich dann »ruhigen Ganges« in einen Laden, wo er sich vor seiner Verhaftung einen »Schoppen Branntwein« geben ließ. Frau Binz erlag nach 24 Stunden ihren schweren Verletzungen, nachdem sie den Hergang der Sache noch zu Protokoll gegeben hatte.

Nach einem einstimmigen Ausspruch der Geschworenen wurde Binz am 7. August 1841 vom Trierer Assisenhof zum Tode verurteilt. Die Hinrichtung mittels der Guillotine fand nach der Be-

Der Trierer Hauptmarkt (hier um 1920) diente in der Franzosenzeit (1794–1814) als Richtplatz.

20

stätigung des Urteils durch den preußischen König am 5. Februar 1842 um 8 Uhr morgens in Trier auf dem Palast-Paradeplatz statt.[5] Auch die Hinrichtungen von 1818 und 1825 waren auf öffentlichen Plätzen in Trier vorgenommen worden, die aber leider nicht näher benannt sind. Unter französischer Herrschaft diente der Trierer Marktplatz als Richtstätte[6], was aber nicht heißt, dass damit auch die Preußen diesen Platz 1818 und 1825 für Guillotinierungen gewählt haben müssen. Im Gegenteil ist am Beispiel Kölns zu sehen, dass die Preußen oft ganz andere Plätze zu Hinrichtungszwecken auserkoren, als von den Franzosen vorgegeben waren. Während nämlich Letztere den Domhof direkt neben dem Kölner Dom gewählt hatten, wo es zwischen 1798 und 1803 zu mindestens 29 Hinrichtungen gekommen war,[7] wurde die Guillotine unter preußischer Herrschaft auf verschiedenen anderen Plätzen aufgebaut, nämlich auf dem Margarethenplatz (1824: Hinrichtung Adolph Moll), dem Marsilstein (1831: Johann Fasbender), dem Frankenplatz (1841: Jakob Brochhausen), dem Gereonsdriesch (1847: Christian Becker) und zuletzt auf dem Neumarkt (1850: Peter Schenkel).[8]

In Aachen ist das gleiche Phänomen zu beobachten. Unter französischer Herrschaft fanden die Guillotinierungen auf dem Drisch, dem Templergraben und zuletzt auf dem Marktplatz vor dem Rathaus statt (insgesamt mindestens 65 Hinrichtungen zwischen 1803 und 1811), während die preußische Regierung ausdrücklich von der Verwendung des Marktplatzes als Richtstätte Abstand nahm. 1818/19 ließ sie einen neuen Richtplatz in der Nähe des Vaalser Tores bauen, wo allerdings nur drei Hinrichtungen erfolgten (1819: Christina Moelders, 1824: Friedrich Pickartz und Johann Kleingans). Für die nächsten Guillotinierungen in Aachen im Jahr 1850 (Hermann Josef Mertens und Joseph Plum) diente wieder der Templergraben als Richtplatz.[9]

Illustration in einem Flugblatt zur Hinrichtung von Christina Moelders am 20. September 1819 in Aachen in der Nähe des Vaalser Tores.

21

Nicht öffentliche Hinrichtungen in Trier

Der ersten nicht öffentlichen Hinrichtung in Trier ging ein tragischer Verlauf der kurzen Ehe des Schäfers Johann Peter Hoffmann und seiner Frau Anna Maria (geborene Schmitz) in Ormont im Kreis Prüm voraus. Nachdem der in Willwerath geborene Schäfer die junge Frau im Herbst 1852 in ihrem Heimatort Ormont kennengelernt hatte, heiratete er sie am 5. November 1852 und zog zu ihr. Bereits einige Tage vorher, am 26. Oktober 1852, hatten die Brautleute einen notariellen Vertrag abgeschlossen, worin sie sich im Falle einer kinderlosen Ehe gegenseitig zu Erben ihres Vermögens einsetzten. Seitens der Frau bestand dieses in ihrem Erbanteil an ihrem Elternhaus in Ormont und in Ackerland, etwa 40 Morgen.

Schon nach vierwöchigem Zusammensein schien Hoffmann des ehelichen Lebens müde geworden zu sein. Am 8. Dezember 1852 gegen 7 Uhr abends erklärte er seiner Frau, sie solle mit ihm zu einem benachbarten Brunnen gehen, um zur Tränkung eines ihrer Ochsen Wasser zu holen. Sie folgte ihm dorthin und kam auch seiner Aufforderung nach, das Wasser aus dem Brunnen zu schöpfen. In dem Moment aber, als sie sich das zweite Mal über die niedrige Brüstung des Brunnens lehnte, wurde sie von

Das Trierer Landgerichtsgebäude um 1920.

ihrem Mann an den Beinen gepackt und kopfüber in den Brunnen gestürzt. Während Hoffmann sich entfernte, gelang es seiner Frau, sich an den Wänden des Brunnens so weit emporzuarbeiten, dass sie sich mit einer Hand und dem Kinn an der Brüstung festhalten konnte. In dieser verzweifelten Lage verharrte die Unglückliche fast eine Stunde, bis endlich ein Kind ihre Hilferufe hörte und Leute herbeiholte, welche sie befreiten. Hoffmann blieb nach außen hin gleichgültig, als seine Frau in Begleitung seines Schwagers zu Hause erschien:»Von keiner Seite wurde ein Wort geredet und erst am andern Morgen erbat sich Hoffmann die Verzeihung seiner Frau und gelobte Besserung. Die Frau verzieh und schwieg; wie sie auch am Abend vorher Niemandem gesagt, auf welche Weise sie in den Brunnen gerathen. Nur dem Schwager ihres Mannes hatte sie die Sache mitgetheilt, demselben jedoch strenges Stillschweigen auferlegt.«

Das Ehepaar lebte nun einen Monat ohne Zwist miteinander, bis es in der Nacht vom 8. auf den 9. Januar 1853 erneut zu einem Zwischenfall kam. Unvermittelt warf sich Hoffmann, der zuvor zweimal unruhig das Zimmer verlassen hatte, auf seine Frau und begann, sie mit den Händen zu würgen. Da es ihr aber gelang, um Hilfe zu rufen, ließ er von ihr ab und versuchte, sie zu beruhigen, worauf sie sich seltsamerweise wieder einließ. Immerhin bat sie zur Vorsicht ihren Bruder, sein Bett im Nebenzimmer aufzustellen, um, wie sie sagte, nicht eines Morgens tot im Bett aufgefunden zu werden.

Am Nachmittag des 15. Januar 1853 nahm das Drama seinen Lauf. Frau Hoffmann war im Stall beschäftigt, als ihr Mann in bedrohlicher Haltung mit einem hölzernen Hammer in der Hand hereintrat. Sie wollte aus dem Stall entkommen, erhielt aber unversehens von ihrem Mann einen Schlag auf die Stirn, worauf sie bewusstlos niedersank. Wohl um von seiner Täterschaft abzulenken, lief Hoffmann darauf gleich ins Haus und rief einen dort arbeitenden Schreiner herbei. Als beide die Frau in ein Zimmer trugen, bemerkte der Schreiner, dass Hoffmann dabei seine Frau am Hals fasste und zu drücken schien, worauf der Schreiner ihm dies untersagte. Nachdem mehrere Einwohner zu Hilfe herbeigeeilt waren, gelang es nach einigen Wiederbelebungsversuchen, die Frau wieder zu Bewusstsein zu bringen.

Als Hoffmann nach einem Aufenthalt in einem Nachbarort am 18. Januar 1853 nach Ormont zurückkehrte, wurde er sofort verhaftet. Seine Frau hatte in der Zwischenzeit alles mitgeteilt, was ihr Mann ihr angetan hatte. Auch bei einer sofortigen Gegenüberstellung bekräftigte sie ihre Aussage. Während der folgen-

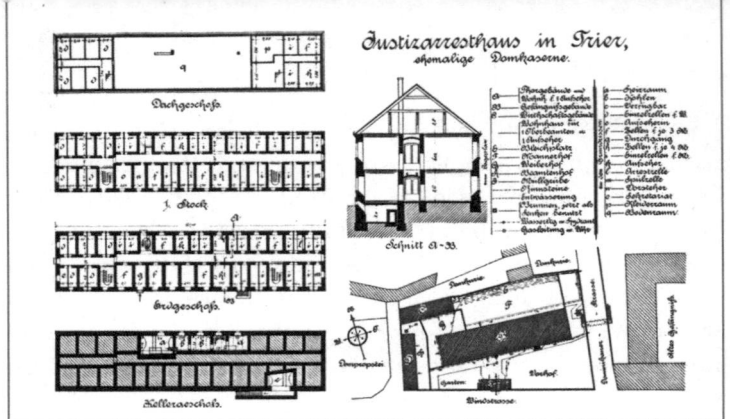

Das Trierer Gefängnis um 1900 mit dem Männerhof (F) und dem »Weiberhof« (G).

den Nacht von mehreren Bekannten zur Rede gestellt, machte Hoffmann Äußerungen, die als indirektes Eingeständnis angesehen wurden. Am nächsten Morgen führte man ihn nach Prüm ab, wo er auch dem Gefangenenaufseher erzählte, die Tat ausgeführt zu haben. Wenig half all dies seiner Frau, die am 21. Januar 1853 an den Folgen ihrer Kopfverletzung starb.

Wohl in der irrigen Meinung, dass ohne Geständnis eine Hinrichtung nicht möglich sei, leugnete Hoffmann am 18. März 1853 vor dem Trierer Assisenhof gänzlich seine Täterschaft, was ihn aber nach der Anhörung von über 30 Zeugen und einigen Sachverständigen nicht vor dem Todesurteil verschonte. Seine Hinrichtung mittels der Guillotine erfolgte am 27. September 1853 morgens um 8 Uhr auf dem Hof des Trierer Gefängnisses.[1]

Nach der schon an anderer Stelle[2] besprochenen Guillotinierung am 8. August 1893 der Bahnwärtersfrau Angela Krickel aus Pohlbach (südlich von Wittlich), die wegen Anstiftung zum Gattenmord mit der Todesstrafe belegt worden war, beschäftigte sich das Trierer Schwurgericht im Februar 1895 mit einem weiteren Fall von Gattenmord. Auf der Anklagebank saßen Lorenz Meurer, Wagner aus Stipshausen im Hunsrück, geboren im August 1860 in Denzen (bei Kirchberg), und die Witwe Elisabeth Schneider aus Stipshausen, geborene Engers im Juli 1859 im benachbarten Weitersbach. Ihnen wurde angelastet, im Sommer 1894 den Ehemann der Witwe, den Ackerer Peter Schneider, in Stipshausen vergiftet zu haben.

Während Meurer ein Verhältnis zu der Angeklagten und eine Beteiligung an dem Mord abstritt, gab Letztere an, von Meurer, der

24

ihr ständig nachgestellt habe, gezwungen worden zu sein, ihrem Mann ein von Meurer besorgtes weißes Pulver ins Essen zu mischen: »Als Meurer mit dem Revolver in der Hand mir drohte, er und ich müßten sterben, wenn ich nicht seinen Willen erfüllte, schritt ich zur That. Ich rührte eine Messerspitze voll Pulver in Milch und machte damit einen Pfannenkuchenteig zurecht. Dann verließ ich auf etwa 5 Minuten die Küche. Es ist möglich, daß in dieser Zeit Meurer die Küche betrat und noch mehr von dem Pulver zu dem Teig that. Ich backte zwei Kuchen, die ich am folgenden Tage meinem Mann mit in den Wald gab.«

Als ihr Mann an jenem Tag, dem 26. Juni 1894, zusammen mit einigen Holzhauern in einem Waldstück bei Stipshausen das Mittagessen eingenommen hatte, wurde ihm plötzlich sehr schlecht, und sein Gesicht verfärbte sich. Ein Schwager wollte den Erkrankten nach Hause führen, musste aber einen Wagen holen, da Schneider nicht mehr gehen konnte. Noch am gleichen Abend verstarb er zu Hause. Eine Untersuchung durch zwei Sachverständige ergab, dass sich im Körper des Verstorbenen etwa 400 Milligramm Arsenik befanden.

Die Witwe erkannte das am 23. Februar 1895 vom Trierer Schwurgericht gegen sie gefällte Todesurteil an, während Meurer mit Erfolg Revision beim Reichsgericht in Leipzig einlegte. Die Sache gegen ihn kam am 4. Juli 1895 vor dem Trierer Schwurgericht erneut zur Verhandlung, die aber auch diesmal mit einer Verurteilung zum Tode endete. Die durch Scharfrichter Friedrich Reindel mittels der Guillotine durchgeführte Doppelhinrichtung fand aufgrund weiterer Verzögerungen genau ein Jahr später, am Morgen des 4. Juli 1896, auf dem Hof des Trierer Gefängnisses statt. Kurz darauf wurde die Bevölkerung durch an Straßenecken angeklebte

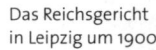

Das Reichsgericht in Leipzig um 1900.

rote Plakate über den Vollzug der Doppelhinrichtung informiert. Die beiden Särge schaffte man in zwei bereitstehenden Totenwagen zum Friedhof, wo, wie Reindel schrieb, »die Gerichteten in geweihter Erde begraben wurden, da dieselben im Frieden mit der Kirche gestorben sind«.[3]

Noch im selben Jahr weilte Reindel erneut in Trier, um am 25. September 1896 die Hinrichtung des im Mai 1855 in Michelbach (bei Merzig) geborenen und dort auch wohnhaften Maurers Franz Blaes, verheiratet und Vater von fünf Kindern, vorzunehmen. Der mehrfach vorbestrafte und aus dem Soldatenstand ausgestoßene Blaes war am 29. Februar 1896 vom Trierer Schwurgericht wegen Mordes am 20. Dezember 1895 an sei-

> Kurz nach der Hinrichtung wurden an den öffentlichen Anschlagstellen rothe Zettel angeklebt, welche folgende Bekanntmachung enthielten:
> „Franz Blaes, Maurer aus Michelbach, geboren am 9. Mai 1855 zu Michelbach, Kreis Merzig, „welcher durch rechtskräftiges Urtheil des Königlichen „Schwurgerichts zu Trier vom 29. Februar 1896 wegen des „zu Michelbach am 20. Dezember 1895 an seiner Mutter, „Wittwe Philipp Blaes, verübten Mordes zum Tode „verurtheilt wurde, ist in Vollzug dieses Urtheils „heute Vormittag 7 Uhr auf dem Hofe des hiesigen Ge= „fängnisses durch das Fallbeil enthauptet worden. „Trier, den 25. September 1896.
> Der Erste Staatsanwalt Mallmann."

In der Presse, in den Amtsblättern und durch ausgehängte rote Zettel wurde die Bevölkerung über eine erfolgte Hinrichtung informiert (hier: Trierische Landeszeitung vom 25. September 1896).

ner 73-jährigen Mutter, der Witwe von Philipp Blaes, zum Tode verurteilt worden.

Franz Blaes hatte anfänglich in dem bescheidenen Haus seiner Mutter gewohnt, zog aber dann aus, weil in dem Häuschen, das am äußersten Ende von Michelbach in Richtung Oppen lag, der Raum für ihn und seine Familie zu beschränkt war. Da die Witwe Blaes, die schwerhörig war und im Dorf aufgrund ihrer Gestalt die »Krumme« genannt wurde, nicht mehr gut gehen und daher dem Gottesdienst in Nunkirchen nicht beiwohnen konnte, pflegte sie sonntagnachmittags zu einer Nachbarin zu gehen und sich dort zu erkundigen, wann der Gottesdienst in der Kapelle in Michelbach stattfinden würde. Nachdem die Witwe entgegen ihrer strengen Gewohnheit an zwei aufeinanderfolgenden Sonntagen nicht bei der Nachbarin erschienen war, begab sich diese am zweiten Sonntag, dem 29. Dezember 1895, besorgt zum Haus der Witwe. Die Haustür stand offen, und als sie weiter hineinging, fand sie die Witwe leblos auf dem Boden sitzend vor, den Kopf in einem Strick hängend. Der Körper der Toten wies zahlreiche

Stichwunden auf, und der Unterleib war aufgeschlitzt. In einer Wunde steckte noch die spitze Klinge eines Messers. Gesicht und Hände waren mittlerweile, neun Tage nach der Tat, von Tieren angefressen worden. Später stellte man fest, dass die Witwe erst nach Eintritt des Todes aufgehängt worden war.

Das Motiv für die Tat lag darin, dass die Mutter einem anderen Sohn, Johann, ihre Immobilien gegen eine Alimentationsverpflichtung vermacht hatte. Der hierüber verärgerte Franz, der als »der gefährlichste Mensch in der ganzen Umgebung« galt, hatte Bekannten und seinen eigenen Kindern gegenüber mehrfach geäußert, seine Mutter deshalb umbringen zu wollen. Einige Wochen vor der Tat war er in das Haus seiner Mutter eingedrungen und hatte ihre Möbel zerschlagen. Bei anderer Gelegenheit hatte er sie zu Boden geschleudert und ihr gedroht: »Ich werfe Dich in den Bach, daß Du ersäufst.« In Briefen an ihren Sohn Johann, der eine vierjährige Gefängnisstrafe im Trierer Arresthaus zu verbüßen hatte, beschwerte sich die Mutter sehr über die Behandlung, welche sie von ihrem Sohn Franz erleide.[4]

Nachdem Trier im Anschluss an die Guillotinierung von Blaes mehrere Jahre von Hinrichtungen verschont geblieben war, verbreitete sich dort am Morgen des 9. Dezember 1908 die Nachricht, dass in einem aus Koblenz eingetroffenen Zug die Leiche eines gut gekleideten jungen Mannes aufgefunden worden war. Sie wies einen Kopfschuss auf, und direkt neben ihr lag ein Revolver auf dem Sitz. Die Identität des Toten war schnell geklärt, denn in seinem Hut stand die Adresse: Kurt Regel, Trier, Jakobstraße 11. Noch am selben Tag schritt man zur Verhaftung des städtischen Bautechnikers Franz Maagh, der zugeben musste, mit Regel, einem langjährigen Bekannten, gemeinsam im fraglichen Zug gesessen zu haben. Er gab an, Regel habe während der Fahrt in einem Moment, als er, Maagh, auf der Toilette gewesen sei, Selbstmord begangen. Durch die Ergebnisse der Obduktion, die Selbstmord ausschlossen, und weitere Verhöre in die Enge gedrängt, gestand der Bautechniker schließlich, den tödlichen Schuss auf Regel abgefeuert zu haben.

Aus der Verhandlung des Trierer Schwurgerichts vom März 1909 geht hervor, dass der im Januar 1877 in Bonn-Küdinghoven ge-

Trier von Pallien
aus (Ponsart, 1831).

borene und wegen Diebstahls vorbestrafte Maagh geschäftliche Verbindungen zu dem Ermordeten gehabt hatte. An dessen Instrumentenhandel, der um Artikel wie Grammophone, Uhren und Schmuck erweitert worden war, hatte sich Maagh eigenen Angaben zufolge als Unterhändler besonders für Goldschmuck beteiligt. Im Jahr 1906, so der Bautechniker, habe er Regel unvorsichtigerweise mitgeteilt, dass er, Maagh, über größere Geldmittel verfüge, da er »mit hochgestellten Herren aus Bonn in unerlaubtem geschlechtlichem (homosexuellen) Verkehr stehe«. Dies habe Regel dann ausgenutzt, um ihn mit der Androhung einer Anzeige um mehrere tausend Mark zu erpressen.

Nach der Schilderung des Bautechnikers waren er und Regel Ende des Jahres 1908 wiederholt in Kirn, wo Maagh bei einem Bruder Geld auftreiben sollte, das dann wieder sein Erpresser Regel einzustreichen gedachte. Zu demselben Zweck seien sie, so Maagh, auch nach Bonn gereist, wo aber ihre Bemühungen um Geld ebenso erfolglos verlaufen seien wie in Kirn. In der Nacht vom 8. auf den 9. Dezember 1908 traten sie die Rückreise über Koblenz nach Trier an. Während der Zugfahrt hätte ihn Regel so sehr mit weiteren Geldforderungen bedrängt, dass er ihn in einem Zustand hochgradiger Aufgebrachtheit erschossen habe. Ursprünglich habe er auch sich selbst erschießen wollen, doch dann habe ihm der Mut dazu gefehlt.

Der Staatsanwalt sah es als nicht erwiesen und auch nicht wahrscheinlich an, dass der Angeklagte von Regel erpresst worden sei. Im Gegenteil legte er dar, dass Maagh nachweislich bei Regel mit einer größeren Summe in der Kreide gestanden habe. Der Angeklagte, so führte der Staatsanwalt bezüglich des Tatmotivs aus, hätte sich durch den Mord nicht nur dieser Schuldenlast entledigen, sondern er hätte durch einen Vertrag, den er mit Regel abgeschlossen hatte, auch das Geschäft desselben übernehmen können. Für den Staatsanwalt lag es auf der Hand, dass Maagh den Mordgedanken schon gefasst hatte, als er sich in Kirn von seinem Bruder einen Revolver hatte geben lassen.

Die Geschworenen bejahten am Ende der Verhandlung am Abend des 19. März 1909 die Frage nach Mord, worauf der Staatsanwalt die Todesstrafe gegen den Angeklagten beantragte. Während sich der Gerichtshof zur Beratung zurückzog, wurde die Öffentlichkeit wiederhergestellt, das heißt, die Zuschauer, die am Anfang der Verhandlung wegen »Gefährdung der Sittlichkeit« aus dem Gerichtssaal hinausgeschickt worden waren, durften wieder eintreten. Kurz darauf verkündete der Gerichtshof das Todesurteil wegen Mordes. Die Guillotinierung Maaghs auf dem Hof des Trierer Gefängnisses wurde am Morgen des 27. August 1909 durch Scharfrichter Carl Gröpler vorgenommen.[5]

Hinrichtung in Werden durch das Henkersbeil, 1823

Unter Anleitung seines Vaters, des Stadtchirurgen Gottfried Lüders aus Rees, erlangte der dort in den frühen 1770er Jahren geborene Johann Karl Lüders auf dem Gebiet der Chirurgie solche Fertigkeiten, dass er nach Absolvierung einer einjährigen Lehrzeit in Amsterdam 1793 als dritter Chirurg auf dem Kriegsschiff »Erbprinz von Braunschweig« anheuern konnte. Nach Einsätzen vor Lissabon und Cádiz sowie in Surinam sank das Schiff im Jahr 1800 infolge anhaltender Stürme auf der Rückreise nach Europa nahe der norwegischen Küste. Die gerettete Mannschaft gelangte auf einem dänischen Handelsschiff nach Amsterdam, von wo Lüders ins elterliche Haus nach Rees zurückkehrte.

Das Rathaus in Rees, vor 1900.

Nachdem er dort 1802 gegen den Willen seiner Eltern geheiratet hatte, verließ Lüders vier Jahre später seine Frau und seine zwei Kinder, um im Ausland »durch Ausübung der Wundarzneikunst sein beßeres Glück zu versuchen«. Nach verschiedenen Stationen eröffnete er in einer westindischen Stadt eine ärztliche Praxis. Hier lernte er eine nach dem Tod ihres Mannes vermögend gewordene Amerikanerin und deren Neffen kennen, mit denen er 1816 Indien verließ. Ihr Ziel war Amsterdam, doch Lüders erkrankte auf der langen Seereise und zog es nun vor, sich mit den beiden in seiner Heimatstadt Rees niederzulassen, wo seine Frau nach wie vor wohnte.

Das Zusammenleben mit der Amerikanerin endete mit deren Tod im Jahr 1819. Ein Jahr später, Ende Juni 1820, legte Lüders einen Rechtsstreit mit seiner Frau in der Weise bei, dass er sie wieder zu sich in sein Haus aufnahm, obwohl er sich ursprünglich hatte scheiden lassen wollen. Die offensichtlich aus finanziellen Erwägungen motivierte »Versöhnung« mit seiner Frau hinderte ihn nicht, ein Verhältnis mit seiner Haushälterin anzuknüpfen und eine auch

Der Reeser Müh-
lenturm um 1850.

nach außen augenscheinliche Abneigung gegen seine Frau an den
Tag zu legen. Es ist sogar von verdächtigen »Giftmitteln« die Rede,
die Lüders während des Prozesses dem Neffen der verstorbenen
Amerikanerin in Verwahrung gegeben haben soll.

Die »Laster des unmäßigen Trunkes, des unbändigen Zorns und
der verschmitzten Rachsucht« schürten Lüders teuflische Absicht,
seine Frau aus der Welt zu schaffen. »Du bist in 24 Stunden eine
Leiche«, drohte er ihr am 1. Juli 1820, wusste sie aber durch einschmeichelnde Worte wieder zu beschwichtigen.

Nach einer gemeinsamen Nacht mit seiner Frau blieb Lüders
am Morgen des 2. Juli 1820, einem Sonntag, unter dem Vorwand
einer Erkrankung im Bett liegen. Gegen 10 Uhr musste ihm seine Tochter ein Glas Wein bringen, etwas später einen Kaffee und
ein Buch. Gegen 11 Uhr rief Lüders seine Frau, die im Nachbar-
zimmer mit dem Ankleiden für den Gottesdienst beschäftigt war,
zu sich herein und drückte bei ihrem Erscheinen vor dem Bett
eine nachtsüber versteckte Pistole auf ihre entblößte Brust ab. Mit
einem Schrei lief sie der ihr entgegenkommenden Tochter in die
Arme, stürzte zu Boden und starb. Vor dem Gericht in Rees legte
Lüders ein freies, offenes Geständnis ab, das er vor dem Werdener
Inquisitoriat dahingehend änderte, in einer »Geistesverwirrung«
gewesen zu sein.

Der Marktplatz in Werden an der Ruhr Anfang des 20. Jahrhunderts. Mehrere tausend Menschen wohnten hier der Hinrichtung von 1823 bei.

Das in zwei Instanzen, beim Kriminalsenat des Oberlandesgerichtes Hamm und dem Zweiten Senat des Oberlandesgerichtes Münster, gleichermaßen ausgefallene und am 21. Mai 1823 vom König bestätigte Urteil lautete, dass der angeklagte Lüders »wegen des an seiner Ehefrau verübten Todtschlags zum Richtplatz zu schleifen, und daselbst durch das Beil vom Leben zum Tode zu bringen« sein sollte. Die Vollstreckung von Todesurteilen durch die Guillotine erfolgte, wie schon erwähnt, im Rheinland nur im Bereich des Oberlandesgerichts Köln, während Werden zum Oberlandesgerichtsbezirk Hamm gehörte. Nach Mitteilungen in der Presse gab es einen rührenden Abschied von seiner Tochter; religiösen Zuspruch durch den evangelischen Pfarrer in Rees ließ der Verurteilte aber erst sehr spät zu.

Zu den Modalitäten der Hinrichtung in Werden am 11. Juli 1823 heißt es: »Ein 7 Fuß hohes, 16 Fuß im Quadrat haltendes, roth angestrichenes Gerüst war in der Mitte des Marktes so gestellt, daß die 4 dahin laufenden Straßen und der Kirchhof den möglichst größten Raum für die Zuschauer bildeten. Eine Menge von wenigstens 15000 Menschen wogte am 11ten Juli früh Morgens 3 Uhr schon in Werdens Straßen [...] Die abgedeckten Dächer und die hohen Giebelwände der nahe liegenden Häuser waren sogar mit Menschen angefüllt. Auf dem mit Sand bedeckten Gerüst, um welches ein Infanteriekommando von 100 Mann und eine Brigade reitender Gendarmerie einen Kreis gebildet hatten, stand der Holzblock, der schwarze Sarg, und auf diesem lag das Beil. Gegen 6 Uhr Morgens bewegte sich der Zug vom Zuchthause langsam im grausen Pomp zum Richtplatze. Eine Abteilung Husaren öffnete ihn. Der Herr Kriminalrichter Wescher und der Herr Aktuar Schneider gingen vor dem von 6 Gefangenen gezogenen Schlitten, auf welchem der Verbrecher, auf einer Kuhhaut liegend, gebunden war. Diesem folgten die Gerichtsdiener, der Scharfrichter mit seinen Knechten und zum Schluß wieder eine Abtheilung Husaren. Vor dem Blutgerüste angelangt, las der Herr Kriminalrichter dem Delinquenten nochmals das Urtheil und die königliche Bestätigung vor. Wie der Richter mit dem letzten Aktenstücke anhub, wurde das Gewehr präsentirt, die Trommeln wirbelten, die Trompeten erschallten und Jeder stand, tief ergriffen von der furchtbaren Gewalt des Gesetzes. Der Verurtheilte erklärte nochmals, daß er den Tod verdient habe und im Vertrauen auf seinen Erlöser jetzt gern sterbe. Er nahm, unter herzlichem Dank, Abschied von dem edeln Richter, der ihn mit so großer Humanität behandelt, bestieg mit vieler Seelenruhe das Blutgerüst, legte willig seinen Kopf auf den Klotz und empfing den Todesstreich.«[1]

Gemeinsame Ermordung einer Ehefrau in Rödingen, 1823

Friedrich Pickartz, auch »Packart« (oder »Baggart«) genannt, wurde am 1. Mai 1783 in Rödingen (zwischen Bedburg und Jülich) als Sohn eines aus den Zeiten des Siebenjährigen Krieges (1756–1763) in Rödingen verbliebenen französischen Soldaten geboren. Nach dem frühen Tod seiner Eltern wuchs der junge Friedrich zu einem Alter heran, in dem er durch Handarbeit und Tagelohn sein Brot verdienen konnte. Am 28. November 1802 heiratete er die am 14. Januar 1782 in Rödingen geborene Tagelöhnerin Anna Sibilla Jansen, allerdings wohl weniger aus Liebe, sondern »blos in der Hoffnung einer erleichterten Existenz«, wie der Autor und Mitarbeiter am Aachener Landgericht, Klemens Hecker, in einem 1826 veröffentlichten Buch »Historisch-psychologische Darstellung merkwürdiger, beim Königl. Assisenhofe zu Aachen verhandelten Kriminal-Fälle« schrieb.

Die kinderlose Ehe blieb so lange von Misshelligkeiten verschont, bis Pickartz den Verdacht schöpfte, dass seine Frau ihn mit einem Nachbarn betrog. An jenem Tag, so Pickartz später in einem Verhör, als ihm die Untreue seiner Frau zur Gewissheit geworden sei, habe er verzweifelt die ganze Nacht im Freien verbracht und sich am anderen Morgen an einen Werber für die Armee, dem er zufällig begegnet sei, verdingt. Noch an demselben Tag habe er sich, ohne mit seiner Frau noch einmal zu sprechen, zum Sammelplatz der Rekruten nach Aachen begeben.

Zwar tauchte Pickartz als Soldat in französischen Diensten zwei Jahre später noch einmal kurz in einem Urlaub in Rödingen auf, ohne mit seiner Frau in Kontakt zu treten, doch dann verstrich eine lange Zeit, bis dass man in seinem Heimatdorf wieder etwas von ihm vernahm. Erst um das Jahr 1814, nachdem er die meisten Schlachten der damaligen Kriege unter Napoleon mitgemacht hatte, kehrte er, nach einem ehrenvollen Abschied entlassen und »des unsteten Lebens müde«, nach Rödingen zurück. Als er dort aber seine Gattin als Mutter eines vierjährigen Kindes wiederfand, so schreibt Hecker, »steigerte sich der früher so mühsam bezwungene Groll zu einem solchen Grade der Erbitterung«, dass »das all-

34

gemeine Gerücht die kaum Vereinigten sehr bald des häuslichen Unfriedens und Pickartz sogar der thätlichen Mißhandlung seiner Ehefrau bezüchtigte«.

Obwohl 1816 eine kleine Tochter von Pickartz das Licht der Welt erblickte, bestätigte sich die Annahme ehelicher Missstände, denen es zuzuschreiben war, dass Pickartz 1819 zum zweiten Mal seine Frau verließ und sich in einem benachbarten Dorf als Knecht niederließ. Im Februar 1823 kehrte er wieder in seinen Heimatort, jedoch nicht zu seiner Frau, zurück, die sich indessen, von jeder Unterstützung entblößt, zum Betteln gezwungen sah. Pickartz, der in Rödingen auf dem Hof des Ackersmanns Johann Heidermann wohnte und arbeitete (heutige Corneliusstraße), nahm nun einen intimen Kontakt zu einer früheren Bekannten, der am 30. November 1799 geborenen Tagelöhnerin Agnes Herzogenrath, auf, »deren Ruf bereits durch die Geburt zweier uneheliger Kinder gebrandmarkt war«.

Vielleicht war es ihre Armut, die Frau Pickartz dazu brachte, dem Wunsch ihres Mannes nachzukommen, Agnes Herzogenrath in ihrer Behausung (der von Frau Pickartz – in der Krummen Eiche, damals Hausnummer 107) aufzunehmen. Es verwundert nicht, dass bei dieser Konstellation von Ehefrau, Ehemann und der Geliebten sehr bald Spannungen auftraten. Mit jedem Erscheinen von Pickartz, der weiterhin bei Heidermann wohnte, steigerte sich die Lebensgefahr seiner Ehefrau, die er zunehmend als »Hinderniß seines vollen Glückes« empfand. Als ihn die weltlichen und geistlichen Ortsbehörden aufforderten, sich von seiner

Geliebten zu trennen, drohte er seiner Frau: »Wenn du machst, daß die Agnes aus dem Haus muß, so sollst du noch eher hinaus, denn ich schneide dir den Hals ab.«

Die Mordgedanken des früheren Soldaten, der darin von seiner Geliebten noch bestärkt wurde, nahmen konkrete Formen an. Dem auf dem Land verbreiteten Volkswahn folgend, »daß Katzenhaare, zur nächtlichen Stunde des Zwielichts ausgerauft, den Tod Desjenigen verursachen müssten, dem sie in irgend einer Speise beigebracht worden«, versuchten Pickartz und seine Geliebte, die Ehefrau auf solche Weise mit Katzenhaaren zu ermorden, was aber ebenso erfolglos blieb wie zwei weitere Vergiftungsversuche.

So nahte der Abend des 26. April 1823, als sich Pickartz heimlich aus dem Gehöft seines Dienstherrn entfernte und sich zum Haus seiner Frau schlich. Agnes Herzogenrath war noch mit ihrem Kind beschäftigt (eines war bereits verstorben, das zweite folgte am 1. November 1823) und trank Branntwein, während seine Frau bereits schlafen gegangen war. Pickartz, vom Vorsatz getrieben, den Mordplan an jenem Abend auszuführen, begab sich nun zu seiner Frau ans Bett und forderte sie auf, »mit ihm die eheliche Pflicht zu erfüllen, und willig folgte sie dem Manne zur Küche«. Schreckte Pickartz diesmal noch »aus Furcht vor auflauernden Nachbaren, oder auch vor sich selbst« davor zurück, die grässliche Tat zu vollführen, so rief er wenig später seine Frau, die inzwischen wieder zu Bett gegangen war, erneut in die Küche, wo er plötzlich auf sie losging und sie zu Boden warf. Auf ihrer Brust kniend, hielt er ihr mit der einen Hand den Mund zu und würgte sie mit der anderen Hand am Hals, während Agnes Herzogenrath die sich heftig zur Wehr setzende Frau an den Armen festhielt, bis kein Lebenszeichen mehr zu erkennen war. Dann schlich sich Pickartz wieder zum Gehöft Heidermanns zurück.

Als Agnes Herzogenrath am nächsten Morgen die Nachbarschaft alarmierte und man die Tote in dem Haus auffand, fiel der Verdacht sofort auf Pickartz, der verhaftet wurde, nachdem ein Rödingener Arzt »Spuren fremder gewaltsamer Erwürgung« festgestellt hatte. Schon auf dem Weg nach Jülich, wo Pickartz dem Friedensrichter vorgeführt werden sollte, gestand der Festgenommene dem eskortierenden Gendarmen den verübten Mord, worauf auch Agnes

Herzogenrath verhaftet und gleichzeitig mit ihrem Komplizen ins Aachener Gefängnis eingeliefert wurde.

Der Anklagesenat des Rheinischen Appellations-Gerichtshofes verwies die Beschuldigten am 21. Juni 1823 an den Aachener Assisenhof, der sie am 30. August 1823 zum Tode verurteilte. Am 22. Februar 1824 wurde Pickartz mitgeteilt, dass sein Todesurteil vom preußischen Monarchen bestätigt worden war und am nächsten Tag zur Vollstreckung kommen würde. In seinem Buch weist Hecker darauf hin, wie schwer diese Zeit bis zur Hinrichtung für zum Tode Verurteile war: »Wahrlich! obschon nothwendig durch das Gesetz, bleibt es doch noch immer in moralischer Hinsicht grausam, ja, barbarisch, dem todtgeweihten Verbrecher sein Sterben einen ganzen langen Tag vorher zu verkünden. Es bleibt unmenschlich, seinem Tode noch die Marter dieser grässlichen Folterstunden voranzusetzen.«

Die Hinrichtung am 23. Februar mittels der Guillotine fand auf dem Aachener Richtplatz neben dem Vaalser Tor unter großem Andrang von Schaulustigen statt. Die über Agnes Herzogenrath verhängte Todesstrafe wurde vom preußischen König in »lebenswierige Einsperrung« umgewandelt. Sie starb am 13. Juli 1848 im Kölner Klingelpütz-Gefängnis.[1]

Sterbeurkunde von Agnes Herzogenrath, Juli 1848. Der Todesfall wurde unter anderem von einem Gefangenenaufseher des Klingelpütz-Gefängnisses, Hubert Kraus, gemeldet.

Mord im Koblenzer »Bauhof«, 1825

Als der in Aachen geborene und zuletzt in Koblenz wohnhafte Schreiber Stephan Jussen Anfang März 1826 als Angeklagter vor dem Assisenhof in Koblenz stand, war er 29 Jahre alt. In Gerichtsunterlagen wurde er folgendermaßen beschrieben: »5 Fuß 6 ½ Zoll groß, Haare blond, Stirn hoch, Augenbrauen braun, Augen blau, Nase etwas dick, Mund gewöhnlich, Bart braun, Zähne vollständig, Kinn rund, Gesichtsbildung oval, Gesichtsfarbe gesund, Gestalt gewöhnlich, Sprache deutsch und französisch.«

Am 11. Februar 1826 hatte der Appellationsgerichtshof in Köln entschieden, dass der Fall Jussen an den Koblenzer Assisenhof verwiesen werden sollte. Wie aus der Anklageschrift und dem Prozess gegen Jussen hervorgeht, war dieser in Aachen bei verschiedenen Verwaltungseinrichtungen als Schreiber eingestellt gewesen, ehe er Anfang des Jahres 1817 Musketier in einem Koblenzer Bataillon wurde. Seit diesem Zeitpunkt zeichnete er sich »fortwährend durch ausschweifende Sitten und unmoralisches Leben« aus. Schon Ende des Jahres 1817

Koblenz mit der Moselbrücke, 1838.

wurde er wegen eines Gelddiebstahls im Büro des Generalkommandos, wo er ein Schreibpult aufgebrochen hatte, zu einer Festungsstrafe verurteilt.

Nachdem Jussen diese Strafe auf der Festung in Köln abgesessen hatte, kehrte er nach Koblenz zurück. Im Oktober 1823 heiratete er Magdalena Schwan, die schon vorher ein Kind von ihm zur Welt gebracht hatte. Aber auch nach seiner Verheiratung trieb sich Jussen weiterhin in den »öffentlichen Häusern« (Bordellen) in Koblenz herum. Um die Kosten für sein ausschweifendes Leben decken zu können, versetzte Jussen die Möbel seiner Frau,

38

der schließlich nichts anderes übrig blieb, als zu ihren Eltern zurückzukehren, zumal sie sich auch Misshandlungen seitens ihres Mannes ausgesetzt sah.

Von finanziellen Nöten angetrieben, wandte sich Jussen nun an den Koblenzer Bauschreiber Gottfried Göbel und dessen Frau Maria Catharina (geborene Brenner), deren Bekanntschaft er während einer früheren Beschäftigung als Schreiber gemacht hatte. Der Kontakt wurde enger, als den Eheleuten Göbel recht sein konnte. Herr Göbel, mit dem Jussen gemeinsame Spaziergänge machte, ließ sich im November 1825 dazu verleiten, seinem neuen vermeintlichen Freund Geld zu leihen. Auch besuchte Jussen die Eheleute häufig in deren Haus, dem sogenannten Bauhof in Koblenz.

Bei einem dieser Besuche, am Abend des 13. Dezember 1825, bahnte sich das Unglück seinen Weg. Beim Eintreten in die Wohnstube gab Jussen seinem Gastgeber den Rat, die Fensterläden zu schließen, da kurz vorher jemand durch das Fenster in die Stube geschaut habe. Nach 22 Uhr, als Frau Göbel gerade die Wohnstube verlassen hatte, erhielt ihr Mann nach eigenen Angaben plötzlich zwei Schläge auf den Kopf. Er rief um Hilfe, seine herbeieilende Frau wurde aber gleich von Jussen zu Boden geworfen. Mit einem Bein auf ihr kniend, versetzte er ihr mit einem Messer einen tiefen Stich in den Hals; danach, so heißt es in der Anklageschrift, »zerfetzte er den Kopf, Nacken, Wange und Schulter der Ehefrau Göbel mit Messerstichen«.

Stephan Jussen.

Der im Dezember 1825 zum Mörder gewordene Stephan Jussen.

In ihrer Todesangst gelang es der Frau, dem Angreifer das Messer zu entwinden, wodurch sie aber neue Verletzungen an der Hand davontrug. Endlich suchte Jussen das Weite, worauf die Eheleute ihre letzten Kräfte aufboten, um in den Hof zu gelangen. Nachdem das aufmerksam gewordene Nachbarehepaar, Maurermeister Peter Ohlig und seine Frau, einen Arzt verständigt hatte, trafen nicht viel später auch der Königliche Prokurator und ein Untersuchungsrichter ein, um den Tatort in Augenschein zu nehmen. Offensichtlich waren die Gewalttätigkeiten gegen Herrn Göbel mit einem Hammer ausgeführt worden, der in der Wohnstube neben einem großen Blutfleck vorgefunden wurde.

Nach seiner raschen Verhaftung gab Jussen vor dem Untersuchungsrichter an, er habe an jenem Abend beim Kartenspielen Streit mit Gottfried Göbel bekommen, worauf er von ihm mit einem Hammer und anschließend von Frau Göbel mit einem Messer bedroht worden sei. Es sei ihm gelungen, den Angreifern diese Waffen abzunehmen, die er dann seinerseits gegen die Eheleute eingesetzt habe. Widersprüchlich dabei war, dass keine Spielkarten im Hause aufgefunden worden waren.

Die Verwundungen, welche die Opfer davontrugen, waren erheblich. Während Frau Göbel erst nach mehreren Wochen wieder geheilt war, starb ihr Mann am 9. Januar 1826. Der Verdacht verdichtete sich, dass Jussen das Haus der Eheleute hatte ausrauben wollen, weil er dort wohl einen größeren »Geldvorrath« vermutete.

Nach zweitägiger Verhandlung vor dem Koblenzer Assisenhof wurde Jussen am 3. März 1826 von den Geschworenen für schuldig erklärt, in der Nacht vom 13. auf den 14. Dezember 1825 Gottlieb Göbel »freiwillig und in der vorbedachten Absicht, ihn zu tödten« mit einem Hammer mehrmals auf den Kopf geschlagen und Frau Göbel mit Vorbedacht durch Messerstiche und Faustschläge schwer verwundet zu haben, woraufhin er vom Assisenhof zum Tode verurteilt wurde.[1] Nachdem ein Einspruch vom Kassationshof in Berlin verworfen und das Todesurteil vom preußischen König bestätigt worden war, wurde Jussen am 21. Dezember 1826 »auf dem Clemensplatze dahier [in Koblenz] vor den Fenstern des Hauses, in welchem der Mord geschehen« war, guillotiniert.[2]

Stephan Jussen, 30 Jahre alt, Schreiber, gebürtig von Aachen, zuletzt wohnhaft in Coblenz, durch das Geschwornengericht für schuldig erklärt, den Bauschreiber Gottlieb Göbel dahier am 14. Dezember v. J. mit Vorbedacht ermordet zu haben, wurde durch Urtel des Assisenhofs vom 3. März d. J. zum Tode verurtheilt. Nachdem der Königl. Cassationshof zu Berlin den eingelegten Recurs verworfen, das Todesurtheil die Allerhöchste Bestätigung erhalten hatte, wurde der gedachte Stephan Jussen am heutigen Tage auf dem Clemensplatze dahier vor den Fenstern des Hauses, in welchem der Mord geschehen, vermittelst der Guillotine vom Leben zum Tode gebracht. Coblenz, den 21. Dezember 1826.

Der Oberprokurator, Lombard.

40

Die Hinrichtung Jussens war nicht die erste in Koblenz unter preußischer Herrschaft. Bereits am 8. Mai 1824 morgens um 6 Uhr war der 42-jährige Schreiner, Tagelöhner und Bettler Christoph Dieter, gebürtig und wohnhaft in Wallhausen im Kreis Kreuznach, in Koblenz mittels der Guillotine hingerichtet worden, und zwar wieder auf dem Clemensplatz. Trotz der frühen Morgenstunde erschienen dort viele Zuschauer, um dem traurigen Akt beizuwohnen. Dieter war am 10. Dezember 1823 vom Koblenzer Assisenhof wegen eines in Rüdesheim verübten Raubmordes mit der Todesstrafe belegt worden.[3] In Koblenz ist außer dem Clemensplatz, wo am 15. Februar 1827 eine weitere Hinrichtung stattfand (Mathias Weber aus Bell bei Mendig),[4] auch der Platz vor dem Salzmagazin bei der Artilleriekaserne als Ort öffentlicher Guillotinierungen bekannt (Doppelhinrichtung Johann Birkenheuer und Barbara Dötsch aus Saffig am 16. Juni 1848).[5]

41

Die Guillotine in Kleve

Erfolgreiche Hausdurchsuchung in Bönning

Am 19. März 1834 verschwand plötzlich der »wegen seiner erpropten Rechtschaffenheit und Biederkeit von jedermann geachtete« Viehhändler Aron Asser aus Alpen, welcher sich mit einiger Barschaft versehen auf dem Weg zum Viehmarkt in Bocholt befunden hatte. Nach zunächst vergeblichen Nachforschungen wurde sein schrecklich zugerichteter Leichnam vier Tage später in einem Wassergraben zwischen Grünthal und Menzelen gefunden. Der Verdacht der Täterschaft fiel auf den Schneider Wilhelm Heinrich Lohmann aus Bönning, der zuletzt Kontakt zu Asser gehabt hatte. Bei einer Durchsuchung des Anwesens Lohmanns fand man im Garten vergrabene Gegenstände des Ermordeten sowie die geraubte Barschaft vor.

Für schuldig erklärt, Asser »freiwillig und mit Vorbedacht« getötet und beraubt zu haben, wurde Lohmann am 22. Juni 1834 vom Assisenhof Kleve zum Tode verurteilt und am Morgen des 3. April 1835 »vor Tausenden gespannter Zuschauer« auf dem Großen Markt in Kleve guillotiniert.[1] Wie Kaplan Laurensen in der Presse mitteilte, hatte der »reumüthige und zerknirschte Sünder Lohmann« vorgehabt, auf dem Richtplatz vor dem Publikum Abbitte zu tun, was diesem aber, »zu tief ergriffen von inniger Rührung«, nicht mehr gelungen sei.[2]

Der Große Markt in Kleve um 1900, wo zwei öffentliche Hinrichtungen vorgenommen wurden.

Suche nach dem künftigen Glück

Die Hinrichtung Lohmanns war die erste in Kleve in preußischer Zeit,[3] sollte aber nicht die letzte sein. Zehn Jahre später fast auf den Tag genau, nämlich am frühen Morgen des 4. April 1845, erfolgte die nächste Hinrichtung, und zwar wieder auf dem Großen Markt. Bei dem Hingerichteten handelte es sich um den 32-jährigen Bäcker Peter Jacobs, geboren in Kleve als Sohn der Eheleute Johann und Johanna Jacobs (geborene van Meegen). Bereits als Bäckerlehrling hatte Peter Jacobs einen Diebstahl begangen, der aber nicht zur Anzeige gekommen war. Nachdem er 1836 Maria Catharina Heselmann aus Kleve geheiratet hatte, versuchte sich Jacobs an verschiedenen Orten im Bäckergewerbe, allerdings ohne nennenswerten Erfolg,»indem er weder thätig noch sparsam war, vielmehr sich der unordentlichsten Lebensweise hingab«. Von seinen Gläubigern gedrängt und auch in der öffentlichen Achtung gesunken, zog er 1840 mit seiner Frau und zwei Kindern nach Rotterdam. Hier arbeitete er in einer Apotheke mit geringem Verdienst, sodass seine Familie von einem Rotterdamer Wohltätigkeitsverein unterstützt werden musste.

Im März 1843 verstarb seine Frau plötzlich und mit unbekannter Todesursache, woraufhin Jacobs mit seinen Kindern nach Deutschland zurückkehrte. In Kevelaer arbeitete er als Bäckergeselle, wo er schon bald wegen Prellerei negativ auffiel. Von hier aus knüpfte er bereits in den ersten Wochen mit der ihm von früher her bekannten Hendrina Hollmann (verwitwete Heister) aus Marienbaum Kontakt, um, wie er sagte,»sein künftiges Glück zu suchen, da er nicht gedenke, immer Bäckergeselle zu bleiben«. Die mehr als doppelt so alte, 1779 geborene Witwe war Eigentümerin eines Hauses mit den erforderlichen Einrichtungen zum Betrieb seines Gewerbes. Nach Abschluss eines von Jacobs initiierten Ehevertrages, wonach dem Längstlebenden der Nachlass des Verstorbenen zufallen sollte, heiratete das ungleiche Paar am 6. Juli 1843 in Marienbaum. Bereits vor und auch kurz nach der Eheschließung hatte Jacobs anderen gegenüber anklingen lassen, dass er sich schon bald seiner Frau zu entledigen wissen würde. Die Hochzeitsfeier verließ er vorzeitig, und während die Braut in einer Kammer im Erdgeschoss nächtigte, quartierte sich Jacobs auf dem Speicher ein.

Die Uedemer Straße in Marienbaum um 1930. Ein Pferdekarren steht vor der Gaststätte »Zum Bahnhof«.

Nach einem mehrtägigen Aufenthalt des frisch Verheirateten in Kleve kam es am 13. Juli 1843 zu einem heftigen Streit zwischen den Eheleuten. Als seine Frau drohte, er müsse das Haus verlassen, lenkte Jacobs ein und tat nun so, als wolle er sich wieder mit seiner Frau vertragen. Noch am gleichen Abend wurde das vermeintlich gute Einvernehmen mit der Nachbarschaft gefeiert, die zuvor Zeuge von dem Ehestreit geworden war. Bei der Versöhnung und auch nach der Rückkehr aus dem Nachbarhaus gab Jacobs seiner Frau Branntwein zu trinken, in den er, wie sie meinte, »aus zarter Rücksicht für sie« Zucker gemischt haben wollte. Nachdem sie in der Nacht unter anhaltendem Durst, Erbrechen und Unterleibsschmerzen zu leiden hatte, verschied die bis dahin stets gesunde, kräftige Frau am nächsten Morgen. Anderen gegenüber machte Jacobs ihre angebliche Alkoholsucht dafür verantwortlich: »Sie ist von Innen verbrannt durch all den Fusel, den sie getrunken, sie hat wie ein Beest [Biest] gelebt und ist wie ein Beest gestorben.«

In der Folgezeit baute Jacobs das Wohnhaus in Marienbaum um, eröffnete ein Bäckereigewerbe und heiratete im Dezember 1843 zum dritten Mal. Während er so sein Leben neu ordnete, kamen Zweifel am rätselhaften Tod seiner Frau auf. Ein früherer Vertrauter legte ihm in deutlichen Worten einen Giftmord zur Last. Als man ihm mitteilte, dass eine Obduktion der Leiche vorgenommen würde, soll Jacobs geäußert haben: »Meinetwegen können sie sie in Riemen schneiden und im Schornstein aufhängen, und wenn sie auch einen ganzen Sack voll finden, so ist noch nicht gesagt, daß ich es gethan habe.«

Genau mit dieser Frage beschäftigte sich der Klever Assisenhof am 21. Juni 1844, nachdem die Obduktion das Vorhandensein einer großen Menge Arsenik und Rattenpulver ergeben hatte und Jacobs im Februar 1844 in das Klever Gefängnis auf der Schwanenburg eingeliefert worden war. Die Geschworenen erklärten Jacobs für schuldig, am 13. Juli 1843 »dadurch einen Angriff auf das Leben seiner Ehefrau Hendrina Hollmann gemacht zu haben, daß er ihr freiwillig giftige Substanzen (weißen Arsenik) beigebracht habe, welche geeignet waren, den Tod herbeizuführen und denselben am 14. desselben Monats wirklich zur Folge gehabt haben«. Daraufhin erfolgte die Verurteilung zum Tode.

Ein Kassationsgesuch wurde am 9. September 1844 verworfen, und am 4. März 1845 entschied König Friedrich Wilhelm IV., dass »der Gerechtigkeit freier Lauf gelassen werden«, dass das Todesurteil also vollstreckt werden sollte. Beauftragt wurde damit der Kölner Scharfrichter Hamel. Der Transport der Guillotine von Köln nach Kleve sollte von dem Fuhrmann Christian Schiefer übernommen werden. Die Absicherung der Exekution am 4. April 1845 erfolgte durch Polizisten aus Städten und Gemeinden von Geldern bis Xanten, nachdem der Anmarsch von 150 Soldaten aus Wesel, die man ursprünglich für diese Aufgabe abkommandiert hatte, durch widrige Umstände ins Stocken gekommen war.

Über die Entscheidung des Königs war Jacobs am Morgen des 3. April 1845 informiert worden, worauf er am Nachmittag desselben Tages gestand, sowohl seine erste Frau Maria Catharina als auch seine zweite Frau Hendrina mit in einer Apotheke in Rotterdam gestohlenem Rattenpulver vergiftet zu haben. Der Grund für das späte Geständnis war sein Irrglaube, dass ein Todesurteil ohne Geständnis nicht vollstreckt werden könne.[4]

Todesurteil gegen Peter Jacobs, von Friedrich Wilhelm IV. am 4. März 1845 unterzeichnet.

Doppelmord an einem Ehepaar

Die Gegend um Venlo und Nettetal war Schauplatz eines weiteren Kriminalfalles, der zu einer Hinrichtung in Kleve führte. An Christi Himmelfahrt 1866, dem 10. Mai, wurden in Börholz die Eheleute Philipp August und Juliane Reuters vermisst, die dort Kleinhandel und eine Wirtschaft betrieben. Sie waren erst vor wenigen Monaten nach Börholz gezogen, nachdem sie zuvor in Mönchengladbach und in Borbeck bei Essen gewohnt hatten. Die schlimmsten Befürchtungen bewahrheiteten sich, als man einige Tage später die Leichen der Eheleute entdeckte, allerdings an ganz verschiedenen Orten. Am 20. Mai 1866 wurde in der Maas unterhalb von Venlo der Leichnam des Mannes gefunden, am 27. Mai auf preußischem Gebiet in einem Kornfeld bei Breyell die Leiche der Frau.

Als Tatverdächtigen nahm man am 22. Mai 1866 in Nimwegen den zuletzt in Venlo wohnhaften, vorbestraften Schuhmacher Winand Göbbels fest. Er war schon längere Zeit mit dem Ehepaar bekannt gewesen, hatte auch in Geldangelegenheiten mit Herrn Reuters zu tun gehabt und schien »namentlich mit der Frau Reuters auf vertraulichem Fuße zu stehen«. Da Göbbels Preuße war, überließ die niederländische Gerichtsbehörde das Verfahren der preußischen Zuständigkeit.

Den Untersuchungen zufolge war Herr Reuters am 8. Mai 1866 von Börholz nach Venlo gereist, offensichtlich um Geld zu holen, das er Göbbels zur Verwahrung anvertraut hatte. Nachdem sich beide abends in einer Venloer Herberge getroffen hatten, sah sie eine Zeugin gegen 22 Uhr aus der Stadt hinausgehen. Als Göbbels nach Mitternacht in sein Quartier in der Nähe der Kaserne zurückkehrte, wies er eine Augenverletzung und durchnässte Kleidung auf, was er einem Hausmitbewohner gegenüber dadurch zu erklären versuchte, dass er bei einem Spaziergang entlang der Maas »von mehreren Menschen angefallen, geschlagen und ins Wasser geworfen worden sei«.

Am nächsten Tag begab sich Göbbels über Mönchengladbach, Viersen und Breyell nach Börholz zu Frau Reuters, welcher er über eine angebliche Erkrankung ihrer in Essen wohnhaften Mutter berichtete. Die beunruhigte Frau Reuters beschloss nun, noch am

Abend jenes 9. Mai mit Göbbels nach Essen zu ihrer Mutter zu fahren, beauftragte aber ihren Bekannten Heinrich Terhag, sich ihnen auf dem Weg zum Breyeller Bahnhof wie zufällig anzuschließen, weil sie mit Göbbels, der ihr schon früher »unanständige Zumuthungen gemacht« habe, nicht gern allein gehen wolle. Dass das Verhältnis zwischen beiden tatsächlich nicht gerade entspannt war, konnte Terhag von außen durch ein Fenster beobachten: »Während Frau Reuters an ein Schreibepult ging, faßte Göbbels sie mit dem Arm um den Hals und sprach einige, dem Zeugen unverständliche Worte zu ihr. In diesem Augenblicke stieß die Frau Reuters einen ängstlichen, scharfen und durchdringenden Schrei aus, griff sich mit beiden Händen nach dem Kopf und weinte. Göbbels warf seinen Hut auf die Erde, faßte ebenfalls mit beiden Händen nach dem Kopf und lief weinend in aufgeregter Weise durch das Zimmer. Nach einigen Minuten schienen sich Beide beruhigt zu haben, und Frau Reuters legte ihre Sonntagskleider an.«

Terhag beeilte sich nun, sich ebenfalls reisefertig zu machen, und schloss sich beiden an, als sie den Weg nach Breyell einschlugen. Unterwegs zwang Terhag ein »natürliches Bedürfniß«, einige Augenblicke zurückzubleiben, danach aber gelang es ihm trotz raschen Nacheilens nicht mehr, die beiden wieder aufzufinden. Da, wo Terhag sie aus den Augen verloren hatte, führten zwischen Häusern und Gärten mehrere Seitenwege von der Kommunalstraße ab, namentlich auch in der Richtung, wo später die Leiche der Frau gefunden wurde.

Nachdem er in Venlo seine Sachen gepackt hatte, reiste Göbbels am Abend des 10. Mai 1866 nach Nimwegen, wo er ein sicheres Quartier zu finden versuchte, in welchem sein Name nicht in eine Fremdenliste eingetragen werden sollte: »Er war sehr aufgeregt und hatte keinen Augenblick Ruhe. Wenn im Hause Jemand die Treppe heraufkam, sprang er jedesmal, Stühle und alles was ihm im Wege stand, umwerfend, hinter einen Verschlag.« Auf Befragen nach dem Grund für sein auffälliges Verhalten erklärte er einer Nimwegenerin, dass er Venlo verlassen habe, weil auf ihn der Verdacht fallen könne, die Frau eines Freundes ermordet zu haben, was aber in Wirklichkeit der Freund selbst (Reuters) getan habe.

Nach seiner Verhaftung musste sich Göbbels am 15. Dezember

Der Altmarkt
in Moers am
25. März 1852.

1866 vor dem Klever Assisenhof verantworten, der ihn des Doppelmordes für schuldig hielt und zum Tode verurteilte. Als Motiv für die Ermordung seines »Freundes« Reuters gab Göbbels später Habsucht an, und als er zu befürchten hatte, dass durch Frau Reuters »seine That bald an den Tag kommen werde, mußte er um seiner eigenen Sicherheit willen auch diese aus der Welt schaffen«.[5] Die Hinrichtung mittels der Guillotine fand am Morgen des 15. November 1867 im Klever Gefängnis statt, nachdem der König am 16. September 1867 das Todesurteil bestätigt hatte.[6]

Schießerei mit Wilderern

Der Scharfrichter hatte nun lange Zeit nichts in Kleve zu tun. Erst am 3. September 1910 kam es dort wieder zu einer Hinrichtung, nämlich zu der Guillotinierung des Bergmanns Hermann Oste aus Utfort bei Moers. Es hatte zwar bis dahin noch Todesurteile in Kleve gegeben, eine betroffene Kindsmörderin aus der Gegend von Moers war aber durch eine Begnadigung vor der Todesstrafe verschont worden und ein zum Tode Verurteilter aus Dülken namens Hoff, der seine Frau auf bestialische Weise ermordet hatte, war der Hand des Scharfrichters entronnen, indem er sich im Gefängnis erhängt hatte.[7]

Aus der Verhandlung gegen Hermann Oste am 8. März 1910 vor dem Klever Schwurgericht erfährt man Näheres über den dramatischen Tathergang, der zu der Verurteilung zum Tode geführt hatte. Als Mitangeklagte standen Hermann Ostes Bruder Carl Oste und Friedrich Gebhardt vor Gericht, die alle drei als Bergarbeiter in Moers tätig und in der dortigen Gegend wohnhaft waren.

Nachdem in der wildreichen Gegend am Hülser Bruch bei Krefeld besonders an Sonntagen viel gewildert worden war, legten sich die Jagdaufseher August Tenberg, Heinrich Hohl und Wilhelm Ellmann am Sonntagmorgen, dem 7. November 1909, in dem fraglichen Gebiet auf die Lauer. Es dauerte nicht lange, da kamen die drei Angeklagten auf Fahrrädern heran, die sie in Brombeersträuchern versteckten. Gebhardt und Hermann Oste hatten je ein doppelläufiges Jagdgewehr nebst Munition dabei, während der unbewaffnete Carl Oste aufpassen und den beiden anderen das Wild zutreiben sollte.

Als nun die Wilderer entdeckt wurden, entbrannte eine wilde Schießerei. Tenberg erhielt dabei Schüsse an die Schläfe und in den Rücken, sodass er sich zur Versorgung seiner Wunden in eine nahe gelegene Bahnstation zurückziehen musste. Die beiden anderen Jagdaufseher verfolgten nun die Wilderer, welche versuchten, mit ihren Rädern über Hecken und Drahtzäune zu entkommen. Gebhardt, der auf Zuruf sein Gewehr wegwarf, wurde zuerst gestellt und kurz darauf auch Carl Oste. Sein Bruder konnte fliehen, obwohl ihm der 70-jährige Jagdhüter Ellmann aus Krefeld mehrere Schüsse nachschickte. Als sein Kollege Hohl das von Hermann Oste zurückgelassene Fahrrad aufheben wollte, traf ihn plötzlich ein offensichtlich von Hermann Oste abgegebener Schrotschuss, der ihn im Gesicht und an der Schulter verletzte. Die Augen waren so in Mitleidenschaft gezogen worden, dass, wie später ein Arzt diagnostizierte, eine Erblindung zu befürchten war.

Die zwei gefassten Wilderer wurden zunächst von beiden Jagdaufsehern abgeführt, Hohl konnte aber wegen der Schussverletzungen dem Transport nur kurze Zeit folgen. Während Ellmann nun mit den Gefangenen allein in einem großen Bogen um den Wald herumging, lief Hermann Oste, obwohl auch er eine Schuss-

51

verletzung am Bein hatte, mit geladenem Gewehr quer durch den Wald und wartete am Waldrand auf den Transport. Als dieser anlangte, schoss Oste aus dem Hinterhalt auf Ellmann, der sofort tot war. Oste kam nun aus seinem Versteck hervor und rief Gebhardt zu: »Dich hätte ich wegen Deiner Feigheit am Liebsten auch gleich totgeschossen.«

Nachdem die drei Täter unerkannt entkommen waren, hatte man zunächst keinerlei Spur von ihnen, bis ein Polizeihund aus Krefeld am Tatort eine Zeitung apportierte, auf welcher der Name Gebhardts verzeichnet war. Über ihn kam man dann auch seinen beiden Kumpanen auf die Schliche. Während seiner Haft im Klever Gefängnis unternahm Hermann Oste am 16. Dezember 1909 einen Angriff auf den Aufseher Mölders, dem es aber gelang, einen Riegel aus der Zellentür zu ziehen und Oste damit kampfunfähig zu machen. Auch ein weiterer Überfall auf einen Hilfsaufseher, den Oste flehentlich um einen Schluck Wasser und die Lockerung der Fesseln gebeten hatte, konnte abgewehrt werden.

Die durch Scharfrichter Gröpler vorgenommene Guillotinierung Hermann Ostes erfolgte am frühen Morgen des 3. September 1910 auf dem kleinen Hof des Klever Gerichtsgefängnisses. Um 6 Uhr ertönte das »Armensünderglöcklein«, in dem Falle die kleine Glocke der evangelischen Kirche der Unterstadt. Die Guillotine oder »Fallschwertmaschine«, wie der verdeutschte amtliche Ausdruck lautete, kam vom Gerichtsgebäude in Hannover. Ungefähr 30 Personen, darunter zwölf vom Bürgermeister aus der Bürgerschaft ausgewählt, waren zu dem traurigen Akt als Zeugen geladen. Carl Oste und Gebhardt waren in der Schwurgerichtssitzung vom 8. März 1910 mit vier beziehungsweise sechs Monaten Gefängnis davongekommen. Ihnen hatte lediglich nachgewiesen werden können, gewildert, nicht aber auf die Jagdaufseher geschossen zu haben.[8]

Delikte in der Grafschaft Neuwied

Als der Neuwieder Schneidermeister Johann Lambert am Abend des 11. März 1832 tot in seinem Bett liegend aufgefunden wurde, glaubte man zunächst, er sei an den Folgen einer »endemischen Cholera« gestorben. Bei einer polizeilichen Obduktion des Leichnams ergaben sich hingegen Hinweise auf eine gewaltsame Todesart. Spuren am Hals deuteten darauf hin, dass Lambert erdrosselt worden war. Das Justizamt Neuwied verordnete daraufhin eine gerichtliche Obduktion, der Gutachten des »Königl. Rheinischen Medicinal-Collegiums« und der »wissenschaftlichen Ministerial-Deputation für das Medicinalwesen« in Berlin folgten.

Währenddessen wurden im Rahmen einer »General-Inquisition« mehrere Zeugenvernehmungen sowie Verhöre der 42-jährigen Witwe des Verstorbenen vorgenommen, deren Ehe 14 Jahre bestanden hatte. Als sich infolgedessen erhebliche Verdachtsgründe gegen die schlecht beleumdete Witwe ergaben und auch durch die Gutachten der Medizinalbehörden bestätigt wurde, dass Lambert eines gewaltsamen Todes gestorben war, erfolgte am 26. Juli 1833 die Verhaftung der Witwe. Diese hatte in der Zwischenzeit, als die Akten lange bei den oberen Medizinalbehörden zurückbehalten wurden und die Sache auf sich zu beruhen schien, ihren Geliebten Adam Aué geheiratet, der als Soldat lange Zeit bei den Eheleuten Lambert Kost und Logis gehabt und seitdem ein »ehebrecherisches Verhältnis« zu Frau Lambert gepflegt hatte. Auch er wurde verhaftet, nachdem anzunehmen war, dass er als Mittäter in Frage kommen könnte.

Gegen beide Festgenommenen setzte man nun die Untersuchung fort. Es wurden »Defensoren bestellt, Confrontationen vorgenommen, die Schlußverhöre in vorgeschriebener Weise abgehalten, endlich die Defensional-Schriften zu den Acten eingereicht«, worauf die Sache »zum Erkenntnisse« (zum Urteil) gebracht wurde. Aus der Untersuchung ergab sich, dass die Witwe offensichtlich schon länger vorgehabt hatte, ihren verhassten Ehemann aus dem Weg zu räumen, um mit Aué ungestört zusammenleben zu können. Dessen zunächst zögerlichen, dann immer freimütiger werdenden Geständnissen zufolge hatte ihn die Witwe am Tag der Tat heftig bedrängt und gesagt, »ihr Mann habe sie wieder geschlagen, derselbe müsse fort, es möge gehen, wie es wolle«. Er, Aué, und die Witwe hätten sich nun zum Bett des Schneidermeisters begeben, und während sie dessen Füße festgehalten habe, hätte er ihn am Hals gefasst und gewürgt. Als er aber gemerkt habe, dass dieser »hinter den Athem kam«, habe er von ihm abgelassen und sei bald nachher zum Dienst gegangen. Am nächsten Tag soll ihm die Witwe gesagt haben, »daß sie noch viel mit dem Manne zu thun gehabt habe, bis er vollends todt gewesen sei«, die Witwe habe also, nachdem er das Haus verlassen habe, ihren Mann weiter gewürgt, bis dieser gestorben sei.

Im Gegensatz zu Aué zeigte sich die Witwe in ihren Verhören weitaus störrischer und änderte wiederholt ihre Aussagen. Bei einer Gegenüberstellung beider Beschuldigten am 12. Dezember 1833 beschränkte sie ihre Antworten auf ein »offenbar simulirtes Nicht-Erinnern, Nicht-Wissen selbst der bedeutendsten, früher von ihr mehrfach eingestandenen Umstände«. Ihre zeitweiligen Bemühungen, sich durch unzusammenhängende Äußerungen als verrückt darzustellen, wurden von medizinischer Seite als Verstellung gedeutet. Immerhin geht aus ihren Aussagen so viel hervor, dass sie schon vor dem März 1832 zusammen mit Aué Versuche unternommen hatte, ihren Mann zu vergiften. Im Schlussverhör gab die Witwe an, dass sowohl sie als auch Aué sich an ihrem da-

Das Neuwieder Rheinufer.

maligen Mann »vergriffen« hätten, sie wisse aber nicht, wer »eigentlich das Meiste hierbei gethan habe«.

Für die Fürstlich Wiedische Regierung, Abteilung für Justiz-Sachen, in Neuwied fiel dieses Verbrechen unter den gesetzlichen Begriff des Mordes, und zwar von den beiden Angeklagten »auf vorherige Verabredung und Verbindung gemeinschaftlich verübt und vollbracht«. Das im Sommer 1835 in Neuwied gefällte Todesurteil bezog sich auf die Artikel 137 und 148 der Carolina (Peinliche Gerichtsordnung Kaiser Karls V. von 1532), allerdings unter Vermeidung der »zum Theil barbarischen Todesstrafen der Carolina«, die für Gattenmord die Todesstrafe durch das Rad nebst Verschärfungen (Zangenreißen und Schleifen zur Richtstätte) vorsah.

Unter Aufhebung dieses Todesurteils entschied im März 1837 der für Strafsachen angeordnete Senat des Königlichen Oberlandesgerichts in Arnsberg, dass die beiden Beschuldigten jeweils nur zu einer außerordentlichen 20-jährigen Zuchthausstrafe zu verurteilen sein sollten. Als Entscheidungsgrund wurden bei der polizeilichen Obduktion vorgekommene Formfehler angegeben. Auch hätte keiner der beiden Angeschuldigten, so heißt es in der

Begründung, »eine solche verbrecherische Thätigkeit eingestanden, woraus mit erkennbarer Nothwendigkeit« der Tod des Schneidermeisters hätte hervorgehen müssen. Man konnte also nicht nachweisen, welchen Anteil genau jeder der beiden Delinquenten am Tod des Ehemanns hatte.[1]

An die Zeiten der ehemaligen großen Räuberbanden, wie die des Schinderhannes oder die große niederländische Bande, erinnerten die Vorkommnisse, die sich in der Nacht vom 7. auf den 8. Oktober 1839 in Neustadt an der Wied abspielten. Hier drang eine Bande von Räubern in das etwas abgelegene Pfarrhaus des katholischen Pfarrers und Schulinspektors Johann Christian Wendel ein, um »mittelst Einbruchs und Gewaltthätigkeit« einen bedeutenden Gelddiebstahl zu verüben.

Einbruchszene zu Zeiten der großen Räuberbanden (hier um 1802 in Viersen).

Die Räuber versuchten zunächst, einen Teil der Fachwerkmauer des Pfarrhauses herauszubrechen, um so in das Haus hineinzukommen. Dann entdeckten sie, dass ein Fenster im oberen Stockwerk nicht verschlossen war. Einer von ihnen kletterte hinein und öffnete dann für die anderen die von innen leicht aufzuschließende Haustür. Als Erstes drangen die mit Gewehren, Pistolen, dicken Knüppeln und brennenden Lichtern versehenen Räuber in die Schlafstube der Haushälterin Therese Imhoff ein, die in jener Nacht ihre zwölfjährige Schwester zu Besuch hatte. Unter Schlägen und Drohungen, sie zu töten und das Haus in Brand zu stecken, forderten sie die Schwestern auf zu sagen, wo das Gold und Silber aufbewahrt seien. Gleichzeitig machte sich einer schon daran, mit einem Pflugeisen die Kommode der Haushälterin aufzubrechen, um den Inhalt, darunter einige Taler und ein goldener Armreif, zu entwenden. Der herbeieilende Hund des Pfarrers wurde von den Eindringlingen durch Schläge schwer verwundet.

In ihrer Angst lief die Haushälterin nun in die Stube des mittlerweile erwachten Pfarrers, der sofort die Stubentür verschloss. Den davor lauernden Einbrechern gestand er zu, ihnen 100 Taler geben zu wollen, wenn sie ihn und die anderen Bewohner des Pfarrhauses in Ruhe ließen. Sobald er aber die Tür geöffnet habe, so der Pfarrer, hätten sich die Einbrecher ins Zimmer gedrängt, ihm den Schlüssel seiner Kommode abgenommen und diese ausgeraubt. Im unteren Teil des Hauses durchsuchten sie den Küchenschrank und brachen in einer Nebenstube die Kommode des sich auf Reisen befindlichen Kaplans sowie den Kirchenschrank auf.

Der 25-jährigen Magd des Pfarrers, Anna Becker, gelang es indessen, aus einem Fenster zu entkommen und ihre Verfolger in Richtung Neustadt abzuschütteln, wobei sie auch einen am Pfarrhaus gelegenen Weiher durchwaten musste. Aus Neustadt von ihr herbeigeholte Hilfe kam zu spät, da die Räuber das Pfarrhaus inzwischen wieder verlassen hatten. Einen älteren Onkel des Pfarrers, den 74-jährigen Wilhelm Stäter, hatten sie unter Schlägen in eine obere Stube des Pfarrhauses verwiesen, »wo man ihn später unterm Bette, wohin er in der Angst gekrochen« war, wiederfand.

Besonders der Pfarrer, aber auch andere Bewohner des Pfarrhauses hatten einige der Einbrecher erkannt, sodass man zur Verhaftung folgender Verdächtiger schritt: Michael Walgenbach und Anton Jäger aus Kalscheid, Georg Limbach aus Parscheid, Peter Hähn sen., Heinrich Klein und Peter Hähn jun. aus Thelenberg sowie Mathias Colling aus Krunkel. Hausdurchsuchungen bei eini-

Sicherheits-Polizei.

Gefundener Leichnam eines wahrscheinlich Gemordeten.

Ich ersuche alle diejenigen, welche über den hier unten näher bezeichneten, am 24. dieses am Thürmchen unterhalb Köln im Rheinstrome gefundenen Leichnam, einige Auskunft geben können, dieselbe unverzüglich der hiesigen Stelle mitzutheilen.

Köln, den 26. Juni 1817.

Der königl. preuß. Staats-Prokurator,
A. Jof. Daniels, Subst.

Personenbeschreibung.

Der Leichnam ist männlichen Geschlechts, ganz nackend, ungefähr 32 Jahre alt, stark von Körperbau, 5 Fuß 4 Zoll groß, mit dickem Kopfe, braunen, kurzen Haaren, breiter Stirne, dicker stumpfer, etwas in die Höhe stehender Nase, großem Munde, rundem Kinne, schwachem, röthlichem Barte. Am rechten Arme befindet sich die Abbildung eines Krufifixes mit den Buchstaben J. N. R. J., und am linken Arme die Gestalt eines Herzens mit der Jahrzahl 1816 durch Schießpulver eingebrannt.

Der Körper ist deutlich in Fäulniß übergangen, und kann dem ärztlichen Gutachten gemäß vor 3 Wochen gestorben seyn.

An der linken Seite des Kopfes fand man:
1) Eine große Wunde mit zerbrochenen Seitenwandbeinen, und
2) Rings um den Hals, besonders in der Gegend der Kehle, einen halben Zoll breiten mit Blut unterlaufenen Streifen, welche beiden Zeichen wohl vermuthen lassen, daß der Beschriebene eines gewaltsamen Todes gestorben.

Die Presse spielte in der Verbrechensbekämpfung im 19. Jahrhundert eine zentrale Rolle. In der Kölnischen Zeitung vom 28. Juni 1817 machte die Polizei auf das Auffinden eines »wahrscheinlich Ermordeten« im Rhein aufmerksam.

gen von ihnen blieben erfolglos, da ihnen offensichtlich genügend Zeit zum Verstecken der Beute geblieben war, die hauptsächlich aus Geld bestand. Verdächtig war, dass die größtenteils vorbestraften Verhafteten vor dem Überfall auf das Pfarrhaus häufigen Kontakt gepflegt hatten, beispielsweise einen Tag vorher auf dem Asbacher Markt. Auch führten nach dem Überfall etliche Fußspuren in die Richtung der Heimatorte der Verdächtigen, deren Alibis nach und nach zerpflückt wurden. Eine im Neuwieder Gefängnis Mitinhaftierte gab am 22. Oktober 1839 an, ein Gespräch zwischen Limbach und Peter Hähn jun. mitverfolgt zu haben, in dem gesagt worden sei: »Hätten wir dem Pastor gleich den Hals abgeschnitten, dann hätte er uns nicht verrathen können, aber was wir uns vorgenommen haben, wollen wir im Sinne behalten, wenn wir nur erst wieder losgekommen sind.«

Bei ihrer Urteilsfindung nahm die Justizabteilung der Fürstlich Wiedischen Regierung in Neuwied wieder Bezug auf die Carolina, die im Artikel 126 die Todesstrafe für Räuber vorsieht. In Fällen »geringerer Gewaltthätigkeiten«, so heißt es in einem Beitrag der Annalen der deutschen und ausländischen Criminal-Rechtspflege von 1845 über den vorliegenden Fall, »pflegt dagegen heutzutage vermöge des Gerichtsgebrauches blos acht- bis zehnjährige Zuchthaus- oder Festungsstrafe einzutreten«. Ganz in diesem Sinne fiel das Urteil der Fürstlich Wiedischen Regierung vom 31. März 1841 aus, die über Walgenbach, Jäger, Limbach, Klein und Peter Hähn jun. eine jeweils achtjährige Zuchthausstrafe verhängte, während Peter Hähn sen. mit sechs und Colling mit vier Jahren Zuchthaus davonkamen. In zweiter Instanz wurde dieses Urteil am 24. August 1841 von dem für Strafsachen angeordneten Senat des Königlichen Oberlandesgerichts in Arnsberg bestätigt.[2]

Eine Zuchthausstrafe von 15 Jahren sah im Juli 1841 die Justiz-

Sicherheits-Polizei.
Steckbrief.

Der hier unten näher bezeichnete, eines Diebstahls mit Einbruch beschuldigte Gerhard Bongarz, ist heute zwischen 11 und 12 Uhr aus dem hiesigen Arreſthauſe entwichen.

Ich ersuche alle Polizei-Behörden, auf diesen Flüchtling zu wachen, und ihn im Ertappungsfalle mir vorführen zu laſſen.

Köln, den 3. April 1818.

Der Königl. Staats-Prokurator,
U. Jos. Daniels, Subſt.

Gerhard Bongarz, 20 Jahre alt, Ackersknecht, aus Eimerath bei Aachen gebürtig, ohne beſtimmten Wohnort, 5 Fuß 4 Zoll groß, mit blonden Haaren, flacher Stirne, blonden Augenbrauen, braunen Augen, mittelmäßiger Nase, mittelmäßigem Munde, rundem Kinne, blondem Barte, ovalem Gesichte, blaſſer Gesichtsfarbe.

Bei ſeiner Entweichung trug er einen zwilchenen Rock, blaue kurze Hoſen von Manchester, lang Hoſen von Zwilch darüber und weder Hut noch ſonſtige Kopfbedeckung.

Suche nach einem aus dem Kölner Gefängnis Entflohenen in der Kölnischen Zeitung vom 4. April 1818.

Ein fideles Gefängniß.

Diese um 1905 in der Presse oft gedruckte Darstellung, deren Authentizität aber von verschiedener Seite bezweifelt wurde, soll die Zustände zeigen, die den zu Festungshaft Verurteilten in der Festung Ehrenbreitstein »drohten«. Der Herr in der Mitte soll ein rheinischer Hotelbesitzer sein, der wegen nicht ordnungsgemäßer Verwahrung seines Gewehres zu der Festungsstrafe gekommen war.

abteilung der Fürstlich Wiedischen Regierung im Fall der 30-jährigen Tagelöhnerin Margaretha Steinbach aus Heddesdorf (1904 Eingemeindung in die Stadt Neuwied) vor. Diese war am Mittag des 5. Juni 1841 von zwei Nachbarinnen dabei beobachtet worden, wie sie direkt neben ihrem Elternhaus, in dem sie noch wohnte, ein Loch scharrte und darin ein gerade geborenes Kind verschwinden lassen wollte, dem sie zudem Schläge auf den Kopf versetzte. Erst durch die entsetzten Schreie der beiden Nachbarinnen, die sich auf dem Speicher des Nachbarhauses befanden, ließ Margaretha Steinbach von dem Kind ab, das von kurz darauf herbeigerufenen Justizamtspersonen tot vorgefunden wurde.

Nachdem die Aussage der unverheirateten Tagelöhnerin, das Kind sei bereits tot zur Welt gekommen, durch die Obduktion widerlegt worden war, gestand sie im Laufe mehrerer Verhöre ein, das neugeborene, noch lebende Kind aus einer spontanen Eingebung heraus durch zwei Schläge mit der Hand getötet und zu verscharren versucht zu haben. Größere Verletzungen am Kopf des Kindes erklärte die Tagelöhnerin dadurch, dass ihr das Kind hingefallen und dass sein Kopf bei den Schlägen mit der Hand gegen die Hauswand geschleudert worden sei. Als Motiv für ihre Tat gab sie Angst vor ihren strengen Eltern an, welchen sie die ungewollte Schwangerschaft verheimlicht hatte. In zweiter Instanz änderte das Oberlandesgericht in Arnsberg im Januar 1842 das Urteil in eine Zuchthausstrafe von zehn Jahren um.[3]

Bluttat in der Düsseldorfer Altstadt, 1847

Ende des Jahres 1847 ereignete sich in Düsseldorf ein Raubmord, welcher die ganze Stadt in Aufregung und Entrüstung versetzte. In der Nacht vom Samstag, den 18., auf Sonntag, den 19. Dezember 1847, war der Kommissionär und Taxator Gottlieb Morschheuser, der mit seiner Frau und zehn Kindern in Düsseldorf (Altestadt Nr. 219) im Haus eines Kohlenhändlers wohnte, nicht zu Hause, sondern auf einer Reise nach Koblenz. Sonntagsmorgens nach 6 Uhr klopfte die älteste Tochter an die Tür des Elternschlafzimmers, um wie gewöhnlich die Mutter zu wecken, erhielt aber keine Antwort. Unterdessen betrat der 13-jährige Sohn Gottlieb durch eine andere Tür, die nur angelehnt war, das Schlafzimmer, wo ihn ein schrecklicher Anblick erwartete. Die Mutter lag erdrosselt neben dem Bett am Boden, die Hände mit einem Strick gefesselt. Das jüngste Kind der Familie, der zweieinhalb Jahre alte Wilhelm, der bei seiner Mutter geschlafen hatte, war Zeuge der Schreckenstat geworden. Der Kleine konnte nichts Genaues sagen, sprach aber von zwei Personen, die in der Nacht in das Schlafzimmer gekommen seien.

Nach der am nächsten Tag erfolgten Rückkehr Herrn Morschheusers konnte festgestellt werden, dass die mit Nachschlüsseln versehenen Einbrecher eine beträchtliche Summe an Geld, Schmuck und anderes gestohlen hatten. Wie sich später herausstellen sollte, hatten ihn die Täter mittels eines Briefes eines vermeintlichen Geschäftspartners nach Koblenz gelockt, um ihr verbrecherisches Vorhaben möglichst ungefährdet, das heißt in Abwesenheit des Familienoberhaupts, ausführen zu können.

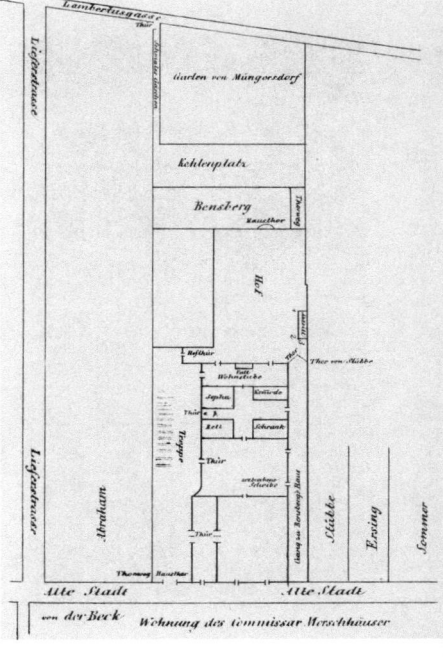

Grundriss der Wohnung der Familie Morschheuser.

61

Gleich anfangs fiel ein Verdacht auf den Privatschreiber Christian Heinrich Hubert Schlosser, geboren in Elberfeld und wohnhaft in Düsseldorf in der Kapuzinergasse. Er war mit den Verhältnissen im Hause Morschheuser bestens bekannt, da er für die Familie Schreibangelegenheiten erledigte, und »sein Ruf war der Art, daß man ihn einer solchen That für fähig hielt«. Nachdem er im Anschluss an eine erste Vernehmung kurzfristig aus der Stadt verschwunden war, wurde er noch am 20. Dezember 1847 verhaftet. An der linken Schulter hatte er Hautverletzungen, für die er keine überzeugende Erklärung abgeben konnte.

Weitere Ermittlungen ergaben, dass Schlosser vor einigen Jahren mit dem Schneider Jakob Nahl, geboren in Lennep und wohnhaft in Solingen, zusammen im Düsseldorfer Gefängnis gesessen und wieder Kontakt zu ihm aufgenommen hatte. Die Eheleute Schlosser hatten dessen Frau, Johanna Marie Nahl (geborene Jacobs), am 10. Dezember 1847 zu einem Dampfschiff nach Koblenz begleitet, von wo sie, wie sie später zugeben musste, den Lockbrief an Morschheuser abgeschickt hatte. Ein weiterer wesentlicher Verdachtsgrund gegen die von Solingen nach Düsseldorf abgeführten Eheleute Nahl ergab sich dadurch, dass Jakob Nahl von einer Düsseldorfer Friseursfamilie als derjenige wiedererkannt wurde, der einen künstlichen Schnurrbart bei ihnen gekauft hatte, der wiederum nach der Tat im Schlafzimmer der Morschheusers gefunden worden war.

Im weiteren Verlauf der wiederhol-

Bekanntmachung.

In der Nacht vom 18. auf den 19. Dez. d. J. wurde die Ehefrau des Kommissionärs Morschhäuser hierselbst ermordet und aus deren Wohnung folgende Gegenstände gestohlen:

1. ein Halsschmuck von Diamanten mit 29 größtentheils sehr flachen Rosetten nebst goldenen Kettchen, dessen Abbildung hier folgt;

2. eine emaillirte mit Gold eingefaßte Broche, zwei Liebesgötter darstellend;
3. einige goldene Ringe;
4. eine silberne Taschenuhr mit weißem, etwas beschädigten Zifferblatte und arabischen Zahlen. Auf der Rückseite befand sich ein goldenes Plättchen von der Größe einer Erbse;
5. eine Brieftasche von schwarzem russischen Leder und großem Formate. Darin waren zwei Stück Einhundert Thaler Kassen-Anweisungen und mehrere dergleichen von geringeren Betrage;
6. eine Brieftasche von rothem Saffian mit zwei silbernen Schlößchen. Darin waren mehrere Kassen-Anweisungen zum Betrage von etwa 60 Thalern, sowie ein Notizbuch über gezahlte Miethe, und in diesem Kassen-Anweisungen zum Betrage von etwa 30 bis 40 Thalern;
7. 116 Thaler und einige Sgr., theils in Münze, theils in Papiergeld, theils in Gold;

Indem ich vor dem Ankaufe der gestohlenen Sachen warne, fordere ich Jeden, welcher über den Verbleib derselben irgend etwas angeben kann, auf, mir oder der nächsten Polizeibehörde davon schleunigst Anzeige zu machen. Insbesondere ersuche ich sämmtliche Polizeibehörden, auf den Verkauf der Gegenstände ein besonderes Augenmerk zu richten und hege ich das Vertrauen, daß Jeder, welcher zur Entdeckung des entsetzlichen Verbrechens, welches die Bewohner dieser Stadt in so große Aufregung versetzt hat, irgend etwas beitragen kann, die ihm bekannten Umstände sofort zur Anzeige bringen wird.

Düsseldorf, den 26. Dez. 1847.

Der Ober-Prokurator: Schnaase.

ten Vernehmungen verdichteten sich die Indizien gegen die beiden Ehepaare immer mehr. Die Männer schienen diejenigen gewesen zu sein, die in die Wohnung eingedrungen waren, während die Frauen lediglich Hilfeleistungen zu der Tat erbracht hatten. Auf Angaben von Frau Schlosser hin konnte am 31. Dezember 1847 ein Teil der gestohlenen Sachen sichergestellt werden, welcher an einer neuen Promenade im südlichen Teil der Stadt vergraben worden war. Nach einer letzten Vernehmung Frau Schlossers am 1. Januar 1848 fand man sie am 30. Januar in ihrer Zelle erhängt vor. Der Pastor des Düsseldorfer Arresthauses, Friedrich Gerst, der am Tag vor ihrem Selbstmord noch bei ihr gewesen war, hatte den Eindruck, dass sie sehr von Gewissensbissen geplagt und verwirrt gewesen sei.

Am 26. Juni 1848 begann eine mehrtägige Verhandlung des Düsseldorfer Assisenhofes, in der sich die Eheleute Nahl, beide 23 Jahre alt, und der 53-jährige Schlosser zu verantworten hatten. Nachdem aus 31 Geschworenen zwölf per Losverfahren ausgewählt und diese vom Gerichtspräsidenten vereidigt worden waren, schritt man zur Verlesung des umfangreichen Anklageaktes, in dem der Raubmord in der Altstadt nicht der einzige Anklagepunkt war. Im Zusammenhang mit den Ermittlungen hatten sich auch Verwicklungen der beiden Ehepaare in einen bis dahin unaufgeklärten Diebstahl ergeben, der am 11. Oktober 1847 im Haus des Düsseldorfer Kleinhändlers Hermann Schmitz begangen worden war. Dieser wohnte in der Kapuzinergasse Schlosser direkt gegenüber, sodass dieser durch ein Fenster hatte beobachten können, was bei Schmitz vor sich ging. Auffallend war, dass die Eheleute Nahl bis zum Zeitpunkt des Diebstahls»in dem Zustande größter Dürftigkeit lebten, von da ab aber Alles sich bei ihnen änderte«. Im Anschluss an die Ermittlungen lag der Verdacht nahe, dass Schlosser bei dem Diebstahl selbst dabei war oder doch zumindest seinem Komplizen Nahl Anleitung dazu gegeben hatte.

Für Oberprokurator Schnaase, den Vertreter des Öffentlichen Ministeriums, dessen Ausführungen der Verlesung des Anklageaktes folgten, war der Einbruch bei Schmitz ein deutlicher Hinweis darauf, dass die beiden Ehepaare Schlosser und Nahl schon vor dem Raubmord in verbrecherischem Kontakt zueinander gestanden hatten. In seinen Erläuterungen zum Gegenstand der Anklage machte Schnaase die Geschworenen auf besonders zu berücksichtigende Aspekte aufmerksam.

Nachdem der Gerichtspräsident die über 80 zu der Verhandlung geladenen Zeugen auf die »Wichtigkeit und Heiligkeit des Eides« hingewiesen hatte und diese sich in das Zeugenzimmer zurückgezogen hatten, schritt man zur Vernehmung der drei Angeklagten. Während Schlosser von dem Diebstahl bei Schmitz gar nichts wissen wollte, gestand er immerhin ein, mit den Eheleuten Nahl den Diebstahl bei Morschheuser langfristig geplant zu haben, der aber dann − ebenso wie das gewaltsame Vorgehen gegen Frau Morschheuser − ohne seine eigene Beteiligung von Jakob Nahl und einem unbekannten Komplizen ausgeführt worden sei. Er sei in jener Dezembernacht von dem Diebstahlsplan zurückgetreten, da noch kurz zuvor Frau Morschheuser eine größere Geldsumme außer Hauses gebracht und sich deshalb ein Ein-

Vor den beiden Gendarmen:
Herr Schlosser, dann Herr
und Frau Nahl.

Angeklagte in der Sitzung.

64

bruch seiner Ansicht nach nicht gelohnt habe. Der angeklagte Nahl bestritt, den Lockbrief an Morschheuser jemals gesehen zu haben, seine Frau hingegen gab zu, den teilweise von ihrem Mann verfassten Brief in Koblenz aufgegeben zu haben. Zwei als Sachverständige geladene Düsseldorfer Schullehrer bestätigten, dass größere Teile des Briefes mit der Handschrift von Herrn Nahl übereinstimmten. Nach der Anhörung der Angeklagten begann man mit dem Zeugenverhör. In dessen Verlauf entwickelte sich ein so ungünstiges Bild der Angeklagten, dass tumultartige Rufe wie »Kopf ab!« beim zahlreich anwesenden Publikum laut wurden. Der Gerichtspräsident verwahrte sich hiergegen und drohte, die Unruhestifter von der Bürgerwehr verhaften zu lassen. Auch der Verteidiger Schlossers lehnte eine solche Form der Vorverurteilung strikt ab und gab zu bedenken, das »Ansehen des Gerichtshofes werde durch solch Geschrei verletzt und dies sei jetzt von um so größerer Wichtigkeit, als ganz Deutschland auf die Rheinlande sehe, da das hier geltende Verfahren auch dort überall eingeführt werden solle«.

Nach einer vierstündigen Rede des Oberprokurators, den Ausführungen der drei Verteidiger der Angeklagten und dem Resümee des Präsidenten verlas dieser am 1. Juli 1848, dem fünften und letzten Verhandlungstag, 14 Fragen an die Geschworenen betreffs der Täterschaft und Schuldhaftigkeit der drei Angeklagten. Nach über drei Stunden kehrten die Geschworenen aus ihrem Beratungszimmer in den Sitzungssaal zurück und gaben ihre Antworten auf die Fragen bekannt. Betreffs des Diebstahls bei Schmitz sahen sie die angeklagten Eheleute Nahl als schuldig an; Schlosser wurde angelastet, »Rath und Anleitung« zu dem Diebstahl gegeben zu haben. Auch hinsichtlich des Raubmordes erachteten die Geschworenen die Angeklagten in wesentlichen Punkten für schuldig. Infolge dieser Erklärung stellte der Oberprokurator unter Bezugnahme auf entsprechende Artikel des Strafgesetzbuches den Antrag, alle drei Angeklagten zum Tode zu verurteilen. Diesem Antrag stimmte der Gerichtshof nach einer Beratung zu, es ist aber davon auszugehen, dass eine Begnadigung seitens des Königs erfolgte, denn über eine Vollstreckung der in Düsseldorf ausgesprochenen Todesurteile ist in den Quellen nichts zu entdecken.[1]

Hinrichtungen in Elberfeld

Menschenmenge auf dem Brausenwerther Platz

Besonders die Trunksucht des auf dem Elberfelder Falkenberg wohnhaften Seilers Carl Friedrich August Wettschreck führte dazu, dass das Zusammenleben mit seiner Ehefrau Catharina (geborene Stiel) nicht unbedingt das glücklichste war. Fast tägliche Misshandlungen veranlassten die Frau im März 1849 dazu, ihren Mann mit ihren drei Kindern zu verlassen und die Ehescheidung einzureichen. Als sie sich wenig später in polizeilicher Begleitung auf den Falkenberg begab, um ihr Bettzeug und das der Kinder abzuholen, und ihr Mann nicht anwesend war, wurde die Wohnungstür gewaltsam geöffnet. Über diesen Vorfall war Wettschreck in höchstem Grade aufgebracht. Als ihm zugeredet wurde, er möge mit seiner Frau wieder Frieden schließen, sagte er: »Nein, bei Gott ist Gnade, bei mir nicht. Ich habe etwas auf der Brust sitzen, das muß weg. Ich glaube, ich muß Jemanden umbringen.«

Später schien sich die Lage entspannt zu haben. Am 4. Mai 1849 kam er in die neue Wohnung seiner Frau am Grifflenberg, blieb die Nacht dort, und am nächsten Morgen gingen beide zum Falkenberg, um, wie sie angaben, ihre Mobilien von dort zu holen. Der 15-jährige Karl Auen, ein Stiefsohn von Wettschreck, begleitete sie. Auf dem Falkenberg aßen sie zu Mittag, und bald nachher wurde der Stiefsohn mit einigen Sachen vorausgeschickt. Nachmittags vernahmen Nachbarn ein Schreien und Röcheln der Frau, dem sie aber nicht nachgingen, da, wie sie sagten, Wettschreck seine Tür stets zu schließen pflegte. Sein Stiefsohn, den er etwas später in der Nähe einer Wirtschaft traf, machte ihn darauf aufmerksam, dass er Blut im Gesicht habe. Wettschreck wurde blass, und seine Haare sträubten sich, als er sich das Blut abwischte. Auf die Frage des Sohnes nach seiner Mutter antwortete er, sie werde gleich nachkommen.

Gegen seinen Stiefvater misstrauisch geworden, äußerte Karl am nächsten Morgen einem Seilermeister gegenüber, dass er um das Leben seiner Mutter fürchte. Beide gingen nun zum Falkenberg; der Seilermeister stellte eine Leiter an und sah durchs Fenster der

Wohnung Frau Wettschreck leblos und blutüberströmt am Boden liegen. Bei der späteren Untersuchung der Leiche stellte man eine erhebliche Wunde am Hals fest, die auf einen Rasiermesserschnitt zurückzuführen war.

Ihr Mann, der sich vor seiner Verhaftung ebenfalls durch einen Rasiermesserschnitt selbst zu töten versucht hatte und ins Krankenhaus gebracht worden war, führte in seiner Verhandlung vor dem Assisenhof in Elberfeld am 9. Februar 1850 zu seiner Verteidigung lediglich an, »er sei, durch die Widerspenstigkeit seiner Frau fortwährend gereizt, der Trunksucht so anheimgefallen, daß er auf alles in Bezug auf seine Frau und ihn selbst Vorgefallene sich nicht im Mindesten zu besinnen vermöge«. Nachdem er von den Geschworenen für schuldig befunden worden war, seine Frau am 5. Mai 1849 »freiwillig und mit Vorbedacht mit einem Rasirmesser getödtet zu haben«, wurde Wettschreck gemäß den Artikeln 296 und 302 des rheinischen Strafgesetzbuches zum Tode verurteilt.

Das in Elberfeld »noch nie gesehene Schauspiel einer Hinrichtung vermittels der Guillotine« war wohl der Grund dafür, dass sich am 25. Juli 1850 schon nach 3 Uhr morgens eine unermessliche Menschenmenge auf und in der Nähe des Brausenwerths einfand. Der Karren, mit dem der zum Tode Verurteilte transportiert wurde, kam aber erst kurz vor 6 Uhr dort an. Wettschreck war

Der Brausenwerther Platz um 1900. Hier fand im Juli 1850 die zweitletzte öffentliche Hinrichtung in der Rheinprovinz statt.

noch stark genug, um ohne Hilfe das Schafott zu besteigen, wo er die Bibel küsste und »Adieu, ihr Brüder! und Adieu, ihr Schwestern!« sagte, worauf der Scharfrichter ihn übernahm, der ihm aber nur nach zweimaligem Niederfallen des Fallbeils den Kopf vom Rumpf trennen konnte.[1]

Die Hinrichtung Wettschrecks auf dem Brausenwerther Platz war nach der von Peter Schenkel auf dem Kölner Neumarkt (26. August 1850) die zweitletzte öffentliche Hinrichtung in der Rheinprovinz. Wahrscheinlich waren die auch in der wissenschaftlichen Literatur immer mehr zunehmenden Diskussionen über die Berechtigung der Todesstrafe, aber auch die Tatsache, dass öffentliche Hinrichtungen immer mehr den Charakter von Volksbelustigungen angenommen und ihren beabsichtigten Abschreckungscharakter eingebüßt hatten, Gründe dafür, mit der Regelung vom 1. Juli 1851 die Vollsteckung von Todesurteilen hinter umschlossene Gefängnismauern zu verlegen.[2]

Scharfrichter Reindel: häufiger Gast in Elberfeld

Nach der Hinrichtung von August Steiniger[3] am 10. Februar 1860 fand eine nicht öffentliche Hinrichtung in Elberfeld erst Jahrzehnte später wieder statt. Am 2. Mai 1892 wurde der 27-jährige Maurer Ignaz Eckard aus Remscheid vom Schwurgericht in Elberfeld wegen Mordes an seiner Frau zum Tode verurteilt. Am 22. Februar 1892 hatte er sich in einer Apotheke für 25 Pfennig Giftweizen geben lassen und seiner Frau davon zweimal 15 Körner mit dem Bedeuten verabreicht, das sei ein Mittel gegen Magenschmerzen. Als er sah, dass die Körner nicht wirkten, holte er sich am Nachmittag von der Polizei einen Erlaubnisschein zur Erlangung von Rattengift, das er sich wiederum in der Apotheke beschaffte: »Im Laufe des Abends rührte er in drei einzelnen Gaben je eine Messerspitze voll Phosphor zusammen mit einem homöopathischen Pulver in Wasser und gab es seiner Frau als Arznei. Am andern Morgen zeigten sich die Wirkungen, heftiges Erbrechen und große Schwäche und am 27. Februar nachmittags starb die Frau.« Offensichtlich hatte der Remscheider die Tat begangen, um den Weg für seine Geliebte, die junge Dienstmagd Christine Becker aus Köln, die er im November 1891 in Remscheid kennengelernt hatte, frei zu machen. Auch diese musste sich vor dem Schwurgericht verantworten, wurde aber vom Vorwurf der Anstiftung zu der Tat freigesprochen.

In einem Möbelwagen traf am Mittag des 28. September 1892 die Guillotine von Köln aus in Elberfeld ein und wurde auf dem oberen Hof des Arresthauses aufgebaut. Am Nachmittag kam auch Scharfrichter Reindel aus Magdeburg in Elberfeld an, fuhr aber nach Barmen weiter, wo er zusammen mit seinem Sohn und drei Gehilfen unter fingiertem Namen (Kaufmann Grünberg aus Berlin) in einem Hotel übernachtete. Erst nachdem Reindel am frühen Morgen des 29. September die Hinrichtung Eckards vollzogen hatte und mit seinen Begleitern in das Hotel nach Barmen zurückgekehrt war, gab er dem Hotelbesitzer seine Identität preis: »Gegen 9 Uhr kehrten sie zurück, und nun stellte sich ›Herr Grünberg‹ unter seinem wahren Namen und als Scharfrichter vor. Um 10 Uhr traten die sonderbaren Gäste mit dem Berliner Schnellzug die Rückreise nach Magdeburg an.«[4]

Seine Hinrichtung lange hinauszuzögern, verstand der Messerarbeiter Friedrich Bläsing aus Solingen. Er war im Dezember

Solingen um 1900. Blick vom Alten Markt zum Kirchplatz.

1893 vom Elberfelder Schwurgericht für schuldig befunden worden, am 9. August 1893 bei Solingen das siebenjährige Mädchen Clara Schlürmann, das sich auf dem Heimweg von der Schule befunden hatte, in einem Gebüsch vergewaltigt und dann in grausamer Weise mit einem Messer ermordet zu haben. Der zum Tode Verurteilte ließ durch seinen Verteidiger ein Wiederaufnahmeverfahren beantragen, da er erblich geistig belastet sei und die Tat in geistesgestörtem Zustand begangen haben wollte.

Nachdem Bläsing zur Beobachtung seines Geisteszustandes in eine »Provincial-Irrenanstalt« eingeliefert worden war, kam es zu verschiedenen Gutachten. Die wichtigsten davon, nämlich vom Medizinal-Kollegium in Koblenz und von der wissenschaftlichen Deputation für das Medizinalwesen in Berlin, hatten zum Ergebnis, dass Bläsing weder unter einem »geistigen Defect« gelitten habe noch die Tat in unzurechnungsfähigem Zustand begangen haben könnte. Nach der Verwerfung eines an Kaiser Wilhelm II. gerichteten Gnadengesuchs nahm Reindel die Hinrichtung Bläsings am 31. Dezember 1895 – also mehr als zwei Jahre nach der Tat – auf dem Hof des Elberfelder Gefängnisses vor.[5]

Nach den Hinrichtungen von Eckard und Bläsing wurde Reindel nicht viel später zum dritten und letzten Mal in Elberfeld aktiv. Am Morgen des 12. Juni 1896 guillotinierte er den 29-jährigen Tagelöhner Adolf Henzerling aus Elberfeld, der am 27. Juni

Das Elberfelder Landgericht an der Berliner Straße um 1910.

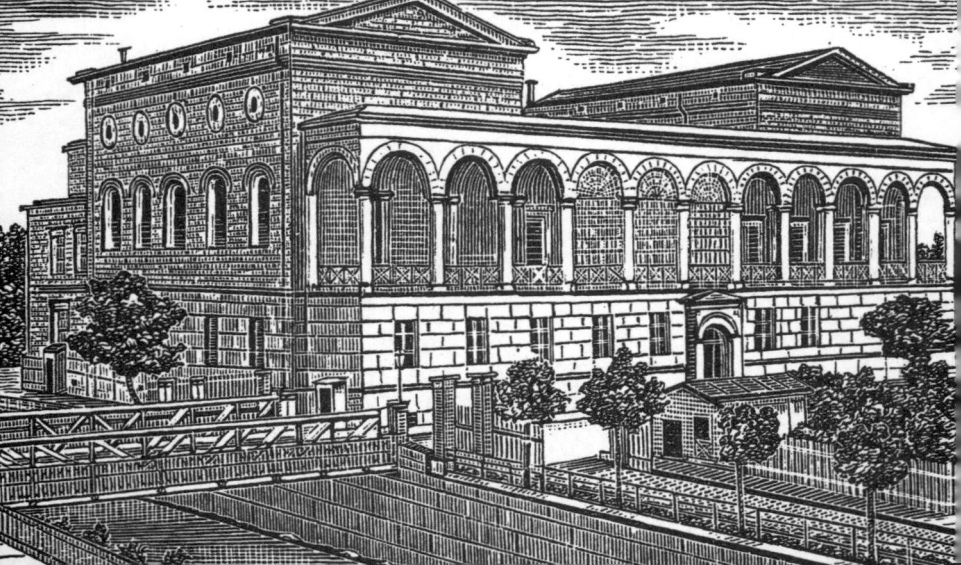

1895 vom dortigen Schwurgericht für schuldig befunden worden war, im Mai den Arbeiter Carl Kretzler ermordet zu haben. Die beiden hatten in einem Kosthaus in Elberfeld zusammengewohnt und waren am Tag vor der Tat in Streit geraten, weil Kretzler behauptet hatte, Henzerling leide an einer ansteckenden Krankheit. Wutentbrannt darüber, dass Kretzler diese Behauptung nicht zurücknehmen wollte, begab sich Henzerling am Mittag des darauffolgenden Tages zur Arbeitsstelle Kretzlers in der Elberfelder Poststraße, riss diesen abrupt durch eine Ohrfeige aus dem Mittagsschlaf und bohrte ihm, als er sich abermals weigerte, die Äußerung zurückzunehmen, sein bereitgehaltenes Messer ins Herz. Wiederholt und noch als letzte Worte kurz vor der Hinrichtung äußerte der mehrfach vorbestrafte Henzerling, er habe keinen vorsätzlichen Mord begangen, räumte aber ein, er habe die Strafe »in Folge seines ganzen Vorlebens verdient«.[6]

Raubmord bei Mettmann

Mehr als 16 Jahre vergingen nun, bis erneut ein Scharfrichter – diesmal war es Gröpler – nach Elberfeld gerufen werden musste. Vom 1. bis 3. Juli 1912 hatte sich der Werkmeister Karl Schobbenhaus aus Cronenberg (Wuppertal), der damals in der Presse als einer der »gefährlichsten und schwersten Verbrecher der Gegenwart« bezeichnet wurde, wegen mehrerer Vergehen vor dem Elberfelder Schwurgericht zu verantworten. Wie aus der Verhandlung hervorgeht, hatte der Angeklagte im November 1908 mit Unterstützung eines Komplizen namens Rossa versucht, in einem Solinger Lokal einen Kassenboten auszurauben. Während dieser von Rossa auf der Toilette aufgehalten wurde, sollte Schobbenhaus einen von dem Kassenboten im Lokal zurückgelassenen Geldbeutel stehlen. Der Werkmeister unterließ dies aber und entfernte sich aus dem Lokal, da er einen dort anwesenden Gast für einen Kriminalbeamten hielt. Die Beteiligung des Werkmeisters an diesem Raubversuch teilte Rossa, der festgenommen und verurteilt worden war, erst nach Jahren mit.

Ein weit schwererer Anklagepunkt betraf einen Raubmord, den Schobbenhaus am Abend des 25. März 1912 in Diepensiepen bei Mettmann an dem betagten Kohlenhändler Otto Hengstenberg aus Remscheid begangen hatte. Verbittert darüber, dass ihm Letzterer mehrfach ein erbetenes Darlehen abgeschlagen hätte, so der Angeklagte, habe er am Abend der Tat einen Streit mit dem Kohlenhändler gesucht, ihn am Hals gepackt und mit einem Schraubenbolzen durch Schläge auf den Kopf niedergestreckt. Auch auf den bewusstlos am Boden Liegenden habe er noch eingeschlagen und, da er geglaubt habe, noch Lebenszeichen zu entdecken, blindlings geschossen, wobei ein Schuss genau das rechte Auge traf. Einen Teil der dem Kohlenhändler geraubten Barschaft in Höhe von 1.000 Mark brachte er mit seiner Geliebten, der Ehefrau von Richard Kersten, durch, in deren Ehescheidungssache er am Tag nach dem Raubmord vor dem Landgericht einen Meineid schwor.

Diese Guillotine aus dem Departement Loire wurde 1910 in einem Pariser Hotel bei einer Auktion verkauft.

Während Schobbenhaus, dessen leichtsinniger Lebenswandel in der Verhandlung sehr deutlich zutage trat, zum Tode verurteilt wurde, kam die mitangeklagte Frau Kersten mit einer wegen Begünstigung ausgesprochenen Gefängnisstrafe von sechs Monaten davon. Ein Gnadengesuch des Verurteilten, das aber nur von wenigen Personen, vor allem Gefängnisgeistlichen, unterstützt worden war, lehnte der Kaiser ab. Die Guillotinierung des 38-jährigen Schobbenhaus nahm Gröpler am 13. November 1912 an gewohnter Stelle, auf dem Hof des Elberfelder Gefängnisses, vor.[7]

Hinrichtungen in Bonn

Erste nicht öffentliche Hinrichtung in der Rheinprovinz

Nach der Einführung des preußischen Strafgesetzbuchs fand die erste nicht öffentliche Hinrichtung in der Rheinprovinz am 12. Dezember 1851 in Bonn statt. Wie es in der Bonner Zeitung heißt, hatten sich die öffentlichen Hinrichtungen »eher demoralisirend als wohlthätig und warnend auf die Menge« ausgewirkt. Die Guillotine war mit der Eisenbahn von Köln nach Bonn transportiert worden, wo es seit der Franzosenzeit keine Hinrichtung mehr gegeben hatte.

Bei dem in Bonn Hingerichteten handelte es sich um den Schreiner Peter Cajetan aus Bonn. Er hatte 1832 bereits seine erste Frau erstochen, war zum Tode verurteilt, dann aber gleich zweimal begnadigt worden. Das Todesurteil wurde in eine lebenslange Zwangsarbeit umgewandelt, die dann aufgrund seiner »exemplarischen Aufführung« während der Haft und anlässlich der Thronbesteigung des neuen preußischen Monarchen auf zwölf Jahre verkürzt wurde.

Nach seiner Heimkehr aus dem Zuchthaus machte Cajetan in Bonn die Bekanntschaft einer 21-jährigen Frau, die er Anfang des Jahres 1849 heiratete, nachdem der Widerstand der Mutter der Braut gebrochen war. Schon vor der Ehe lebte das Paar in Streit und Hader, was während der Ehe noch schlimmer wurde und schließlich dazu führte, dass die Frau Ende des Jahres 1850 ihren Mann verließ. Dieser ließ sie aber nicht in Ruhe. Am Mittag des 12. Februar 1851 suchte er sie in der Wohnung eines ihrer Verwandten auf und fing einen Streit an, wobei er »mit hochgeröthetem Gesichte« einige Male in der Stube auf und ab ging. Dann zog er ein Werkzeug aus der Tasche und schritt drohend auf seine Frau zu. Der Verwandte verließ hilferufend das Zimmer, und gleich nachher kam Cajetan, ganz verwildert aussehend, die Treppe herunter und verließ das Haus.

Mitbewohner des Hauses eilten herbei, denen die stark aus einer Brustwunde blutende Frau sagte: »So hat er denn doch vollbracht, was er vorhatte!« Sie äußerte in abgebrochenen Sätzen, ihr Mann habe sie mit dem linken Arm umfasst und ihr mit der rechten Hand einen Stich in die Brust versetzt. Er habe zuerst den Knochen getroffen und, als er dies gemerkt habe, noch einmal angesetzt und nachgedrückt, wobei er sie ans Fenster gepresst habe, sodass eine Scheibe zerbrochen sei. Am 18. Februar 1851 starb Frau Cajetan an den Folgen der Wunde.

Nachdem der am 14. Juni 1851 der Ermordung seiner Frau angeklagte Cajetan vom Bonner Assisenhof unter Andrang eines

zahlreichen Publikums zum Tode verurteilt worden war, ging man in der Bonner Zeitung davon aus, dass die Hinrichtung, wie sonst üblich, »auf einem öffentlichen Platze« in Bonn vollzogen werden würde. Aufgrund der neuen Gesetzeslage aber erfolgte sie auf dem Hof des Bonner Gefängnisses in Gegenwart des Oberprokurators, zweier Räte und des Obersekretärs des Landgerichts sowie von zwölf vom Gemeindevorstand der Stadt abgeordneten Personen.[1]

Nach Cajetans Hinrichtung fand die nächste Guillotinierung in Bonn erst einige Jahrzehnte später statt. Am

Der am 20. August 1885 im Bonner Gefängnis hingerichtete Peter Dahlhausen aus Vinxel.

20. August 1885 richtete Scharfrichter Leonard Lersch den Tagelöhner Peter Dahlhausen aus Vinxel hin, der vom Bonner Schwurgericht am 24. Januar 1885 des Raubmordes an der Kölnerin Adele Carstanjen, Gemahlin des angesehenen Kölner Rechtsanwaltes und Justizrats Oskar Carstanjen, für schuldig befunden worden war. Das Verbrechen war an Fronleichnam, dem 12. Juni 1884, in einem Wald bei Oberkassel verübt worden, in dem die Ermordete von ihrem dortigen Landsitz aus spazieren gegangen war.[2]

Tod eines Rentners in Godesberg, 1894

Ein weiterer Raubmord fand am Freitag vor Pfingsten, dem 11. Mai 1894, in der Plittersdorfer Straße Nr. 26 in Bonn-Bad Godesberg statt, das bis dahin längere Zeit von Kapitalverbrechen verschont

GODESBERG. — Rue Plittersdofer.

Die Plittersdorfer Straße um 1919/20 zur Zeit der französischen Besatzung.

geblieben war. Bei dem Ermordeten handelte es sich um den 65-jährigen Rentner Karl Jacob Petry. Er hatte in Krefeld eine Weinhandlung und später in Köln einen Antiquitätenhandel betrieben, ehe er mit seiner Gattin nach Godesberg umsiedelte, die aber inzwischen verstorben war. Der kinderlose Rentner galt als recht wohlhabend, er sei auch, wie der Godesberger Bürgermeister später vor Gericht berichtete, sehr sparsam gewesen, »habe alle Hausarbeiten selbst gethan und sogar die Straße selbst gefegt«.

Am Tag nach der Tat, samstags abends, kam die Schwester Petrys aus Krefeld zu Besuch und wunderte sich, dass bei ihrem Bruder alles verschlossen und kein Lebenszeichen zu erkennen war. Sie holte Hilfe herbei, und nachdem man sich durch das Zutun eines Schlossers Zugang zum Haus verschafft hatte, fand sich die bis zur Unkenntlichkeit entstellte Leiche des Rentners vor. Der Bürgermeister und die Polizei wurden sofort benachrichtigt und stellten den Tatbestand fest. Das Haus, in dem sich viele Blutspuren befanden, war vom Täter gründlich durchsucht worden. In einem Küchenschrank lag die Tatwaffe, ein blutbeflecktes Beil.

Ein bei einem direkten Nachbarn Petrys, dem Kunst- und Handelsgärtner Ernst Kleinsorge, beschäftigter Gärtnergehilfe namens Heinrich Lethen fiel dadurch auf, dass er ab jenem Freitag plötzlich über größere Geldmittel zu verfügen schien. Er kleidete sich neu ein und beschenkte seine künftige Verlobte Christine Büßgen reichlich. Während er am Pfingstsonntag anlässlich der Verlobungsfeier eine »fidele Tour« zum Drachenfels unternahm, durchsuchte man seine Wohnung und fand blutbefleckte Kleidung und einige Schlüssel, die aus dem Petry'schen Hause stammten. Sofort begab man sich auf die Suche nach dem Verdächtigen, den man, als er sich auf der Rückreise vom Drachenfels befand, an der Rheinfähre zwischen Königswinter und Mehlem antraf. Beim Anblick seiner Verfolger sprang Lethen von der Fähre in den Rhein, wurde aber umgehend aufgefischt und festgenommen. Noch an jenem Pfingstsonntag brachte man ihn in einem besonderen Trambahnwagen nach Bonn ins Gefängnis. Tags darauf erfolgte die Obduktion des Ermordeten im Leichenhaus des Godesberger Friedhofs.

Raubmörder Lethen aus Godesberg.

Der am 27. November 1894 hingerichtete Gärtnergehilfe Heinrich Lethen.

Nach Pfingsten »sah Godesberg wohl den ergreifendsten Trauerzug, den es je erlebt und alles sprach dafür, daß ein beliebter Mann beerdigt ward«.

Im darauffolgenden Monat musste sich Lethen vor dem Bonner Schwurgericht verantworten. Dem 1868 in Lechenich geborenen Gärtnergehilfen, der schon in früheren Arbeitsverhältnissen unangenehm aufgefallen war, wurde außer dem Mord auch angelastet, mindestens 700 Mark, einen Brillantring, eine Uhr mit Kette und Medaillon sowie eine silberne Münze aus dem Haus entwendet zu haben. Lethen gab an, er habe Petry, der im Garten mit Teppichklopfen beschäftigt gewesen war, nur bestehlen wollen, sei aber dann von diesem im Haus überrascht und mit einem Stock angegriffen worden. Darauf habe er mit seinem Beil, das er zum Aufbrechen von Behältnissen mitgenommen habe, auf den Rentner eingeschlagen. Dem sprach aber entgegen, dass am Tatort kein Stock aufgefunden worden war. Der Staatsanwalt, dessen anderthalbstündige Rede mit anhaltenden Bravorufen des Publikums abschloss, hob darauf ab, dass Lethen die Mordtat von vornherein geplant habe, während der Verteidiger Lethens auf Totschlag plädierte. Das Urteil vom 23. Juni 1894 lautete auf Todesstrafe und Aberkennung der Ehrenrechte wegen Raubmordes. Nachdem eine Revision vom Reichsgericht als unbegründet verworfen worden war, erfolgte die Guillotinierung Lethens am 27. November 1894 auf dem Hof des Bonner Gerichtsgefängnisses, das gegen Schaulustige abgeschottet worden war. Ausführender Scharfrichter war Friedrich Reindel, der damit seine 108. Hinrichtung vollzog. Wie der General-Anzeiger für Bonn und Umgegend im Zusammenhang mit der Hinrichtung Lethens berichtete, hatte Reindel keine Vorliebe für die Guillotine, »weil entweder sie selbst versage, oder der Delinquent unter ihr sich so bewegen könne, daß das Messer den Schädel oder den Rücken trifft«. Reindel behauptete, »in der Hinrichtung durch Handbeil eine größere Sicherheit zu besitzen und hat unter seinen 90 Fällen noch keinen Fehlhieb gethan; bei der letzten Hinrichtung in Stolp saß das Beil noch einen halben Zoll tief im Block. Die übrigen 18 Vollziehungen der Todesstrafe durch Guillotine verbreiten sich auf Rheinprovinz und Hannover.«[3]

Raubmord in Durbusch durch Kroaten und eine Dreifachhinrichtung in Bonn

Am Donnerstag, dem 2. April 1908, erlebte Bonn das seltene Schauspiel einer Dreifachhinrichtung, vorgenommen durch Scharfrichter Gröpler. Bei den Hingerichteten handelte es sich um gebürtige Kroaten, den 29-jährigen Erdarbeiter Nikolaus Baic, den Schachtmeister Daniel Beslac (geb. 1884) und den Erdarbeiter Milos Kantar (geb. 1887). Tags zuvor, nachmittags gegen 16 Uhr, war ihnen vom Ersten Staatsanwalt mithilfe eines Dolmetschers mitgeteilt worden, dass am nächsten Morgen die Todesurteile gegen sie zur Vollstreckung kommen würden: »Das rief bei den ungebildeten Menschen ein Entsetzen hervor, dem sie in wildem Gebrüll Ausdruck gaben. Bei der Benachrichtigung über ihr schreckliches Schicksal standen neben jedem der Verbrecher zwei Aufseher«, wie es in der Düsseldorfer Gerichts-Zeitung heißt.

Die Hinrichtung der Durbucher Raubmörder.

Nikolaus Baic.

Daniel Beslac.

Milos Kantar.

Darstellung der Dreifachhinrichtung in Bonn am 2. April 1908 durch Scharfrichter Carl Gröpler; rechts die Hingerichteten. Viele Neugierige hatten auf den umliegenden Dächern Platz genommen.

Die Guillotine, welche sich in der Obhut des Oberlandesgerichts Köln befand und im Kölner Klingelpütz-Gefängnis aufbewahrt wurde, war von einem Spediteur nach Bonn transportiert worden: »Im Gefängnis herrschte eine tiefernste Stimmung, während das schreckliche Instrument montiert wurde.« Scharfrichter Gröpler hatte gegenüber von Landgericht und Gefängnis im »Bonner Hof« Quartier genommen, wo im Übrigen auch die Henkersmahlzeit für die drei Delinquenten zubereitet wurde.

Punkt 6 Uhr morgens begann donnerstags im Gefängnis das »Armsünderglöckchen« zu läuten. Als Erster wurde Baic auf den Gefängnishof geführt, wo etwa 40 Personen versammelt waren – außer den offiziellen Gerichtspersonen zwölf Bonner Bürger, mehrere Polizei- und Gefängnisbeamte, ein Offizier des Husarenregiments, der Gefängnisgeistliche und ein griechisch-katholischer Geistlicher. Scheinbar teilnahmslos ließ sich Baic zur Guillotine führen. Nachdem der Erste Staatsanwalt an einem mit Kruzifix und brennenden Kerzen versehenen Tisch das Schwurgerichtsurteil und die Bestätigung des Todesurteils durch den Kaiser vom 16. März 1908 verlesen hatte, wurde Baic mit den Worten »Scharfrichter, walten Sie Ihres Amtes!« in dessen Gewalt gegeben. Die drei Henkersknechte Gröplers schnallten den aufrecht stehenden Delinquenten, dessen Oberkörper entblößt war, an ein Brett fest, welches dann in Blitzesschnelle umgekippt und unter die Guillotine geschoben wurde, worauf Gröpler das Fallen des Beils auslöste.

Auch Kantar ging mit geradezu unheimlicher Ruhe seinem Schicksal entgegen, während dagegen der an zweiter Stelle hingerichtete Schachtmeister Beslac mit Gewalt aus seiner Zelle gebracht und von vier Gefängnisbeamten zur Guillotine getragen werden musste. Auf dem Weg dahin schrie und tobte er und wehrte sich gegen seine Festschnallung mit aller Kraft. Während der Dreifachhinrichtung, die kaum 15 Minuten in Anspruch nahm, fand in der Gefängniskirche ein Gottesdienst statt. Wie sich die Situation um das Gefängnis herum zum Zeitpunkt der Hinrichtungen darbot, wird in der Presse folgendermaßen beschrieben: »Ein ungeheures Polizei-Aufgebot, mindestens 40 Beamte, hielt die Wilhelmstraße, Sterntorbrücke, den Annagraben und die Alexanderstraße unter dem Kommando von drei Kommissaren besetzt [...] Eine größere Anzahl Personen hatte sich im Annagraben, wo das Gefängnis freiliegt, angesammelt. Man konnte dort das Schreien des Beslac und den dumpfen Schlag beim Niedersausen des Fallbeils genau hören. Auf den Dächern der Häuser an der Sterntorbrücke und des Annagrabens hatten ebenfalls viele Neugierige Platz genommen.« Die Leichen der Hingerichteten wurden in einfachen Särgen mit einem Fuhrwerk zur Anatomie in Bonn-Poppelsdorf gebracht, wo sie noch vor 7 Uhr morgens eintrafen.

Die Todesurteile gegen die drei Kroaten waren nach einer mehrtägigen und viel Aufsehen erregenden Verhandlung am 27. Oktober 1907 im Bonner »Justizpalais« in der Wilhelmstraße ausgesprochen worden. Außer ihnen hatten noch vier weitere Landsleute auf der Anklagebank gesessen, nämlich Obred Kokotovic, Georg Rupcic, Milos Pavelic (Vetter von Milos Kantar) und Georg Beslac (Bruder von Daniel Beslac) sowie eine Ungarin namens Anna Dezulian.

BONN, 9.I.05.   *Herzl. Gruß Martin.*   Kgl. Land- und Amtsgericht

Das Bonner Land-
und Amtsgericht
in der Wilhelm-
straße, 1905.

Wie aus dem Anklageakt hervorgeht, hatten die Angeklagten seit Anfang des Sommers 1907 Arbeit bei einem Unternehmer in Mayen bei Andernach gefunden, und zwar bei Dammbauten für die Erweiterung der Bahnstrecke Koblenz–Mayen. Die zuerst eingestellten Daniel Beslac und der Koch Milos Pavelic holten nach und nach weitere Kroaten nach Mayen, wobei der Ort Durbusch bei Overath eine Art Zwischenstation (vom Kölner Bahnhof nach Mayen) und Treffpunkt der Landsleute darstellte, die bei den Wirtsleuten Raaf zu übernachten pflegten. Der 65-jährige Wirt Daniel Raaf betrieb seine Schank- und Gastwirtschaft zusammen mit seiner 59-jährigen Frau in einem Haus, das etwa 120 Meter von Durbusch (Klein-Durbusch) entfernt an einer Landstraße zwischen dem Agger- und Sülztal lag.

Raaf machte sich oft den Spaß, bei seinen Gästen mit Geldblüten anzugeben, was aber bei den Kroaten unglücklicherweise den Eindruck erweckte, es mit einem schwerreichen Mann zu tun zu haben. Namentlich Daniel Beslac, der bei einem Aufenthalt bei Raaf »viel Geld klimpern« zu hören vermeinte, war der Meinung, dass in dem Wirtshaus leichte Beute zu machen sei. Er und Kantar redeten nun in Mayen unaufhörlich auf die anderen ein, sich diese

80

Chance nicht entgehen zu lassen, was schließlich dazu führte, dass sich Kokotovic, Rupcic, Baic und Kantar am 15. Juli 1907 reisefertig machten. Letzterer entschloss sich dann aber am Mayener Bahnhof im letzten Moment, doch nicht mitzufahren, da er, wie er erklärte, in Durbusch zu bekannt und an seinem tiefliegenden Auge zu leicht zu erkennen sei. Der ebenfalls etwas zögerliche Kokotovic wurde von Daniel Beslac und Kantar zum Mitfahren überredet und mit etwas Reisegeld ausgestattet. Abends gegen 21 Uhr kamen die drei über Köln und Hoffnungsthal in Durbusch bei den Wirtsleuten Raaf an.

Da deren Sohn auf Militärurlaub zu Hause und das Wirtshaus auch anderweitig belegt war, beschlossen die drei Kroaten, ihr Vorhaben um einige Tage zu verschieben. Kokotovic sagte vor Gericht aus, sie hätten noch einige Zeit gewartet, weil sie das junge Leben des Sohns »nicht hätten schlachten wollen«. Am 18. Juli kaufte Rupcic in der Nähe des Hoffnungsthaler Bahnhofs einen Knäuel fester, eng gedrehter Kordel und stellte daraus auf dem Weg nach Durbusch zwei Schlingen her. Die beiden anderen schnitten im Wald Holzpflöcke ab, und man half sich jetzt gegenseitig, aus diesen und den sorgfältig gedrehten Schlingen zwei Knebel herzustellen. Den einen erhielt Kokotovic, den anderen behielt Rupcic in der Tasche.

Am Abend des 19. Juli 1907, einem Freitag, schien den dreien der richtige Augenblick zur Ausübung des Verbrechens gekommen zu sein. Als der Wirt Kokotovic und Baic zu ihrer Schlafunterkunft auf den Speicher begleitete, warf ihm Kokotovic den Knebel um den Hals, riss ihn zu Boden und würgte ihn. Auch Baic stürzte sich nun auf den daliegenden Wirt und schnitt ihm mit einem Messer den Hals durch. Frau Raaf und Rupcic waren unterdessen in der Wirtsstube zurückgeblieben. Als sie das Poltern hörte, das durch das Hinfallen ihres Mannes verursacht worden war, eilte die Wirtsfrau auf den Flur, um zu sehen, was vorgefallen sei. Rupcic, der ihr gefolgt war, warf nun der erschreckten Frau die Schlinge seines Knebels um den Hals »und schnitt ihr ebenfalls die Kehle bis auf den Knochen durch«.

Auf der Suche nach der erhofften Beute kamen die drei Mordgesellen auch zum Schlafzimmer einer betagten Tante des Wirtes, der Witwe Lohmar, mit deren Anwesenheit sie nicht gerechnet hatten. Nach den Angaben Baics ging Rupcic mit einem Revolver hinein und bedrohte die Frau. Als sie um Hilfe gerufen habe, so Baic, habe Rupcic sie erstochen. Später wurden 16 Messerstiche bei der Toten festgestellt. In einem anderen Zimmer trafen die drei unerwartet auf zwei Enkelinnen der Eheleute Raaf, Mädchen im Alter von fünf und elf Jahren, die zu Besuch waren. Zu ihrem Glück erwachten die Kinder nicht und blieben so vor weiterem Unheil verschont. Die Beute der Mordbuben fiel denkbar gering aus. In der Tasche des ermordeten Wirtes befanden sich lediglich etwas über neun Mark. Baic nahm noch eine Flasche Schnaps und ein Kistchen Zigarren mit, und Kokotovic steckte eine Nickeltaschenuhr des ermordeten Wirtes ein. Dann flohen die drei und kehrten über Köln wieder nach Mayen zurück. Unterwegs drehte sich das Gespräch hauptsächlich um die geringe Beute und den Anstifter Milos Kantar – dieser »müsse hingeschlachtet werden wie ein Hund, weil er sie zu dieser Tat verführt habe«.

Für Hinweise zur Ermittlung der Täter setzte die zuständige Staatsanwaltschaft in Bonn 1.000 Mark Belohnung aus. In Mayen wurde man in den folgenden Tagen durch unbedachte Äußerungen von einigen der Kroaten und Frau Dezulians auf die Angeklagten aufmerksam, sodass der Mayener Polizeikommissar Rosenstock Ende Juli 1907 zu deren Verhaftung schritt. Die Festgenommenen wurden ins Bonner Untersuchungsgefängnis überführt. Die Bevölkerung in Mayen war derart empört, dass die Unternehmer gezwungen waren, allen Kroaten sofort zu kündigen.

In der Verhandlung, die durch gegenseitige Schuldzuweisungen der Angeklagten gekennzeichnet war, wurde der Bonner Polizeiinspektor Wittkugel, der als einer der Ersten am Tatort gewesen war, vom Staatsanwalt aufgefordert, sich »über das Leben der Kroaten im Allgemeinen auszulassen«, wobei Wittkugel, der etliche Tage lang in Verkleidung die verschiedenen Arbeitsstätten der Kroaten in Mayen, Waldbröl, Liblar und Morsbach besucht hatte, eine Unterscheidung der Kroaten in »Barabes« (»Barabbae«) und »Viecher« vornahm. Die Kroaten, so Wittkugel, »zerfallen in zwei Sorten, solche die arbeiten, aber meistens das verdiente Geld in der Kantiene ausgeben und im Spiel es an die zweite Sorte verlieren, diese zweite Sorte führt einen besonderen Namen, die Barabes, d. h. Mörder und Räuber. Sie geben um ein Menschenleben nichts und tragen beständig Dolchmesser und Revolver bei sich. Die andern Kroaten die arbeiten heißen Viecher (d. h. Pferde), die für sie mitarbeiten müssen. Schon für 20 Mark ist ein Barabas imstande, ein Viech umzubringen. Sämtliche Angeklagte sind Barabes.« Auch bezüglich des Gebrauchs von Messern war Wittkugel ein »kroatenspezifisches« Merkmal bekannt: »Das erste was mir an den Leichen auffiel, war der sogenannte Kroatenschnitt. Es ist dies ein Halsschnitt durch die Kehle. Sie drehen in der Wunde das Messer noch einmal herum und schneiden damit den Hals ab. Die Art dieses Stechens ist uns Kriminalisten bekannt.«

Zum Thema »Barabes« sagte Daniel Beslac aus, er habe Kantar zur Anwerbung von Arbeitern nach Durbusch geschickt, was aber ohne Erfolg geblieben sei. Daraufhin habe er seinem Bruder Georg nach Hannover geschrieben, er solle mit tüchtigen Arbeitern nach Mayen kommen, dieser habe aber »Barabes«, darunter Baic und Rupcic, mitgebracht, was die anderen Arbeiter in Mayen habe befürchten lassen, dass sie jetzt nicht mehr dort arbeiten könnten. Am 13. Juli 1907, so Kantar, sei Pavelic zu ihm gekommen und habe ihn aufgefordert, »die Dezulian zu schlachten« und ihr Geld zu stehlen. Baic habe davon abgeraten, Rupcic aber habe gesagt: »Was gilt für mich ein Mensch. Für 50 Mark schneide ich meinem Vater den Kopf ab«, eine Äußerung, die Entsetzensschreie im Zuschauerraum des Gerichts auslöste. Staatsanwalt Pult führte aus, dass mittlerweile überall dort, wo größere öffentliche Arbeiten ausgeführt würden, wie in Kiel, Hannover, Duisburg, Liblar, Hoffnungsthal und Koblenz, eine bedeutende Anzahl von »Barabes« anzutreffen sei, und sprach sich für die Einführung einer »scharfen Fremdenkontrolle« aus.

Die Täter hatten im Wirtshaus eine Truhe mit blutbefleckten Händen geöffnet, sodass die Fingerabdrücke deutlich zu sehen waren. Diese Stelle an der Truhe wurde ausgesägt und zusammen mit anderen Gegenständen an das Polizeipräsidium nach Berlin geschickt. Dort untersuchte man die Abdrücke nach dem System von Alphonse Bertillon, dem 1914 verstorbenen französischen Kriminalisten und Anthropologen, und stellte fest, dass sie von einem

Die verurteilten Obred Kokotovic (links) und Georg Rupcic. Letzterer erhängte sich in seiner Zelle.

der drei Kroaten stammten. Andere Gegenstände hatte man an das Hygienische Institut in Greifswald geschickt, dessen Gutachten in der Verhandlung verlesen wurde. Demnach hatte man Menschenblut am Hut und einem Messer der Kroaten gefunden. Der Staatsanwalt gab seiner Befürchtung Ausdruck, dass trotz aller »Errungenschaften der modernen Criminalistik, Telegraphie, Telephon, Blutuntersuchung und Bertillonisches System« eine Verhaftung der Täter sehr unwahrscheinlich gewesen wäre, wenn diese mit falschen Namen ins Ausland geflohen wären. Lobend hob er die Rolle der Presse hervor, die wesentlich zur Ermittlung der Täter beigetragen habe; nicht zuletzt durch die Berichterstattungen in den Zeitungen sei man in Mayen auf die Angeklagten aufmerksam geworden.

Nachdem sich die Beratung der Geschworenen, die 57 Fragen zu beantworten hatten, lange hinausgezögert hatte, verkündete der Gerichtspräsident gegen 2 Uhr nachts das Urteil. Die Angeklagten Kokotovic, Baic und Rupcic wurden wegen Mordes im Zusammenhang mit schwerem Raub ebenso zum Tode verurteilt wie Kantar und Daniel Beslac wegen Anstiftung zu diesen Verbrechen. Den Angeklagten Pavelic, welcher der Mitwisserschaft und der Bedrohung der Mitangeklagten Dezulian für schuldig befunden wurde, bestrafte das Gericht mit zweieinhalb Jahren Gefängnis, den ebenfalls der Mitwisserschaft angeklagten Georg Beslac mit sechs Monaten Gefängnis. Die Mitwisserschaft Frau Dezulians war von den Geschworenen verneint worden, sodass sie freigesprochen wurde. Rupcic erhängte sich nach der Urteilsverkündung in seiner Zelle, Kokotovic wurde zu lebenslänglicher Zuchthausstrafe begnadigt.[4]

Erschießungskommandos auf dem Venusberg

Im Ersten Weltkrieg zog die Verhängung des Kriegszustandes am 31. Juli 1914 durch Kaiser Wilhelm II. eine auf dem Belagerungszustand beruhende Erweiterung der todeswürdigen Delikte und die Errichtung von Ausnahmegerichten (außerordentliche Kriegsgerichte) nach sich, die ein verkürztes und vereinfachtes strafrechtliches Verfahren zuließen. Dies bedeutete eine Verschärfung der Bedingungen des Strafrechtes. Da die Errichtung der Ausnahmegerichte nur auf Anordnung eines Militärbefehlshabers innerhalb seines Armeekorpsbezirkes erfolgen konnte, wurden nicht in allen preußischen Provinzen außerordentliche Kriegsgerichte gebildet. In den übrigen Gebieten waren weiterhin Schwurgerichte für die Verurteilung von Kapitalverbrechern zuständig. Eine Verordnung vom 22. November 1916 zog eine weitere Verschärfung nach sich, da die Funktion Wilhelms II. als unabhängige Gnadeninstanz eingeschränkt wurde.

In der preußischen Rheinprovinz richtete man am 2. August 1914 außerordentliche Kriegsgerichte an den Sitzen der Landgerichte Aachen, Bonn, Neuwied, Trier und Mönchengladbach ein. Zum gleichen Zeitpunkt wurden auch in den Festungsbereichen Köln, Koblenz und Ehrenbreitstein auf Befehl der jeweiligen Gouverneure entsprechende Ausnahmegerichte installiert. Todesurteile bedurften der Bestätigung durch den Militärbefehlshaber des Armeekorpsbezirkes, um rechtskräftig zu werden. Nach erfolgter Bestätigung waren diese innerhalb von 24 Stunden durch Erschießen zu vollstrecken. Allerdings hemmte die Einreichung eines Gnadengesuches nach der Bestätigung des Urteils durch den Militärbefehlshaber die Urteilsvollstreckung, bis die Entschließung des Landesherrn, von seinem Begnadigungsrecht keinen Gebrauch machen zu wollen, ergangen war.[5] Durch ein Urteil des außerordentlichen Kriegsgerichts in Bonn vom 4. September 1915 wurde die am 2. November 1867 in Bonn-Ippendorf zur Welt gekommene, zuletzt in Bonn-Lengsdorf wohnhafte Tagelöhnerin Agnes Höfer (geborene Geishecker, Witwe von Ludwig Höfer) wegen Mordes zum Tode verurteilt. Die Verurteilte hatte die 39 Jahre alte Ehefrau von Gottfried Schönefeld, bei der sie im Hause wohnte, ermordet und um etwa 350 Mark beraubt. Die Vollstreckung des Urteils durch ein Erschießungskommando auf dem Exerzierplatz Venusberg setzte der Erste Staatsanwalt, dem die Leitung oblag, auf den 22. Januar 1916, morgens 8 Uhr, fest.

Dort fanden sich zum genannten Zeitpunkt außer dem Ersten Staatsanwalt ein Gerichtsassessor, ein Protokollführer, zwei Mitglieder des außerordentlichen Kriegsgerichts, ein Gefängnisbeamter und der Gerichts- und Gefängnisarzt Prof. Dr. Ungar ein. Auf Ersuchen des Ersten Staatsanwaltes hatte der Kommandant der Garnison Bonn den Hauptmann Blocks mit einer Kompanie Soldaten abgeordnet. Diese nahm in zwei Gliedern Aufstellung auf dem Exerzierplatz. Die Verurteilte war kurz vor 8 Uhr in unauffälliger Weise in einem geschlossenen Wagen zum Venusberg überführt worden. Nach der Verlesung des Todesurteils und der Bestätigung desselben durch den kommandierenden General des stellvertretenden achten Armeekorps am 22. September 1915 sowie durch Kaiser Wilhelm II. am 7. Januar 1916 rückte die Kompanie bis auf zehn Mann unter dem Befehl des Leutnants Keil ab.

Hierauf übergab der Erste Staatsanwalt die Verurteilte an Blocks mit den Worten: »Herr Hauptmann, ich ersuche Sie, das Urteil vollstrecken zu lassen.« Frau Höfer wurde nun von Kriminalbeamten an einen in der Schießbahn stehenden Baum geführt und mit einem Riemen über der Brust an denselben gefesselt. Sodann band man ihr mit einem Tuch die Augen zu, während Hauptmann Blocks dem Leutnant Keil den Befehl der weiteren Veranlassung gab. Dieser ließ die zehn Soldaten fünf Schritte vor der Verurteilten in zwei Gliedern antreten und gab das Kommando: »Zum Schuß fertig – Feuer.« Da an der sofort zusammengesackten Delinquentin noch Lebenszeichen zu erkennen waren, ließ der Offizier einen weiteren Schuss auf sie abgeben. Hierauf meldete Blocks: »Herr Staatsanwalt, das Urteil ist vollstreckt.« Nachdem Letzterer den Gefängnisarzt zu einer Untersuchung Frau Höfers aufgefordert und dieser festgestellt hatte, dass noch Zuckungen an ihr zu bemerken gewesen seien, wurde noch ein Schuss auf sie abgefeuert. Einen Schreiner ersuchte man, einen Sarg auf Kosten der Armenverwaltung anzufertigen.[6]

Ein weiteres Mal wurde ein Erschießungskommando am Morgen des 17. August 1918 auf dem Venusberg tätig. Bei dem Hingerichteten handelte es sich um den 43-jährigen Monteur Heinrich Baier, der durch ein Urteil des außerordentlichen Kriegsgerichts Bonn vom 19. Juni 1918 zum Tode verurteilt worden war.[7]

Anna Barbara Zisgen und ihre Stieftochter, Weitersburg, 1855

Der Tagelöhner und Maurer Jakob Zisgen, wohnhaft in Weitersburg bei Bendorf, lebte seit Ostern 1855 in zweiter, kinderloser Ehe mit Anna Barbara (geborene Esch) zusammen. Aus erster Ehe hatte er drei Kinder, zwei Jungen von zwölf und zehn Jahren sowie ein siebenjähriges Mädchen. Diese Tochter, Katharina, wurde Opfer eines Verbrechens, das für so bedeutend erachtet wurde, um in den berühmten »Pitaval«, einer über sechzigbändigen »Sammlung der interessantesten Criminalgeschichten aller Länder aus älterer und neuerer Zeit«, aufgenommen zu werden.

Am 28. November 1855 fand man Katharina erstickt in einer Schranktür eingeklemmt in der elterlichen Weitersburger Wohnung vor. Die Stiefmutter behauptete, das Kind müsse sich selbst in den Schrank hineingezwängt haben, wahrscheinlich, um Äpfel und Nüsse, welche auf dem Boden des Schrankes lagen, zu naschen. Da die Staatsanwaltschaft starke Zweifel an dieser Version hatte, wurde eine Voruntersuchung gegen Frau Zisgen eingeleitet, die zur Zeit des Vorfalls außer Katharina als einzige Person in der Wohnung gewesen war.

Infolge eines Anklagebeschlusses des Königlichen Justizsenats in Ehrenbreitstein wurde gegen sie die Anklage dahin erhoben, dass sie ihrer Stieftochter eine vorsätzliche Misshandlung mit Todesfolge zugefügt habe. Das mit dieser Sache beauftragte Schwurgericht in Neuwied tagte am 10. und 11. März 1856. Nach Vorlesung der Anklageschrift erweiterte der Oberstaatsanwalt die Anklage dahin, dass Frau Zisgen ihre Stieftochter »vorsätzlich, jedoch nicht mit Ueberlegung« getötet habe.

Die in Mülhofen zwischen Neuwied und Bendorf geborene Angeklagte arbeitete nach ihrem 15. Lebensjahr als Magd in Bendorf, Niederwerth, Koblenz und Vallendar, ehe es sie vor ihrer Heirat mit Zisgen unter anderem nach Tangermünde und Berlin verschlug. Nach Beurteilung ihrer Leumundsatteste schien an ihr, so heißt es im Pitaval, »mehr zu tadeln als zu loben« gewesen zu sein. In einer Stellungnahme der Charlottenburger Polizeibehörde wurde sie sogar als »ein höchst zorniges Frauenzimmer mit dem bösartigsten

Charakter« bezeichnet. Im Pitaval wird gemutmaßt, die Angeklagte könnte durch ihren Aufenthalt in größeren Städten eine »Cultur im schlechtesten Sinne des Worts eingesogen« haben, die oft zu Verbrechen führe und sich auch im Verhalten der Angeklagten vor Gericht gezeigt habe: »Während der Verhandlung über eine so schwere Anklage gegen sie hatte sie oft Mühe, das Lachen zu unterdrücken, und mußte sich zu dem Ende wiederholt das Taschentuch vor den Mund halten.« Das eheliche Zusammenleben der Zisgens war, wie mehrere Zeugen bekundeten, ein meist unerfreuliches. Dem Ehemann war seine Frau »zu vornehm, sie wollte nicht arbeiten, er hegte Zweifel an ihrer Keuschheit, sie war den größten Theil des Tages außer dem Hause, wollte aus Widerwillen nicht bei ihm schlafen, und sagte ihrem Manne, daß bei vornehmen Leuten Mann und Frau auch nicht auf demselben Zimmer schliefen; der Mann war ihr zu roh und ungebildet; es war ihr im Hause auch Alles zu ärmlich.«

Schon am dritten Tag nach der Hochzeit ereignete sich die erste Schlägerei zwischen den Eheleuten. Streit und Beschimpfungen standen seitdem auf der Tagesordnung, und nicht selten mussten Nachbarn eingreifen, um Schlimmeres zu verhüten, was auch die Stiefkinder betraf. Nach Zeugenaussagen verwundete die Angeklagte ihren älteren Stiefsohn durch einen Schlag mit einem Topf schwer am Kopf und warf ihn bei anderer Gelegenheit die Treppe herunter. Sogar von Vergiftungsversuchen ist die Rede. Herr Zisgen stellte eines Tages fest, dass eine von seiner Frau zubereitete Suppe stark nach Schwefel roch. Er setzte die Suppe beiseite, um

Der

neue Pitaval.

Eine Sammlung
der interessantesten Criminalgeschichten aller Länder aus
älterer und neuerer Zeit.

Herausgegeben
vom
Criminaldirector Dr. J. E. Hitzig
und
Dr. W. Häring (W. Alexis).

Fünfundzwanzigster Theil.
Dritte Folge. Erster Theil.

Leipzig:
F. A. Brockhaus.
1858.

»Der neue Pitaval« aus dem Jahre 1858. Hier wird auf über 40 Seiten der Fall Zisgen dargestellt.

sie am folgenden Tag von einem Apotheker in Bendorf untersuchen zu lassen. Am anderen Morgen war die Schüssel, in der sich die Suppe befunden hatte, ganz sauber ausgewaschen, und es befand sich darin ein Kruzifix, was Frau Zisgen zu dem Kommentar veranlasste, »das Crucifix werde wohl die Suppe gegessen haben«. Was den Tathergang betrifft, verwickelte sich die Angeklagte vor dem Neuwieder Schwurgericht zusehends in Widersprüche. Ihre Aussage, sie sei während der letzten Stunde vor dem Tod des Kindes nicht mehr im Haus, sondern unausgesetzt auf dem Hof mit dem Zerkleinern von Holz beschäftigt gewesen, erwies sich als unwahr. Dem Gericht unerklärlich war auch ihre Reaktion beim Auffinden des im Schrank eingeklemmten Mädchens: Statt zu versuchen, es aus dieser Lage zu befreien, überließ die Angeklagte dies einer herbeigerufenen Nachbarin, die das Kind – ohne Hilfe der Stiefmutter – nur noch tot aus dem Schrank bergen konnte. Schließlich erwies sich auch die Aussage der Angeklagten, das Mädchen habe sich selbst aus eigener Kraft zwischen den Schrank und die verschlossene Schranktür gezwängt, als sehr unwahrscheinlich, da es sogar Erwachsenen schwerfiel, die Schranktür entsprechend aufzubiegen.

Nach der Darstellung im Pitaval könnte die Stiefmutter zunächst nur die Absicht gehabt haben, das Mädchen wegen des versuchten Naschens zu züchtigen, »während der Züchtigung muß aber Alles, was sie früher Böses gegen das Kind im Sinne gehabt, in ihr erwacht, und so muß dem raschen Entschlusse die rasche That gefolgt sein«. Die Geschworenen verneinten die Frage nach vorsätzlicher Tötung, bejahten aber diejenige nach vorsätzlicher Misshandlung mit Todesfolge unter Nichtanerkennung mildernder Umstände, woraufhin die Angeklagte zu einer 15-jährigen Zuchthausstrafe verurteilt wurde.[1]

Die Guillotine in Düsseldorf

Tödlicher Vorfall auf dem Schilbershof (Gubisrath) bei Grevenbroich, 1856

Als der Pächter des Schilbershofes in Gubisrath, Johann Joseph Quadflieg, eine Warnung erhielt, dass für die Nacht vom 29. auf den 30. November 1856 ein Einbruch in sein etwa 40 Schritt vom Hof entferntes Backhaus zu befürchten sei, beauftragte er vier Männer, darunter den Privatförster Christian Chateau aus Kleinenbroich, in jener Nacht Wache zu halten. Tatsächlich bemerkten die Wächter, die sich in einem Nebenraum des Backhauses versteckt hielten, etwa anderthalb Stunden nach Mitternacht zwei Personen, die sich mit Nachschlüsseln Zugang zum Backhaus verschafften und wenig später offensichtlich dabei waren, auf dem Speicher befindlichen Weizen in Säcke zu füllen.

Einbruchsszene mit Schießerei Anfang des 19. Jahrhunderts.

Nun verließen die vier Wächter ihr Versteck und postierten sich im Halbkreis um die Backhaustür herum, worauf Chateau rief: »Spitzbuben aus dem Backhause heraus!« Als sich die Backhaustür einen Spalt öffnete, fiel plötzlich ein Schuss, der Chateau traf. Die Diebe entflohen, der schwer verletzte Chateau wurde ärztlich versorgt, starb aber nach neun Tagen an den Folgen der ihm zugefügten zahlreichen Schrotkugelverletzungen.

Nähere Ermittlungen bestätigten den gleich anfangs entstandenen Verdacht, dass der Ackerknecht Peter Paschen aus dem benachbarten Neukirchen und der Tagelöhner und Holzschuhmacher Engelbert Clefisch aus Ramrath (geboren in Allrath) die Einbrecher gewesen sein könnten und Clefisch den tödlichen Schuss abgegeben habe. Paschen, der früher Knecht bei Quadflieg gewesen war, legte gleich bei seiner ersten gerichtlichen Vernehmung ein

Geständnis ab, das er auch später bei der Verhandlung vor dem Düsseldorfer Assisenhof wiederholte. Demnach sei er, als er sich in der Tatnacht in Clefischs Wohnung in Ramrath befunden habe, von diesem überredet worden, zum Schilbershof zu gehen, um dort den Diebstahl zu begehen. Noch in der Wohnung habe Clefisch ein kurzes doppelläufiges Gewehr geladen und gesagt: »Siehe, ich lade das Gewehr, wenn Jemand uns zu nahe kommt, so muß er sterben!«

Im Backhaus des Schilbershofes angekommen, sei er die Treppe zum Weizenspeicher hinaufgestiegen, während Clefisch an der angelehnten Tür Wache gehalten habe. Als sie entdeckt worden seien, habe er, Paschen, hinauslaufen wollen, Clefisch habe ihn aber zurückgehalten, die Tür ein wenig geöffnet und einen Schuss abgefeuert, worauf beide entflohen seien.

In der Sitzung des Düsseldorfer Assisenhofes vom 28. April 1857 ergaben sich weitere Verdachtsmomente gegen den 46-jährigen Clefisch. So hatten Chateau und ein weiterer der vier Wächter ihren eidlichen Aussagen zufolge den ihnen wohlbekannten Clefisch bei seiner Flucht aus dem Backhaus erkannt. Zudem wurde bei einer wenig später bei Clefisch vorgenommenen Hausdurchsuchung ein doppelläufiges Gewehr vorgefunden, aus dem offensichtlich kurz vorher geschossen worden war. Auch waren bei der Obduktion im Körper des getöteten Privatförsters vorgefundene Schrotkörner von der gleichen Art wie bei Clefisch entdeckte. Mit absoluter Stimmenmehrheit der Geschworenen wurde er für schuldig erachtet, Chateau vorsätzlich getötet zu haben, um sich einer Ergreifung auf frischer Tat zu entziehen.

Das über Clefisch verhängte Todesurteil wurde nach Verwerfung eines Kassationsgesuches am Morgen des 22. Oktober 1857 auf dem Hof des Düsseldorfer Gefängnisses in Gegenwart der dazu geladenen Zeugen und unter dem Läuten der Gefängnisglocke mittels der Guillotine vollstreckt. Vorher war ihm erlaubt worden, sich von seiner Frau zu verabschieden, die zu jener Zeit ebenfalls im Düsseldorfer Gefängnis inhaftiert war, da sie wegen Beleidigung der Polizei anlässlich der Verhaftung ihres Gatten verurteilt worden war. Vor der Hinrichtung wurde sie ins Elberfelder Gefängnis verlegt, um ihr die schreckliche Szene zu ersparen.[1]

Zweifache Hinrichtung 1863

Vor den Schranken des Königlichen Assisenhofes in Düsseldorf standen Anfang Dezember 1862 der 50 Jahre alte Tagelöhner Peter Anton Purrio und seine über zehn Jahre jüngere Frau Anna Margaretha (geborene Amhausen), beide wohnhaft in Koch bei Mönchengladbach, unter der fürchterlichen Anklage, in der Nacht vom 22. auf den 23. April 1862 drei ihrer Kinder, nämlich den 14-jährigen Johann Heinrich, die zwölfjährige Maria Catharina und den elfjährigen Mathias, vorsätzlich und mit Überlegung getötet zu haben. Das jüngste Kind der Eheleute war erst rund ein Jahr alt.

Bis zu seiner Heirat in seinem 34. Lebensjahr stand Purrio im Ruf, ein »guthmütiger, schlichter und fleißiger Mensch zu sein. Leider änderte sich dieses nach dem Abschlusse der Ehe. Die junge Frau wußte sich ihn gänzlich zu unterwerfen. Ihr bösartiger Charakter verwickelte ihn mit seinen Nachbarn in Streit und veranlaßte ihn sogar zu Widersetzlichkeiten gegen die Steuerbehörde.« Auch seine Vermögensverhältnisse gerieten zunehmend in eine Schieflage, sodass seine Frau, »selbst zu stolz, um zu betteln«, schließlich die drei älteren Kinder zum Betteln ausschickte.

Dies und die damit verbundene Vernachlässigung von Schule und Erziehung hatten zur Folge, dass der Familie am 19. April 1862 eine Ladung des Aachener Zuchtpolizeigerichts zugestellt wurde, wonach sich die Kinder dort am 23. April wegen wiederholter Bettelei zu verantworten haben sollten. Gleichzeitig war Vater Purrio geladen, weil er das Betteln zugelassen hatte. Eben an jenem Tag aber wurden die Kinder ertränkt auf der Leloher Heide vorgefunden, worauf tags darauf die Verhaftung Purrios erfolgte, der die Nacht in einem Backhaus in Koch zugebracht hatte. Zum Bürgermeisteramt geführt, wollte er sich über die Leichen seiner Kinder, die dort lagen, hinwerfen und kniete, als er davon abgehalten wurde, betend an deren Seite nieder. In einem dem Bürgermeister gemachten Geständnis erklärte er, dass er sich durch fortwährende Aufforderungen seiner Frau zu der schrecklichen Tat habe hinreißen lassen.

Als er am Abend des 22. April nach Hause gekommen sei, habe ihm seine Frau gesagt, die Kinder würden sicherlich in die Erziehungsanstalten in Brauweiler oder Steinfeld eingeliefert werden

Die Arbeitsanstalt Brauweiler in einer Lithographie um 1840.

und also für sie, die Eltern, verloren sein – »es wäre deshalb besser, wenn sie aus der Welt geschafft würden«. Er habe nun einen Krug mit Branntwein fast ausgetrunken und sei gegen 20.30 Uhr mit den Kindern, denen ebenfalls Branntwein verabreicht worden war, von zu Hause unter dem Vorwand aufgebrochen, ein Versteck vor der Polizei zu suchen. Er habe sie auf die Leloher Heide geführt, wo sie sich zusammen in der Nähe eines Flachsweihers unter einem Tannenbaum niedergelegt hätten. Die Kinder seien sehr ermüdet und zum Teil auch betrunken gewesen. Als sie fest eingeschlafen seien, habe er die beiden Jungen nacheinander »leise aufgehoben«, zu dem Flachsweiher getragen und sie in denselben »hineingeschoben« – nur ein Gurgeln und Plätschern sei noch zu hören gewesen, ehe sie ertrunken seien. Ebenso habe er mit dem Mädchen verfahren, jedoch an einem anderen Weiher.

Bei dieser Version der Schreckenstat sollte es aber nicht bleiben. Als Purrio bei einem späteren Verhör erfuhr, dass seine Frau jede Mitwisserschaft und Anstiftung zu dem Verbrechen in Abrede stellte, erweiterte er sein Geständnis um einen wesentlichen Punkt. Er sagte nun aus, dass er und seine Frau die beiden schlafenden Jungen gemeinsam zu dem Weiher getragen und ertränkt hätten, dass sich seine Frau jedoch, ehe auch das Mädchen ins Wasser geworfen worden sei, entfernt und nach Hause begeben habe.

Obwohl Purrio in der Düsseldorfer Gerichtsverhandlung wohl unter dem Eindruck der Anwesenheit seiner Frau dieselbe betreffs ihrer Mittäterschaft noch einmal zu entlasten versuchte, sprachen doch zu viele mittlerweile gesammelte Indizien gegen sie. So hatte sich Frau Purrio vor allem nach der Tat Zeugen gegenüber in einer Weise geäußert, die darauf schließen ließ, dass sie nähere Kenntnis über den Ablauf des Verbrechens und sich daran beteiligt hatte. Einer Frau, welche ihr auf der Straße begegnet war, hatte sie erzählt,»das Mädchen habe den schlimmsten Tod gehabt, denn es habe die beiden Knaben sterben sehen«. Die Geschworenen erkannten beide Eheleute nach dem Inhalt der Anklage für schuldig, worauf der Assisenhof sie zum Tode verurteilte.

Die Doppelhinrichtung fand am frühen Morgen des 3. Juli 1863 auf dem Hof des Düsseldorfer Gefängnisses in Gegenwart der dazu verordneten Behörden und sonstigen Zeugen statt. Wie in der Presse berichtet wurde, hatte der zuerst hingerichtete Purrio tags zuvor nachmittags einen Anschlag auf einen Gefängnisschließer verübt, der ihn nach der Verkündigung der Bestätigung des Todesurteils in seine Zelle gebracht hatte:»Er biß den Schließer in die linke Hand, versetzte ihm einen Stoß und entriß ihm das Faschinenmesser. Da aber sprangen zwei andere Schließer hinzu und entwanden ihm das Mord-Instrument. Am späten Abend wiederholten sich bei dem Verbrecher die Wuthausbrüche, so daß ihm die Zwangsjacke angelegt werden mußte.«

Bezüglich der Hinrichtung Frau Purrios gehen die Presseberichte auseinander. Während in der Kölnischen Zeitung zu lesen ist, dass sich die Verurteilte, die während der Hinrichtung ihres Mannes im Gefängnis zurückgehalten wurde, kaum noch bewegen konnte und»aufs Schafott getragen werden« musste, berichtete die Düsseldorfer Zeitung in einer (gängigen) harmonisierenden Version, dass Frau Purrio betend und»mit den Zeichen tiefster Zerknirschung, das Cruzifix in der Hand, die schauerliche Richtstätte« betreten habe.[2]

Raubmord zwischen Haan und Hilden, 1882

Nachdem der Schleifer Adolph Muntz Ende November 1881 eine wegen Diebstahls verhängte fünfjährige Freiheitsstrafe im Zuchthaus Werden verbüßt hatte, begab er sich nach einem Zwischenaufenthalt bei seiner Schwester zu seinem in Sombers in der damaligen Bürgermeisterei Haan wohnenden Bruder Mathias Muntz, bei welchem er, wie er vorgab, das Weberhandwerk erlernen wollte. Dass Adolph aber seine Vergangenheit noch längst nicht hinter sich gelassen hatte, wurde seinem Bruder klar, als beide am Morgen des 2. Januar 1882 zu Fuß unterwegs waren und Adolph seinem Bruder unumwunden erklärte, an Ort und Stelle einen Raub begehen zu wollen.

Eine Gelegenheit dazu schien Adolph gekommen zu sein, als ihnen gegen Mittag auf der Chaussee zwischen Haan und Hilden die etwa 23 Jahre alte Regine Sommer (geborene Schmitz, Witwe von Leopold Sommer) begegnete. Nun ging Adolph, der seinem Bruder ein unter der Weste verborgenes Beil zeigte, sofort auf sein Opfer los, fasste es am Hals und schleifte es von der Straße weg. Sein Bruder will darauf nach eigenen Angaben davongelaufen sein. Er sagte aus, er habe der jungen Frau helfen wollen, dann aber um sein eigenes Leben gefürchtet, »denn er wäre seinem Bruder in keiner Weise gewachsen«. Erst am Abend des folgenden Tages kehrte Adolph zu seinem Bruder zurück und drohte diesem: »Wenn Du mich verräthst, dann kommst Du mit hinein.«

Nachdem Regine Sommer am 2. und 3. Januar nicht nach Hause gekommen war, machte sich ein Suchtrupp auf, der schließlich die furchtbar zugerichtete Leiche der Vermissten in einer Tannenschonung etwa 30 Schritte von der Chaussee entfernt fand. Es stellte sich heraus, dass sie beraubt und durch rund ein Dutzend Beilhiebe getötet worden war. Dem Ergebnis der obduzierenden Ärzte zufolge war zudem »gegen die Leiche eine ruchlose Schandthat verübt« worden.

Der am 11. Januar 1882 in Mülheim / Rhein verhaftete Adolph beschuldigte seinen Bruder, sodass sich schließlich beide vor dem Düsseldorfer Schwurgericht verantworten mussten. Die Verhandlung endete am 1. Februar 1883 mit einem Freispruch für Mathias, seinen Bruder hingegen belegte das Gericht mit der Todesstrafe, die

am 19. Mai 1883 auf dem inneren Hof des Düsseldorfer Gefängnisses durch Scharfrichter Leonard Lersch mittels der Guillotine
vollstreckt wurde. Der Kopf des Delinquenten fiel in einen Sack,
während der Körper schnell durch eine Luke in den unteren Teil
der Guillotine geworfen und somit den Augen der Anwesenden
entzogen wurde. Damit kein Unbefugter von draußen zuschauen
konnte, waren nach der Straßenseite große Leintücher gespannt.
Der Hingerichtete wurde auf dem Bilker Kirchhof beerdigt.[3]

Mord an zwei Mädchen bei Mönchengladbach, 1885

Am 29. August 1885 wurde dem 32-jährigen, zum Tode verurteilten Holzschuhmacher Franz Gottfried Peters, zuletzt wohnhaft in
Lürrip bei Mönchengladbach, durch den stellvertretenden Ersten
Staatsanwalt der Inhalt einer Anordnung mitgeteilt, wonach »der
Kaiser vom Rechte der Gnade bei Peters keinen Gebrauch machte
und dem Gesetze freien Lauf gelassen werden sollte«. Peters, der
bis dahin fest auf eine Begnadigung gehofft hatte, war »wie ver-
nichtet«, als er sein sicheres Ende vor sich sah, »so daß er das Papier
kaum zu halten vermochte«. Auf eine Henkersmahlzeit verzich-
tete er und benutzte die verbleibende Zeit dazu, sich auf den Tod
vorzubereiten. Die letzte Nacht verbrachte er in Gesellschaft eines
Aufsehers und eines Gefangenen schlaflos. Die Hinrichtung durch

Mönchenglad-
bach, Lithographie
um 1850.

Scharfrichter Lersch fand am frühen Morgen des 31. August 1885 auf dem Frauenhof des Düsseldorfer Arresthauses statt. Das Aufschlagen der Guillotine und der Zeitpunkt der Hinrichtung waren weitestgehend geheim geblieben, sodass in den angrenzenden Straßen nur wenig Publikum anwesend war. Peters hatte am 29. März 1885 die zehnjährige Therese Dormanns und die etwas jüngere Gertrud Heinrichs, beide in Gladbach in der Bockstraße wohnhaft, in ein abgelegenes Gebiet bei Po-ngs gelockt und in einer Flachsgrube ertränkt, nachdem er an ihnen sexuelle Handlungen vorgenommen hatte. Therese Dormanns hatte er zudem einen Messerstich am Hals versetzt. Peters, der in den Niederlanden verhaftet wurde, kannte die Familie Dormanns von früher her und hatte öfters in deren Haus verkehrt. Sein Fall war am 22. Juni 1885 unter Ausschluss der Öffentlichkeit vor dem Düsseldorfer Schwurgericht verhandelt worden.[4]

Mehrere Hinrichtungen Ende des 19. Jahrhunderts

In den Jahren von 1890 bis 1895 war Scharfrichter Friedrich Reindel ein häufig gesehener Gast in Düsseldorf. Am 19. April 1890 um 6 Uhr morgens nahm er auf dem kleinen Hof auf der nördlichen Seite des dortigen Arresthauses die Guillotinierung des Händlers Friedrich Schmidt aus Bulmke bei Gelsenkirchen vor. Die Kunde von der Hinrichtung hatte sich tags zuvor von Mund zu Mund verbreitet, »obwohl seitens der Behörden größtes Stillschweigen beobachtet wurde und den Untergebenen anempfohlen war«. Im Gegensatz zu früheren Jahren war den Vertretern der Presse der Zutritt zum Richtplatz nicht erlaubt worden.

Das Düsseldorfer Schwurgericht hatte den Delinquenten am 15. November 1889 wegen Raubmordes, begangen am 15. März 1889 am Rheinufer zwischen Oberkassel und Heerdt an dem Händlerkollegen Hermann Althoff aus Ahle (Kreis Ahaus), zum Tode verurteilt. Ein medizinisches Gutachten ergab, dass Althoff, den man am Tag nach der Tat am Rhein ohne seine Geldtasche aufgefunden hatte, durch einen Schuss in den Kopf betäubt und dann ertränkt worden war.[5]

Eine besonders schreckliche Entdeckung machte man am Morgen des 6. Juli 1890, als in einem Kornfeld in der Düsseldorf-

Volmerswerther Gegend die verstümmelte Leiche der zwölf Jahre alten Katharina Lethen, Stieftochter eines Fabrikarbeiters aus Volmerswerth, aufgefunden wurde: »Der Hals war durchschnitten und der Bauch von oben bis unten aufgeschlitzt und die Gedärme herausgezogen.« Das Kind war am Abend vorher von seiner kranken Mutter zur Apotheke geschickt und auf dem Rückweg so bestialisch zugerichtet worden. Als Täter wurde der in Gohr (damaliger Kreis Neuss) geborene und in Volmerswerth wohnhafte, vorbestrafte Tagelöhner Franz Kohlbecher ermittelt, der am 30. September 1890 vom Düsseldorfer Schwurgericht zum Tode verurteilt und am 3. Januar 1891 hingerichtet wurde.[6]

Etwas zu sicher fühlte sich der 1861 in Viersen geborene und in Dülken wohnhafte Handlanger Johann Klonisch, nachdem eine erste Verhandlung gegen ihn am 18. Oktober 1889 mit seiner Freisprechung geendet hatte. Ihm war angelastet worden, sich am 7. Juni 1889 zwischen Viersen und Dülken eines Raubmordes an der Dülkenerin Maria Holtz sowie an ihr begangener »unsittlicher Handlungen« schuldig gemacht zu haben. Später machte er den Fehler, dem Dülkener Schneider Heinrich Bardenburg bei der Schilderung ihrer beiderseitigen »Heldentaten« zu erzählen, dass er tatsächlich der Täter gewesen, also unberechtigt freigesprochen worden sei. Er legte dar, wie er sein Opfer mit dessen eigenen Haaren erdrosselt und anschließend beraubt hatte.

Bardenburg schwieg eine ganze Zeit lang, teilte dann aber schließlich doch einem Anstaltsgeistlichen des Zuchthauses Werden, wo er eine längere Strafe zu verbüßen hatte, die ihm von Klonisch gemachten Äußerungen mit. Dies hatte die Eröffnung eines Wiederaufnahmeverfahrens und eine erneute Verhandlung des Falles vor dem Düsseldorfer Schwurgericht zur Folge, das den Angeklagten aufgrund der neuen Beweislage am 15. Februar 1892 zum Tode verurteilte. Die Vollstreckung des Todesurteils, die Klonisch »als eine Strafe für seine so schlecht zugebrachte Lebenszeit« ansah, erfolgte am 18. August 1892 an gewohnter Stelle auf dem Hof des Düsseldorfer Gefängnisses.[7]

Schon ein Jahr später waltete Reindel hier erneut seines Amtes, indem er das Todesurteil vom 16. Februar 1893 gegen den in Kleve geborenen, 26 Jahre alten Schuhmacher Hermann Brendgen vollstreckte. Nachdem Reindel und dem Verteidiger des Delinquenten am Morgen des 3. August 1893 die kaiserliche Bestätigungsurkunde des Todesurteils vom Staatsanwalt vorgezeigt worden war, schnallten die Gehilfen Reindels den Verurteilten auf der Guillotine fest, die tags zuvor nach Düsseldorf transportiert und aufgebaut worden war, und »nach wenigen Sekunden war der Gerechtigkeit volle Sühne geleistet«, wie es in der Presse hieß.

Wieder lag ein Mord an einer Frau der Hinrichtung zugrunde. Brendgen hatte zuletzt bei dem Schuhmachermeister Reiners in der Hoffeldstraße im Düsseldorfer Stadtteil Flingern gearbeitet und auch dort gewohnt. Das Schwurgericht erachtete ihn für schuldig, am Abend des 19. November 1892 der Tochter des Meisters, der unverheirateten Büglerin Franziska Reiners, auf der Straße aufgelauert, sie zu vergewaltigen versucht sowie beraubt und erwürgt zu haben. Ihre Leiche war am nächsten Morgen in einem Garten unweit der elterlichen Wohnung in der Hoffeldstraße gefunden worden. Wenige Tage vor der Tat hatte der in Neuss verhaftete Brendgen geäußert: »Wenn ich die Franziska nicht bekomme, so soll sie auch kein Anderer haben.«[8]

Die letzten Hinrichtungen – es handelte sich um eine Doppelhinrichtung –, die Reindel in Düsseldorf vornahm, die gleichzeitig dort die letzten vor der Jahrhundertwende waren, fielen in das Jahr 1895. Die beiden Hingerichteten waren die in Vorst im ehemaligen Kreis Kempen geborenen Brüder Karl Theodor Wirtz (geb. im Februar 1862) und Franz Josef Wirtz (geb. im September 1868). Da der in Vennheide bei Viersen wohnhafte Franz Josef in der Heimat längere Zeit keine Arbeit in seinem Beruf als Seidenweber gefunden hatte, begab er sich im Sommer 1894 nach Lehe bei Bremerhaven, um dort ebenso wie sein älterer Bruder als Erdarbeiter beim Kanalbau tätig zu sein.

Anfang September 1894 hielten sie sich wieder in Vennheide auf, ohne dass sie, was nach längerer Abwesenheit normal gewesen wäre, mit Bekannten und Verwandten Kontakt gesucht hätten. Offensichtlich bereiteten sie jetzt schon einen Raubüberfall vor, den sie dann in der Nacht vom 28. zum 29. September 1894 in Anrath ausübten. Sie verschafften sich dort Zugang in das Haus der Brüder Peter und Heinrich Rütters, beide Bäckermeister, bei

denen sie sich reichliche Beute ausrechneten. Im oberen Teil des Hauses trafen sie plötzlich auf Peter Rütters, der nun von den beiden Einbrechern gewaltsam attackiert wurde. Weitere Hausbewohner kamen hinzu, sodass ein Handgemenge entstand, bei dem die Brüder Rütters durch zahlreiche Messerstiche der Eindringlinge getötet wurden. Auch eine Schwester der Rütters und ein Neffe trugen Stichverletzungen davon, von denen sie sich aber wieder erholen konnten. Den Brüdern Wirtz gelang die Flucht aus dem Haus – mit einer Beute von nur acht Pfennigen und einer Zigarre! Einen nicht gebrauchten Revolver verkauften sie in aller Eile.

Nach einer Hausdurchsuchung in Vennheide, bei der unter anderem ein Glaserdiamant, mit welchem offensichtlich der Versuch gemacht worden war, eine Fensterscheibe am Hause der Brüder Rütters zu zerschneiden, beschlagnahmt werden konnte, schritt man zur Verhaftung von Franz Josef Wirtz. Dessen älterer Bruder war noch am 29. September, also gleich nach der Tat, wieder nach Lehe zurückgekehrt, wo er aber ebenfalls auf telegraphische Weisung der Staatsanwaltschaft sofort verhaftet und in Untersuchungshaft genommen wurde.

Auf den Weg in den Norden begab sich auch der um die Aufklärung des Falles besonders bemühte Kriminalkommissar Verhülsdonk, der es nicht versäumte, einen am Tatort gefundenen Tropen-

Die Brüder Karl Theodor (links) und Franz Josef Wirtz, welche 1894 bei einem Einbruch in Anrath die Bäckermeister Peter und Heinrich Rütters erstachen.

helm sowie eine ebenfalls dort zurückgelassene Laterne auf seine Reise mitzunehmen. In der Leher Wohnung von Karl Theodor Wirtz traf er auf dessen Frau und ein etwa sechs Jahre altes Kind, welches beim Vorzeigen des Tropenhelms diesen sofort wiedererkannte und ausrief: »Der gehört ja dem Papa!« Auch die Laterne kam dem kleinen Kind wohlbekannt vor, und es konnte sofort die Stelle angeben, wo sie früher in der Wohnung gehangen hatte.

Schon wenige Wochen später mussten sich die beiden Brüder Wirtz vor dem Düsseldorfer Schwurgericht verantworten, das sie am 12. November 1894 wegen schweren Diebstahls, Mordes, Mordversuchs und Raubversuchs zum Tode verurteilte. Die von den Verurteilten eingelegte Revision wurde kostenfällig verworfen. Daraufhin legten ihre Ehefrauen ein Gnadengesuch an den Kaiser ein, das dieser aber ebenfalls ablehnte. Die Doppelhinrichtung fand am Morgen des 5. Juli 1895 auf dem Hof des neuen Gefängnisses in der Ulmenstraße in Derendorf statt, wobei zuerst der ältere der beiden an der Reihe war und etwas später nach der Reinigung des Schafotts der jüngere Bruder.[9]

Röntgenaufnahme brachte den Beweis

Unter der Anklage des Raubmordes musste sich am 14. Mai 1904 der erst 19 Jahre alte Fabrikarbeiter Johann Stankiewicz aus Düsseldorf vor dem dortigen Schwurgericht verantworten. Ihm wurde zur Last gelegt, am 20. Februar 1904 den 58-jährigen Fabrikarbeiter Peter Vogel ermordet und seiner Barschaft in Höhe von 8,50 Mark beraubt zu haben. Dieser war am Abend jenes Tages in der Düsseldorfer Behrenstraße in der Nähe einer Fabrik mit mehreren Stichwunden und sonstigen Verletzungen am Kopf in bewusstlosem Zustand aufgefunden worden. Er wurde ins Krankenhaus gebracht, wo er am folgenden Tag starb, ohne das Bewusstsein wiedererlangt zu haben.

Durch verschiedene Äußerungen hatte Stankiewicz, der schon einige Zeit ohne Beschäftigung war, auf sich aufmerksam gemacht. So hatte er vor der Tat erzählt, er müsse sich auf jeden Fall Geld verschaffen, selbst wenn er jemanden umbringen müsse. Nach der Tat hatte er laut einer Zeugenaussage geäußert, er habe einem Mann etwa fünf Stiche in den Kopf versetzt, wobei die Spitze des

Dolches abgebrochen sei, und dann seinem Opfer das Geld abgenommen. Vor Gericht erklärte er, er habe in der Zeitung von dem Vorfall gelesen und mit seiner vermeintlichen Täterschaft angeben wollen, wohingegen ihm aber nachgewiesen werden konnte, dass zu jener Zeit seiner Äußerung diesbezüglich noch gar nichts in der Zeitung veröffentlicht worden war.

Weiterhin wurde der Angeklagte durch ein Gutachten des seinerzeit bei Gerichtsverhandlungen öfters zu Rate gezogenen Stadt- und Gerichtschemikers Dr. Loock schwer belastet, der die Schädeldecke des Ermordeten mittels Röntgenstrahlen untersucht und dabei die Spitze eines Dolches gefunden hatte, die genau zu einem Dolch passte, der im Bett des Angeklagten entdeckt worden war. Loock schloss sein Gutachten dahin ab, dass die Tat nur mit jener Waffe ausgeführt worden sein konnte. Das in jener Verhandlung gefällte Todesurteil wurde am 1. April 1905, zehn Jahre nach der letzten in Düsseldorf vorgenommenen Hinrichtung, durch Scharfrichter Engelhardt aus Magdeburg auf dem Hof des Derendorfer Gefängnisses vollstreckt.[10]

Der berühmte Chemiker Dr. Loock aus Düsseldorf.

Der »berühmte Chemiker« aus Düsseldorf in einer Darstellung von 1906.

Die Ermordung des Oberstleutnants Roos in Mönchengladbach, 1905

Nachdem er aus gesundheitlichen Gründen vom Dienst hatte zurücktreten müssen, zog Oberstleutnant Wilhelm Alexander Roos, der lange Zeit im Generalstab in Berlin tätig gewesen war, im Jahr 1904 mit seiner Frau nach Mönchengladbach, ehe diese einige Monate später von ihrem Mann getrennt ihren Wohnsitz in Paris nahm. Als Haushälterin im Roos'schen Haus in Mönchengladbach in der Rheydter Straße Nr. 28 fungierte seinerzeit die Witwe Gertrud Bloemers, die zusammen mit ihrem Sohn, dem 1879 in den Niederlanden geborenen Tagelöhner Leonhard Bloemers, auch in dem Haus wohnte. Als sich die Witwe im Laufe des Jahres 1905 zur Aufgabe ihres Beschäftigungsverhältnisses im Hause

Der am 23. Oktober 1905 ermordete Oberstleutnant Roos.

Aus: Düsseldorfer Gerichts-Zeitung vom 8. September 1906.

Roos entschloss, nahm dieser auf Bitte der Witwe im Sommer 1905 einen anderen Sohn von ihr, den ebenfalls in den Niederlanden geborenen Fabrikarbeiter und Möbelpolierer Adolf Bloemers, unter Vertrag, wonach dieser mit seiner Frau Anna die Stelle seiner Mutter einnehmen sollte. Am 1. September 1905 zogen daraufhin die Eheleute Bloemers, die bis dahin in Viersen gewohnt hatten, in das Haus des Oberstleutnants ein. Leonhard, der nicht dessen Vertrauen hatte gewinnen können, musste ausziehen, verkehrte aber nach wie vor häufig bei seinem Bruder in der Rheydter Straße.

Seit dem 23. Oktober 1905 war Roos plötzlich verschwunden. Am Abend zuvor hatte man den 48-Jährigen in der Gesellschaft »Erholung« in Mönchengladbach auf einer Feier anlässlich des Geburtstages der Kaiserin zuletzt gesehen. Auf Veranlassung der Verwandten des Oberstleutnants wurde von der Polizeiverwaltung in Mönchengladbach ein Ausschreiben bezüglich des Verschwindens desselben erlassen. Die Bloemers erklärten Kriminalkommissar Heinzerling, dass sie über den Aufenthalt des Vermissten nichts wüssten, sie vermuteten aber, dass er sich auf einer Reise nach England befände. Als die Ehefrau des Oberstleutnants von Paris nach Mönchengladbach kam, um die Wohnräume des Vermissten zu besichtigen, stellte sie fest, dass unter anderem zwei wertvolle Bronzefiguren fehlten. Bei einer Revision der städtischen Pfandleiher wurde festgestellt, dass etliche Sachen aus dem Besitz des Oberstleutnants von den Brüdern Bloemers und Anna Bloemers versetzt worden waren, was zu deren Verhaftung führte. Bei den Verhören legten die Beschuldigten dem Kriminalkommissar gegenüber nacheinander umfassende Geständnisse ab, wonach sie den Oberstleutnant aus

104

Leonhard Blömers.
Tagelöhner. (26 Jahre alt.)

Ehefrau Adolf Blömers,
(geb. Anna Severin. 28 Jahre alt)

Adolf Blömers,
Möbelpolierer. (25 Jahre alt.)

Habgier auf schreckliche Weise ermordet hatten. Die vergrabenen Leichenteile des Unglücklichen, dem der Kopf und ein Finger abgetrennt worden war, konnten aufgrund der Angaben der Geständigen in der Umgebung von Viersen an der Viersener Chaussee geborgen und zur Obduktion ins Krankenhaus gebracht werden.

Die Verhandlung des Falles am 22. März 1906 vor dem Schwurgericht im Düsseldorfer Justizgebäude am Königsplatz sorgte nicht zuletzt wegen der vorausgegangenen intensiven Berichterstattung in der Presse für großes Aufsehen. Das Gebäude war vom frühen Morgen an von einer ungeheuren Menschenmenge belagert, sodass ein großes Polizeiaufgebot vonnöten war. Als der Gefangenentransportwagen erschien, brach die Volksmenge in laute Verwünschungen aus. Halb Mönchengladbach war auf den Beinen, aber aufgrund der Vielzahl an Zeugen waren nur wenige Einlasskarten für die Verhandlung ausgegeben worden. Denjenigen, denen es gelungen war, eine Karte zu erlangen, wurden geradezu wahnwitzige Angebote dafür gemacht, sodass vor dem Gerichtsgebäude sehr bald ein schwunghafter Handel im Gange war.

Die drei Angeklagten wurden einzeln, mit Eisenketten gefesselt, in den Saal zur Anklagebank geleitet. Anna Bloemers, die sich in anderen Umständen befand, hatte in der letzten Zeit wegen wiederholter Selbstmordversuche ständig bewacht werden müssen. Aus der Verhandlung geht hervor, dass die Angeklagten schon einige Tage vor der Tat auf den Gedanken gekommen waren, den Oberstleutnant zu ermorden, vor allem, seitdem sie durch Schnüffeleien herausbekommen hatten, dass er einiges Bargeld im Haus aufbewahrt hatte. Der erste Plan ging dahin, ihn zu vergiften. Am Samstag, dem 21. Oktober 1905, fuhren die beiden Brüder nach Düsseldorf, um in dortigen Apotheken Gift zu besorgen, was aber deshalb misslang, da sie keinen polizeilichen Erlaubnisschein vorweisen konnten, der zur Herausgabe von Gift notwendig gewesen wäre.

Am Morgen des darauffolgenden Montags veranstaltete Adolf Bloemers einer Absprache der drei Angeklagten vom Vortag gemäß im Keller des Roos'schen Hauses einen solchen Lärm, dass der Hausherr nicht lange auf sich warten ließ, während sich Leonhard in einem anderen Kellerraum versteckt hielt. Als der aufgebrachte Roos seinen Unmut über den Lärm zum Ausdruck gebracht hatte und wieder hinaufgehen wollte, wurde er durch mehrere Schläge der beiden Brüder mit einem Hammer und einem Beil niedergestreckt. Die Brüder gingen nun hinauf, und Adolf teilte seiner Frau, die Wache gehalten hatte, mit, dass Roos tot sei. Als sich die Brüder aber wieder zur Kellertür begaben, hörten sie Lebenszeichen ihres Opfers. Beim Hineinleuchten in den Keller sahen sie den Oberstleutnant blutüberströmt auf der Treppe stehen.

Nun besorgten sich die Brüder schnell zwei große Schusterklopfsteine, die im Haus aufbewahrt waren. Leonhard traf mit einem davon den Oberstleutnant aus etwa zwei Meter Entfernung am Kopf, sodass der Unglückliche mit lautem Krach rücklings die Treppe hinunterstürzte, wo er weiter mit den Steinen attackiert wurde und anschließend mehrere Dolchstiche in die Brust erhielt. Adolf holte dann eine Säge, mit welcher er und sein Bruder den Kopf ihres Opfers abtrennten, um den Körper, sollte er später entdeckt werden, unkenntlich zu machen. Leonhard, der leugnete, sich daran beteiligt zu haben, sagte aus, der Oberstleutnant habe dabei noch geröchelt, was eine große Unruhe im Zuhörerraum des Gerichtssaals auslöste. Durch die späteren medizinischen Untersuchungen konnte nicht festgestellt werden, ob Roos zum Zeitpunkt des Absägens des Kopfes tatsächlich noch lebte. Die Tat wäre beinahe noch durch einen Polizeisergeanten entdeckt worden, der während der schrecklichen Geschehnisse an der Haustür schellte. Er war aber nur gekommen, um etwas abzugeben, und bemerkte nichts.

Gleich nach der Mordtat durchsuchten die Angeklagten die Taschen des Toten nach Geld, das sie, ebenso wie das in seinem Schreibtisch befindliche, unter sich aufteilten. Den Kopf steckten die beiden Brüder in einen Handkoffer, in welchem sie ihn am Nachmittag des Mordtages zur Viersener Landstraße brachten, wo sie ihn in einem Gehölz vergruben. Nach ihrer Rückkehr sägte einer der Brüder auf

Anraten von Anna Bloemers den Ringfinger des Toten ab. An diesem befand sich ein zum Abziehen zu fest sitzender goldener Siegelring, der aus Sicht der Täter zu eindeutige Hinweise auf die Identität des Ermordeten gegeben hätte.

Abends gegen 20 Uhr liehen sich die Brüder einen Ziehkarren, auf den sie einen großen Koffer packten, in dem sich der entkleidete und in Packtuch verschnürte Rumpf des Ermordeten befand. Nicht weit von der Stelle entfernt, wo der Kopf vergraben worden war, warfen sie den Rumpf in eine Grube und bedeckten ihn mit Steinen, während Anna Bloemers auf der Straße Posten bezogen hatte. Einen Tag später, dienstags, beseitigten sie im Haus die Blutspuren und verbrannten die Kleidung des Ermordeten sowie dessen Finger.

Nach etwa eineinhalbstündiger Beratung erklärten die Geschworenen die drei Angeklagten für schuldig, worauf sie zum Tode und zusätzlich wegen Diebstahls zu je einem Jahr Gefängnis verurteilt wurden. Die Hinrichtung der beiden Brüder nahm Scharfrichter Lorenz Schwietz am 1. September 1906 in Derendorf vor. Die Todesstrafe der mitverurteilten Anna Bloemers, die inzwischen im Derendorfer Gefängnis einen Jungen zur Welt gebracht hatte, wurde zu lebenslänglicher Zuchthausstrafe umgewandelt.[11]

Prozess gegen Anna Bloemers (oben rechts sitzend), Leonhard (in der Reihe unter ihr sitzend) und Adolf Bloemers (rechts daneben sitzend). Auf dem Tisch befanden sich die Beweisstücke: zwei Hämmer, ein Beil, eine Fuchsschwanzsäge, Schusterklopfsteine, die zertrümmerte Schädeldecke des Opfers sowie ein mit Spiritus gefülltes Gefäß mit Knochensplittern und Gehirnteilen des Ermordeten. Unter dem Tisch zu sehen ist der Koffer, in dem der Kopf der Leiche fortgeschafft wurde.

Raubmord in Laupendahl bei Heiligenhaus, 1856

Vor dem Assisenhof Düsseldorf standen am 14. November 1857 der 26-jährige Tagelöhner Wilhelm Schulten und der 42-jährige Tagelöhner Franz Liefering, beide geboren und wohnhaft in Laupendahl im damaligen Kreis Düsseldorf. Sie waren angeklagt, am 13. Dezember 1856 in das von den Laupendahler Eheleuten Johann und Margaretha Schaafstall bewohnte Haus eingebrochen zu sein, dort einen Diebstahl begangen und gleichzeitig die Ehefrau vorsätzlich getötet zu haben, »um dadurch ein der Ausführung jenes Diebstahls entgegenstehendes Hinderniß zu beseitigen«, wie es in der Düsseldorfer Zeitung heißt. Einem dritten Angeklagten, dem erst 18 Jahre alten Carl Schaafstall (nicht mit den Eheleuten verwandt), wurde angelastet, den beiden Komplizen dabei wissentlich Hilfe geleistet zu haben.

Das erst vier Jahre verheiratete Ehepaar wies einen großen Altersunterschied auf. Während die getötete Frau Schaafstall 72 Jahre alt geworden war, befand sich ihr als Bergmann arbeitender Ehemann im 37. Lebensjahr. Sie bewohnten in Laupendahl ein Haus, das »Bunecke« (an anderer Stelle: »Beinecke«) genannt wurde und etwas isoliert am Abhang eines Hügels lag. Der Ehemann pflegte jeden Morgen gegen 5 Uhr zu seiner Arbeit auf die Zeche »Clara« zu gehen, während seine Frau, wenn er das Haus verlassen hatte, noch einige Zeit im Bett blieb. Als Herr Schaafstall am 13. Dezember 1856 von seiner Arbeit zurückkehrte, fand er den Schlüssel nicht an der gewohnten Stelle. Er ging um das Haus herum und musste feststellen, dass ein Fenster im Giebel, das normalerweise mit einem Brett vernagelt war, jetzt offen stand. Er stieg hindurch und fand seine Frau auf dem Speicher, der als Schlafkammer diente, leblos und schräg auf dem Bett liegend vor. Daneben stand eine aufgebrochene Kiste, aus der Geld entwendet worden war. Gestohlen worden waren auch eine silberne Taschenuhr, Brot, Butter, Leinwand, einige Gold- und Silbersachen sowie »eine Anzahl Kappusköpfe aus dem Keller«. Die Obduktion der Leiche am 16. Dezember 1856 ergab, dass Frau Schaafstall wahrscheinlich von zwei Personen erstickt worden war.

Liefering, der in der Nachbarschaft der Schaafstalls in einem »zur Brieftasche« genannten Haus wohnte, war in der ganzen Gegend gefürchtet und als ein »arbeitsscheuer, zu jeder That fähiger Mensch bekannt«. Noch vor kurzem hatte er die getötete alte Frau gebeten, ihm Geld zu leihen, und war dabei so aufdringlich geworden, dass sie Angst bekam und ihn nur mit Mühe wieder loswurde. Er war früher selbst Eigentümer des Hauses »Bunecke« gewesen und hatte darin gewohnt. Der vorbestrafte Angeklagte Schulten war ebenfalls mit den Verhältnissen im Haus bekannt, da er bei den Eheleuten Schaafstall in Kost gestanden hatte.

Der verdächtigte Liefering konnte davon ausgehen, dass sich zur Tatzeit Geld im Hause Schaafstall befand, da er in auffallender Weise in Erfahrung gebracht hatte, dass am 12. Dezember 1856 Zahltag in der Zeche »Clara« gewesen war. Er wurde sofort verhaftet, während sich die Festnahme Schultens, der sich als Vagabund herumtrieb, noch bis März 1857 verzögerte. Letzterer hatte im Vorfeld der Tat gesagt: »Ja, die Feiertage rücken heran, man muß sehen, daß man Geld kriegt, um sich Weißbrod zu verschaffen und ein Ferkel vor den Kopf zu schlagen; wenn ich wüßte, wo Jemand 100 Thlr. hätte, ich würde ihm den Hals abschneiden.«

Ein wesentlicher Fortschritt in den Ermittlungen ergab sich durch ein Geständnis des ebenfalls unter Verdacht geratenen Carl Schaafstall. Er gab an, am frühen Morgen des Tattages mit den beiden Hauptangeklagten in der Scheune der Schaafstalls so lange gewartet zu haben, bis der Hausherr zur Arbeit gegangen sei. Die beiden hätten ihn dann als Schildwache aufgestellt und sich durch das gewaltsam geöffnete Giebelfenster Zugang zum Haus verschafft. Als er ein Jammern der alten Frau gehört habe, so Schaafstall, sei er weggelaufen.

Davon abweichend gab Schulten in der Assisenverhandlung an, dass alle drei in das Haus eingedrungen seien. Während er sich, so Schulten, der Abrede gemäß darum gekümmert habe, die Kiste mit dem Geld aufzubrechen, hätten die beiden anderen »sich an die alte Frau gemacht, um sie am Schreien zu hindern«. Mit dem entwendeten Geld, das man nachher geteilt habe, sei er dann aus dem Haus verschwunden, ohne gesehen zu haben, was mit der Frau geschehen sei. Liefering ging noch weiter, indem er mit der

Tat gar nichts zu tun und zur Tatzeit gearbeitet haben wollte. Es stellte sich aber heraus, dass er jene Arbeit an einem Kalkofen erst um 8 Uhr morgens angetreten hatte. Ebenso stimmten seine wie auch die Aussagen Schultens nicht mit dem überein, was beide im Arresthaus Mitgefangenen gegenüber geäußert und eingestanden hatten. Es ging an jenem Verhandlungstag, dem 14. November 1857, schon auf Mitternacht zu, als die Entscheidung der Geschworenen »unter athemloser Stille des zahlreichen Auditoriums« verkündet wurde, derzufolge die drei Delinquenten im Wesentlichen der Anklage gemäß für schuldig erachtet wurden. Das Urteil gegen Schulten und Liefering lautete auf Todesstrafe, gegen Carl Schaafstall auf zweijährige Gefängnisstrafe.[1] Per Begnadigungsakt vom 7. Oktober 1858 wurden die Todesstrafen in lebenslängliche Zuchthausstrafen umgewandelt.[2]

Johann Meisterburg und die Brandstiftungen in Bernkastel, 1857

Wohl kaum einmal war in der Moselregion ein Jahr so von verheerenden Bränden geprägt gewesen wie das Jahr 1857. Nachdem es Ende Juni in Masburg und nur wenige Wochen später in Zell wiederholt gebrannt hatte, legte eine am 21. Juli 1857 ausgebrochene Feuersbrunst fast ganz Trarbach in Schutt und Asche. Viele Einwohner aus Bernkastel befanden sich dort zur Nachbarschaftshilfe, als sich am Nachmittag des 22. Juli 1857 unter ihnen die Schreckensnachricht verbreitete, es brenne auch in Bernkastel. Eine gewaltige Rauchsäule, die beim Näherkommen der Zurückeilenden über Bernkastel zu sehen war, bestätigte nur zu sehr die Wahrheit jener Nachricht. Über 30 Wohnhäuser nebst den dazugehörigen Kelterhäusern und Stallungen sowie eine Zigarrenfabrik gingen in Bernkastel in Flammen auf. Das Feuer war im nördlichen Teil der Stadt in einem Schuppen des jüdischen Kaufmanns Simon Marx ausgebrochen. Der in der angsterfüllten Bevölkerung aufgekommene Verdacht der Brandstiftung gegen ihn bestätigte sich aber ebenso wenig wie der gegen unbekannte Zigeuner oder eine harmlose Bettlerfamilie.

Die Gemüter hatten sich kaum etwas beruhigt, als am Nachmittag des 4. August 1857 fast am entgegengesetzten Ende Bernkastels abermals ein Brand ausbrach, der vier Häuser zerstörte. Darunter

Das brennende Trarbach, 21. Juli 1857 (Zeichnung Octavius Rooke).

befand sich auch das Haus des Tagelöhners Sebastian Meisterburg, der dort mit seiner Frau und seinen beiden Söhnen Heinrich und Johann lebte. Letzterer war derjenige, der sich später unter der Anklage wiederholter Brandstiftungen vor dem Trierer Assisenhof zu verantworten hatte. Aber noch war es nicht so weit. Vorher kam es zu fünf weiteren Bränden im leidgeplagten Bernkastel, nämlich am 25. August, am 6. Oktober (zwei Mal) sowie am 5. und 7. November 1857. An jenem 7. November war das Feuer, das glücklicherweise rasch gelöscht werden konnte, abends zwischen 20 und 21 Uhr in einem der Stadt gehörigen Hospital, der sogenannten »Heiligen Geist-Armenspende«, ausgebrochen, in dem auch die bei dem Brand vom 4. August obdachlos gewordene Familie Meisterburg untergebracht war. Bei einer Durchsuchung des von der Familie bewohnten Zimmers machte man eine interessante Entdeckung: Auf dem Tisch lag ein Baumwolllappen, von dem ein Stück abgerissen worden war, das man an der Brandstätte gefunden hatte. Auch dort entdeckte Zündhölzer schienen von derselben Beschaffenheit gewesen zu sein wie die bei den Meisterburgs vorgefundenen. Man schritt nun zur Verhaftung des 26-jährigen Sohns Johann, da der wegen Bettelei im Gefängnis befindliche Vater Sebastian Meisterburg und auch sein Sohn Heinrich offensichtlich als Täter ausschieden. Johann stand in seiner Heimatstadt in schlechtestem Ruf und war schon wegen mehrfacher Diebstahlsdelikte und Verwundung seines Bruders vorbestraft.

Während die ebenfalls in Verwahrung genommene Mutter, die sich vom Wahrsagen und Betteln ernährte und im Übrigen einen kaum besseren Ruf genoss als ihr Sohn, später wieder freigelassen wurde, verdichteten sich die Indizien gegen den Festgenommenen, dessen mögliche Täterschaft hinsichtlich aller sieben in Bernkastel vorgekommenen Brände im Einzelnen geprüft wurde. Es stellte sich heraus, dass Johann Meisterburg eine starke Rachsucht gegen verschiedene Bernkasteler Mitbürger hatte, die als Motiv für die Brandstiftungen gedient haben könnte. Ein anderer Grund für sein Handeln schien sein Hass auf etliche Vertreter der Stadt gewesen zu sein. In Bernkastel hatte sich ein Komitee zur Unterstützung der Brandopfer gebildet, dessen Verteilung der Hilfsgüter offen-

So rückte die Feuerwehr vor 1900 zu einem Brand aus.

sichtlich keineswegs die Zustimmung Meisterburgs fand. In einem anonymen Brief an das Komitee beschwerte er sich darüber, dass gespendetes Geld, welches hauptsächlich für den Wiederaufbau der abgebrannten Häuser vorgesehen war, nicht sofort in die Hände der Bedürftigen gelangt sei, und fuhr dann fort: »Diejenigen, welche die Vertheilung gemacht hätten, müßten vergehen, wie ein Grieb [landschaftlich für Speck] in der Pfanne.« Einem Bernkasteler Küfer gegenüber hatte er geäußert, »es gebe der Brände noch mehr, es müsse noch mehr brennen, denn der Herrgott könne es nicht zulassen, daß die armen Leute so behandelt würden«.

Im Anschluss an eine viertägige Verhandlung des Trierer Assisenhofes wurde der wegen siebenfacher Brandstiftung angeklagte Meisterburg am 19. März 1858 mit absoluter Stimmenmehrheit der Geschworenen für schuldig erklärt und zu einer lebenslänglichen Zuchthausstrafe verurteilt. Während der Verhandlung trat er verschiedenen Zeugen »oft mit Heftigkeit und mitunter in einem Tone gegenüber, der als Frechheit bezeichnet werden mußte«.

Einige Wochen später tat sich Meisterburg bei einem Besuch des Oberprokurators im Gefängnis mit der unerwarteten Erklärung hervor, er sei nur betreffs der Brände vom 4. August und vom 7. November 1857 verantwortlich zu machen. Den Brand vom 25. August versuchte er, seiner Mutter in die Schuhe zu schieben, was ihm aber nicht gelang. Nach der Bestätigung des Trierer Urteils durch »Allerhöchstes Confirmations-Rescript« vom 5. Juni 1858 wünschte Meisterburg erneut, dem Oberprokurator vorgeführt zu werden, und legte nun ein ausführliches Geständnis ab, in welchem er sich als alleiniger Anstifter der ihm zur Last gelegten Brände bekannte. Er erklärte, »einen langgenährten Groll gegen seine Vaterstadt und deren Bewohner mit sich herumgetragen zu haben«. »Ich war«, so gab er zu der ersten Brandstiftung vom 22. Juli 1857 an, »am Tage vor der That in Trarbach gewesen und der Anblick des dortigen Brandes brachte mich auf den Gedanken, durch Brandstiftung mich an Simon Marx und an den Bernkastelern zu rächen. Ich wickelte zu Hause glühende Kohlen in einige Lappen dergestalt, daß dem Feuer etwas Luft blieb, ging dann, indem ich diese Lunte unter meiner Jacke verbarg, etwa gegen Mittag in die Sackgasse beim Marxschen Hause und warf die Lunte durch eine im Dache des Schuppens befindliche Oeffnung in die dort liegenden Ginstern.« An Marx wollte sich Meisterburg deshalb rächen, weil dieser ihn 1853 bei einem Diebstahl ertappt und den Behörden übergeben hatte.

Der Brand vom 4. August 1857 war auf dem Speicher des Fuhrmanns Michael Welter ausgebrochen. Meisterburg gab dazu an, das Feuer dort gelegt zu haben, weil ihn die Eheleute Welter, mit denen er überhaupt auf feindseligem Fuße gestanden habe, in der Zeit vor dem Brand vielfach beschimpft hätten. Dass bei dem Brand vom 4. August auch das Elternhaus Meisterburgs ein Raub der Flammen wurde, schien ihn nicht besonders zu stören, da er wegen des Hauses Streit mit seinem Bruder hatte, der dieses als sein alleiniges Eigentum ansah, nachdem er es nach einem früheren Brand im Jahr 1854 aus eigenen Mitteln wieder aufgebaut hatte. Johann Meisterburg hörte man in diesem Zusammenhang öfters sagen: »Wenn er keinen Antheil am Häuschen bekäme, dann gehe es mit Fixfeuer in die Luft.« Im Übrigen meinte er, nach jenem Brand von 1854 von der Stadtverwaltung falsch behandelt worden zu sein. Diese, so Meisterburg, sei daran schuld gewesen, dass er und seine Familie gezwungen gewesen seien, sechs Wochen unter freiem Himmel zuzubringen.

Bezüglich des größeren Brandes vom 25. August 1857, der in der Römerstraße ausgebrochen war und die auf einer Anhöhe gelegene Kapuzinerkirche sowie die Schul- und Pfarrgebäude größtenteils

180. (I. 9117. S. II.) Hauscollecte für die Brandbeschädigten zu Berncastel.

Das Königliche Oberpräsidium der Rheinprovinz hat zur Unterstützung der Brandbeschädigten zu Berncastel die Abhaltung einer allgemeinen Hauscollecte im diesseitigen Regierungsbezirke genehmigt.

Bei der allgemeinen bekannten Größe des Unglücks, welches die Stadt Berncastel betroffen hat, empfehlen wir diese Collecte dem besondern Wohlwollen der Einwohner unseres Verwaltungsbezirkes aufs Angelegentlichste und hoffen, im Vertrauen auf ihre gewohnte Mildthätigkeit, daß sie dieselbe auch im gegenwärtigen, gewiß sehr bringenden Falle, wiederum bethätigen und nach ihren Kräften zur möglichsten Linderung des Unglücks der Brandbeschädigten beitragen werden.

Trier, den 25. August 1857.

Nachricht über die Genehmigung einer Hauskollekte für Bernkastel im »Amtsblatt der Königlich Preuß. Regierung zu Trier«, 1857 (S. 313).

zerstört hatte, war ursprünglich gemutmaßt worden, Meisterburg habe sich an dem Feldhüter und Polizeidiener Simon Krämer rächen wollen, der ihn nach dem schon erwähnten Diebstahl von 1853 verhaftet und später gegen ihn ausgesagt hatte. Dies bestritt Meisterburg aber und erklärte, die Brandstiftung vom 25. August habe dem in der Römerstraße wohnhaften Juden Wolf gegolten, der seine (Meisterburgs) Mutter vor die Tür geworfen habe, als sie Wolf um etwas gebeten habe.

Den ersten Brand vom 6. Oktober 1857 legte Meisterburg in einem Haus, das unter anderem vom Schreiner Damian Burkard bewohnt wurde. Als Motiv gab Meisterburg an, von dem Schreiner wegen einer Vorstrafe aufgezogen worden zu sein. Als er erfahren habe, dass das Feuer bei Burkard schnell wieder gelöscht worden sei, habe er eine neue Lunte angefertigt und sei damit zum Markt gegangen, wo er das von Jakob Zeller bewohnte Haus in Brand gesetzt habe. Dieses Feuer galt dem neben Zeller wohnenden Stadtverordneten Friederici und dem Apotheker Stöck, die sich an der ungerechten Verteilung der Hilfsgüter beteiligt hätten.

Ein solcher Angriff auf »hohe Herren« war nach Meisterburgs Darstellung auch der Hintergrund für die Brandstiftung vom 7. November 1857, während diejenige vom 5. November auf eine Beleidigung seitens der Geschwister Korger zurückzuführen gewesen sei. In deren Haus hatte Meisterburg das Feuer gelegt, dem dann insgesamt fünf Häuser zum Opfer fielen.

Wie in Goltdammers Archiv für preußisches Strafrecht zu lesen ist, machte Meisterburg bei seinem Geständnis einen wenig gefassten Eindruck. Er geriet vielmehr, wie schon in der Assisenverhandlung, »in sichtbare, sich bis zur Heftigkeit steigernde Aufregung«, was vermuten ließ, dass er lediglich seine Lage zu verbessern hoffte, indem er »die Rolle eines verstockten mit der eines reuig

115

erscheinenden Verbrechers« vertauschte. Er setzte seinem Leben in der Haft ein Ende.

Die Brände waren zeitweise sogar als Brandstiftungen kommunistischer Verschwörer interpretiert worden, wobei man auch den in Trier geborenen und in London lebenden Karl Marx im Visier hatte. Doch die Verdächtigungen bestätigten sich nicht und verliefen schließlich im Sande.[1]

Bei solchen Bränden wie 1857 in der Moselgegend, die durch die enge Bebauung in winkeligen und schmalen Straßen in ihrer Ausweitung noch befördert wurden, konnten betroffene Familien von einem Augenblick zum anderen an den Bettelstab kommen, insbesondere dann, wenn ihre Gebäude unterversichert oder gar nicht versichert waren. Dass sich gerade wegen solcher Brandkatastrophen in städtebaulicher Hinsicht aber auch ganz neue Chancen boten, deutet ein Presseartikel vom Herbst 1858 an, in dem aus Bernkastel berichtet wurde: »Unsere Stadt hat sich jetzt so ziemlich von den Brand-Unglücksfällen des verwichenen Jahres erholt. Die verödeten Straßen sind schöner, breiter und wohnlicher wieder aufgebaut, und so hat das gewaltige Unglück doch auch einigen Segen im Gefolge gehabt. Die Bürgerschaft ist zur Einsicht gekommen, was noth thut, und so ward der Plan der Regierung, die Staatsstraße durch die Stadt zu leiten, von allen Seiten freudig unterstützt. Durch Abbruch mehrerer verengenden Wohnungen wird diese Straße die gehörige Breite erhalten, und auch die Stadttheile wohnlicher werden, die von der Gluth verschont geblieben sind.«[2]

Späte Strafe für Franz Peter Herweg aus Blecher

Am Morgen des 24. Januar 1853 fuhr der Händler Heinrich Kuchenbach aus Blecher mit einem mit Kartoffeln beladenen Pferdekarren nach Remscheid. Nachdem ihm der Verkauf der Kartoffeln etwas über neun Reichstaler eingebracht hatte, trat er nachmittags gegen halb fünf die Rückfahrt nach Blecher an und wurde etwa um 19.50 Uhr auf seiner Karre nahe seinem Heimatort gesehen. Kurz nach 20 Uhr aber kam sein Gefährt ohne ihn vor seiner Wohnung an. Man fand ihn schließlich am Eingang des Ortes schwer verletzt und aus Kopfwunden blutend vor. Trotz der schnell herbeigeholten ärztlichen Hilfe erlag er zwei Tage später seinen Verletzungen, die offensichtlich von Schlägen mit einem schweren Knüppel herrührten. Er hatte nur noch wenige Sätze sagen können, aus denen hervorging, dass er etwas entfernt vom Ort seines Auffindens niedergeschlagen und ausgeraubt worden war.

Der Verdacht der Täterschaft richtete sich schnell gegen den 27-jährigen Tagelöhner Franz Peter Herweg, zuweilen auch Franz Joseph Herweg genannt, geboren in Bensberg und wohnhaft in Blecher. Belastend war vor allem, dass er am Tage nach der Tat über Geld verfügte, welches offensichtlich dem Erschlagenen gehört hatte, mit dem er noch drei Tage vor der Tat einen heftigen Streit in einem Wirtshaus gehabt hatte. Als Gendarmen in Blecher auftauchten, sah man Herweg, dessen unruhiges Verhalten des Öfteren aufgefallen war, so schnell er nur konnte die Landstraße hinunter zum Dorf hinauseilen. Er trieb sich nun als Landstreicher einige Zeit herum, bis er am 2. März 1853 in einer Scheune verhaftet werden konnte.

Eine Teilhaberschaft an dem Raubmord bestreitend, gab Herweg an, ein Goldstück, das am Tag nach der Tat bei ihm gesehen worden war, auf der Straße gefunden zu haben. Entlastend für ihn war, dass er ein Alibi vorweisen konnte, welches von Angehörigen der Blecher Familie Breidenbach bestätigt wurde. Diese gaben zu Protokoll, dass er zur Tatzeit bei ihnen in ihrer Wohnung gewesen sei und dieselbe bis nach 22 Uhr nicht verlassen habe. Unter diesen Umständen erachtete der Anklagesenat des Rheinischen

Appellationsgerichtshofs die gegen Herweg ermittelten Indizien zur Erhebung einer Anklage für ungenügend und setzte ihn durch ein Urteil vom Juni 1853 außer Verfolgung.

So ruhte die Sache einige Jahre, bis sich ein neuer Hinweis ergab. Zwar war die Untersuchung gegen Herweg bezüglich des Raubmordes eingestellt worden, dennoch musste er noch 1853 wegen Landstreicherei ins Kölner Zuchthaus. Dort unterhielt er sich öfters mit einem Mitgefangenen namens Joseph Clever aus Wipperfürth. Wie dieser im Anschluss an seine Entlassung im Oktober 1856 unter Angabe vieler Details mitteilte, hatte ihm Herweg bei einer jener Unterhaltungen eingestanden, das Verbrechen an Kuchenbach begangen und sich falsche Zeugen seines Alibis verschafft zu haben.

Der Kölner Appellationsgerichtshof, 1823 bis 1826 errichtet, Sitz
des Assisenhofs/Schwurgerichts.

Die nun erneut in diesem Fall aufgenommenen Ermittlungen
hatten zur Folge, dass Herweg im Januar 1858 vor dem Kölner
Assisenhof der Prozess gemacht wurde. Die Aussagen der Familie
Breidenbach bezüglich des Alibis Herwegs gerieten dabei nicht
nur ins Wanken, sondern der alte, inzwischen verstorbene Peter
Breidenbach kam sogar in den Verdacht, an dem Verbrechen an
Kuchenbach, das nun fast auf den Tag genau fünf Jahre zurücklag,
in Form einer »untergeordneten Hülfeleistung« mit beteiligt gewesen zu sein. Nach dreitägiger Verhandlung und der Anhörung
von 82 Zeugen lautete das Urteil des Assisenhofs gegen Herweg
vom 23. Januar 1858 auf Todesstrafe wegen Raubmordes, wurde
aber durch »Allerhöchste Ordre« des Königs vom 31. Juli 1859 in
lebenslängliches Zuchthaus umgewandelt.[1]

119

Vergiftungen in Scheel und Elberfeld, 1856 und 1857

Ausgerechnet an Weihnachten, am 24. Dezember 1856, starb in Scheel, einem kleinen Ort in der damaligen Bürgermeisterei Lindlar, unter starken Schmerzen der Bauer Wilhelm Kämmerich. Kaum war seine Beerdigung vorbei, verdichteten sich Anhaltspunkte, die auf eine Vergiftung hindeuteten. Es war kein Geheimnis geblieben, dass seine Frau Amalia (geborene Feldmann) ein Verhältnis zu seinem Bruder, dem Bauer Johann Kämmerich, hatte. Die Verdachtsmomente hatten zur Folge, dass die Witwe noch am Tage der Beerdigung ihres Mannes auf Veranlassung des Lindlarer Bürgermeisters verhaftet und am 31. Dezember 1856 eine Obduktion der wieder ausgegrabenen Leiche vorgenommen wurde. Der Verdacht einer Vergiftung bestätigte sich. Wie man feststellte, hatte Frau Kämmerich in einer Apotheke in Lindlar ein Töpfchen mit Rattengift gekauft, welches später in einem hinter ihrem Haus befindlichen Weiher entdeckt wurde.

In der Verhandlung vom 28. und 29. April 1857 mussten sich die erst 28 Jahre alte Witwe und der drei Jahre ältere Johann Kämmerich vor dem Kölner Assisenhof verantworten. Ihnen wurde angelastet, den Ehemann und Bruder »vorsätzlich und mit Ueberlegung durch Beibringung von Gift« getötet zu haben. Wie aus der Verhandlung hervorgeht, hatten der Verstorbene und seine Anfang 1855 geehelichte Frau nach der Hochzeit ein kleines Haus in Scheel bezogen. Bald darauf kam der Bruder Johann zu ihnen, weil er sich mit seiner Stiefmutter nicht mehr verstand. 1856 zogen die drei auf ein kleines Gut in Scheel, das Johann gepachtet hatte. Da die Bewirtschaftung des kleinen Anwesens den beiden Brüdern nicht ausreichend Beschäftigung bot, setzten sie daneben ihr Gewerbe als Tagelöhner fort, mit dem Unterschied jedoch, dass Johann abends in die gemeinsame Wohnung zurückkehrte, während Wilhelm viele Nächte auswärts zubringen musste.

Eine schon bald nach der Eheschließung festzustellende Uneinigkeit zwischen den Eheleuten Kämmerich nahm in dem Maße zu, wie sich Frau Kämmerich mehr und mehr zu Johann hingezogen fühlte. Sie machte daraus keinen Hehl und verschwieg auch anderen gegenüber nicht, dass sie keinen ehelichen Umgang mit ihrem Mann pflegte. Die Situation verschärfte sich, als sie im Frühjahr 1856 schwanger wurde und nun das Missfallen ihres Mannes befürchten musste, da es feststand, dass nur Johann der Vater sein konnte. Tatsächlich litt ihr Mann stark unter diesen Verhältnissen, wie er einigen Freunden anvertraute.

Obwohl die Angeklagte hartnäckig leugnete, ihren Mann absichtlich vergiftet zu haben, wurde sie von den Geschworenen im Sinne der Anklage für schuldig erklärt, woraufhin ihre Verurteilung zum Tode erfolgte. Der mitangeklagte Johann Kämmerich wurde für nicht schuldig erachtet und freigesprochen. Zu seiner Reaktion auf das Urteil hieß es in der Presse: »Er begab sich, ohne von seiner unglücklichen Schwägerin Abschied zu nehmen, ja, ohne dieselbe nur eines Blickes zu würdigen, zu den zahlreich anwesenden Zeugen aus seinem Dorfe. Bei denselben angelangt, unterlag er dem Eindrucke des Moments. Er brach zusammen und wurde halb ohnmächtig aus dem Saale geleitet.«[1]

Nach der Bestätigung des Todesurteils am 2. Oktober 1857 durch Friedrich Wilhelm IV. wurde die Verurteilte, der offensichtlich der Abschied von ihrem mittlerweile neun Monate alten Kind sehr schwerfiel, am 14. Oktober 1857 um 7 Uhr morgens im Hofraum des Kölner Gefängnisses am Neumarkt (genannt »Bleche Botz«) guillotiniert, wobei von zwölf durch den Oberbürgermeister hierzu abgeordneten Gemeindevertretern zum Leidwesen des Oberprokurators nur zwei erschienen waren. Vor ihrer Hinrichtung hatte die Verurteilte ihre Tat eingestanden und die Unschuld ihres Schwagers bestätigt.[2]

Ein ganz ähnlicher Fall, der die Häufigkeit der in jener Zeit vorgekommenen Giftmorde unterstreicht,[3] hatte den Tod zweier Einwohner aus Elberfeld zur Folge. Am 7. Oktober 1857 starben dort der Krämer August Herken und elf Tage später Anna Maria Steiniger, Ehefrau des damaligen Polizeisergeanten August Steiniger, und zwar beide nach kurzer Krankheit und unter ähnlichen Symptomen, die sich insbesondere in häufigem Erbrechen und Durchfall gezeigt hatten.

Sollte der ähnlich geartete und annähernd gleichzeitige Tod der beiden ein Zufall gewesen sein? Viele glaubten nicht daran, denn es war bekannt, dass der viel im Hause Herken verkehrende Polizeisergeant, der seit 1849 eine nicht gerade glückliche Ehe mit seiner 13 Jahre älteren Frau führte, ein mehr als freundschaftliches Verhältnis zu der Frau des verstorbenen Krämers, Gertrud Herken (geborene Kruse), pflegte. Eine Ausgrabung und Obduktion der beiden Leichen im November 1857 ergab tatsächlich, dass in beiden Fällen der Tod durch eine Arsenikvergiftung (Rattengift) eingetreten war, was eine Verhaftung des Polizeisergeanten am 21. November und Frau Herkens am 29. Dezember 1857 zur Folge hatte. Diese hatte in den ersten Dezembertagen ein Kind geboren, das ihren eigenen Angaben zufolge von Steiniger stammte.

Außer der Beziehung zu Frau Herken mochte ein weiteres Motiv, deren Mann aus dem Weg räumen zu wollen, für Steiniger darin gelegen haben, dass er mit dem Gedanken spielte, seine Stelle als Polizeisergeant niederzulegen und stattdessen »das lukrative Herkensche Geschäft zu übernehmen, wenn er die Frau Herken gleichzeitig heiraten könne«. Zwar gab Steiniger zu, sich Rattengift besorgt zu haben, behauptete aber, es unbenutzt verloren zu haben. Frau Herken hingegen äußerte während ihrer Haft im Elberfelder Gefängnis Mitgefangenen gegenüber, dass Steiniger »immer Gift für Ratten und Mäuse in einer Blase mit sich herumgetragen« und ihrem Mann verabreicht habe.

Die Verhandlung des Falls vor dem Elberfelder Assisenhof vom 16. bis 21. Juni 1858 stieß auf großes öffentliches Interesse, wie schon die Abführung der Angeklagten ins Gerichtsgebäude am 16. Juni deutlich machte: »Kurz nach 7 Uhr hatte sich bereits eine unübersehbare Menschenmenge vor dem Arresthause und in den angrenzenden Straßen versammelt, um dem traurigen Schauspiel der Abführung der beiden Angeklagten zum Landgerichts-Gebäude beizuwohnen.«

Der 41-jährige Steiniger und die fünf Jahre jüngere Frau Herken waren angeklagt, die beiden Verstorbenen »vorsätzlich und mit Ueberlegung durch Beibringen von Gift getödtet zu haben«. Aus der Gerichtsverhandlung ging hervor, dass dem verstorbenen Herken Arsenik erstmals offensichtlich am 29. September 1857 in einem Elberfelder Wirtshaus und später immer wieder von Steiniger ins Bier geschüttet sowie auch den Medikamenten beigemischt worden

war. Frau Herken kochte ihrem Mann Anfang Oktober 1857 eine Suppe, in die sie ein Pulver gab, das nachweislich keines der vom Arzt verordneten Medikamente gewesen sein konnte. Einer Hausmitbewohnerin sagte sie in jener Zeit in Bezug auf ihren Mann: »Wenn der einmal oben – auf der Schlafstube – ist, dann kommt er so leicht nicht mehr herunter.« Auch der am 26. September 1857 erkrankten Frau Steiniger wurde das Gift ins Essen gemischt. Den Umständen nach war anzunehmen, dass ihr »wiederholte Dosen Giftes in den aus dem Herkenschen Hause kommenden Krankenspeisen, insbesondere in Pflaumen, als der zur Vermischung mit Arsenik geeignetsten Speise, beigebracht worden sind«. Frauen, welche Mitte Oktober 1857 Frau Steiniger am Krankenbett besuchten und von den Pflaumen kosteten, fühlten sich wenig später sehr unwohl und mussten sich »erschrecklich übergeben«.

Die im Juni 1858 in Elberfeld abgeurteilten Angeklagten Gertrud Herken und August Steiniger. Letzterer wurde am 10. Februar 1860 im Elberfelder Gefängnis guillotiniert.

Die beiden Angeklagten wurden am letzten Verhandlungstag von den Geschworenen mit absoluter Stimmenmehrheit für schuldig im Sinne der Anklage erklärt, woraufhin beide vom Assisenhof zum Tode verurteilt wurden.[4] Die Vollstreckung des Todesurteils gegen den evangelischen ehemaligen Polizeisergeanten, der bis dahin im Düsseldorfer Arresthaus inhaftiert war, erfolgte am Morgen des 10. Februar 1860 auf dem Hof des Elberfelder Arresthauses unter dem Glockenklang der evangelischen Kirche. Um einen Publikumsandrang zu vermeiden, hatte das Militär die Straßen um das Elberfelder Gefängnis herum gesperrt, aus den Fenstern und von den Dächern der umliegenden Häuser sah aber eine große Anzahl von Schaulustigen der Hinrichtung zu. Das Frau Herken betreffende Todesurteil wurde auf dem Wege der Begnadigung in eine lebenslängliche Zuchthausstrafe umgewandelt.[5]

Studentisches Pistolenduell bei Bonn, 1835

Nicht zuletzt durch Einflüsse von Burschenschaften wie der »Borussia«, die 1836 vom Kölner Landgerichtspräsidenten als »übelberüchtigt durch frühere Untersuchungen und mehrfach bestraft« bezeichnet wurde, kam es in den preußischen Rheinprovinzen immer wieder zu Duellen in Studentenkreisen. 1835 beispielsweise waren die Studenten Carl Daniels aus Aachen und Schwab aus Mainz sowie 1836 von Baumeister aus Koblenz und von Heyden aus Bonn in Duelle verwickelt. Bei Letzterem handelte es sich wohl um den am 3. November 1834 in Bonn immatrikulierten Jurastudenten Hubert von Heyden.

Die Bonner Brüdergasse um 1930.

Ebenfalls im Jahr 1835 standen sich in einem nahe bei Bonn ausgetragenen Duell der Bonner Medizinstudent Heinrich Joseph Claisen, gebürtig in Erkelenz, und der Student von Arnim gegenüber. Laut einem Personalverzeichnis der Universität Bonn wohnte der Jurastudent Alexander von Arnim, gebürtig in Bielefeld, im Sommersemester 1833 in der Bonner Brüdergasse Nr. 1047, während Claisen in der Brüdergasse Nr. 1048 lebte. Vielleicht war ihre Nachbarschaft beziehungsweise ein daraus entstandener Streit der Grund für das Duell. Der Ende 1832 immatrikulierte Claisen war, so schrieb der Landgerichtspräsident, durch Senioren und Vorsteher der »Borussia« auf »das empfindlichste durch Schmähungen und Beschimpfungen gekränkt, dann durch den höchsten Grad moralischen Zwanges« zur Annahme des Duells gedrängt worden.

Die Voraussetzungen für Claisen waren denkbar ungünstig. Er galt als schlechter Schütze, war zudem kurzsichtig, und seine Hoffnung, auf dem Duellplatz doch noch eine Aussöhnung mit seinem Gegner bewerkstelligen zu können, erfüllte sich nicht. Trotzdem ging er unversehrt aus dem Duell hervor, während von Arnim von einer Kugel getroffen zu Boden stürzte. Seine Verletzung erwies sich als so schwer, dass er einige Zeit später an deren Folgen starb. Wegen dieses Vorfalls musste sich Claisen am 10. Dezember 1836 in Köln vor Gericht verantworten. Dass dessen Verteidiger, Advokat Holthoff, in seiner Rede den Adelsstand in auffallender Weise angriff, wurde vom Auditorium mit Beifall aufgenommen. Ebenso enthusiastisch war die Reaktion auf den einstimmigen Freispruch Claisens, wie es in einem vertraulichen Polizeibericht heißt: »Als die Geschworenen ihr Unschuldig ausgesprochen hatten, ertönte von der bedeutenden Masse der von Bonn anwesenden Studenten ein dreimaliges bravo, wobei der Praesident lächelte und erst nach dem 3ten bravo Ruf durch die Klingel Ruhe gebot.« Nach dem Freispruch nahmen die Bonner Studenten Claisen in Empfang, worauf im Kölner Gasthof »Zum Kaiserlichen Hof« und in einer weiteren Gaststätte »die ganze Nacht hindurch gejubelt wurde«.

Claisen war nach der Ansicht des Landgerichtspräsidenten »keiner von denen Duellanten, deren Bestrafung sich als gesetzliche Nothwendigkeit darstellen könnte«. Vielmehr sei er ein »friedliebender, fleißiger, durch gewonnene Preise und nach Inhalt ruhmvoller Zeugnisse auf Schule und Universität gleich ausgezeichneter junger Mann« gewesen, der nur durch unglückliche Umstände in das Duell hineingeraten sei. Dennoch schien es dem Landgerichtspräsidenten nicht ganz unberechtigt zu sein, die »Nothwendigkeit eines speciellen Duellgesetzes« in Betracht zu ziehen.

Auch nach Ansicht anderer hoher preußischer Beamter wurde es den Studenten in den Rheinprovinzen beziehungsweise an den rheinischen Gerichtshöfen in Anwendung der französischen Gesetzgebung zu leicht gemacht, straffrei aus Duellprozessen herauszukommen. 1837 wurde aus Berlin die Forderung laut, alle noch im französischen Untersuchungsverfahren schwebenden Duellprozesse gegen Studenten der Universität Bonn in »durch die allgemeine Criminal Ordnung vorgeschriebene Verfahren« umzuleiten. Der Justizminister in Berlin betonte im September 1837 die Selbstverständlichkeit, »daß in den rechtlichen Verhältnissen der Staatsdiener diesseits und jenseits des Rheins kein Unterschied gemacht werden darf«.[1]

Vater und Sohn Becker in Reil an der Mosel, 1857

Wie es in einem Pressebericht über eine Trierer Assisenverhandlung vom 15. März 1858 heißt, war der in Reil wohnhafte Familienvater Johann Becker in nüchternem Zustand ein fleißiger und ordentlicher Mann. Er hatte aber eine ziemlich starke Neigung zum Branntweintrinken und war dann »nicht gut zu sprechen«, wie einer der Zeugen es formulierte. Auch sein Sohn Jacob war arbeitsam, in seinem Betragen aber oft so roh, dass er in Reil den Spitznamen »der Stier« erhielt. Immerhin gab er fast alles, was er als Knecht und Tagelöhner verdiente, zur Unterstützung seiner Eltern her. Diese lebten meist in Unfrieden, wobei Jacob in der Regel mit seiner Mutter und seinen Geschwistern Partei gegen den Vater ergriff. Bei einem Streit am 1. November 1857 spitzte sich die Situation zu, als Jacob mit einem Messer auf seinen Vater losging und sagte: »Es wäre kein Wunder, wenn ich dir altem Spitzbuben den Hals abschnitte.«

In diesem Fall konnte Jacob noch zurückgehalten werden, nur einige Tage später aber, am 16. November, kam es zum nächsten Zwischenfall. Beim Mittagessen entstand an jenem Tag in Anwesenheit einer Tochter zwischen den Eheleuten ein Streit, der in gegenseitigen Beschimpfungen und auch Handgreiflichkeiten so weit führte, dass die Tochter auf Geheiß ihrer Mutter zu Jacob in ein Wirtshaus eilte, um ihn zu Hilfe zu rufen. Während sich Vater Becker vor seinem Haus einem Bekannten gegenüber betreffs des Verhaltens der Seinigen laut beschwerte, traf der herbeigerufene Sohn Jacob ein, ging auf seinen Vater los und überhäufte ihn mit Schimpfreden. Im Ärger hierüber und zu seiner Verteidigung ergriff nun der Vater einen fingerdicken Stock, während sich der Sohn mit einem Pfahl bewaffnete.

Beide gerieten dann aneinander und wälzten sich am Boden. Als der Vater aufstehen wollte, erhielt er von Jacob, der zuerst wieder auf die Füße gekommen war, einen solchen Schlag auf den Kopf, dass er sich überschlug und bis zu einer tiefer unten gelegenen Treppe hinunterrollte. Auf die Knie und die Hände gestützt und den Kopf zur Erde geneigt, erhielt der Vater nun einen zweiten Schlag mit dem Pfahl, sodass er über einen neben der Treppe befindlichen Wassertrog rücklings hinab auf einen dort vorbeiführenden Weg fiel. In dieser Lage fügte ihm Jacob einen dritten Schlag zu »mit einer solchen Kraft über das linke Auge, daß der Pfahl in drei Stücke zersprang«. Erst durch das Einschreiten eines Zeugen der Gräuelszene konnte Jacob von weiteren Tätlichkeiten zurückgehalten werden. Der Vater starb noch in der folgenden Nacht an seinen Verletzungen.

In der viel besuchten Assisenverhandlung vom 15. März 1858 wurde der 27-jährige Jacob Becker von den Geschworenen für schuldig befunden, seinen Vater »vorsätzlich mißhandelt zu haben, worauf der Tod desselben erfolgte«. Das Strafmaß belief sich auf 20 Jahre Zuchthaus.[2]

Streit vor dem Bonner Zeughaus, 1858

Der in Bonn stationierte Husar Peter Waffenschmidt hatte in der Nacht vom 4. auf den 5. Juli 1858 Wachdienst vor dem Bonner Zeughaus. Kurz vor Mitternacht kamen drei weitere Husaren zu ihm, Buhr, Bohle und Arnold Sieberts. Ihre Unterhaltung wurde plötzlich von einem halben Dutzend junger Leute unterbrochen, die singend und lärmend in der Nähe des Zeughauses stehen blieben. Einer von ihnen, der 21-jährige Vergolder Nicolas Küpper aus Bonn, der durch seine auffallend kleine Statur leicht von den anderen zu unterscheiden war, trat zu Waffenschmidt heran, legte seine Hand auf dessen Schulter und versuchte, ein Gespräch mit ihm anzuknüpfen. Als Küpper den Aufforderungen von Waffenschmidt und Sieberts, Ruhe zu geben und sich zu entfernen, nicht nachkam, erhielt er von Waffenschmidt einen Stoß unter das Kinn und etwas später von Sieberts eine Ohrfeige. Auf den Protest des Geschlagenen hin riet ihm einer der Umstehenden: »Explizire Dich doch nicht lange mit dem dummen Kerl, rufe Deinen Bruder, der ist vor drei Mann nicht bange.«

Hierauf entfernte sich Küpper eiligst in Richtung seiner nahe gelegenen Wohnung und kam nach einigen Minuten in Begleitung seines Bruders, des 28 Jahre alten Schusters Jacob Küpper, zurück. Dieser, größer und kräftiger als Nicolas, rief: »Wer hat meinen Bruder geschlagen?« Als man ihm Waffenschmidt bezeichnete, versetzte er diesem mit einem Stock mehrere Schläge auf die Schulter. Auch Nicolas sprang heran und versuchte, dem Husaren den Säbel zu entreißen. Letzterer riss sich jedoch los und versetzte hierauf Jacob mit seiner Waffe Schläge auf den Rücken.

Inzwischen hatten sich etwa 15 bis 20 jüngere Burschen am Ort des Geschehens eingefunden, von denen einige jetzt schlagend und drängend den beiden Brüdern zu Hilfe kamen, während sich die Husaren Buhr und Bohle und ein hinzugekommener Nachtwächter auf die Seite des bedrängten Postens schlugen. Sieberts stand noch einige Schritte davon entfernt, als Nicolas plötzlich rief: »Auch dieser hat mich geschlagen!« Hierauf eilte Nicolas sofort, von seinem Bruder gefolgt, auf Sieberts zu. Jacob schlug denselben zuerst mit einem Stock ins Gesicht, worauf Nicolas ihn mit der linken Hand festhielt und ihm mit der rechten Hand mehrere Stiche in die Brust versetzte. Nachdem beide Brüder die Flucht ergriffen hatten, erklärte Sieberts, dem das Blut aus den Kleidern strömte, dass er von dem kleineren der Brüder gestochen worden sei. Diese Aussage bestätigte Sieberts auch in späteren Vernehmungen und bei einer Gegenüberstellung mit Nicolas Küpper am 5. Juli 1858, ehe er infolge seiner erheblichen Stichverletzungen am Morgen des 7. Juli starb. Unter Annahme mildernder Umstände wurde Nicolas Küpper am 1. Oktober 1858 vom Bonner Assisenhof zu einer fünfjährigen Gefängnisstrafe verurteilt und sein Bruder zu einer Gefängnisstrafe von einem Jahr.[3]

Lebenslänglich für Passing, genannt Mui, aus Mülheim an der Ruhr

Am Dienstag, dem 17. Dezember 1863, verließen die beiden Jungen Jakob Eickeln und Heinrich Helling nachmittags die katholische Schule in Styrum und begaben sich nach kurzem Aufenthalt zu Hause in »Biegmann's Tannenbusch«, um dort Holz zu sammeln. Zusammen mit zwei weiteren Jungen, die sich ihnen angeschlossen hatten, sahen sie nicht viel später einen Mann auf sie zukommen, der sie mit schwerfälliger Stimme und in dort üblicher Mundart aufforderte, ihm gegen ein geringes Entgelt den Weg nach Mülheim zu zeigen. Der fast zwölfjährige Jakob erklärte sich dazu bereit, ihn ein Stück weit zu begleiten. Die drei anderen Jungen blieben ihnen nachsehend zurück, bemerkten aber noch, dass sich den beiden ein weiterer Mann anschloss.

Einen Tag später wurde die blutbefleckte Leiche Jakobs am Saum eines nahe gelegenen Waldstücks, »Grahams Mehr« genannt, aufgefunden. Wie die dorthin entsandte Gerichts-Deputation feststellen musste, war dem Jungen die Kehle durchgeschnitten worden; außerdem wies er Wunden im Brust- und Bauchbereich auf. Der Unterleib der Leiche war durch Zurückschlagen des Hemdes entblößt. Wie die Kölnische Zeitung schrieb, war der Junge »förmlich abgeschlachtet worden, wie ein Stück Vieh«.

Die von den drei Jungen abgegebene Beschreibung des Mannes, der sie angesprochen hatte, lenkte die Aufmerksamkeit der Behörden auf den vorbestraften Tagelöhner Passing, genannt Mui, aus Mülheim, der sich in der dortigen Gegend bettelnd und vagabundierend umherzutreiben pflegte. Dieser versuchte bei seiner Verhaftung am 22. Dezember 1863, den ihn verfolgenden Polizeidiener zu erstechen. Nachdem man ihn drei Tage später zum Tatort geführt hatte, wohin er nur widerwillig gefolgt war, unternahm Passing in der darauffolgenden Nacht im Mülheimer Gefängnis einen Selbstmordversuch und musste aufgrund dadurch erlittener Verletzungen am Hals für einige Tage ins Krankenhaus eingeliefert werden.

Hier legte er ein Geständnis ab, in dem der Mann, der sich ihm und dem Jungen angeschlossen hatte, die Hauptrolle spielte. Dieser Unbekannte, so sagte Passing aus, habe ihn unter Androhung von Gewalt gezwungen, einen der vier im Wald befindlichen Jungen anzusprechen, wobei der Fremde geäußert habe, er »wolle den Knaben kaput machen, er müsse Menschenblut haben«. Am Tatort habe der Unbekannte dem Jungen den Mund zugehalten, ein Dolchmesser aus der Rocktasche gezogen und ihm damit die Kehle durchgeschnitten. Der Junge sei gleich tot zur Erde gestürzt, »sodann habe der Fremde demselben die Hose aufgerissen, das Hemd nach oben gezogen und ihm mit dem Dolchmesser einen Stich in die rechte Brust versetzt. Das aus dieser Wunde fließende Blut habe der Fremde mit einem aus der Rocktasche gezogenen, 9 bis 10 Zoll langen Messingröhrchen ausgesogen.«

Diese Aussage nahm Passing am 30. Dezember 1863 zurück und bekannte sich nun selbst als Mörder Jakobs, an dem er sich habe rächen wollen, weil der Junge ihn beim Betteln verspottet und mit

Steinen beworfen hätte. Bereits einen Tag später aber modifizierte Passing wiederum seine Angaben, die nun darauf hinausliefen, dass er und der Unbekannte den Jungen gemeinsam ermordet hätten.

In der Schwurgerichtsverhandlung, die Ende Oktober 1864 in Wesel stattfand, behauptete Passing, dass der jüdische Handelsmann Jakob Marcus aus Mülheim/Ruhr dieser Mittäter gewesen sei. Das Gericht lehnte aber den Antrag der Verteidigung ab, die Sitzung zu vertagen, bis dieser anwesend sei. Einer der rund 50 Zeugen, der Direktor der Brauweiler Besserungsanstalt, wo Passing in den Jahren 1850, 1855 und 1862 untergebracht war, hielt diesen für einen »geistesarmen Menschen, der die Tragweite seiner Handlungen nicht zu erwägen im Stande sei«. Die folgende Aussage des 13-jährigen Johann Schäfer scheint diesen Eindruck zu bestätigen: »Der Angeklagte hat mir eines Tages gesagt, ich sollte mit ihm auf die Wiese gehen, dort wollte er mir zeigen, wie man es in Brauweiler mache. Er band mir die Füße zusammen, hing mir einen Strick um den Hals, hing mich an der Hecke auf und zog, bis daß das Blut mir aus dem Munde kam. Hierauf schnitt er mich wieder ab und sagte mir, ich sollte mich waschen.«

Während der Staatsanwalt, der in seinem Vortrag ausführte, dass der Angeklagte »die grausame That aus reiner Mordgier und Freude am Leide anderer Menschen« verübt habe, auf schuldig wegen Mordes plädierte, sahen die Geschworenen lediglich eine vorsätzliche Tötung »unter Bejahung der Zurechnungsfähigkeit des Angeklagten« für gegeben. Das Urteil gegen Passing lautete auf lebenslängliche Zuchthausstrafe.[4]

Mülheim an der Ruhr vom Schloss Broich aus gesehen, um 1855.

Kirmes in Marialinden und Köln-Lindenthal

Vor den Schranken des Kölner Schwurgerichts stand Anfang Mai 1865 der 25-jährige Ackerer Johann Steinhäuser aus Marialinden bei Overath. Er war angeklagt, am 2. Oktober 1864 auf der Marialindener Kirmes den Tagelöhner Roland Meinertzhagen vorsätzlich getötet zu haben. Diese schwere Anklage war, wie es in der Kölnischen Zeitung heißt, die Folge einer jener Raufereien, »wie solche unter jungen Burschen bei Kirchweihfesten und ähnlichen Lustbarkeiten nur allzu häufig und zumal in den bergischen Kreisen der Rheinprovinz vorkommen«.

Bauernfänger bei der Arbeit.

Nachdem der Angeklagte schon am Nachmittag jenes Kirmestages wegen seines misslichen Betragens aus dem Tanzsaal eines Marialindener Wirtshauses entfernt worden war, geriet er abends gegen 22 Uhr auf der Straße in eine größere

Abbildung in der Rheinischen Gerichts-Zeitung vom 2. Mai 1885: Ein Fremder wird von Falschspielern, welche ihn in ein Café gelockt haben, beim Spiel geplündert.

Schlägerei, bei welcher er mit einer Latte geschlagen und mit einem leeren Fass beworfen wurde. Er hielt noch einen zur Abwehr weiterer Tätlichkeiten ergriffenen Reifen des Fasses in der Hand, als er nun mit Meinertzhagen, der gerade aus einem Wirtshaus gekommen war, Streit bekam. Ein Polizeibeamter, der dazwischenging, brachte den betrunkenen und aufgeregten Steinhäuser nach Hause und riet ihm, sich schlafen zu legen.

Stattdessen aber kehrte dieser wieder ins Wirtshaus zurück, wo er sogleich erneut mit Meinertzhagen aneinandergeriet. Steinhäuser begab sich nun in ein benachbartes Haus, bewaffnete sich mit einem dort hinter der offenen Haustür vorgefundenen Beil und brachte damit im Wirtshaus Meinertzhagen einen so schweren Schlag auf die Stirn bei, dass es, wie die vernommenen Zeugen aussagten, einen »Knack« gab, »als wenn man ein Stück Vieh beim Schlachten mit der Axt vor den Kopf geschlagen hätte«. Der Verwundete wurde aus dem Wirtslokal in ein Nachbarhaus gebracht, in welchem er nach zwei Tagen starb, ohne das Bewusstsein wiedererlangt zu haben. Der alsbald festgenommene Steinhäuser

Aus dem Gerichtsfaal.

Szene aus einem Kölner Gerichtssaal in der Rheinischen Gerichts-Zeitung vom 18. Juli 1885. Auf die Nemesis angesprochen, antwortet der wegen Misshandlung seines »Weibes« Angeklagte: Die lass nur kommen! Wenn sie meint, sie hätte was zu sagen, bekommt sie auch »Knuze« (Schläge).

räumte ein, seinen Gegner in betrunkenem Zustand geschlagen zu haben, behauptete aber, »durch die ihm vorher widerfahrenen Mißhandlungen gereizt gewesen« zu sein.

In der Schwurgerichtsverhandlung stellte sich vor allem die Frage, ob der Angeklagte die Absicht hatte, Meinertzhagen zu töten (§ 176 des Strafgesetzbuches), oder aber, ob derselbe dem Letzteren »nur vorsätzlich eine Mißhandlung oder Körperverletzung, welche den Tod des Verletzten zur Folge hatte (§ 194 des Strafgesetzbuches), zugefügt habe«. Die Geschworenen entschieden sich für letztere Variante, sodass Steinhäuser mit zehn Jahren Zuchthaus davonkam.

Ein ähnlicher Fall trug sich einige Jahre später in Köln-Lindenthal zu. Auf der dortigen Kirmes waren der Grundarbeiter Otto Alterberg aus Sülz und einige seiner Kollegen am Abend des 9. Mai 1887 dem Feiern nicht abgeneigt: »Die Gesellschaft hatte schon vorher ein Liter Schnaps getrunken und betrug sich nun in Lindenthal in wenig anständiger Weise.« Das fröhliche Treiben auf der belebten Chaussee, die vielen Buden und Karussells betrachteten sich auch zwei Niederländer, die in der Umgebung Kölns arbeiteten. Ihnen war dieser Kirmestrubel fremd, und alles erregte ihr lebhaftes Interesse. An der Ecke der Dürener Straße stießen die beiden, die kaum der deutschen Sprache mächtig waren, auf die angetrunkene Gesellschaft. Einem der Niederländer, Lambert Paulsen, wurde nun der Hut vom Kopf gerissen, und es entstand Streit. Obwohl Alterberg weder angegriffen noch in Gefahr war, zog er sein Messer, stach um sich und traf Paulsen in den Unterleib.

Während sich nun die angetrunkene Bande aus dem Staub machte, rief der Verletzte verzweifelt um Hilfe, da ihm das Blut in Strömen aus der Wunde floss. Der Unglückliche wurde nach Köln gebracht, wo er tags darauf verschied. Das gegen Alterberg ausgesprochene Urteil lautete auch diesmal auf zehn Jahre Zuchthaus wegen Körperverletzung mit tödlichem Ausgang.[5]

Tödliche Schussverletzungen in Linnich, 1866

Zerrüttete Familienverhältnisse sorgten für ein Drama, das sich 1866 in Linnich bei Jülich abspielte. Der Linnicher Tagelöhner und Barbier Friedrich Temburg hatte schon in frühen Jahren in üblem Ruf und 1836 sogar in dem Verdacht gestanden, seinen leiblichen Vater vergiftet zu haben. Sodann hatte er in einem wüsten und verschwenderischen Leben den größten Teil seines Vermögens verprasst und war 1852 plötzlich, angeblich infolge von Missionspredigten, zu einem vermeintlich besseren Leben übergegangen, was aber auf viele andere lediglich den Eindruck einer schauspielerischen Äußerlichkeit machte. In dieser Hinsicht war Temburg einem guten Bekannten, dem Linnicher Tagelöhner und Drechsler Friedrich Farber, offensichtlich recht ähnlich. Während dieser von der Ortsbehörde als »nüchtern, arbeitsam und fleißig«

Der Kirchplatz in Linnich mit Postkutsche.

dargestellt wurde, schilderten ihn seine nächsten Verwandten als einen »boshaften und rachsüchtigen Menschen, der die kleinste ihm zugefügte Kränkung niemals vergesse«.

Durch den engen Kontakt der beiden lernte Farber die Tochter Temburgs, Petronella, näher kennen und heiratete sie im Jahr 1861. Offensichtlich war eine Schwangerschaft der Grund für diesen Schritt, denn rein äußerlich passten die blühende junge Frau und Farber, der von Jugend an »durch ein krebsartiges Uebel im Gesicht in Abscheu erregender Weise entstellt« war, nicht sonderlich gut zusammen. Es dauerte auch nicht lange, da glaubte Farber bei seiner jungen Frau einen Widerwillen gegen seine Person, dagegen eine besondere Neigung zu ihrem Vater wahrzunehmen und schloss schließlich sogar einen »verbrecherischen, blutschänderischen Umgang« zwischen beiden nicht aus. Nachdem seine Frau in das Vaterhaus zurückgekehrt war, will er sich mit eigenen Augen von diesem Intimkontakt zwischen Vater und Tochter überzeugt haben, ein Gesuch Farbers um »Umwandlung der faktisch bestehenden Trennung in eine rechtliche« fand aber trotzdem keine Berücksichtigung. Im Oktober 1863 brachte seine Frau erneut ein

136

Kind zur Welt, woraufhin Farber wiederholt seinem Unmut dar-über Ausdruck verlieh,»daß fremde Kinder seinen Namen tragen und seiner Sorge und Ernährung anheimfallen würden«. Dieser Unmut steigerte sich noch durch eine erneute Schwangerschaft seiner Frau, von der er im Oktober 1866 Kenntnis erhielt. In der Nacht vom 10. auf den 11. November 1866 waren Tem-burg und seine Tochter noch mit häuslichen Arbeiten im Wohn-zimmer seines kleinen Hauses beschäftigt, als plötzlich gegen 1 Uhr durch den hölzernen Fensterladen auf sie geschossen wurde. Tem-burg, der gerade von seinem Stuhl aufgestanden war, um an den Ofen zu gehen, stürzte von zwei Gewehrkugeln getroffen tot zur Erde, während seine Tochter, die zwischen ihrem Vater und dem Fenster auf einem Stuhl in der Schusslinie gesessen hatte, einen Streifschuss am Hinterkopf davontrug. Der sofort von ihr gegen ihren Ehemann ausgesprochene Verdacht bestätigte sich im Laufe der weiteren Untersuchungen.

Betreffs der Anklage des Mordes an seinem Schwiegervater und des Mordversuchs an seiner Frau erklärten die Geschworenen in der Assisenverhandlung in Aachen vom 19. Januar 1867 Farber des ersteren Verbrechens für schuldig, des letzteren für nicht schuldig, woraufhin die Todesstrafe über ihn verhängt wurde. Besonders Untersuchungen am Gewehr des Angeklagten hatten Hinweise für seine Täterschaft ergeben.

Durch »Allerhöchste Ordre« des preußischen Monarchen vom 8. April 1867 wurde die Todesstrafe in eine lebenslängliche Zucht-hausstrafe verwandelt.[6]

Mord aus Eifersucht bei Sirzenich nahe Trier, 1868

Der in Sirzenich bei Trier wohnhafte Schuhmachermeister Peter Schleder hatte am frühen Abend des 7. Oktober 1868 bei einbre-chender Dämmerung zusammen mit seinem 18-jährigen Lehrling Jacob Schuh den Heimweg zu Fuß vom benachbarten Ort Fuse-nich angetreten, wo sie seit zwei Tagen Arbeit hatten, als Schleder plötzlich einen Schuss in den Rücken erhielt. Indem er sich um-drehte, sah er, dass sein Lehrling eine Doppelpistole in der Hand hielt und aus unmittelbarer Nähe einen zweiten Schuss auf ihn abfeuerte, durch welchen er in die Brust getroffen wurde. Schuh warf nun die Pistole weg und packte seinen Meister am Hals, worauf beide zu Boden fielen. Schleder, ein sehr kräftiger Mann von 28 Jahren, gelang es trotz seiner Verletzungen, sich nach einigem Ringen von seinem Angreifer zu befreien, und versetzte demselben, nachdem er ihn unter sich gebracht hatte, mehrere Faustschläge, bis sein Lehrling darum flehte, ihn zu verschonen. Daraufhin setzten sie schließlich ihren Weg nach Sirzenich fort.

Dort angelangt, wurde Schleder durch den aus Trier herbeigerufenen Kreiswundarzt untersucht, der unverzüglich dazu überging, die beiden Kugeln operativ zu entfernen. Bei klarem Bewusstsein gab Schleder wiederholt und unmissverständlich seinen Lehrling als Schuldigen an. Trotz seiner kräftigen Natur erlag der Schuhmachermeister am 16. Oktober 1868 den ihm beigebrachten Schussverletzungen.

Während der beschuldigte Lehrling zunächst behauptete, ein unbekannter Dritter habe auf Schleder geschossen, ging er später unter dem Druck sich zuspitzender Verdachtsmomente zu der Aussage über, er sei an jenem Abend auf dem Weg nach Sirzenich mit seinem Meister in Streit geraten und habe sich wehrend auf diesen geschossen, nachdem er von ihm mit einem Stock bedroht und misshandelt worden sei. Diese Aussage wurde durch den Kreiswundarzt entkräftet, der bei einer Untersuchung des Lehrlings am 9. Oktober 1868 im Arresthaus keinerlei Spuren von Stockschlägen hatte feststellen können.

Die Verhandlung gegen den 18-Jährigen am 9. und 10. Dezember 1868 vor dem Trierer Assisenhof endete mit einer Verurteilung zum Tode, die aber auf dem Wege der Begnadigung am 3. März 1869 in lebenslängliches Zuchthaus umgewandelt wurde. Wie sich im Laufe der Untersuchung herausstellte, war Eifersucht das Motiv zu der Tat. Beide hatten sich nämlich um die Gunst der in Sirzenich wohnhaften Margarethe Heinz bemüht, wobei der Lehrling das Nachsehen gehabt hatte und sich deshalb hatte rächen wollen.[7]

Raubmord in Haan bei Waldbröl, 1882

Aufsehenerregend war ein Fall, der am 2. Mai 1882 vor dem Bonner Schwurgericht verhandelt wurde. Wie der angeklagte Maurer August Pass aus Altennümbrecht hier schilderte, hatte er sich in der Nacht vom 23. auf den 24. Januar 1882 in den benachbarten Ort Haan begeben und den dort wohnhaften Kappenmacher Carl Becher um ein paar Kartoffeln gebeten. Zunächst verlief alles friedlich, doch plötzlich fiel Pass über Becher her und schlug die Lampe zu Boden, wodurch dieselbe erlosch. Becher fasste nun seinen Kontrahenten am Halstuch, welches Letzterer aber mit einem Messer durchtrennte, das er auch dazu benutzte, dem Haaner eine schwere Verletzung an der Kehle zuzufügen. Nun machte sich Pass daran, die Wohnung seines Opfers zu durchsuchen, kam dann »zu dem im Blute liegenden Becher zurück, fühlte ihm den Puls und durchsuchte die Kleidung desselben, wobei er ihn von einer Seite auf die andere legte«.

Als sich Pass mit seiner Beute entfernte, glaubte er, Becher sei tot, was aber nicht der Fall war. Nach dem Weggehen seines Peinigers kroch der Haaner an sein Bett und schrieb dort mit seinem Blut »Paß« auf die weiß getünchte Wand – den Namen des Täters. Am Morgen wurde Becher noch lebend aufgefunden. Bei der Ankunft der sofort benachrichtigten Gerichtspersonen aus Waldbröl schrieb er die Hauptmomente des Überfalls sowie den vollständigen Namen des Täters auf und konnte sogar, nachdem er von dem mitanwesenden Arzt in eine entsprechende Körperstellung gebracht worden war, den ganzen Vorfall zu Protokoll bringen, bis er schließlich doch seinen Verletzungen erlag.

Waldbröl um 1850.

Der Täter wurde noch selbigen Tages verhaftet und legte am 28. Januar 1882 beim Amtsrichter in Waldbröl ein Geständnis ab, welches er jedoch vor dem Untersuchungsrichter widerrief. Die Sitzung des Bonner Schwurgerichts endete mit einer Verurteilung des Angeklagten zum Tode und zehnjähriger Zuchthausstrafe. Durch »Allerhöchste Entscheidung« vom 21. August 1882 wurde das Todesurteil in lebenslängliche Zuchthausstrafe abgemildert.[8]

Tödliches Drama in Boppard, 1882

Der 1862 in Boppard geborene Nagelschmied Georg Struth war lange Zeit ohne festen Wohn- und Aufenthaltsort. Zwischen seinen verschiedenen Wanderungen durch fast ganz Deutschland wurde er zwar, wenn er mittel- und arbeitslos nach Boppard kam, von seinem Stiefbruder, dem Nagelschmied Joseph Struth, aufgenommen und beschäftigt, »aber wegen seines launenhaften, unverträglichen Benehmens immer bald wieder fortgewiesen«.

Nach Pfingsten des Jahres 1882 kam die 18-jährige Josephine Belzer aus Limburg, eine Cousine der Ehefrau von Joseph Struth, als Dienstmädchen in dessen Haus. Seitdem sie hier auch Georg kennenlernte, machte sich dieser offensichtlich Hoffnungen, legte aber ein krankhaft eifersüchtiges Verhalten an den Tag. Als Josephine am 15. Oktober 1882 mit einem Gesellen der Struths die Rhenser Kirmes besuchen wollte, stellte Georg sie zur Rede und hielt ihr ein Fläschchen mit Salzsäure unter die Nase, worauf das Mädchen ihn von sich stieß. An den folgenden Tagen trieb sich Georg mehrfach vor dem Haus seines Stiefbruders herum, der ihn aber nicht mehr hereinließ.

Nachdem Josephine, die ihr Dienstherr sicherheitshalber für einige Zeit zu einer Schwägerin nach Bad Ems geschickt hatte, Anfang November 1882 wieder nach Boppard zurückgekehrt war, machte Georg keinen Hehl aus seinem nach wie vor in ihm brodelnden Unmut. In Gegenwart einer Einwohnerin aus Boppard durchstach er eine Fotografie Josephines mit einem »schauerlichen Messer«.

Am 22. November 1882 erschien er gegen Mittag erneut vor dem Struth'schen Haus, stieß Drohungen aus und begab sich dann in ein gegenüberliegendes Wirtshaus, von wo er das Haus seines Stiefbruders stundenlang beobachtete, während er einige Gläser

Bier und verschiedene Schnäpse verkonsumierte. Gegen halb acht abends verließ er das Lokal und wurde dann auf dem nach der Straße offenen Hofraum des Struth'schen Hauses gesehen. Als Josephine rund eine halbe Stunde später von einem Dienstgang zurückkehrte, traf sie auf Georg, der ihr den Zutritt zum Haus verwehrte. Ein Zeuge sah dann, wie Georg sein Opfer mit beiden Händen festhielt, gegen eine Mauer drückte und mit einem Messerstich ins Herz tötete. Wenig später wurde er in einer Wirtschaft verhaftet. Das am 2. März 1883 vom Koblenzer Schwurgericht gegen ihn ausgesprochene Todesurteil hörte er mit »völliger Ruhe« an. Obwohl er geäußert haben soll, dass er auf eine Begnadigung verzichte, wurde ihm eine solche in Form einer lebenslänglichen Zuchthausstrafe zuteil.[9]

Kindestötung in Brühl

Am 23. März 1887 erhielt der Bürgermeister in Brühl ein anonymes Schreiben, in dem er darauf hingewiesen wurde, dass in der dortigen Kamphoffstraße »unheimliche Dinge« vor sich gingen,

141

Die Kölnstraße in
Brühl um 1920.

die auf ein Verbrechen hindeuteten. Es hieß weiter, dass Nachbarn der dort wohnhaften Dienstmagd Sibilla Kreutzer bemerkt haben wollten, dass dieselbe vor Kurzem ein Kind geboren habe, seitdem aber nicht mehr zum Vorschein gekommen sei. Ein daraufhin vom Bürgermeister zu der Verdächtigen geschickter Arzt stellte tatsächlich Anzeichen einer kürzlich stattgefundenen Geburt fest. Die Brühlerin gab nach ihrer Verhaftung dem Bürgermeister gegenüber zu, ein totes Kind geboren und auf dem Kirchhof verscharrt zu haben, wo es aber nicht gefunden werden konnte. Einer weiteren Aussage der inzwischen nach Köln überführten Verdächtigen nachgehend, machte der Bürgermeister auf dem Speicher des Brühler Hauses, in dem die ledige Sibilla mit ihrer Mutter lebte, eine grausige Entdeckung, denn die dort aufgefundene, unter Dielen versteckte Kindesleiche war in Teile zerstückelt worden: »Die Aermchen und Beinchen, sowie der Kopf waren abgeschnitten.«

Bei der Verhandlung des Falls im Juli 1887 vor dem Kölner Schwurgericht sagte die des Kindsmordes angeklagte Brühlerin aus, sie sei am 22. März 1887 zu Hause eine Treppe hinuntergestürzt und habe in bewusstlosem Zustand ein totes Kind geboren, das sie mit einem Brotmesser in Teile zerschnitten und auf dem Speicher versteckt habe, damit die Nachbarn nichts merken sollten. Einige dieser Nachbarn gaben an, am 21. März eindeutige Geräusche einer Geburt vernommen zu haben.

Bezüglich der Frage, ob das Kind bei der Geburt lebte, wandten die beiden bei der Verhandlung anwesenden Sachverständigen in ihren Gutachten folgende Methode an: »Für die Untersuchung, ob ein geborenes Kind auch bei der Geburt gelebt hat, hat die medizinische Wissenschaft ein untrügliches Mittel, die sogen. Lungen-(Athem)probe. Einzelne Theile der Lunge der Leiche werden in Wasser gelegt, schwimmen diese Lungentheile, so ist dies ein untrügliches Zeichen, daß das Kind bei der Geburt gelebt und wenigstens einige Athemzüge gethan hat.« Für die Verteidigung der Angeklagten war aber die Tatsache, dass im vorliegenden Fall ein Schwimmen der Lungenteile festgestellt worden war, kein eindeutiges Indiz, da dies auch durch eine Fäulnis der Lungenteile bewirkt worden sein könnte. Dies wies der Sachverständige Dr. Jakobs zurück, da die Fäulnis noch nicht sehr weit fortgeschritten gewesen sei. Die Lungenschwimmprobe ist auch heute noch eine anerkannte Methode der Rechtsmedizin.

Die Geschworenen verneinten die Frage der vorsätzlichen Tötung, fanden die 26-jährige Angeklagte aber der fahrlässigen Tötung für schuldig, worauf das Schwurgericht auf das in diesem Fall höchst zulässige Strafmaß von drei Jahren Gefängnis erkannte.[10]

Verhängnisvolle Verwechslung in Bonn, 1893

In einer auf vier Tage angesetzten Verhandlung stand im März 1894 der etwa 25 Jahre alte Tagelöhner Theodor Aust aus Bonn vor dem dortigen Schwurgericht. Er wurde angeklagt, am 16. November 1893 in der Bonner Bachstraße die 16-jährige Therese Nolden, Tochter des in der Baumschulallee 101 ansässigen Ackerers Wilhelm Nolden, ermordet zu haben. Zu der Verhandlung waren 152 Zeugen und vier Sachverständige geladen. Zahlreiche Schaulustige umlagerten das Bonner Gerichtsgebäude, doch nur wenige fanden Einlass.

Wie jeden Abend lieferte Therese auch an jenem 16. November die Milch aus dem Betrieb ihres Vaters an die Kunden aus, als ihr in der Nähe der Bachstraße 12 plötzlich ein Mann, welcher

Die »Baumschuler Allee« im Jahr 1904, links die Bachstraße

ihr gefolgt war, einen tiefen Stich in die rechte Schulter versetzte. Einen Schreckensschrei ausstoßend, eilte das durch starken Blutverlust geschwächte Mädchen zum nicht weit entfernt wohnhaften Dr. Cajetan, der sofort einen Notverband anlegte und Therese in einem schnell herbeigeholten Wagen zur Klinik begleitete. Über Nacht konnten die Ärzte zwar die Blutung stillen, Therese starb aber trotzdem am folgenden Abend infolge einer hinzugetretenen Rippenfellentzündung. An ihrem Todestag war sie 17 Jahre alt geworden. Noch am Morgen hatte sie eine Täterbeschreibung abgeben können, die zur Verhaftung Austs beitrug.

Aus der Verhandlung ging hervor, dass der vorbestrafte Angeklagte in der Bonner Verbrecherszene kein unbeschriebenes Blatt war. Mehrere Zeugen bekundeten vor dem Schwurgericht, von Aust, einem »echten Messerjungen«, massiv bedroht worden zu sein. In einer Wirtschaft in der Sternstraße hatte er einmal geäußert, »er müsse Einem das Messer in den Balg jagen, selbst wenn er zeitlebens in's Zuchthaus käme oder den Kopf verlöre«. Ein anderes Mal ließ er verlauten: »Wenn ihr hört, der Männ (es war dies sein Spitzname) hätte 10 Jahre Zuchthaus bekommen, so könnt ihr sagen, er war ein Mann.«

Insbesondere hatte Aust Kontakt zum Zuhälter- und Dirnenmilieu, aus dem auch seine unter »Sittencontrolle« stehende Frau Christine (geborene Jülich) stammte, die er erst wenige Monate vor der Tat, im September 1893, geheiratet hatte. Eine starke Verbitterung hegte er gegen sie, seitdem sie ihm nicht lange nach der Eheschließung, als er gerade im Gefängnis saß, eröffnet hatte, dass sie von ihrem Verhältnis zu ihrem Zuhälter Gottfried Klinker nicht ablassen wolle. Während eines Besuchs bei ihrem Mann im Gefängnis, so Frau Aust, habe er sie deshalb zu schlagen versucht.

Dieser Groll gegen die eigene Frau war es auch, der letztlich dem Mord in der Bachstraße zugrunde lag. Es stellte sich nämlich heraus, dass Aust, der auch am Tag der Tat einen Streit mit seiner Frau gehabt hatte, diese mit Therese Nolden verwechselt hatte, da beide in Gestalt und Kleidung einige Ähnlichkeiten aufwiesen. So war die junge Bonnerin, »der Niemand den geringsten Haß nachtragen« konnte, das Opfer einer sehr unglücklichen Verwechslung geworden. Das Schwurgericht verurteilte Aust, der sein Alibi auf mehrere Kneipenbesuche zu stützen versucht hatte, zu einer 15-jährigen Zuchthausstrafe.[11]

Der Pingsdorfer Totschlagsprozess, 1898

In einem Bericht der Kölner Gerichts-Zeitung vom 30. April 1898 über eine zuvor stattgefundene Verhandlung des Kölner Schwurgerichts heißt es:»Im stillen Pingsdorf, wo sonst auch kaum die geringste Strafthat sich zuträgt, kam es Ende des vorigen Jahres zu einer nächtlichen Scene, welche dem Morde verwandt zu sein scheint.«

Diese»nächtliche Scene« in Brühl-Pingsdorf spielte sich ab, als der dort wohnhafte Metzger Georg Steinheuer nach dem Besuch einer Tanzveranstaltung im benachbarten Kierberg gegen 1 Uhr wieder zu Fuß nach Pingsdorf zurückkehrte, wo er auf den Fabrikarbeiter Joseph Gottlob und den Grubenarbeiter Peter Heiden stieß. Obwohl gerade Letzterer mit Steinheuer gut befreundet war, kam es zu einem Streit, in dessen Anschluss der 38-jährige, kräftige Gottlob mit einem Messerstich im Herzen, durchstochenen Rippen und einem zertrümmerten Nasenbein als Leiche am Ort des Geschehens zurückblieb.

Der angeklagte Steinheuer sagte aus, er sei in jener Nacht unverhofft von seinen beiden Dorfgenossen bedroht und angegriffen worden, worauf er in Notwehr um sich geschlagen hätte. Dass er dies mit einem Messer getan hatte, versuchte er, möglichst unerwähnt zu lassen. Erst später, so der Angeklagte, habe man ihm gesagt, dass Gottlob tot aufgefunden worden sei. Sein Vater habe ihm nun Geld gegeben, um nach Köln zu fliehen, von wo er aber in großer Verzweiflung nach Bremerhaven weitergefahren sei. Nachdem er hier Arbeit als Heizer auf einem Dampfer gefunden hätte, sei er nach New York gelangt, wo er verhaftet worden sei.

Kurz vor seiner Abreise nach Amerika, wo er als Metzger Arbeit und eine neue Frau zu finden hoffte, hatte er am 9. November 1897 in einem Brief nach Hause bezüglich des Geschehenen geschrieben:»In der Zeitung habe ich noch nichts gelesen. Wenn ich verhaftet werde, so muß der Vater mir einen guten Advokaten stellen, sonst falle ich schwer herein, 4–5 Jahre kann ich bekommen. Es hat so gegangen: Ich ging an den beiden vorbei; der

Heiden schlug sein Wasser ab und beide schlugen mich. Im Gängelchen ging ich dann auf Gottlob zu und Ihr müßt mir verzeihen, daß ich so verfuhr. Ich war in der Nothwehr und weiß selbst nicht, wie das Schreckliche passirt ist.«

Nach der Aussage Heidens war es der nicht mehr ganz nüchterne Steinheuer, der in jener Nacht mit ihm Streitigkeiten angefangen hatte, während Gottlob hatte beschwichtigen wollen: »Ihr habt doch zusammen gedient und seid doch sonst gute Collegen.« Am Hause von Steinheuer, so Heiden, »kriegten wir wieder Disput und ehe ich mich versah, bekamen wir uns zu fassen und ich erhielt einen Schlag auf den Hinterkopf« – dieser Schlag rührte offensichtlich vom Vater Steinheuers her, der seinem Sohn zur Hilfe kommen wollte. Nachdem Heiden zu Boden gegangen war, so sagte der Pingsdorfer Schreiner Mathias Metzmacher aus, sei Steinheuer auf Gottlob losgegangen.

Um dem Eindruck entgegenzuwirken, dass der »unbescholtene« Gottlob das Opfer des »gefährlichen Messerhelden« Steinheuer geworden sei, ließ dessen Verteidigung einige Zeugen aufrufen, die sich über Gottlobs »dunkle Vergangenheit« ausließen, wobei unter den Zeugen heftige Zwiegespräche ausbrachen, »was der eine oder der andere alles gesagt haben solle, wie es wäre oder nicht gewesen wäre«. Der Staatsanwalt hielt dem entgegen, dass hier »Dummejungenstreiche« und »alte abgethane Geschichten« aufgetischt worden seien, wie sie im Dorf öfter passirten, »aber Gravirendes hat Niemand gesehen bei all den Affairen«. Das Urteil lautete »wegen Körperverletzung und tödtlicher Körperverletzung« auf sieben Jahre Zuchthaus und einen Monat Gefängnis.[12]

Ein Ehedrama in Düsseldorf

Um die 20 Jahre alt war der Düsseldorfer Tapezierer Franz Bohr, als er seine kaum 16 Jahre alte Frau Anna heiratete. Zwei Kinder hatten bereits das Licht der Welt erblickt, da gerieten die jungen Eheleute in finanzielle Probleme, weil der Tapezierer nicht genügend Arbeit hatte. Es kam zu ehelichen Entzweiungen, wegen derer die Frau vorübergehend zu ihrer Mutter zurückkehrte. Die Niedergeschlagenheit Bohrs war so groß, dass er seine Frau zu überreden versuchte, mit ihm in den Tod zu gehen, die mittlerweile 21-Jährige aber entgegnete entsetzt, dass sie noch zu jung zum Sterben sei.

Ende Februar 1905 berichtete die Düsseldorfer Gerichts-Zeitung von einem Drama, das sich ereignete, nachdem Bohr seine Frau ein letztes Mal von ihrer Mutter heimgeholt hatte. In der Nacht darauf gab es einen Wortwechsel zwischen den Eheleuten, die kleinen Kinder schrien, dann aber hörte man nichts mehr. Am Morgen verließ der Tapezierer bleich seine Unterkunft und schloss ab. Seinen Vermietern sagte er: »Wenn meine Frau klopfen wird, dann sagen Sie ihr nur, daß ich bald komme.« Mit hastigem Gruß entfernte er sich, ohne sich umzusehen.

Den Vermietern fiel dies auf, umso mehr, als Frau Bohr kein Lebenszeichen von sich gab. Man klopfte und rief, doch keine

Die von ihrem Gatten getötete Anna Bohr. Franz Bohr, der seine Frau und sich selbst tötete.

Antwort erfolgte. Schließlich wurde die Polizei herbeigeholt, und nachdem ein Schlosser die Tür aufgesprengt hatte, fand man die beiden Kinder schlafend vor, während ihre Mutter leblos im Bett lag. Um ihren Hals war ein Handtuch zweimal geschlungen und fest zugeknotet. Ihr Körper war noch warm, die Wiederbelebungsversuche eines herbeigerufenen Arztes blieben aber erfolglos.

Während sich eine polizeiliche Kommission zum Tatort begab, eilte Bohr in seine Düsseldorfer Werkstatt. Ein in seiner Wohnung an einem Fenster hängender Strick, der augenscheinlich jedoch gerissen war, deutete darauf hin, dass er schon in der Wohnung einen Selbstmordversuch gemacht hatte. In der Werkstatt schickte er seinen Gehilfen unter einem Vorwand weg. Als ein Wachmann von der Wohnung in die Werkstatt geschickt wurde, um Bohr festzunehmen, fand er diesen tot vor. Bohr hatte sich an einem Wandnagel erhängt.[13]

Der Muttermordprozess Hild in Köln, 1911

Im Jahr 1906 kam der Kölner Gustav Hild von längeren Reisen nach Hause in die Domstadt in den Perlengraben 19 zurück, wo sein Vater eine Bäckerei und Konditorei betrieb. Nach dessen Tod und dem Verkauf des Geschäftes zogen Gustav und seine Mutter in die Ursulastraße, wo sie ein recht einträchtiges Leben zu führen schienen, wenn man den Ausführungen eines Nachbarn Glauben schenken darf: »Die Mutter tat früher, als gebe es keinen besseren Sohn; er gab prompt seinen Lohn ab, machte ihr Geschenke, kurz gönnte ihr jede Freude und trug ihr sogar die Wäsche für Kunden aus.«

Die Eltern des Muttermörders.

Die Eltern Hilds auf dem Hof der Bäckerei im Perlengraben 19.

Das änderte sich, als Gustav um 1910 die Dienstmagd Gertrud Drahts aus Sindorf kennenlernte und zu heiraten beabsichtigte. Die Mutter war mit dieser Verbindung nicht einverstanden, weil sie in Erfahrung gebracht hatte, dass die Braut ein uneheliches Kind hatte. Wie sich aber beim Beantragen der Heiratsunterlagen herausstellte, war Gustav selbst ein uneheliches Kind, was ihm seine Mutter bis dahin (etwa 30 Jahre lang) verschwiegen hatte. Er war mit Papieren getauft worden, als sei er ehelich geboren worden. Da es nun öfters Streit gab, erhielt Gustav von verschiedener Seite den Rat, sich ein möbliertes Zimmer zu suchen. Das lehnte er aber ab. Einige Tausend Mark, welche die 62-jährige Mutter ihrem Sohn zur Heirat versprochen hatte, wollte sie nun plötzlich nicht mehr zahlen, worauf Gustav sein väterliches Erbteil verlangte. Die Intrigen der Mutter gingen so weit, dass sie den Hochzeitsanzug ihres Sohnes zu verkaufen gedachte. Ein Vermittlungsversuch seitens einer Kölnerin, bei der Gertrud Drahts arbeitete, kam nicht zustande, da Frau Hild niemanden ins Haus lassen wollte.

Einige Tage vor der geplanten Eheschließung, am 10. Mai 1911, kam es zur Katastrophe, die darin bestand, dass Gustav seine Mutter mit einer Paketschnur, die er ihr zweimal um den Hals legte, erdrosselte. Zuvor hatte die Getötete ihren Sohn und ihre zukünftige Schwiegertochter heftig beschimpft. In der Verhandlung dieses Falls im September 1911 vor dem Kölner Schwurgericht über sein Befinden während der Tat befragt, gab der Angeklagte an: »Es wurde mir schwarzblau vor den Augen und wußte nicht, wo ich dann war. Ich war solche gemeinen Schimpfereien in meiner Familie nicht gewöhnt.«

Um einen Selbstmord der Mutter vorzutäuschen, hing er sie an einem Bettpfosten auf. Später behauptete er wenig überzeugend, seine Mutter auf ihr eigenes Verlangen hin getötet zu haben. Ein Sachverständiger erklärte die Tat in der Weise, dass solch verschlossene Menschen wie der Angeklagte »eine Menge Explosivstoffe in sich aufspeichern, die sich dann z. B. durch Zufall entladen. Hätte er die Schnur nicht gerade in der Hand gehabt, wäre die Tat vielleicht nicht passiert.« Die 30-jährige Gertrud Drahts, »eine recht stattliche, sehr hübsche und offenbar energische Person«, beteuerte vor Gericht, dem Angeklagten »treu zu bleiben, egal wie der Prozeß ausfällt«. Dazu musste sie lange warten, denn Hild wurde wegen Totschlags »an einem Verwandten aufsteigender Linie« zu zehn Jahren Zuchthaus verurteilt.[14]

Der zu zehn Jahren Zuchthaus verurteilte Gustav Hild.

Blutvergießen in Düsseldorf-Oberkassel

Nachdem in der Maschinenfabrik de Fries im linksrheinischen Düsseldorfer Stadtteil Oberkassel ein Streik ausgebrochen war, kam es immer wieder zu Zusammenstößen zwischen den Streikenden und denjenigen, die sich nicht an dem Ausstand beteiligen wollten, also den Arbeitswilligen. Letztere, die vorsichtshalber von der Firma de Fries in Fabrikräumen (in der Kantine) untergebracht wurden, verließen selten das Gelände, ohne Waffen bei sich zu führen. So war es auch am 30. September 1911, als sich einige Arbeitswillige nach Düsseldorf begaben, um sich die Stadt anzusehen und sich in verschiedenen Lokalen zu vergnügen. Unter ihnen befanden sich auch der 1889 in Essen geborene Schlosser Karl Grüber und der 1892 in Brügge geborene Fabrikarbeiter Julius Eifler.

Auf dem abendlichen Heimweg nach Oberkassel blieb Letzterer etwas zurück, weil er seinen Hut suchte, der ihm am Brückenhäuschen der Rheinbrücke weggeweht worden war. Dabei geriet er in einen Streit mit einem Trupp von Männern, die denselben Weg nach Oberkassel eingeschlagen hatten und offenkundig nicht davon begeistert waren, dass sich Eifler als zu den Arbeitswilligen gehörig bekannte. Als Eifler, der bei dem Streit eine Ohrfeige davontrug, wieder zu seiner Gruppe zurückkehrte, war es besonders Grüber, der das nicht auf sich beruhen lassen wollte – der reichlich konsumierte Alkohol mag seine Wirkung nicht verfehlt haben – und gesagt haben soll: »Wer den Eifler geschlagen hat, muß sterben.«

Die beiden Gruppen waren mittlerweile in Oberkassel ungefähr

Gesamtperspektive der Fabrikbauten der Aktiengesellschaft »de Fries & Co« in Düsseldorf, um 1904.

bis zur Ecke der Luegallee und Oberkasseler Straße angelangt, als eine Schlägerei entbrannte. Hierbei wurde dem Fuhrmann Heinrich Steyvers aus Oberkassel, der von Eifler als derjenige bezeichnet worden war, der ihn geschlagen habe, von Grüber ein Messerstich in die Brust versetzt, an dessen Folgen der Oberkasseler noch in der gleichen Nacht in seiner Wohnung verstarb.

Aus der nachfolgenden Verhandlung des Düsseldorfer Schwurgerichts Ende 1911 erfahren wir, dass Grüber weit in der Welt herumgekommen und in Frankreich, der Schweiz und in Italien beruflich tätig gewesen war. In Italien soll er eine Fechtschule besucht haben, sodass er mit Stoßwaffen, wie mit der auf dem Gerichtstisch befindlichen Tatwaffe, einem Stilett, offensichtlich gut umzugehen wusste. Grüber gab die Tat zu, behauptete aber, in Notwehr gehandelt zu haben. Auch der mitangeklagte Eifler gab an, von Steyvers angegriffen worden zu sein, worauf er ihn mit einem Schnapskrug, den er aus Düsseldorf mitgenommen hatte, abgewehrt habe. Die Aussagen der Zeugen, die zu der einen oder der anderen Gruppe gehörten, standen sich zum Teil konträr gegenüber: »Was auf der einen Seite behauptet wurde, bestritten die Zeugen der anderen Gruppe.« Gegen Grüber wurde eine Gefängnisstrafe von drei Jahren verhängt, Eifler wurde freigesprochen.[15]

Liebe und Verbrechen in der Düsseldorfer Altstadt

Im Zusammenhang mit der Berichterstattung über einen Düsseldorfer Prozess vom Januar 1913 werden in einem Artikel der Rheinisch-Westfälischen Gerichts-Zeitung die Zustände in der Düsseldorfer Altstadt beklagt, vor allem das »ungeniert schamlose Treiben der öffentlichen Häuser, wo ohne Rücksicht auf Straße und Nachbarschaft die Unzucht am hellen, lichten Tage sich manchmal in der widerlichsten Manier zeigt«. Dennoch, so heißt es in dem Artikel, übe das städtische Leben mit seinen Abwechslungen und Verführungen einen großen Reiz besonders auf die Landbewohner aus, von denen mancher es vorzöge, in die Stadt zu ziehen, um dem »langweiligen« Leben auf dem Lande zu entfliehen und den städtischen Genüssen zu frönen: »Hier ein guter Freund, dem er kräftig zuprostet, dort eine Freundin, mit welcher der Verkehr schon in den ersten Stunden ein sehr inniger geworden ist.«

Nicht ganz unbekannt dürfte ein solcher Lebensstil, so legt der Artikel nahe, dem 23-jährigen Arbeiter Leo Schmidt, wohnhaft in Düsseldorf in der Ratinger Straße 18, gewesen sein. Er stand in jenem Prozess vom Januar 1913 unter der Anklage vor dem Düsseldorfer Schwurgericht, in einer Wirtschaft einen anderen Arbeiter, den 20-jährigen Johann Josef Sonntag aus Düsseldorf-Heerdt, aus Eifersucht durch einen Messerstich so schwer verwundet zu haben, dass acht Tage später der Tod eintrat.

Genauer gesagt, hatte Schmidt die Tat am Abend des 16. Oktober 1912, einem Mittwoch, in dem Düsseldorfer Gasthaus »Zum Schilderhaus« in der Ratinger Straße verübt. Er gab an, sich an den Tathergang kaum noch erinnern zu können, da er an jenem Abend circa 30 Glas Bier und Schnaps konsumiert habe und demzufolge sehr betrunken gewesen sei. Besser erinnern konnte sich die Düsseldorfer Prostituierte Käte Offizier, die angab, zunächst mit Schmidt ein paar Bier getrunken zu haben, ehe sie ins »Schilderhaus« gegangen sei. Hierhin sei ihr Sonntag gefolgt, mit dem sie drei Tage lang verkehrt habe. Später sei auch Schmidt ins »Schilderhaus« gekommen und habe Sonntag gedroht: »Laß die in Ruh, das ist meine Alte, sonst schneide ich Dir den Stroß ab!« Mit den Worten »Das geb ich für Dich« habe er dann auf Sonntag eingestochen. Eine andere Zeugin war der Ansicht, dass der Angeklagte »von der Offizier aufgewiegelt worden sei, den Sonntag zu verhauen«. Der Polizeibeamte Westerfeld, der schon jahrelang in dem schwierigen Revier in der Altstadt Dienst tat, stellte dem Angeklagten nicht das beste Zeugnis aus. Das Urteil gegen ihn wegen Körperverletzung mit Todesfolge lautete auf vier Jahre Gefängnis.[16]

Der Tod im Maskenkostüm, Neuss-Norf, 1913

Am Fastnachtssonntag, dem 2. Februar 1913, kehrte abends gegen 23 Uhr der 24-jährige Bahnarbeiter Heinrich Nelles, geboren und wohnhaft in Norf, als Clown verkleidet in den Tanzsaal der Norfer Restauration Dutmacher ein, wo er einen Altersgenossen, den Arbeiter Peter Köhnen, und zwei junge Frauen antraf. Zu diesen gesellte sich Nelles, fleißig trinkend und sich mit den Frauen im Tanze hin und her wiegend, bis der Wirt gegen 2 Uhr Feierabend gebot. Köhnen verließ mit den Frauen vor Nelles das Lokal, und drußen kam nun der 21 Jahre alte Ackerer Adolf Wolf, der in ein schwarzes Dominokostüm gehüllt war, zu ihnen. Nelles ließ nicht lange auf sich warten, als er aber den »Konkurrenten« Wolf bei den Frauen sah, versetzte er diesem einen Stoß, den Wolf mit gleicher Münze und den Worten zurückgab: »Wenn du keinen Spaß vertragen kannst, sollst du auch keinen machen!« Mit dem Stoß war der Rauflust von Nelles, der sich anscheinend in dieser Beziehung nicht des besten Rufes erfreute, allerdings noch nicht Genüge getan. Im Gegenteil versuchte er, das Wortgefecht zu Tätlichkeiten auszudehnen, was ihm auch gelang. Schnell bildeten sich zwei Parteien, die eine für Nelles, die andere für Wolf. Jede Partei versuchte aber auch, »zur Ehre sei es gesagt, den betr. Duellanten festzuhalten«.

So waren die »Sekundanten« schon in dem guten Glauben, der Streit habe ein Ende gefunden, als Nelles plötzlich sein Messer zog, sich auf den ruhig dastehenden Gegner stürzte und diesem einen Stich in den Hals beibrachte, wodurch die Schlagader durchtrennt wurde. Mit den Worten »Du bist verrückt, du hast mich ja gestochen!« kam Wolf, dem das Blut am Hals herausspritzte, ins Wanken. Von einem Freund aufgefangen, wurde er dann nach Hause gebracht, die letzten Lebenszüge aushauchend. Der Übeltäter, besudelt mit dem Blut seines Opfers, lief nach Hause, stellte sich aber wenig später der Polizei. Sein blutbespritztes Clownskostüm sowie die Tatwaffe wurden von Polizeibeamten unter einem Dachziegel versteckt vorgefunden.

Der Staatsanwalt bat die Geschworenen, die Fragen nach Körperverletzung mit Todesfolge und mildernden Umständen, die dem Angeklagten seines noch nicht sehr fortgeschrittenen Alters wegen zuständen, zu bejahen. Nach kurzer Beratung erkannten die Geschworenen demgemäß, woraufhin das Gericht eine Gefängnisstrafe von drei Jahren festlegte.[17]

Neuss um 1890.

Verhängnisvolle Affäre in Waldweiler

Im April 1858 zog die ledige, 28-jährige Maria Eiden zu ihrer Schwester nach Waldweiler (bei Hermeskeil), die dort mit ihrem Mann, dem Feldhüter Reinhard Barbian, lebte. Im Sommer des gleichen Jahres wurde Maria schwanger. Während man im Ort rätselte, wer der Vater sein könnte, vertraute Maria ihrer Schwester an, dass sie von dem 19-jährigen Nachbarssohn Mathias Kropf schwanger sei, dessen Eltern direkt neben dem Haus der Barbians eine Gastwirtschaft betrieben.

Auffallend war ein Zwischenfall, der sich Anfang Dezember 1858 ereignete. Wie Maria ihrer Schwester berichtete, hatte Kropf sie überredet, sich nahe Waldweiler »am Eichelgarten« heimlich mit ihm zu treffen, um dann gemeinsam in den Nachbarort Wadrill zu gehen. Unterwegs habe er sie in eine verlassene Waldhütte geführt, die oberhalb einer nicht mehr betriebenen, tiefen Erzgrube erbaut war, und habe dann von außen durch eine Lücke in den Dielen mit einer Pistole auf sie geschossen. Gleich darauf habe er sich entschuldigt, dass er sie nur habe erschrecken wollen.

Trotz aller Warnungen ließ sich Maria auf ein zweites Treffen mit Kropf ein, nachdem er ihr zugesagt hatte, seine Eltern, die bislang nichts von der Beziehung wussten, um die Einwilligung zu einer baldigen Verlobung bitten zu wollen. Am Morgen des 6. Januar 1859 (Heilige Drei Könige), dem Tag der Verabredung mit Maria, gab Kropf anderen gegenüber vor, diesmal nicht nach Schillingen, zu dessen Pfarrei Waldweiler gehörte, sondern nach Kell in die Kirche gehen zu wollen, da er mit dem dortigen Bürgermeister noch etwas zu regeln habe. Einige Zeit später hörte ein anderer Einwohner aus Waldweiler durchdringende Schreie aus einem benachbarten Walddistrikt, sodass er vermutete, es sei dort zu einem Aufeinandertreffen von Forstbeamten und Wilddieben gekommen.

Als Reinhard Barbian gegen Mittag aus der Kirche in Schillingen zurückkehrte, teilte ihm seine besorgte Frau mit, ihre Schwester sei am Vormittag zu einem Treffen mit Kropf aufgebrochen, bisher aber nicht wieder aufgetaucht. Barbian zögerte nicht lange und stellte den jungen Mann zur Rede, der gerade von seinem angeblichen Kirchgang nach Kell heimgekommen war. Obwohl er etwas unruhig und verlegen erschien, beharrte Kropf darauf, nichts von einer Zusammenkunft mit Maria zu wissen. Nun begab sich Barbian in Begleitung eines Schwagers zum »Eichelgarten«, wo, wie Frau Barbian wusste, auch diesmal der Treffpunkt verabredet gewesen war. Zwei dortigen Fußspuren folgend, fanden sie schließlich nach längerer Suche Maria tot auf einem Waldweg liegen. Sie wies erhebliche Stichverletzungen am Hals auf.

Nachdem dem Waldweiler Ortsvorsteher Johann Wirtz das Auffinden der Leiche gemeldet worden war, schritt er zur sofortigen Verhaftung Kropfs, der dann inmitten einer kleinen Kommission und unter Bewachung einiger Landwehrleute zum Tatort geführt wurde. Untersuchungen von vorgefundenen Fußspuren ergaben, dass diese wahrscheinlich von dem Festgenommenen stammten. Nach einer Vernehmung durch den Bürgermeister in Kell wurde Kropf wieder nach Waldweiler zurückgeführt und dort unter Bewachung vorläufig im Hause des Ortsvorstehers untergebracht, ehe man ihn am 8. Januar 1859 ins Hermeskeiler Kantonsgefängnis abführte. Einen Tag zuvor hatten sich Untersuchungsbeamte in Waldweiler eingefunden, welche die weiteren Ermittlungen leiteten. Eine Obduktion der Leiche am 8. Januar ergab, dass Maria im sechsten oder siebten Monat schwanger gewesen war.

Am 24. März 1859 musste sich der junge Waldweiler vor dem Trierer Assisenhof verantworten. Unter Beteuerung seiner Unschuld blieb er dabei, zur Tatzeit in Kell gewesen zu sein, obwohl er dort von niemandem gesehen worden war. Nach der Anhörung von knapp 30 Zeugen und drei Sachverständigen wurde Kropf mit absoluter Stimmenmehrheit der Geschworenen der vorsätzlichen Tötung mit Überlegung für schuldig erklärt und zum Tode verurteilt. Aus später abgelegten Geständnissen geht hervor, dass Kropf die Tat mit einem in seiner Schlafkammer gefundenen Jagdmesser »aus Furcht vor Schande« begangen hatte. Auf dem Wege der Begnadigung wurde das Todesurteil am 4. Juli 1859 in eine lebenslängliche Zuchthausstrafe umgewandelt.[1]

Der Rinaldo Rinaldini vom Niederrhein: Wilhelm Brinkhoff aus Alpen

Die alte Räuberromantik schien Mitte des 19. Jahrhunderts wieder aufzuleben, als die Kunde von den tolldreisten Wundertaten Wilhelm Brinkhoffs, geboren am 13. März 1839 in Alpen, die Runde machte. Sein Ruhm stieg derart an, dass er des Öfteren mit dem legendären Räuberhauptmann Rinaldo Rinaldini verglichen wurde, jenem Titelhelden des Räuberromans von Christian August Vulpius von 1798. Und auch Brinkhoffs wahrhaft spannende Räuberkarriere bot schon Stoff für einen in mehreren Auflagen erschienenen Roman:»Die Vogelfreien der Bönninghardt« von Hermann Jung.[1]

Bereits in die Zeit, als Brinkhoff die Alpener Elementarschule besuchte, so schrieb der preußische»Criminal-Polizei-Commissar« Schild, der später an einer Verhaftung des Alpeners maßgeblich beteiligt war, fiel ein Ereignis, das seinen Eltern zu der ernstesten Besorgnis Veranlassung geben musste. Der Knabe nämlich entwendete seiner Großmutter Geld und versetzte dieser, als sie ihn deshalb zur Rede stellen wollte, mit einem Holzschuh einen Schlag auf den Kopf, der sie zu Boden streckte. Als Strafe musste er in der Schule zwei Wochen lang einen von seinen Mitschülern abgesonderten Platz einnehmen. Schon in jener Zeit verfügte er über legendäre Kletterkünste, die ihm beispielsweise beim Plündern von Obstbäumen sehr hilfreich waren.[2]

Nach der Schulzeit begann Brinkhoff eine Tischlerlehre (später war er Dachdecker), geriet aber schon bald in schlechte Gesellschaft und nahm nun an verschiedenen Diebstahlsdelikten und Einbrüchen teil. Daraus resultierten Vorstrafen im Jahr 1856, denen Verurteilungen im März und Juli 1857 in Kleve und Essen zu insgesamt sechs Jahren Zuchthaus folgten. Diese Strafe trat er im Zuchthaus in Werden an, wo er durch sein einnehmendes Wesen und seinen Fleiß einen nicht ungünstigen Eindruck machte. Umso größer war die Überraschung, als der junge Häftling eines schönen Tages auf rätselhafte Weise aus dem Zuchthaus verschwunden und keine Spur mehr von ihm aufzufinden war. Später erklärte Brinkhoff selbst, wie ihm die Flucht gelungen war. Demnach hatte

Der am 13. März 1839 in Alpen geborene Wilhelm Brinkhoff.

er an jenem Tag, dem 12. November 1857, eine Gelegenheit, als er zu Dachdeckerarbeiten abgeordnet war, genutzt, um sich mit einem aus zusammengeknüpften Stricken hergestellten Seil auf die Umfassungsmauer des Zuchthauses zu schwingen. Nachdem dieses Haupthindernis beseitigt war, durchschwamm er die Ruhr und eilte in Richtung seiner Heimat.

Was aber nun tun? Die Eltern entschlossen sich, ihren Sohn mit Geld und Kleidung auszustatten, um ihm eine Auswanderung nach Nordamerika zu ermöglichen. Die Schiffsreise dorthin trat Brinkhoff Anfang des Jahres 1858 von Rotterdam aus an. Nach einer geschäftlich offensichtlich sehr erfolgreichen Zeit in Kalifornien lernte er, mit einigen Dollars versehen, nach anderthalb Jahren in Philadelphia eine deutsche Landsmännin, die 17-jährige Karoline Ernst, kennen und heiratete sie. Alles ging gut, bis bei der jungen Ehefrau der Wunsch erwachte, ihre alte Heimat wiederzusehen. Brinkhoffs Sträuben half nichts, und so erfolgte am 15. August 1859 die Abreise nach Europa auf einem eleganten Dampfer.

Die Rolle des reichen Amerikaners gefiel Brinkhoff, und so wusste er diese in der Heimatstadt seiner Frau, Siglingen im damaligen Königreich Württemberg, auch sehr gut zu verkörpern. Alles unterhielt sich über den fabelhaft reichen Amerikaner, der seine Dollars großzügig unter die Leute zu bringen wusste. Er verkehrte nun in den besten Kreisen und wurde als guter Schütze häufig zur Jagd eingeladen. Die luxuriösen Ausgaben machten Brinkhoff allerdings auf die Dauer deutlich, dass seinem Geldnachschub Grenzen gesetzt waren. Schließlich war er so in Not, dass ihm nichts anderes übrig blieb, als sich mit seiner Frau zu seinen Eltern nach Alpen zu flüchten.

Seine Anwesenheit dort konnte nicht lange verborgen bleiben, und so erzählte man sich bald als öffentliches Geheimnis, Brinkhoff sei aus Amerika zurückgekehrt. Umso verwunderlicher war die Reaktion des Alpener Bürgermeisters, der es unterließ, etwas gegen den steckbrieflich Gesuchten zu unternehmen. Anders der Landrat des Kreises Moers, zu welchem Alpen gehörte. Er setzte alles daran, des verwegenen Heimkehrers habhaft zu werden, der sich mittlerweile mit einem gewissen »Banditen-Großmuth« in aller Öffentlichkeit bewegte.

In der Nacht vom 1. auf den 2. Dezember 1859 wurde das Haus der Familie Brinkhoff umstellt. Man entdeckte einen neu angelegten, zum Nachbarhaus führenden Durchgang, in dem Brinkhoff plötzlich mit einem Revolver in der Hand erschien. Der Alpener Polizeidiener Husmann warf sich ihm entgegen, erhielt aber von Brinkhoff einen Schuss in den Arm, worauf es Letzterem gelang, in die nahe gelegene »Leucht«, einem mit Moor und Sümpfen durchzogenen Wald, zu entkommen.

Nachdem das Aussetzen von Geldprämien und der Erlass von Bekanntmachungen, in denen davor gewarnt wurde, Brinkhoff in irgendeiner Weise behilflich zu sein, keinen Erfolg gebracht hatten, beschloss man, eine große Patrouille mit Unterstützung eines Militärkommandos aus Wesel auf ihn anzusetzen. Am Tage des Einsatzes dieser Patrouille, am 11. Dezember 1859, begab sich Brinkhoff, der mit seiner Frau Zuflucht in einem leer stehenden Häuschen in der Umgebung Alpens gefunden hatte, zu einem benachbarten Gehöft, um etwas Milch zu erbitten. Dort hatte aber indessen ein Teil der Patrouille schon Posten bezogen. Als Brinkhoff dies erkannte, versuchte er zu fliehen, erhielt aber vom Polizeidiener Murmann aus Kamp einen Schuss in den Fuß und fiel zu Boden. Der Polizeidiener kam nun näher, um den Alpener festzunehmen, der hingegen plötzlich ein kurz vorher geraubtes Jagdgewehr erhob und damit dem Polizeidiener in die

Brinkhoffs tödlicher Schuss auf seinen Verfolger, Polizeidiener Murmann aus Kamp.

Brust schoss, sodass derselbe auf der Stelle tot niedersank. Zudem erhielt der Tagelöhner Ingenillen, der schon im Anschlag lag, von Brinkhoff einen Streifschuss an der Stirn.

Unter Verfolgung der Patrouille gelangte der Gesuchte zu seiner Frau und schaffte es mit deren Hilfe bis zur Hütte eines Tagelöhners. Dort in die Enge getrieben, kam Brinkhoff der Gedanke, seinem Leben mit einem Revolver ein Ende zu machen, wurde aber von seiner Frau davon abgehalten und ließ sich festnehmen. Am nächsten Tag führte man ihn unter militärischer Eskorte zum Arresthaus in Kleve ab, wobei sich eine große Menge einfand, um den berüchtigten Nachfolger Rinaldo Rinaldinis zu sehen.

Noch keine zwei Wochen waren seit der Verhaftung Brinkhoffs verflossen, und die aufgeregten Gemüter hatten angefangen, sich zu beruhigen, als am 23. Dezember 1859 die Notglocke auf der Zinne des Klever Arresthauses ertönte zum Zeichen, dass ein Häftling ausgebrochen war. Die Bewohner der Stadt stürzten aus ihren Häusern und trauten ihren Ohren nicht, als es hieß, dass Brinkhoff der Ausbrecher sei. Er hatte einen Aufenthalt im Krankenzimmer des Gefängnisses genutzt, um einen Mitgefangenen auf seine Seite zu ziehen und mit dessen Hilfe zu fliehen. Er war nicht, wie man anfangs vermutet hatte, über die Umfassungsmauer entkommen, sondern hatte sich innerhalb des Gefängnisses und des daran angrenzenden Landgerichtsgebäudes so lange versteckt, bis sich eine Gelegenheit zur Flucht ergab.

Brinkhoff lebte in seiner Heimat im Verborgenen, da trat Kommissar Schild auf den Plan, der mit der Verhaftung des Flüchtigen beauftragt worden war. Nachdem sich der Beamte die nötige Lokalkenntnis angeeignet hatte, versuchte er, Brinkhoff zu überlisten. Dieser hatte allerdings vortreffliche Spione, die ihn von allem unterrichteten, was die Bewegungen der Polizei und des Militärs betraf. Um Brinkhoff in Sicherheit zu wägen und ihn aus seinem Schlupfwinkel herauszulocken, ließ Schild ein nach Alpen abkommandiertes Militärkommando wieder abziehen und veröffentlichte gleichzeitig in der Düsseldorfer Zeitung folgende Nachricht: »Das Militär-Commando, welches zur Festnahme des aus dem Arresthause zu Cleve ausgebrochenen Sträflings Brinkhoff ausgeschickt war, ist nach seiner Garnison Wesel zurückgekehrt, ebenso der Polizeicommissar Schild nach Düsseldorf, weil Brinkhoff nach Amerika geflüchtet ist.«

Diese Finte verfehlte insofern ihre Wirkung nicht, als sich Brinkhoff nun im Gefühl der Sicherheit einen komfortableren Zufluchtsort suchte. Für etwas länger als eine Woche richtete er sich in einem Gut (»Jägersruh«) in der Nähe von Büderich ein, das einem Kölner als Sommersitz diente und jetzt unbewohnt war. Als Brinkhoff das Haus näher untersuchte, in das er durch ein Fenster eingebrochen war, fand er es mit allen Bequemlichkeiten reichlich versehen, mit eleganten Möbeln, guten Betten und einem vorzüglichen Weinlager im Keller. Auch ein Jagdgewehr nebst Munition fand das Interesse des Alpeners, weil er das Gewehr, mit dem er Murmann erschossen hatte, auf der Flucht zurückgelassen hatte. Die schönen Tage auf dem Gut endeten erst, als der Pächter des Gutes auftauchte und sich wunderte, dass der Haupteingang von innen verriegelt war. Durch sein wiederholtes Rufen kamen Knechte und Mägde hinzu, die sich in aller Eile mit Mistgabeln und Äxten bewaffnet hatten. In dem Moment öffnete Brinkhoff von innen die Tür und stellte sich mit dem gestohlenen Gewehr im Anschlag den »Eindringlingen« entgegen. Doch schnell stellte sich heraus, dass der Pächter und Brinkhoff Bekannte waren, die sich schließlich friedlich voneinander verabschiedeten.

Polizeikommissar Schild hatte inzwischen eine schlagkräftige Truppe von zehn Gendarmen zusammengestellt, mit der er sich in der Nacht vom 12. auf den 13. Februar 1860 in Grünthal traf. Bis in die frühen Morgenstunden nahm nun der Trupp in Alpen und später in der Bönninghardter Heide eine ganze Reihe von Hausdurchsuchungen vor, wobei Schild den Betroffenen seine Absicht mitteilte, diese Maßnahme jede Nacht und so lange fortzuführen, bis Brinkhoff gefasst sei.

Diese Drohung zeigte eine sofortige Wirkung: Am Abend des 13. Februar 1860 erhielt Schild in Alpen eine Depesche des Landrates von Moers, aus der hervorging, dass das Versteck Brinkhoffs, ein näher bezeichnetes Haus in der Bönninghardt, vonseiten der Bevölkerung verraten worden war. Um etwaigen Spitzeln Brinkhoffs entgegenzuwirken, ließ nun Schild verlauten, er ziehe mit seinen Gendarmen nach Wesel ab, in Wirklichkeit aber machte sich der Trupp noch an jenem Abend zur Bönninghardt auf. Nach Umzingelung des betreffenden Hauses konnte der ahnungslose Brink-

Brinkhoff trat aus der Tür des Gutes und drohte zu schießen.

hoff von Schild höchstpersönlich überwältigt werden: »Die Thüre öffnen«, so schrieb der Kommissar nicht ohne Stolz, »und mich auf einen jungen Mann stürzen, der sich in der Stube befand, diesem den Revolver auf die Brust setzen, während die linke Hand mit eisernem Griff seinen Hals erfaßte, war das Werk eines Augenblicks. Der junge Mann war der Gesuchte, – war Brinkhoff.«³ Nach Zwischenstationen in Alpen und Wesel wurde der Gefangene am 18. Februar 1860 wieder ins Klever Gefängnis eingeliefert. Dem Kommissar, der den Transport übernommen hatte, dankte Brinkhoff für die humane Behandlung und gab ihm sein »Manneswort« darauf, dass er nicht auf ihn schießen werde, falls er nochmals die Freiheit erlangte. Am 28. und 29. März 1860 wurde Brinkhoff in Kleve unter großem Menschenandrang der Prozess gemacht. Die Geschworenen standen dem Angeklagten in Betreff des Hauptanklagepunktes, er habe den Polizeidiener Murmann »vorsätzlich und mit Ueberlegung« getötet, zu, dass diese Tat »im aufgeregten Zustande« erfolgt sei, woraufhin Brinkhoff zu einer »nur« zehnjährigen Zuchthausstrafe verurteilt wurde.⁴

Eine neuerliche Flucht aus dem Zuchthaus in Werden, in dem Brinkhoff seine Strafe verbüßen sollte, schien Kommissar Schild »in den Bereich der Unmöglichkeiten« zu gehören, denn, so Schild, »der Gefangene in seiner Abgeschiedenheit ist aller Hülfsmittel beraubt, die erforderlich sein würden, um aus dem Kerker entkommen zu können«. Umso überraschender war es, als es im Oktober 1860 plötzlich hieß, Brinkhoff sei wiederum entwichen. Schild wollte diese Nachricht, die er in Aachen aus dem Munde eines Freundes erhielt, zunächst gar nicht glauben, musste in der Aachener Zeitung dann aber tatsächlich lesen: »Werden, 7. October. Der rheinische Rinaldo Rinaldini Brinkhoff ist in der vergangenen Nacht aus der hiesigen Strafanstalt entwichen; auf welche Weise derselbe seine Flucht ermöglicht hat, ist noch nicht ermittelt.« Am Morgen des 7. Oktober sahen Einwohner an der Außenseite der Strafanstalt »Stricke, an einem Rauchfange befestigt, über Dach und Mauer herabhängen und im Winde flattern«.⁵

Bezüglich dieser Frage erfuhr Schild später nur so viel, dass Brinkhoff die Angeln seiner Zellentür durchgefeilt und aus Garnabfällen ein Seil angefertigt hatte. Wieder begab sich der Flüchtige in seine Heimat, und es hieß, dass er anlässlich eines Tanzvergnügens in Alpen mit mehreren Bekannten »gemüthlich ein Schöppchen getrunken habe«. Die preußische Regierung in Düsseldorf lockte erneut mit einer Prämie für die Ergreifung Brinkhoffs, doch offensichtlich wollte sich niemand die Belohnung verdienen. Wie aus der Deutschen Zeitung hervorgeht, versuchte am 29. Oktober 1860 eine 40 Mann starke Gendarmenmannschaft vergeblich, Brinkhoff in Alpen festzunehmen, wobei Brinkhoff seine Verfolger im Dauerlauf abgehängt haben soll.

Steckbrief in der Aachener Zeitung vom 11. Oktober 1860.

Doch damit nicht genug. Am 10. November 1860 ging Kommissar Schild die Nachricht zu, Brinkhoff habe seine Rückreise nach Amerika angetreten, wohin auch seine Frau in der Zwischenzeit zurückgekehrt war. Mehrere Monate später teilte der Klever Oberprokurator dem Kommissar mit, »daß Brinkhoff die Frechheit gehabt habe, ihm von Hull aus seine glückliche Ankunft daselbst zu melden«. Gerüchteweise verlautete, so schreibt Schild, Brinkhoff habe »seine elegante Haltung und sein einnehmendes Aeußeres benutzt, um in einem Newyorker Gasthause sich für einen Deutscher Prinzen auszugeben; er sei von den Damen der Dollars-Aristokratie angebetet worden und habe glänzende Eroberungen gemacht«.[6]

Gattenmord in Ehrenbreitstein, 1860

In einem dreistöckigen und recht verwinkelt gebauten Haus in der Hofstraße in Ehrenbreitstein lebten der 42-jährige Fuhrunternehmer und Wirt Johann Meder, seine jüngere Frau Christine (geborene Erker aus Lahnstein), eine kleine Tochter, zwei Knechte und drei Mägde. In einem Mansardenzimmer im Vorderhaus wohnte außerdem der als Großknecht arbeitende Stiefbruder von Johann

Meder. In anderen Räumlichkeiten waren Fremdenzimmer und im Erdgeschoss die Wirtsstube eingerichtet.

Am Abend des 24. Februar 1860, einem Freitag, verlief zunächst alles sehr ruhig im Hause Meder. Nach einem gemeinsamen Essen ging man bald nach 22 Uhr zu Bett. Gegen 2 Uhr in der Nacht aber wurde die Bettruhe durch mehrere eindringliche Hilferufe von Frau Meder jäh unterbrochen. Beim Eintreten in ihr Schlafzimmer bot sich den Hinzugeeilten ein Bild des Grauens. Johann Meder lag erschlagen mit mehreren Wunden am Kopf in seinem Bett, während seine Frau mit aufgelöstem Haar im Nachtkleid hinter der Kammertür stand,

Johann Meder lag erschlagen in seinem Bett, daran angelehnt die Tatwaffe, eine Axt.

an Händen und Füßen gefesselt. Ein Arzt, Polizeibeamte und ein Untersuchungsrichter trafen noch in der Nacht ein und nahmen eine genaue Besichtigung vor. Es stellte sich heraus, dass eine Uhr des Verstorbenen und etwa 260 Taler aus einem »Kaunitz« (Sekretär) entwendet worden waren.

Die Nachricht von der Ermordung Meders verbreitete sich in Blitzesschnelle und erfüllte alle mit Entsetzen, war es »doch auch unerhört, daß ein Bürger mitten in der Stadt in seinem wohlverwahrten Hause überfallen, beraubt und erschlagen wurde!« Viele Leute versammelten sich im Meder'schen Haus, denn jeder wollte wissen, was passiert war. Frau Meder gab dazu an, dass an jenem Abend, als sie und ihr Mann schon im Bett gewesen seien, noch

168

zwei Fremde an der Haustür geklopft hätten, denen ihr Mann ein Gästezimmer zugewiesen habe. Gegen 23 Uhr sei sie, so Frau Meder, plötzlich aufgewacht und von einem der Männer überwältigt und gefesselt worden, während der andere ihrem Mann heftige Schläge mit einer Axt beigebracht habe. Als die Täter dann mit ihrer Beute das Haus verlassen hätten, sei sie in eine längere Ohnmacht gefallen.

Obwohl zunächst offensichtlich kein Grund vorlag, den Angaben Frau Meders zu misstrauen, zeigten schon am Tage nach der Tat zwei mit dem Ermordeten näher bekannte Koblenzer der dortigen Polizeibehörde an, dass bei dem Verbrechen eine »Intrigue«, eine »Liebelei« im Spiel sein müsse, wobei sie den Koblenzer Privatlehrer Joseph Keller als denjenigen bezeichneten, welcher mit Frau Meder »einen nähern verdächtigen Verkehr gehabt habe«. Eine sofortige Hausdurchsuchung bei selbigem ergab, dass er seit Weihnachten 1859 von Frau Meder nicht unerhebliche Geldbeträge, im Ganzen über 100 Taler, erhalten hatte. Als er am 29. Februar 1860 nachmittags mit der Eisenbahn rheinaufwärts fahren wollte, wurde er auf dem Koblenzer Bahnhof verhaftet. Die Festnahme Frau Meders verzögerte sich noch bis zum 20. April 1860, da ihr infolge einer am 6. März erlittenen Fehlgeburt eine Erholungsfrist zugesprochen worden war.

Christine Meder, geborene Erker.

Nachdem Frau Meder bereits am 19. März einen intimen Kontakt zu Keller eingeräumt hatte, musste auch dieser bei einem gemeinsamen Verhör am 27. April 1860 eingestehen, die Ehe mit ihr gebrochen zu haben. Bei dieser Konfrontation gab er ihr ein Zeichen, indem er den Finger auf den Mund legte und eine horizontale Bewegung am Halse machte, »als ob er ihr andeuten wollte, daß Schweigen nöthig sei, weil ihr Kopf auf dem Spiel stehe«.

Trotzdem erfolgte nun schrittweise ein Eingeständnis der Tat. Schon am 28. April 1860 erklärte Frau Meder nach einer Gegenüberstellung mit verschiedenen Zeugen dem Untersuchungsrichter, dass Keller den Mord ohne Verabredung mit ihr und ohne ihr Vorwissen begangen habe. Mit dieser Aussage konfrontiert, gab Keller am nächsten Tag die Tat zu, behauptete jedoch, dieselbe nur infolge wiederholter Aufforderungen seitens Frau Meders ausgeführt zu haben, was schließlich auch von ihr bestätigt wurde. Bei einer erneuten Gegenüberstellung bat sie Keller um Verzeihung, »daß sie ihn verrathen habe; sie reichten sich die Hände und schieden«.

Die Verhandlung dieses in der ganzen Rheinprovinz mit größter Spannung verfolgten Falls fand vom 5. bis zum 15. September 1860 vor dem Neuwieder Schwurgericht statt. Bei der Darstellung der Lebensläufe der beiden Angeklagten stellte sich schnell heraus, dass die 1852 geschlossene Ehe der Meders keinen glücklichen Verlauf genommen hatte. Die Frau, die den häuslichen Geschäften in der Meder'schen Wirtschaft nicht gewachsen gewesen zu sein schien, ging 1855 ein Verhältnis zu einem Offizier ein und gebar einige Zeit nachher ihre Tochter. Dem Ehemann nicht verborgen gebliebene Gerüchte bezeichneten dieses Kind als »die Frucht jenes ehebrecherischen Umgangs«, woraufhin sich der mutmaßlich Gehörnte durch

Privatlehrer Joseph Keller, der ein Verhältnis mit Frau Meder hatte.

gleiche Untreue und tätliche Übergriffe rächte. Häufig auch war er wegen seines Fuhrgeschäftes nicht zu Hause oder kehrte angetrunken dorthin zurück. Gerade unter diesen Voraussetzungen mochte die im Oktober 1859 erfolgte Bekanntschaft mit Keller, der über ein einnehmendes Äußeres und gute Manieren verfügte, einen besonderen Eindruck auf Frau Meder gemacht haben, aber auch Keller, der fortan Stammgast in der Meder'schen Weinwirtschaft wurde, fühlte sich von der Wirtsfrau angezogen.

In Hinsicht darauf, wie die Beziehung im Einzelnen verlief und schließlich in verbrecherischen Intentionen mündete, wichen die Ausführungen der beiden Angeklagten vor dem Schwurgericht allerdings in wesentlichen Punkten voneinander ab. Die Aussagen der Wirtsfrau zielten darauf ab, Keller als ihren Verführer und treibende Kraft hinsichtlich der Mordpläne darzustellen. An einem Abend Ende des Jahres 1859 sei sie, so die Angeklagte, von Keller in Abwesenheit ihres Mannes zum Trinken animiert und verführt worden, worauf sie schwanger geworden sei. Nachdem er sie dann am zweiten Weihnachtstag wiederum betört habe, sich ihm hinzugeben, habe Keller angefangen, über Mittel und Wege nachzudenken, wie ihr Mann aus dem Wege zu räumen sein könnte.

Aus diesen Beschuldigungen und den gegenteiligen Behauptungen Kellers geht zumindest so viel hervor, dass es beiden offensichtlich nicht an Phantasie mangelte, wie jene Pläne zu realisieren seien. Hier ist beispielsweise von einer mit einer gefährlichen, dampfartigen Substanz gefüllten Flasche oder von Kohlensäure die Rede, die dem verhassten Ehemann im Schlaf unter die Nase gehalten werden sollten, von Kirschlorbeerwasser, von dem man gelesen haben wollte, dass es giftig sei, oder von Grünspan, der in einem kupfernen Kessel erzeugt und ins Essen vermischt werden sollte. Frau Meder, welche, so Keller, »jedes zur Tödtung eines Menschen geeignete Mittel begierig auffaßte«, habe ihn wiederholt zum Handeln angetrieben und ihm Vorwürfe gemacht, dass er sie so lange »in den Händen des rohen Menschen«, also ihres Mannes, lassen könnte.

Noch ernster wurde die Lage, als Letzterer am 2. Februar 1860 einen Liebesbrief fand, den seine Frau an Keller geschrieben und den jener im Meder'schen Haus verloren hatte. Wenn das Kind, das seine Frau erwartete, Keller ähnlich sehen würde, so drohte der aufgebrachte Wirt, würde er alle – das Kind, seine Frau und Keller – umbringen. Auch als Frau Meder aufgrund dieser heftigen Szene einen epileptischen Anfall erlitt, war ihr Mann, der drohend ein Messer geschliffen hatte, nur schwer zu beruhigen.

Da Keller seitdem das Meder'sche Haus nicht mehr betreten durfte, wurde der Briefwechsel zwischen ihm und Frau Meder noch lebhafter. Es wurden nun in rascher Folge verschiedene Mordpläne nicht nur besprochen, sondern auch Versuche zur Ausführung gemacht. So sollte der Wirt um den 12. Februar 1860 durch einen Brief nach Andernach gelockt, dort am Rheinufer erschlagen, zum Schein beraubt und in den Rhein geworfen werden, was aber nicht gelang. Am 18. Februar händigte Keller der Wirtin ein Fläschchen mit Chloroform aus, wovon sie ihrem Mann ein paar in ein Stück Watte getränkte Tropfen unter die Nase halten sollte. Einen Tag später, am Fastnachtssonntag, habe ihm, so Keller, Frau Meder mitgeteilt, dass das Chloroform nicht gewirkt habe, worauf sie ihn in die Schweiz habe schicken wollen, um dort Gift zu kaufen. Als Herr Meder am Aschermittwochabend nach Hause kam, erfuhr er, dass Keller da gewesen war. Er fragte seine Frau, ob sie mit ihm gesprochen habe. Als sie schwieg, beschimpfte er sie, trat sie in die Seite und verbot ihr, auch nur ein Wort mit Keller zu reden: »Diese Scene sollte den letzten Anstoß zur wirklichen Ausführung des Verbrechens geben.«

Nachdem Keller am Tag der Tat (Freitag, 24. Februar) bis 18 Uhr unterrichtet hatte, verweilte er eine Stunde in der Kratz'schen Restauration in Koblenz und trank mehrere Gläser Bier, ehe er nach Ehrenbreitstein aufbrach, um mit Frau Meder ihr Vorhaben nochmals zu besprechen. Nach Koblenz zurückgekehrt, besuchte er wiederum die vorhin erwähnte Gastronomie, wo niemand eine besondere Veränderung an ihm bemerkte. Ein Zeuge sagte sogar, Keller »sei sehr heiterer Laune gewesen und habe Verse gemacht«.

Gegen 1 Uhr in der Nacht begab sich Keller mit einem falschen Bart verkleidet zum Meder'schen Haus. Seine Komplizin hatte eine Tür offen gelassen sowie eine Lampe und ein Feuerzeug bereitgestellt. Keller zog die Stiefel aus und schlich auf Socken, in der einen Hand die Lampe, in der anderen eine im Haus vorgefundene Axt, zum Schlafzimmer der Eheleute. »Als ich eintrat«, gab Keller an, »richtete sich Frau Meder in ihrem Bette auf und schaute mich mit einem Blicke an, in welchem ich die Aufforderung las, sie jetzt oder nie von ihrem Tyrannen zu befreien. Ich gerieth dadurch in eine Aufregung und Verwirrung, in eine Gemüthsverfassung, wie sonst nie; ich konnte mich selbst nicht mehr begreifen. Was dann geschehen ist, weiß ich nicht, ich habe nicht die geringste Erinnerung davon behalten.« Frau Meder hingegen sagte aus, dass Keller sehr wohl gewusst hätte, was er tat. Er habe ihren Mann erschlagen und dann, wie verabredet, den Diebstahl vorgenommen und sie gefesselt.

Die Geschworenen kamen zu der Überzeugung, dass Keller

Düsseldorfer

Gerichts-Zeitung

illustrirter Unterhaltungs-Beilage.

Einzel-Nummer 10 Pfg.

№ 13. Samstag, 1. April 1905.

2. Jahrgang.

Druck und Verlag: J. Röder. — Redaktion Karl Schäuzler, Thalstraße 26.

Achtung! **Achtung!** **Achtung!**

☞ Heute beginnen wir mit dem Gattenmordprozeß Gastwirth Meder: die Frau und ihr Liebhaber, Keller, wurden zu lebenslänglichem Zuchthaus begnadigt. Die unglückliche Mörderin wird dieser Tage nach **45jähriger Haft in Siegburg entlassen.**

sein Opfer »vorsätzlich und mit Ueberlegung getödtet, Frau Meder aber den Mord angestiftet und bei Ausführung desselben Hülfe geleistet habe«, woraufhin beide am 15. September 1860 zum Tode verurteilt wurden. Nachdem das Urteil gesprochen war, gestand Keller ein, die bei der Tat benutzte Lampe in den Rhein geworfen, die gestohlene Uhr in einem Wirtshaus versteckt und das Geld in einem Weinberg bei Koblenz vergraben zu haben. Während die Uhr an dem angegebenen Ort geborgen werden konnte, blieb das Geld verschwunden. Wie sich herausstellte, hatten bei der Anlegung einer neuen Weinbergsmauer beschäftigte Arbeiter selbiges gefunden und unterschlagen. Auf das Gnadengesuch der Geschworenen wurden die beiden Todesurteile durch ein königliches Reskript vom 18. Oktober 1861, dem Tage der feierlichen Krönung in Königsberg, in lebenslängliche Zuchthausstrafen umgewandelt.[1] Im März 1905 entließ man nach einer abermaligen Begnadigung die mittlerweile im 68. Lebensjahr befindliche Frau Meder aus dem Zuchthaus in Siegburg.[2]

Oberer Teil der Düsseldorfer Gerichts-Zeitung vom 1. April 1905, die gleichzeitig mit der Entlassung Frau Meders aus der Haft den Fall in mehreren Ausgaben rückschauend noch einmal schilderte.

173

Schreckenstat auf der Buschbacher Mühle bei Roden nahe Saarlouis, 1860

Um das Jahr 1854 machte der Gerber Georg Goutt, der in Saarlouis wohnte, sein Gerbhaus aber in Roden hatte, die Bekanntschaft der Müllerstochter Margaretha Buschbacher. Diese war die älteste Tochter der Eigentümer der Buschbacher Mühle, der Eheleute Johann und Elisabeth (geborene Senzig) Buschbacher, die drei Töchter und drei Söhne hatten. Das Verhältnis zwischen dem Gerber und der Müllerstochter gestaltete sich sehr schwierig. Am 27. Mai 1855 brachte sie ein Kind zur Welt, das Goutt nicht als das seinige anerkannte, da er Margaretha eine anderweitige Liebesbeziehung mit einem Offizier unterstellte.

So blieben beide etwa drei Jahre lang ohne näheren Kontakt miteinander, bis plötzlich das frühere Verhältnis wieder aufflammte und am 30. September 1858 die Ehe geschlossen wurde, in deren Gefolge Goutt das uneheliche Kind als sein eigenes anerkannte. Im Gegenzug wurde ihm vonseiten seiner Schwiegereltern ein Heiratsgeschenk von 500 Talern vertraglich zugesichert und zugleich festgesetzt, dass die jungen Eheleute zwei Jahre lang auf der Buschbacher Mühle wohnen sollten. Da er aber mit der Behandlung, die ihm dort zuteilwurde, nicht einverstanden war, zog Goutt beizeiten wieder nach Saarlouis zurück, während seine Frau vorerst auf der elterlichen Mühle blieb.

Dort machte sie aus ihrem unglücklich gewordenen Eheleben kein Geheimnis, was eine allgemeine Abneigung der Müllersfamilie gegen den Gerber zur Folge hatte. Diese steigerte sich noch, als Goutt nach dem Tod seines Schwiegervaters Johann Buschbacher im März 1859 mit einer Forderung von 1.100 Talern auftrat, die ihm der Verstorbene angeblich schuldete. Goutt berief sich dabei auf einen Schuldschein, der von den Hinterbliebenen aber als gefälscht bezeichnet wurde. Das feindselige Verhältnis nahm solche Formen an, dass man auf der Buschbacher Mühle sogar zu tätlichen Angriffen überging, in welchen die Absicht, den unbequemen Gatten, Schwiegersohn und Schwager aus dem Weg zu räumen, nicht zu verkennen war. So entging Goutt nach eigenen Angaben in der Zeit vor Fastnacht 1859 bei einem Besuch auf der

Mühle nur knapp einem Versuch, ihn im Mühlteich beziehungs-weise -graben verunglücken zu lassen. Auch hegte seine Frau im Juni 1859 offensichtlich die Absicht, einen vorbestraften Wirt aus Roden gegen gute Bezahlung auf ihn anzusetzen.

Trotz allem hielt der Gerber, der allerdings aufgrund seiner schlechten Erfahrungen Pistole und Dolch bei sich zu tragen pfleg-te, an seiner Ehe fest, die sich aber auch nicht sonderlich besserte, als seine Frau zu ihm nach Saarlouis zog. Sie beschwerte sich des Öfteren über beengte räumliche Verhältnisse im Haus und eine aus ihrer Sicht übertriebene Sparsamkeit und Eigenwilligkeit ihres Mannes, der seinerseits ein »liebloses Benehmen« seiner Frau be-klagte und auch ihre Treue in Zweifel zog. Als am 30. Juli 1859 ein weiteres Kind geboren wurde, sagte er, »er habe zwar das Kind auf seinen Namen eintragen lassen, aber der Teufel möge wissen, wer Vater sei«.

So dauerte das Zusammenleben unter beständigem Streit fort, bis der Gerber am 11. September 1860 plötzlich verschwand. Nach-dem er auch in den nächsten Tagen nicht nach Hause zurückgekehrt und der Poli-zei von seinem Verschwinden Anzeige gemacht worden war, wurde seine Lei-che am 25. September 1860 in der Saar bei Rehlingen geborgen. Im Laufe der Ermittlungen richtete sich die Aufmerk-samkeit auf einige Bewohner der Busch-bacher Mühle, sodass man Ende Sep-tember 1860 zur Verhaftung der Brüder Jacob und Johann Peter Buschbacher so-wie des aus Roden stammenden Knech-tes Nicolaus Herrig schritt.

Schon wenige Tage später legte Letzte-rer, der zuerst als Tagelöhner, ab Anfang des Jahres 1860 dann als Knecht auf der Mühle tätig war, ein ausführliches Ge-ständnis vor dem Untersuchungsrichter ab. Bei ihren häufigen Besuchen auf der Mühle habe ihn, so Herrig, Frau Goutt

Titelseite eines kleinen Buches, in dem seinerzeit über den Saarbrü-cker Prozess be-richtet wurde, was auf ein reges Inte-resse an dem Fall schließen lässt.

durch Geldversprechen und »einschmeichelnde Redensarten« dazu bringen wollen, ihren Mann aus dem Weg zu räumen. Als nun am Dienstag, dem 11. September 1860, die Eheleute Goutt wieder zu Besuch auf der Mühle gewesen seien, so der Knecht weiter, sei er nicht nur von Frau Goutt, sondern auch von ihrer Mutter, ihren beiden später verhafteten Brüdern und ihrer Schwester Elisabeth (Witwe Hesse) angegangen worden, »nun zur That zu schreiten«. Dieses sei dann auch geschehen, nachdem der Gerber in einem Hinterzimmer zum Kaffeetrinken Platz genommen hätte. Nach den Angaben des Knechtes wurde der Tathergang später folgendermaßen rekonstruiert: »Jetzt hielten Herrig und die Gebrüder Buschbacher den Augenblick für geeignet, da Goutt allein in dem Hinterzimmer war. Herrig und Johann Peter Buschbacher ergriffen jeder ein Beil. Herrig verbarg das seinige unter der Jacke, und so traten sie durch die Küche in das Zimmer ein, in welchem Goutt an einem Tische, mit dem Rücken der Thüre zugekehrt, saß. Herrig ging voraus, Johann Peter und Jacob Buschbacher blieben an der Thüre etwas zurück. Ersterer trat hinter den Goutt, wechselte einige gleichgültige Worte mit demselben, zog dann plötzlich sein Beil hervor und versetzte ihm mit dem stumpfen Theile einen heftigen Schlag oben auf den Kopf, so daß er lautlos sich vorn über neigte. Es war dieses die Todeswunde. Jetzt sprangen die beiden Andern hinzu; da Goutt noch zuckte, so versetzte ihm Johann Peter mit seinem Beile mehrere Schläge an die Schläfengegend, und Jacob ergriff ihn mit beiden Händen am Halse und hielt ihm denselben zu. Frau Buschbacher stand Wache an der Hausthüre.«

Nachdem die Spuren der Tat beseitigt und dem Verstorbenen nach der Darstellung Herrigs verschiedene Wertsachen und Schlüssel abgenommen worden waren, wurde er zunächst in einer angrenzenden Scheune niedergelegt. Frau Goutt begab sich nun mit zwei Geschwistern und Herrig in die Wohnung des verstorbenen Gerbers nach Saarlouis, wo man einige Schuldscheine – darunter auch den strittigen Schuldschein über 1.100 Taler –, Geld und anderes an sich nahm. Auf Betreiben der Witwe Buschbacher verscharrten Herrig und ihr Sohn Jacob die Leiche etwa 320 Schritte von der Mühle entfernt auf einem Kartoffelacker.

Als nun das Verschwinden des Gerbers immer mehr Aufsehen

erregte und Nachforschungen im Umfeld der Mühle zu befürchten waren, bestand die Witwe Buschbacher darauf, die Leiche fortzuschaffen. In der Nacht vom 22. auf den 23. September 1860 gruben Jacob Buschbacher und Herrig dieselbe wieder aus, fuhren sie mit einem Leiterwagen bis an die Rehlinger Fähre und warfen sie in der Nähe in die Saar, wo sie einen Tag später gesehen und, wie erwähnt, am 25. September geborgen wurde.

Während Herrig auch vor dem Assisenhof in Saarbrücken, wo der Fall vom 5. bis zum 8. Februar 1861 verhandelt wurde, im Wesentlichen bei seinem Geständnis blieb, versuchten die anderen Angeklagten, die Schuld von sich abzuwälzen – meist auf Herrig. Nach der Anhörung von über 50 Zeugen wurden der 22 Jahre alte Herrig, der 26 Jahre alte Johann Peter und sein drei Jahre älterer Bruder Jacob Buschbacher, die 33-jährige Witwe des Ermordeten sowie deren Mutter, die 59 Jahre alte Witwe Buschbacher, am 8. Februar 1861 zum Tode verurteilt, während die Tochter Elisabeth (geborene Buschbacher, verwitwete Hesse, 25 Jahre alt), die in Saarlouis verheiratet gewesen und nach dem Tod ihres Mannes 1858 auf die elterliche Mühle zurückgekehrt war, freigesprochen wurde. Die zum Tode Verurteilten wurden offensichtlich begnadigt, da den Quellen zufolge keine Hinrichtung stattfand.[1]

Diebstähle in der Köln-Mindener Eisenbahn

In den zwischen Köln und Berlin verkehrenden Zügen der Köln-Mindener Eisenbahn wurden vom Herbst 1859 bis zum Sommer 1860 zahlreiche Diebstähle verübt, welche durch die rätselhafte Art und Weise, in welcher sie begangen wurden, viel Aufsehen erregten. Bemerkenswert erschien vor allem, dass aus den im Gepäckwagen befindlichen Koffern der Reisenden »mit wählerischer Hand« zielsicher die wertvollsten Gegenstände, Schmucksachen, Geld und so weiter, entwendet wurden.

Von einem dieser Diebstähle war die Solotänzerin Katharina Friedberg aus Sankt Petersburg, eine »jugendlich-anmuthige Blondine«, betroffen. Sie kam am 21. September 1859 in Begleitung ihres Stiefvaters auf der Reise von Paris nach Berlin um die Mittagsstunde in Köln an und hatte bei der auf dem Bahnhof erfolgten Steuerrevision Gelegenheit, sich zu überzeugen, dass es mit den in ihren Koffern befindlichen Gegenständen noch ihre Richtigkeit hatte. Danach übergab sie ihr Gepäck den Beamten der Köln-Mindener Eisenbahn und bestieg den gegen 17 Uhr abfahrenden Zug nach Berlin. Dort am folgenden Morgen angekommen, musste sie beim Öffnen ihres Damenkoffers feststellen, dass aus einer darin befindlichen aufgebrochenen Schatulle Schmuck im Wert von etwa 6.000 Talern verschwunden war. Einige weniger kostbare Schmuckstücke hingegen waren verschmäht und zurückgelassen worden.

Ein zweites Opfer war die Ehefrau des von New York nach Bonn übergesiedelten Bankiers Wilhelm Loeschigk, die am 23. März 1860 mit dem Zug von Berlin nach Köln und am folgenden Tag weiter nach Bonn gereist war. Beim Öffnen ihres von außen unversehrten Koffers vermisste sie ihre Schmucksachen im Wert von 2.600 Talern, eine Summe von 210 Talern in Gold- und Silbermünzen sowie eine preußische Banknote von 100 Talern. Ganz ähnlich erging es der Erbgroßherzogin von Mecklenburg-Strelitz, der in der Zeit vom 9. bis 11. Juni 1860 auf einer Zugreise von Strelitz über Berlin, Hannover, Minden und Köln nach London verschiedene Schmuckstücke gestohlen wurden.

Werbung in der Kölnischen Zeitung vom 7. September 1878 für ein »Revolver-Portemonnaie«, das zur Selbstverteidigung dienen sollte.

Nach dem Diebstahl an Katharina Friedberg entstand ein erster Verdacht gegen den bei der Köln-Mindener Eisenbahn angestellten Packmeister Franz Menge aus Deutz, welcher den betreffenden Zug am 21. September 1859 begleitet hatte. Er stand in enger Verbindung zu einem Händler aus Essen, Franz Jeibmann, der früher selbst bei der Köln-Mindener Bahn beschäftigt gewesen und dessen aufwendiger Lebensstil den Behörden nicht verborgen geblieben war. Bei einer Hausdurchsuchung bei ihm im Juni 1860 fanden sich unter anderem Hinweise auf mehrere Reisen nach Berlin, etliche Wertgegenstände, ein Bund Kofferschlüssel, ein neues Kofferschloss und verschiedene Briefe, »deren für dritte Personen unverständlicher Inhalt Verdacht erwecken mußte«.

Am 20. Juni 1860 wurde Jeibmann, als er eben mit dem in Essen wohnhaften früheren Goldschmied und späteren Bergwerksarbeiter Friedrich Markhoff von einer Bahnreise zurückkehrte, samt seinem Begleiter verhaftet. Bereits zwei Tage später legte Letzterer ein Geständnis ab, zu welchem er durch die Zusage bewogen worden war, ihn bei entsprechender Kooperation auf freien Fuß zu setzen – eine Zusage, »welche selbstredend von der Staats-Anwaltschaft desavouirt« (als ungültig erklärt) werden musste. Den Angaben Markhoffs zufolge hatte ihm Jeibmann seit dem Herbst

1859 wiederholt Wertgegenstände zur Taxierung oder Verwertung übergeben, und auf Reisen nach Arnheim und Amsterdam war es offensichtlich zum Verkauf von Beutegut gekommen. Die Untersuchungen ergaben weiter, dass Menge und Jeibmann mit dem in Berlin wohnhaften früheren Schaffner Heinrich Dohmen in »vertrautem brieflichem und persönlichem Verkehr gestanden« hatten. Aufgrund der Ergebnisse der Ermittlungen schien Packmeister Menge an den Diebstählen unmittelbar beteiligt gewesen zu sein, da es auch nach seiner eigenen Einschätzung kaum möglich war, »daß ein Unberechtigter ohne Vorwissen und Vorschubleistung des Packmeisters während der Fahrt in den stets verschlossen zu haltenden Gepäckwagen gelangen konnte«.

Nachdem der Fall im Dezember 1860 vom Rheinischen Appellationshof an das Schwurgericht in Köln verwiesen worden war, begann dort die Verhandlung am 25. Februar 1861. Nach der um die Mittagsstunde des 27. Februar beendeten Vernehmung der rund 40 Zeugen und der anschließenden mehr als dreistündigen Rede des Vertreters des Öffentlichen Ministeriums folgte das Plädoyer des Verteidigers des Hauptangeklagten Jeibmann. Obwohl er »mit großer Wärme für seinen Clienten« sprach, schienen diesem die Bemühungen seines Verteidigers nicht ausreichend gewesen zu sein – jedenfalls zog es Jeibmann vor, sein Heil in der Flucht zu suchen. Als er nach Beendigung der Sitzung gegen 19 Uhr zusammen mit zwei Mitangeklagten in einer Droschke zum Klingelpütz-Gefängnis zurückgebracht werden sollte, fand er in der Nähe von Sankt Gereon Gelegenheit, den Wagenschlag unbemerkt zu öffnen und seinen Bewachern zu entkommen.

Das am nächsten Tag gegen ihn in Abwesenheit ausgesprochene Urteil lautete auf zehn Jahre Zuchthaus, wohingegen Markhoff mit drei Jahren Gefängnis davonkam. Franz Menge wurde über-

Das Kölner Klingelpütz-Gefängnis, 1968 abgerissen.

raschend freigesprochen und sofort in Freiheit gesetzt, ebenso wie Heinrich Dohmen. Drei mitangeklagte Geschwister des entflohenen Jeibmann, Heinrich, Anna Maria und Elisabeth Jeibmann aus Selm im damaligen Kreis Lüdinghausen, wurden für schuldig erklärt, Gegenstände, die von den Eisenbahndiebstählen herrührten, verhehlt zu haben, »jedoch ohne zu wissen, daß solche unter erschwerenden Umständen gestohlen« worden waren. Heinrich Jeibmann verurteilte das Gericht zu vier Jahren Gefängnis, seine Schwestern Anna Maria zu sechs und Elisabeth unter Annahme mildernder Umstände zu drei Monaten Gefängnis.[1]

Hinrichtungen in Essen

Nach der Hinrichtung der Eheleute Purrio in Düsseldorf (1863), einer Hinrichtung am 23. November 1865 in Köln (Anton Thelmann)[1] und der schon erwähnten Exekution von Winand Göbbels 1867 in Kleve[2] dauerte es mehrere Jahre, bis in der Rheinprovinz wieder ein Todesurteil vollstreckt wurde. Bei dem Exekutierten handelte es sich um den 43-jährigen »Lustmörder« Wilhelm Schiff

aus Weitmar bei Bochum, der am 11. Januar 1882 in Essen hingerichtet wurde. Es war die erste Hinrichtung, so die Essener Zeitung, die dort »seit Menschengedenken« stattfand, nämlich »seit den Tagen des Galgens«.[3]

Der Hinrichtung vorausgegangen war eine in der Bochumer Gegend vorgekommene Reihe von Morden an Frauen, die zudem vergewaltigt worden waren. Einem ersten Mord vom Dezember 1878 folgten in mehrmonatigen Abständen noch annähernd zehn weitere solcher Verbrechen. Diese »Bochumer Lustmorde« riefen seinerzeit, so heißt es in der Rheinisch-West-

Scharfrichter Julius Krautz in einer Darstellung der Kölner Gerichts-Zeitung von 1885.

fälischen Gerichts-Zeitung, ähnlich viel Aufsehen und Entsetzen hervor wie ab 1888 die geheimnisvollen Morde in London, die dem legendären Jack the Ripper zugeschrieben wurden. Ein Unterschied sei aber gewesen, dass in London die Opfer ihrer Mehrzahl nach Straßendirnen gewesen seien, während im Bochumer Bezirk »junge Mädchen und Frauen von durchaus einwandfreiem Ruf der Grausamkeit des Mörders zum Opfer gefallen sind«.[4]

Drei dieser Verbrechen im Bochumer Raum wurden dem wegen versuchter Notzucht vorbestraften Schiff, von Beruf Besenbinder, verheiratet und Vater eines Kindes, angelastet. Er stand vom 16. bis 19. November 1881 vor dem Essener Schwurgericht unter der Anklage, am 5. Juli 1879 in Querenburg die 17-jährige Dienstmagd Elise Riemenschneider, am 5. August 1879 in Sodingen (Gysenberg) die 19-jährige Lisette Schülken und am 30. Juli 1880 in der Herner Mark die Magd Minna Pott geschändet und getötet zu haben. Die drei Opfer waren jeweils bei der Verrichtung ihrer Arbeit im Freien, eine beim Kühehüten, eine beim Garbenbinden nahe einem Feld und eine bei einem Gang aufs Feld, überfallen, vergewaltigt und erdrosselt worden.

Obwohl sich Schiff, der als ein Mann »von abschreckender Häßlichkeit und mit viehischen Kräften« beschrieben wird, von seinen vordem gemachten Geständnissen distanzierte, endete die Sitzung mit einer Schuldigsprechung, infolge derer er zum Tode und wegen der an Lisette Schülken verübten Notzucht zu 15 Jahren Zuchthaus verurteilt wurde. Er gab sich übrigens vorübergehend der irrigen Meinung hin, zuerst die 15 Jahre absitzen zu dürfen, um dann eventuell per Begnadigung von der Vollstreckung des Todesurteils verschont zu bleiben.

Vom Recht der Henkersmahlzeit, so heißt es in einem 1893 erschienen Buch von Maximilian Schmidt über Scharfrichter Julius Krautz, der die Hinrichtung in Essen mit seinen drei Gehilfen vornahm, »hat wohl selten ein dem Tode geweihter Verbrecher so ausgiebigen Gebrauch gemacht wie Schiff. Nach erfolgter, mit großer Frechheit aufgenommener Publikation am Vorabende seiner Hinrichtung verzehrte er mit bestem Appetite ein Pfund westfälische Mettwurst, eine Portion gerösteter Kartoffeln mit Speck, zwei marinirte Häringe, Apfelsinen und Bonbons. Auch verschiedene Cigarren rauchte er mit Wohlbehagen.«[5]

Die Hinrichtung vom 11. Januar 1882 erfolgte morgens gegen 8 Uhr mittels des Beils auf einem Hof des Essener Gefängnisses, wo sich etwa 60 Personen, nämlich die von der Behörde als Zeugen berufenen Vertreter der Bürgerschaft, Stadtverordnete, Gerichtsbeamte und Ärzte, eingefunden hatten. Von den Umfassungsmauern des Gefängnisses und den Dächern benachbarter Häuser sahen viele Neugierige dem seltenen Schauspiel zu. Auf der linken Seite des Hofes war der rot gestrichene Richtblock platziert, um den herum der Boden dick mit weißem Sand bestreut war. In der Mitte stand ein Tisch mit einem Kruzifix und zwei Leuchtern, wo vier Gerichtspersonen Aufstellung nahmen, während sich Krautz mit seinen Gehilfen an einem anderen Tisch aufhielt, auf welchem das Richtbeil in einem schwarzen Futteral unter einem weißen Tuch verborgen lag. Hinter einer Leinwand befand sich der für Schiff bestimmte niedrige und in derselben Farbe wie der Richtblock gestrichene Sarg.

Während die Essener Zeitung von einer »auffallenden Gefaßtheit« des Verurteilten sprach, der widerstandslos vor den Richtblock getreten sei, wird die Situation in dem Buch über Krautz etwas anders dargestellt: »Des Delinquenten Bitte, Jedem zum Abschiede die Hand reichen zu dürfen, wurde anfangs vom Staatsanwalte Gehör gegeben. Da das Publikum nur unwillig dem verhaßten Mörder die Hand entgegenstreckte und die Sache bei dem obendrein noch regnerischen Wetter sich allzu lange hinzuziehen drohte, sprach der Staatsanwalt ungefähr folgendermaßen: ›Schiff, ich denke, Sie wollten nur uns die Hand geben.‹ Ueber diese Worte wurde letztgenannter nun derart ärgerlich, daß er niemandem mehr – den Geistlichen mit eingeschlossen – seine Hand zum Abschiede gab. Seine Hinrichtung konnte nur mit Anwendung von Gewalt stattfinden. Beim Niederknien vor den Richtblock versuchte Schiff einem Gehilfen nach den Genitalien zu fassen, was ihm zwar mißlang, doch zuwege brachte, daß er sich an dem Oberschenkel desselben mit der Hand festklammerte. Da der Kopf angeschnallt war, der Arm jedoch den Riem sehr spannte, flog der Kopf beim Hiebe weit ab vom Rumpfe, wobei das Zusammenklappen der Zähne einen merkwürdigen knallenden Ton hervorrief. Die Scene machte einen peinlichen Eindruck für die zahlreichen Zuschauer, besonders aber für solche, die nicht frei von Aberglauben waren.« Die Leiche des Hingerichteten wurde dann sofort mit einem Wagen zum Kirchhof Essen-Segeroth gebracht und dort an einer abseits gelegenen Stelle begraben.[6]

Mit der Hinrichtung Schiffs war die Serie der Frauenmorde entgegen aller Hoffnungen nicht beendet. Im Mai 1882 wurde bei Altenbochum die Leiche des aus Dahlhausen gebürtigen Dienstmädchens Maria Gantenberg gefunden. Das Opfer war auf dem Kirchgang überfallen und ermordet worden. Im März 1910 ver-

öffentlichte die Rheinisch-Westfälische Gerichts-Zeitung einen überraschenden Artikel, in dem berichtet wird, dass Schiff womöglich unschuldig hingerichtet worden sei: »Es heißt, der wirkliche Mörder hat sich gemeldet, weil ihm nach Ablauf der Verjährungsfrist eine gerichtliche Verfolgung nichts mehr anhaben könne.«[7]

Die nächste Hinrichtung im Essener Gefängnis wurde am Morgen des 10. November 1893 – wiederum mittels des Beils – durch Scharfrichter Reindel durchgeführt. Bei dem Delinquenten handelte es sich um den 31-jährigen Fleischer und Gastwirt Friedrich Gustav Übelgünn aus Sprockhövel bei Wuppertal. Er war am 22. Juni 1893 vom Essener Schwurgericht für schuldig befunden worden, Ende März 1893 den jüdischen Viehhändler Abraham Grünebaum aus Herbede in der Sprockhöveler Gegend ermordet und beraubt zu haben. Beide hatten anfänglich in einem regen und freundschaftlichen Geschäftsverkehr gestanden, was sich aber änderte, als Übelgünn seinem Geschäftspartner wegen einer vermeintlichen Steueranzeige mit Vergeltung drohte.[8]

War die Exekution Übelgünns die 90. Hinrichtung, die Reindel in seiner Laufbahn vornahm, so führte ihn seine 134. Hinrichtung wiederum nach Essen. Am Morgen des 2. November 1895 vollzog er auf dem Hof des dortigen Amtsgerichtsgefängnisses die durch schwurgerichtliches Urteil vom 22. Juni 1895 über den 23-jährigen Essener Tagelöhner und Zuhälter Friedrich Brosius verhängte Todesstrafe. Von der mit dem Beil vorgenommenen Hinrichtung gab der Erste Staatsanwalt direkt anschließend durch die üblichen roten Plakate der Bürgerschaft Kenntnis. Über die Tatumstände hieß es am Tag nach der Schwurgerichtssitzung in der Essener Volkszeitung:»Fritz Brosius, geboren am 10. März 1872 in Essen, erschoß am 9. Mai 1895 die Prostituierte Gertrud Lippold, die in den Zeitungen als seine ›Geliebte‹ bezeichnet wird. Die Essener

Der 1850 geborene Scharfrichter Lorenz Schwietz im Alter von etwa 50 Jahren.

Volkszeitung will aus Gründen der Moral nicht auf nähere Einzelheiten der Tat eingehen, da es sich bei Brosius um einen Zuhälter handle. Aus den geschilderten Einzelheiten ist ein Tatmotiv nicht unmittelbar zu entnehmen, doch kann man davon ausgehen, daß zwischen den beiden Streit um Geld herrschte, da Brosius Tage zuvor einen Straßenraub an der Lippold verübt, und sie ihn deshalb angezeigt hatte. Am 9. Mai 1895 drang er in ihre Wohnung in der Matthiasstraße ein und forderte sie auf, mit ihm zu kommen. Als sie dies verweigerte, erschoß er sie mit fünf Revolverschüssen.«[9]

Am 13. August 1906 war es Scharfrichter Lorenz Schwietz aus Breslau, der die nächste Hinrichtung in Essen durchführte. Gegen 6 Uhr morgens enthauptete er auf dem Hof des dortigen Gerichtsgefängnisses den aus dem Regierungsbezirk Posen stammenden 35-jährigen Bergmann Adalbert Sobolewski aus Gladbeck mit dem Beil. Dieser hatte am 8. Oktober 1905 nach einem Streit seine Frau Katharina (geborene Botha), die als Hebamme tätig war, in der gemeinsamen Wohnung in der Gladbecker Grabenstraße 50 erdrosselt, die Leiche dann an einen Bettpfosten gehängt und, nachdem er nach der Tat noch Wirtschaften besucht hatte, am nächsten Morgen der

Polizei vorgegeben, seine Frau habe sich in der Nacht erhängt. Bei der Schwurgerichtsverhandlung am 16. Februar 1906 in Essen gestand er seine Täterschaft ein, worauf das Todesurteil über ihn verhängt wurde, das Kaiser Wilhelm II. am 2. August 1906 in Swinemünde an Bord des Dampfers »Hamburg« durch seine Unterschrift bestätigte.[10]

Am 15. November 1907 enthauptete Scharfrichter Gröpler den 51-jährigen Tagelöhner Anton Muckel aus Hervest (Dorsten), der am 18. Februar 1907 die 13 Jahre alte Schülerin Wilhelmine Bleckmann, die Tochter seiner Wirtsleute, in einem Wald bei Dorsten erwürgt und beraubt hatte.[11] Danach dauerte es mehrere Jahre, bis Gröpler wieder in Essen tätig wurde. Am 14. Juni 1918 leitete er die Doppelhinrichtung der am 13. Dezember 1917 vom Essener Schwurgericht wegen Mordes und Raubes an dem Arbeiter Peter Geurtz zum Tode verurteilten Bergmänner Camille Erdveld aus Anderlecht in Belgien und Georg Kodat aus Sutki/Kreis Suwalki in Russland. Da Letzterer nur litauisch sprach, musste die Staatskasse für sieben Stunden einen Dolmetscher beauftragen, der 21 Mark für seine Dienste beanspruchte. Gröpler berechnete für die Hinrichtung Kosten von 241,60 Mark, davon je 104,80 Mark für die Hin- und Rückreise für ihn und seine Gehilfen sowie 32 Mark für den Transport der Geräte.[12] Wurden die bisherigen Hinrichtungen (von 1882 bis 1907) auf dem Hof zwischen Gefängnis und Amtsgericht vorgenommen, fand die Doppelhinrichtung von 1918 im neuen Gefängnis an der Andreasstraße (heute Krawehlstraße) in Essen-Rüttenscheid statt.[13]

Der Fall Ziethen – ein Irrtum der Strafjustiz?

Das Haus Bachstraße 91 in Elberfeld war am 25. Oktober 1883 der Schauplatz eines Verbrechens, das lange Zeit die Gemüter erregte und Gegenstand mehrerer Veröffentlichungen wurde. Der 1845 in Wriezen an der Oder geborene Albert Ziethen betrieb in jenem von mehreren Parteien bewohnten Haus neben seinem Barbiergeschäft auch eine Schankwirtschaft. Seine guten Vermögensverhältnisse baute er zusätzlich durch einen Vogel- und Samenhandel aus. Zum Ziethen'schen Haushalt gehörten 1883 seine Frau Marie (geborene Härtel), die er 1871 geheiratet hatte, zwei kleine Kinder sowie der 17-jährige Barbierlehrling August Wilhelm, der 15-jährige Barbierlehrling August Vollberg und das 17-jährige Dienstmädchen Johanna Tasche.

Albert Ziethen, der als roh und jähzornig galt und schon wiederholt seine Frau bedroht und misshandelt hatte, nahm es mit der ehelichen Treue nicht genau. Donnerstags pflegte er eine Geliebte, Emma Alberts, in Köln zu besuchen, die früher Dienstmädchen bei ihm gewesen war. Sie hatte schon ein Kind von ihm, das aber gestorben war, und befand sich jetzt wieder in anderen Umständen. Auch an dem verhängnisvollen 25. Oktober 1883, einem Donnerstag, verbrachte Ziethen mehrere Stunden in Köln bei der Geliebten, der er einen Trauring geschenkt hatte, damit sie sich in Köln als verheiratete Frau zeigen konnte.

Nachdem Ziethen an jenem Tag erst spätabends mit dem Zug nach Hause zurückgekehrt war, wurden vor Mitternacht plötzlich alle Bewohner des Hauses durch erregte Rufe von ihm aus dem Schlaf gerissen. Er polterte die Treppe hinauf und rief dem Dienstmädchen Johanna zu, sie möge sofort aufstehen, seiner Frau sei etwas passiert. Die durch die Rufe aufgeschreckten Hausbewohner begaben sich schnellstens nach unten und fanden die Frau schwer verletzt in der Wirtsstube mit erheblichen Kopfwunden in einer Blutlache auf dem Boden liegen. Auch die Wand war mit Blut bespritzt. Es hatte den Anschein, als ob ein heftiger Kampf stattgefunden habe. In der Blutlache lagen die abgerissenen falschen Zöpfe der Verwundeten nebst ihrem zerbrochenen Haarkamm;

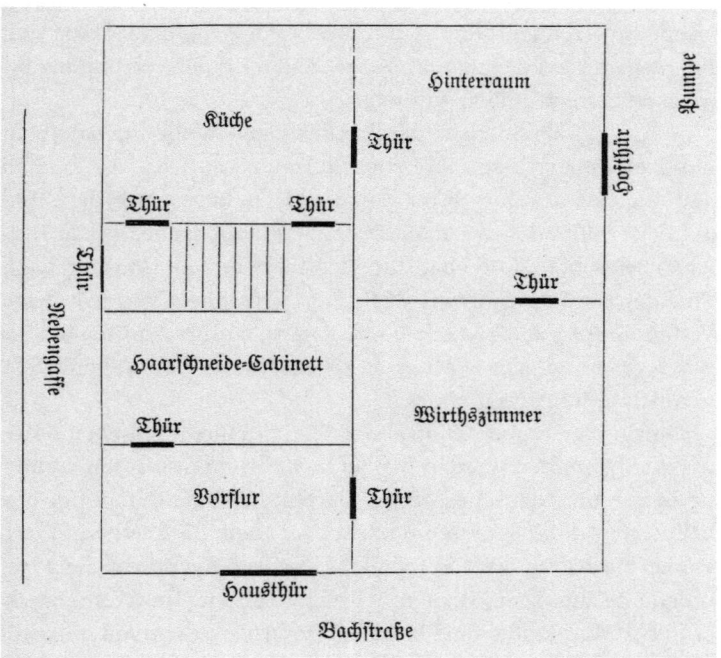

Grundriss des Hauses Ziethen.

In the floor plan:
- Küche
- Hinterraum
- Pumpe
- Thür (multiple)
- Hofthür
- Nebengasse
- Haarschneide-Cabinett
- Wirthszimmer
- Vorflur
- Hausthür
- Bachstraße

die Geldtasche war ihr abgerissen worden und das Geld auf den Boden gerollt. Die Beine waren teilweise entblößt und die Röcke bis über die Knie hinaufgeschoben.

Während Albert Ziethen einen Arzt herbeiholte, erschien Polizeiwachtmeister Weinrich am Tatort. Auf seine Frage nach dem Täter gab die schwer verletzte Frau Ziethen zuerst einen Anstreicher, dann wiederholt ihren Mann an. Mittlerweile war dieser zurückgekehrt, und der Polizeiwachtmeister empfing ihn mit den Worten, dass er der Mörder sei, und erklärte ihn für verhaftet. Da sprang der Lehrling August Wilhelm dazwischen und rief: »Wie können Sie meinen Meister verhaften? Er ist nicht der Mörder, ich weiß es!« Dem Polizeibeamten klang das wie ein Selbstverrat, und er verhaftete auch Wilhelm.

Ehe Frau Ziethen am 30. Oktober 1883 starb, bezeichnete sie in offensichtlich sehr verwirrtem Zustand wiederholt ihren Mann als den Täter, gab aber ganz verschiedene Tatwerkzeuge an, die dieser benutzt haben sollte. Nach einer Vernehmung vom 28. Oktober wurde sie vereidigt, ohne auf ihr Recht der Zeugnisverweigerung hingewiesen worden zu sein. Kurze Zeit nach der Vereidigung begann sie unverständlich zu singen.

In einer Tischschublade der Ziethen'schen Wohnung fand man einen Hammer, dessen Holzstiel Blutspuren aufwies. Am oberen Teil des Stieles waren Späne frisch weggeschnitten worden, und auf dem Fußboden vor dem Tisch lagen Holzspäne, woran Blut zu kleben schien. Offenbar hatte der Täter also die Blutspuren am Stiel des zur Tat benutzten Werkzeugs auszutilgen versucht. Eine Verbindung zu Ziethen ergab sich daraus, dass man an seinem Taschenmesser winzige »Partikelchen« entdeckte, die von jenen Spänen hätten herrühren können.

Winzig waren auch Blutspuren, die an einer Manschette Ziethens aufgefunden wurden, wobei nicht ermittelt werden konnte, ob es sich um Menschen- oder Tierblut handelte. Nicht nur deshalb waren diese Spuren ein schwaches Indiz für Ziethens Täterschaft. Sie hätten auf alle mögliche Art und Weise auf die Manschette gelangt sein können, beispielsweise in dem Moment, als er in der Wirtsstube seine blutüberströmte Frau vorfand und sich um sie kümmerte. Paul Lindau, der sich 1892 sehr intensiv mit dem Fall Ziethen beschäftigt hat, gibt weitere Möglichkeiten an: »Ziethen ist Barbier, er schröpft, zieht Zähne u.s.w. Er ist außerdem ein notorischer Raufbold, er hat nachgewiesenermaßen blutige Schlägereien gehabt.«[1]

Der mitverhaftete Wilhelm leugnete anfangs, von der Tat irgendetwas zu wissen. Ziethen wollte er erst gesehen haben, nachdem er selbst von Johanna Tasche geweckt worden sei. Dann gab er an, er habe ihn schon erblickt, als er, der Aussagende, zu Bett habe gehen wollen. Schließlich trat er mit der Behauptung hervor, dass er Augenzeuge geworden sei, wie Ziethen seine Frau nach einem heftigen Streit mit dem Hammer erschlagen habe, und schilderte die Tat in allen Einzelheiten.

Beide wurden in der Verhandlung vor dem Schwurgericht in Elberfeld, die vom 28. Januar bis zum 2. Februar 1884 dauerte, des Mordes angeklagt. Ziethen, der in der Öffentlichkeit schon von vornherein als der Täter zu gelten schien, blieb beim Leugnen, Wilhelm bei seinen letzten Angaben. Nach der Anhörung der Zeu-

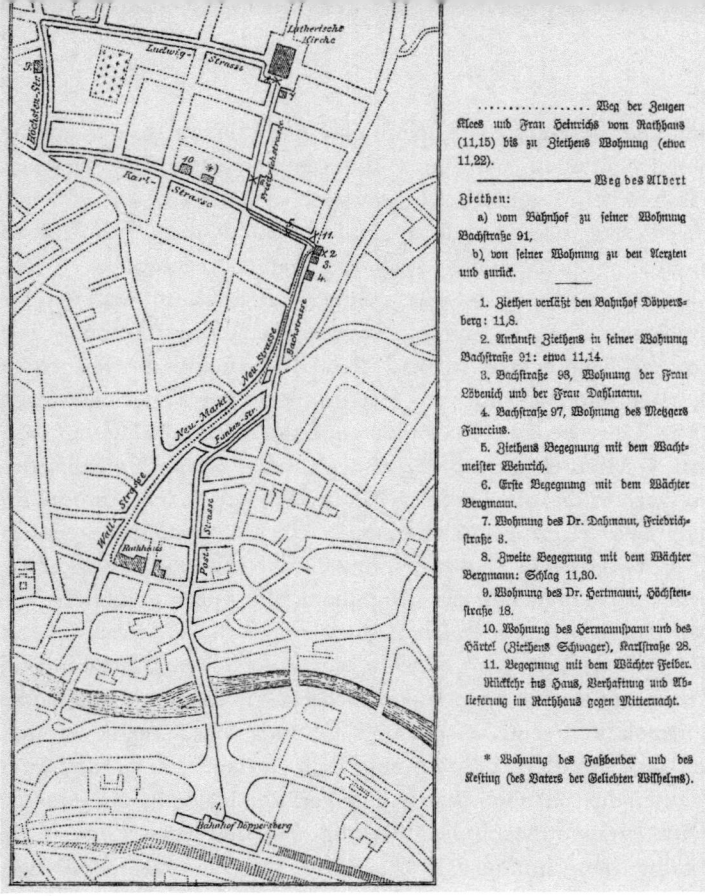

.... Weg der Zeugen Klees und Frau Heinrichs vom Rathhaus (11,15) bis zu Ziethens Wohnung (etwa 11,22).

———————— Weg des Albert Ziethen:
a) vom Bahnhof zu seiner Wohnung Bachstraße 91,
b) von seiner Wohnung zu den Aerzten und zurück.

1. Ziethen verläßt den Bahnhof Döppers-berg: 11,8.
2. Ankunft Ziethens in seiner Wohnung Bachstraße 91: etwa 11,14.
3. Bachstraße 98, Wohnung der Frau Löbenich und der Frau Dahlmann.
4. Bachstraße 97, Wohnung des Metzgers Funccius.
5. Ziethens Begegnung mit dem Wacht-meister Wehrich.
6. Erste Begegnung mit dem Wächter Bergmann.
7. Wohnung des Dr. Dahmann, Friedrich-straße 8.
8. Zweite Begegnung mit dem Wächter Bergmann: Schlag 11,30.
9. Wohnung des Dr. Hertmann, Höchsten-straße 18.
10. Wohnung des Hermannspann und des Härtel (Ziethens Schwager), Karlstraße 28.
11. Begegnung mit dem Wächter Pfeiber. Rückkehr ins Haus, Verhaftung und Ab-lieferung im Rathhaus gegen Mitternacht.

* Wohnung des Faßbender und des Kesting (des Vaters der Geliebten Wilhelms).

Situationsplan der Elberfelder Örtlichkeiten.

gen und der Sachverständigen, deren Gutachten später teilweise sehr kritisch betrachtet wurden, bejahten die Geschworenen bei Ziethen die Frage nach Mord, während sie bei Wilhelm die Fragen bezüglich einer Mittäterschaft und einer Beihilfe verneinten. Über Ziethen wurde die Todesstrafe verhängt, seine Revision verworfen. Später wurde er zu lebenslänglichem Zuchthaus begnadigt.

Justizrat Erich Sello, der den Fall Ziethen in sein 1911 erschienenes Buch »Die Irrtümer der Strafjustiz und ihre Ursachen« aufgenommen hat, bezweifelt die Täterschaft Ziethens, der nach dem Dafürhalten des Autors, wenn überhaupt, nur wegen Totschlags hätte verurteilt werden dürfen. Neben allen Ungereimtheiten sowie gutachterlichen und polizeilichen Versäumnissen, die Sello sowohl in Bezug auf die Aussagen der sterbenden, verwirrten Frau Ziethen und des mitverdächtigen Lehrlings Wilhelm als auch auf die Untersuchung der winzigen Blutspuren und der am Ziethen'schen Taschenmesser gefundenen Elemente anführt, zielt ein wesentlicher Punkt in den Ausführungen Sellos auf die Frage, ob Ziethen überhaupt die Zeit hatte, das Verbrechen zu begehen.

Den Berechnungen Sellos zufolge, der darin mit anderen Autoren nahezu übereinstimmt, konnte Ziethen nach seiner Rückkehr aus Köln frühestens um 23.13 Uhr die heimische Wirtsstube betreten und das Haus zum Herbeiholen eines Arztes nicht nach 23.24 Uhr wieder verlassen haben. Dass Ziethen in diesen maximal elf Minuten die mörderische Tat mit all ihren Begleiterscheinungen verübt haben könnte, halten Sello und andere Autoren für nicht denkbar, zumal Ziethen die ersten Alarmrufe spätestens um 23.17 Uhr ausgestoßen haben muss. Auch wird darauf verwiesen, dass bei Ziethen nur kaum sichtbare Blutspuren gefunden worden waren. Bei einem solchen Massaker mit Blutspritzern sogar an den Wänden hätte man, so Sello, weit erheblichere Blutspuren bei Ziethen feststellen müssen – es sei denn, er hätte in den elf Minuten auch noch seine Wäsche und Kleidung vollständig gewechselt und sich gewaschen. So kommt Sello zu dem Schluss, dass Frau Ziethen die tödlichen Verletzungen erlitten haben muss, bevor ihr heimkehrender Mann die Wirtsstube betreten hat.

Unter dem Einfluss von Angehörigen des Verurteilten, die fest von dessen Unschuld überzeugt waren, legte der mittlerweile in Berlin lebende Wilhelm in der Nacht vom 9. auf den 10. Juni 1887 im dortigen Polizeipräsidium ein umfassendes Geständnis ab, das er tags darauf vor dem Amtsgericht wiederholte. Danach hatte er an jenem Abend des 25. Oktober 1883 nach reichlichem Schnapsgenuss in einer Anwandlung von Blutdurst Frau Ziethen vor der Heimkehr ihres Mannes mit dem Hammer erschlagen. Später ergänzte Wilhelm, er habe die Frau in höchster geschlechtlicher Erregung auch vergewaltigt. Eine diesbezügliche Untersuchung war seinerzeit nicht bei Frau Ziethen vorgenommen worden.

Wilhelm, der sein Geständnis zuerst wiederholt bestätigte und sich bei seinem früheren Meister persönlich entschuldigte, änderte allerdings in der Folgezeit seine Angaben mehrere Male ab. Am 19. Juli 1887 wollte er durch Überredung und Inaussichtstellung einer Belohnung zu dem Geständnis gelangt sein. Immerhin blieb er dabei, nicht Augenzeuge der durch seinen Meister begangenen Tat gewesen zu sein. Am 19. August 1887 eine abermalige Wendung: Jetzt erklärte er dem Untersuchungsrichter, er könne sich nicht vorstellen, dass Frau Ziethen durch lediglich zwei Schläge, die er ihr versetzt habe, in dem Maße verletzt worden sei, und nahm deshalb an, dass Ziethen seiner Frau danach noch zusätzliche Schlagverletzungen beigebracht habe.

Albert Ziethen.

Auf Antrag der Verteidigung Ziethens beschloss die Strafkammer des Landgerichts in Elberfeld am 14. August 1887 eine Wiederaufnahme des Verfahrens. Gegen diesen Beschluss legte die Staatsanwaltschaft sofortige Beschwerde ein, die der Oberstaatsanwalt in Köln durch eine besondere Eingabe unterstützte. Der Strafsenat des Oberlandesgerichts Köln hob unter dem 25. November 1887 den angefochtenen Beschluss der örtlichen Strafkammer auf, sodass es bei der Verurteilung Ziethens blieb. Drei weitere Wiederaufnahmeanträge aus den Jahren 1893, 1897 und 1900 wurden ebenfalls, und zwar alle schon in erster Instanz, zurückgewiesen. Am 31. Juli 1901 starb Ziethen in der Strafanstalt in Werden nach 17-jähriger Haft, nachdem er nicht müde geworden war, besonders in Briefen an Angehörige seine Unschuld zu beteuern.[2]

Ziethen in einer Darstellung der Kölner Gerichts-Zeitung vom Dezember 1899. Zwei Jahre später starb er.

Hinrichtungen in Duisburg

Die Lebensverhältnisse des 1838 in Wesel geborenen und dort auch wohnhaften Schreiners Johann Overkamp, der als Besitzer von drei Häusern ursprünglich ein recht wohlhabender Mann war, nahmen im Laufe der Zeit immer bedenklichere Züge an: »Er ergab sich dem Schnaps, wurde arbeitsscheu, fing an zu stehlen und sank, da ihm seine Ehefrau den nötigen moralischen Halt auch nicht zu bieten geeignet war, schließlich so tief, daß er sein Leben nur zwischen Gefängnis und Zuchthaus teilte.«

Als sich seine Frau scheiden ließ, wurden ihr vom Gericht die drei Häuser in Wesel zugesprochen, während sich Overkamp mit einer Abfindungssumme von 900 Mark zufriedengeben musste. Im August 1886 aus dem Zuchthaus in Werden entlassen, wo er bereits rachebedingte Todesdrohungen gegen seine Frau ausgestoßen hatte, begab er sich zurück nach Wesel und gelobte nun Besserung, sodass ihn seine frühere Frau wieder aufnahm. Um Arbeit zu finden, zogen sie nach Meiderich, wo die versprochene Besserung aber nur so lange währte, bis das Budget aufgebraucht war. Als Overkamp danach wieder anfing, seine Frau zu verprügeln, wenn er Geld zum Schnapstrinken haben wollte, wurde er schließlich des Hauses verwiesen, und seine frühere Frau zog mit ihren Kindern zurück nach Wesel.

Nachdem sich Overkamp am 4. Dezember 1886 einen Revolver gekauft hatte, begab er sich zu seinem dortigen früheren Haus und schoss unvermittelt auf seine im Erdgeschoss befindlichen Angehörigen, ohne jedoch zu treffen. Als diese nun zu fliehen versuchten, sah Overkamp eine Frau aus einem nahe gelegenen Haus treten, die er für seine frühere Ehefrau hielt und mit einem tödlichen Kopfschuss niederstreckte. In Wirklichkeit aber war sein Opfer die Tochter eines Nachbarn, die 19-jährige Agnes Paulus. Overkamp versuchte, in Richtung der belgischen Grenze zu fliehen, wurde aber schließlich in Geldern verhaftet.

Die Aufregung in Wesel über die schreckliche Tat war groß, sodass das Urteil des Duisburger Schwurgerichts vom 11. Februar 1887, welches wegen Mordes auf Todesstrafe und wegen Mord-

Amts- und Land-
gericht Duisburg.

versuchs auf zehn Jahre Zuchthaus lautete, allgemeine Billigung fand. Das Gerücht einer bevorstehenden Hinrichtung ging am Abend des 1. Juli 1887 wie ein Lauffeuer durch Duisburg, nachdem die Ankunft des Scharfrichters Krautz und seiner drei Gehilfen im Nachmittagsschnellzug aus Berlin nicht unentdeckt geblieben war. Am nächsten Morgen hatten zahlreiche Schaulustige die Dächer der Häuser, welche das Amtsgerichtsgefängnis an der Untermauerstraße umgaben, besetzt, um Zeuge der Hinrichtung zu werden, die Krautz im Hof des Gefängnisses mittels des Beils vornahm. Unmittelbar danach erfolgte der Abtransport der Leiche zum Friedhof am Grunewald.[1]

Einige Jahre später war es Scharfrichter Reindel, der in Duisburg seines Amtes waltete. Am 22. Februar 1894 richtete er auf dem Arbeitshof des dortigen Gefängnisses den 26-jährigen Maurer und Musiker Wilhelm Pötz aus Niederweyer bei Limburg an der Lahn mittels des Beils hin, der am 27. Oktober 1893 vom Duisburger Schwurgericht zum Tode verurteilt worden war. Er war für schuldig befunden worden, in der Nacht vom 26. auf den 27. Juni 1893 auf der Emmericher Stadtweide seine wesentlich

Scharfrichter Friedrich Wilhelm Reindel, geboren 1824.

ältere Frau, die er erst im Februar 1893 geheiratet hatte, erschossen zu haben. Pötz befand sich seinerzeit mit seiner Frau auf einer Reise nach Rotterdam, nachdem sie beim Amtsgericht in Hadamar ein Testament hinterlegt hatten, das beide Eheleute zu gegenseitigen Erben bestimmte. Wie in der Schwurgerichtsverhandlung und in seiner Heimat an der Lahn gemutmaßt wurde, hatte Pötz »aus Spekulation« geheiratet, »um bald in den alleinigen Besitz des ganzen Vermögens zu gelangen« und den Weg für eine andere Ehe frei zu machen.[2]

Hinrichtungstechnisch nahm Duisburg ein paar Jahre später für

Scharfrichter Reindel einen besonderen Stellenwert ein. Nachdem er zunächst besonders bei seinem älteren Bruder Carl Christoph Wilhelm (1813–1872) als Gehilfe tätig gewesen war, nahm Reindel selbst von 1874 bis 1898 insgesamt 213 Hinrichtungen vor. Darunter befanden sich 22 Doppelhinrichtungen und eine dreifache Hinrichtung am 2. Februar 1893 in Insterburg. Duisburg spielte in der Karriere Reindels insofern eine besondere Rolle, als er hier seine einzige vierfache Hinrichtung durchführte, und zwar am 21. Mai 1898.[3]

Am Morgen jenes Tages traten auf dem Hof des dortigen Gefängnisses nacheinander die drei Fabrikarbeiter Anton Schmitz aus Hamborn, Franz Sauter aus Schmidthorst und Theodor Graat aus Hamborn sowie die Bergmannsfrau Karoline Schula (geborene Halfar) aus Meiderich den schweren Weg zum Richtblock an, wo Reindel sie innerhalb von 34 Minuten mittels des Beils enthauptete. Die Körper der Hingerichteten, die alle das 30. Lebensjahr noch nicht erreicht hatten, wurden sofort in bereitstehende Särge gelegt und in einem Möbelwagen unter polizeilicher Begleitung zum Friedhof gebracht.

Dieser vierfachen Hinrichtung ging ein Mord voraus, der sich am 26. August 1896 in Meiderich zugetragen hatte. Die hingerichtete Karoline Schula, die im Juli 1887 mit erst 17 Jahren ihren Mann Karl Schula geheiratet hatte, unterhielt ein Liebesverhältnis zu Theodor Graat, der zeitweise als Kostgänger bei den Schulas wohnte. Offensichtlich gingen Pläne, den Ehemann aus dem Weg zu räumen, besonders von Frau Schula aus, die Graat immer wieder drängte, ihr dabei zu helfen. Durch seinen Bruder lernte Graat die Mithingerichteten Sauter und Schmitz kennen, die sich nach seinen Angaben bereit erklärten, den Ehemann für 25 Mark zu ermorden.

Am Vorabend des Mordes stellte Frau Schula die Uhr vor, um ihren Mann zu einem zeitigeren Verlassen der Wohnung zu bewegen. Auf seinem nächtlichen Weg zur Arbeitsstätte wurde er dann von Graat, Sauter und Schmitz mit einer Zaunlatte niedergestreckt und zur Ruhr gebracht, wo sie den mit Steinen beschwerten Körper versenkten. Nach dem Auffinden der Leiche gelang es, die flüchtige Frau Schula und Graat in Antwerpen festzunehmen, nachdem diese durch ein Schreiben an die Sparkassenverwaltung in Meiderich, in dem sie um eine Geldüberweisung baten, ihren Aufenthaltsort selbst verraten hatten.

Am 17. Februar 1897 wurden die vier Angeklagten vom Duisburger Schwurgericht zum Tode verurteilt. Der geständige Graat akzeptierte das Urteil, wohingegen Frau Schula, Sauter und Schmitz durch ihre Rechtsanwälte erfolgreich Revision beim Reichsgericht einlegen ließen. Aber auch eine nochmalige Verhandlung der Sache vor dem Duisburger Schwurgericht im Juni 1897 brachte ihnen kein besseres Ergebnis. Bemühungen, eine weitere Revision zu erzielen, blieben ebenso erfolglos wie Gnadengesuche an den preußischen Monarchen, der vom Vorrecht der Begnadigung diesmal keinen Gebrauch machte.[4]

Die nächste Hinrichtung in Duisburg am 16. Januar 1904 führte Scharfrichter Engelhardt aus. Sofort danach wurden an den Anschlagsäulen der Stadt Plakate folgenden Inhalts angeheftet: »Bekanntmachung. Der Bergmann Johann Wengust zu Asberg, Kreis Mörs, ist durch rechtskräftiges Erkenntnis des Königlichen Schwurgerichts zu Duisburg vom 7. Oktober 1903 wegen Mordes, begangen am 16. Juni 1903 zu Schmidthorst an der unverehelichten Anna Arich, zum Tode verurteilt und in Vollzug dieses Erkenntnisses heute früh 8 Uhr auf dem Hofe des hiesigen Gerichtsgefängnisses mittels des Beiles enthauptet worden. Duisburg, 16. Januar 1904. Der Königliche Erste Staatsanwalt. Boecking.«[5]

Der 1877 in Slowenien geborene Wengust und die Familie Arich, mit deren jungen Tochter Anna er ein Verhältnis hatte, waren Mitte Juni 1902 von Österreich nach Deutschland gezogen und seit Dezember 1902 in Schmidthorst (Duisburg) wohnhaft. Als Anna im darauffolgenden Monat ein Kind von ihm zur Welt brachte, änderten sich die vordem freundschaftlichen Beziehungen ihrer Eltern zu Wengust, den sie nicht als zukünftigen Schwiegersohn akzeptieren wollten. Daraufhin zog dieser Anfang März 1903 aus, kehrte aber öfters wieder in die Wohnung der Arichs zurück, wobei es dann oft zu Zwistigkeiten kam.

Dies war auch am 16. Juni 1903 der Fall, als er zuerst den Vater Annas und dann sie selbst zur Rede stellte. Der Vater machte Wengust unmissverständlich klar, dass er sich bezüglich einer Heirat oder einer Herausgabe des gerade geborenen Kindes keine Hoffnungen zu machen brauche. Als sich auch Anna in ähnlicher Weise äußerte, zog Wengust einen Revolver und erschoss sie und ihre Eltern. Später gab er an, er habe den Revolver nach den Schüssen auf Anna gegen sich selbst gerichtet, sei aber in diesem Augenblick von der herbeieilenden Frau Arich auf den Arm geschlagen worden, wodurch der Revolver in die Höhe gegangen sei und der Schuss Frau Arich in den Kopf getroffen habe. Hierauf sei Herr Arich angeblich mit einem Stock auf ihn losgekommen. Um ihn abzuwehren, habe er auch auf diesen mehrere Schüsse abgegeben. In der Schwurgerichtsverhandlung vom 7. Oktober 1903 wurde Wengust wegen Mordes an Anna Arich zum Tode und wegen Totschlags an ihren Eltern zu zwölf Jahren Zuchthaus verurteilt.[6]

Eine weitere Hinrichtung in Duisburg fand zehn Jahre später statt. Am Morgen des 20. März 1914 wurde im dortigen Gerichtsgefängnis der 39-jährige Bergmann Peter Nowack aus Marl bei Recklinghausen durch Scharfrichter Gröpler mittels des Beils enthauptet. Nowack war am 26. September 1913 vom Duisburger Schwurgericht für schuldig befunden worden, in der Oberhausener Siedlung Grafenbusch seine Frau erwürgt zu haben, um sie aus dem Weg zu räumen, da er ein Liebesverhältnis zu seiner Schwägerin unterhielt. Die Bestätigung des Todesurteils durch Kaiser Wilhelm II. war am 9. März 1914 erfolgt.[7]

Die Ermordung des Försters Lindlar im Wald bei Bensberg, 1889

Am Saalermühlenweg (Waldweg Neufrankenforst-Saaler Mühle) trifft der Wanderer auf einen Gedenkstein, der an das traurige Schicksal eines früheren Bensberger Försters erinnert: »Förster Peter Lindlar wurde hier in Ausübung seines Berufes von Wilddieben am 9. Juli 1889 erschossen.« Der Stein wurde seinerzeit von der Firma Berzelius (Zinkhütte) aufgestellt, der damals dieser Teil des Frankenforstes gehörte und bei der Lindlar als Privatförster angestellt war, um die Pflege des Wald- und Wildbestandes zu überwachen. Zusammen mit seiner Frau und mehreren Kindern wohnte der am 22. April 1849 geborene Förster in einem kleinen Fachwerkhaus am Neuborner Weiher (heute Neuborn 5).

Der schon mehrfach restaurierte Gedenkstein im Saalermühlenwald.

Am Abend jenes 9. Juli 1889, einem Dienstag, kehrte Lindlar nicht mehr nach Hause zurück, nachdem er morgens gegen 4 Uhr in den Wald aufgebrochen war. Sein Hund soll allein nach Hause gelaufen sein. Schnell verbreitete sich das Gerücht, dass dem Förster etwas passiert sein müsse. Nach langem Suchen, an dem sich halb Bensberg beteiligte, wurde seine Leiche am Nachmittag des folgenden Tages einige Hundert Schritte von der Saaler Mühle entfernt – eben am Standort des heutigen Gedenksteines – in einer abseits gelegenen, von Strauchwerk überwachsenen Vertiefung aufgefunden. Sie war sorgfältig mit Laub bedeckt, sodass viele der suchenden Personen bereits achtlos an der Stelle vorbeigegangen waren, bis schließlich der Förster Kolter dieselbe einer näheren Untersuchung unterzog und den Ermordeten fand, den man dann in die Zinkhütte brachte. Kolter hatte sich mit dem Förster Adolf Ruland und einigen Helfern aufgemacht, um in zwei Abteilungen den Wald zu durchsuchen.[1]

Bei der Obduktion der Leiche durch zwei Ärzte wurden neben

einem Oberarmbruch rund 30 Verwundungen durch Schussprojektile festgestellt, die den Kopf, beide Arme und die Brust des Getöteten getroffen hatten; an drei Stellen war das Herz durchbohrt. Der Armbruch deutet darauf hin, dass es vorher zu einem Kampf gekommen war. Förster Solbach aus Kaule und hinzugezogene Sachverständige waren der Ansicht, dass Lindlar von zwei Schüssen niedergestreckt worden war. »Die Wilderer«, so klärte Solbach auf, »laden sehr stark, bis zu 60 Körner Schrot.« Wie die Ermittlungen ergaben, musste die grausige Tat etwa 15 Minuten vor 6 Uhr morgens verübt worden sein. Das Gewehr des getöteten Försters, der sich allgemeiner Beliebtheit erfreute, konnte nicht gefunden werden, obwohl rund 30 Soldaten abkommandiert worden waren, um das Waldgebiet abzusuchen.

Als Wilderer in der Gegend berüchtigt war der am 20. Juli 1860 in Pulheim geborene Gärtner Wilhelm Bösmann, wohnhaft in Bensberg. Förster Ruland, dessen Revier an dasjenige von Lindlar angrenzte, hatte sich mit Letzterem vorgenommen, Bösmann das Handwerk

Die Saaler Mühle in den frühen 1950er Jahren.

zu legen. Als er vom Verschwinden Lindlars gehört habe, so gab Ruland später an, habe er sofort an Bösmann gedacht. Lindlar selbst hatte einem Mitpächter des Jagdreviers, dem Kalker Fabrikbesitzer Hermann Jäger, gegenüber geäußert: »Herr Jäger, ich bin dem Bösmann auf der Spur, ich hoffe ihn zu kriegen, und ich kriege ihn auch, ich muß die Flinte aber stets schußbereit halten, ich muß auf Alles gefaßt sein, denn wenn ich ihn treffe, dann gilt es Leben um Leben.« Auf der anderen Seite soll Bösmann im Vorfeld der Tat gedroht haben: »Wenn der Lindlar mich faßt, dann halte ich ihm drauf.«

Ab dem 28. Oktober 1889, einem Montag, stand Bösmann in einem mehrtägigen Prozess unter der Anklage vor dem Kölner Schwurgericht, Lindlar ermordet zu haben. Mitangeklagt war der ledige Müller Karl Heinrich Koch von der Saaler Mühle, dem ebenso wie Bösmann angelastet wurde, gewerbsmäßig gewildert

Der Fränkische Hof in Köln, in dem der Prozess stattfand.

zu haben. Ungefähr 100 Zeugen waren geladen. Zu den Vermögensverhältnissen der beiden Angeklagten heißt es in der Kölner Gerichts-Zeitung, die eingehend über den Prozess berichtete: »Während Bösmann völlig mittellos ist und sich vor seiner Verhaftung eigentlich ohne feste Wohnung herumgetrieben hat, ist Koch nicht vermögenslos, denn er ist mit seinen zwei Brüdern zusammen Miteigenthümer der Saalermühle, dieselbe repräsentirt ein nicht unbedeutendes, ziemlich werthvolles Besitzthum.« Vom Bensberger Bahnhof führte ein gerader Weg zur Saaler Mühle, der das Anwesen durchschnitt: Links vom Weg lag das Wohnhaus und rechts die Mühle.

Koch gab vor dem Schwurgericht, das unter dem Andrang vieler Neugieriger im »Fränkischen Hof« in der Kölner Komödienstraße tagte, an, am Vorabend der Tat, also am 8. Juli 1889, zusammen mit Bösmann und einem anderen Bekannten bis 22 Uhr beim Gastwirt Rübkamp in Lückerath gekegelt und danach noch Karten gespielt zu haben. Gegen 23 Uhr verließen die drei die Wirtschaft und begaben sich zur Saaler Mühle, wo sie, so Koch, noch etwas Schnaps getrunken und sich auf der Treppe unterhalten hätten. Als Lindlar zufällig an jenem Abend von dem Treffen der drei erfuhr, meinte er, dann müsse er am anderen Morgen früh heraus, denn, so befürchtete er, »die haben nichts Gutes vor«.

Für das Alibi Bösmanns, der in der Mühle mit Koch im gleichen Schlafzimmer übernachtet hatte, war die Aussage Kochs nicht gerade zuträglich, dass Bösmann gegen 4 Uhr morgens nicht mehr in dem Zimmer anwesend gewesen und erst rund vier Stunden später komplett angezogen und mit nassen Hosen dort wieder eingetreten sei. In zwei Kassibern, die Bösmann seinem Mitangeklagten im Gefängnis hatte zukommen lassen, hatte er ihn gebeten, auszusagen, dass er, Bösmann, ununterbrochen bis 8 Uhr morgens in dem Zimmer geschlafen hätte. »Du wirst Dich doch ganz genau erinnern«, so heißt es in einer der geheimen Nachrichten, die dann doch entdeckt wurden, »daß ich bis acht Uhr bei Dir geschlafen habe, für das weitere habe ich gesorgt.« Koch ließ im Laufe der Verhandlung keinen Zweifel daran, dass er seinen Mitangeklagten für den Täter hielt. Bösmann, der jede Schuld von sich wies, hielt der Aussage Kochs entgegen, dass er, Bösmann, sich in jenen fraglichen Stunden zwischen 4 und 8 Uhr wenn auch nicht in dem Zimmer, so doch in der Mühle aufgehalten habe.

Belastend für Bösmann war auch die Aussage des Bensberger Metzgermeisters Ferdinand Pick, bei dem Bösmann bis zu seiner Verhaftung logiert hatte. Als Bösmann am Tag der Tat von der Saaler Mühle zurückkehrte, war seine Hose den Angaben des Zeugen zufolge sehr beschmutzt und der Rock voll Blut. »Du siehst aber nett aus«, sagte Pick, »Du mußt Dich ja schämen, so durch das Dorf zu gehen.« Bezüglich der Blutflecken an Bösmanns Kleidung konnten die Sachverständigen kein genaues Urteil abgeben. Sie kamen lediglich zu dem Schluss, »daß die Flecken eben so gut von Menschenblut wie auch von Blut eines größeren Säugethiers, z. B. von einem getödteten Reh, herrühren könnten«.

Ein doppelläufiges Gewehr Bösmanns, das eine Beschädigung aufwies, wurde aus einem Wasserlauf nahe der Saaler Mühle geborgen, nachdem Koch angegeben hatte, wo es zu finden sei. Er selbst nämlich hatte dieses Gewehr, das Bösmann den Angaben des Müllers zufolge nach der Tat in der Mühle versteckt hatte, ins Wasser geworfen, weil er sich, so gab Koch an, vor Bösmann gefürchtet habe. Förster Solbach bezweifelte, dass es sich dabei um die Tatwaffe gehandelt habe: »Ich glaube nicht«, so Solbach, »daß Bösmann so dumm war, sich dem Förster mit einem solchen caputen Gewehr gegenüberzustellen. Bösmann hatte schon damals ein gutes Lefaucheux-Gewehr.«

Interessant ist die Aussage des Zeugen Joseph Heimann, der noch kurz vor der Tat mit dem ihm bekannten Lindlar im Wald zusammengetroffen war, ihn also wohl zuletzt lebend gesehen hat. Der Förster, der plötzlich hinter einem Strauch hervortrat und es eilig zu haben schien, fragte Heimann, ob ihm jemand begegnet sei, was Heimann verneinte. Er habe aber einen erkannt, rief Lindlar und fragte dann: »Wohnt der Daubenbüscher auf der Lustheide?« Das wusste Heimann aber ebenso wenig zu beantworten wie die Frage des Försters, ob denn Bösmann dort wohne. Im Weggehen rief der Förster Heimann zu: »Es ist einer laufen gegangen, der hat das Gewehr fortgeworfen, ich habe ihn aber erkannt.« Wenige Minuten nach dem Zusammentreffen mit Lindlar hörte Heimann zwei Schüsse fallen, die auch von weiteren Zeugen vernommen wurden. Der Förster war in die Richtung fortgegangen, wo er später tot aufgefunden wurde. Jener Wilhelm Daubenbüscher, nach dem Lindlar gefragt hatte, konnte ein Alibi nachweisen und sich somit weiteren Nachforschungen entziehen.

Die Beweisaufnahme war fast abgeschlossen, da wurde dem Gericht ein anonymer Brief überreicht, der in Köln aufgegeben und an Staatsanwalt Jonen gerichtet war. In diesem hieß es: »Nicht Bösmann, sondern ich habe den Lindlar erschossen, weil er im Walde meine Frau mißbraucht hat. Ich habe ihn mit seinem eigenen Gewehr erschossen, dasselbe liegt an der Gladbacher Zinkhütte im Wasser. Rache ist süß.« Auf Antrag des Verteidigers Bösmanns wurde nun die Verhandlung kurzzeitig ausgesetzt, um an Ort und Stelle nach dem Gewehr zu suchen. Diese Nachforschungen am Morgen des 31. Oktober 1889 wurden aber dadurch erschwert, dass in die in Frage kommenden Tümpel in der Zwischenzeit Schutt abgeladen worden war: »Man grub und wühlte und fand glatte Blechstücke und einen 2 Meter langen Gummischlauch. Auf ein Gewehr stieß man nicht.« Auch die Bemühungen, dem Briefschreiber auf die Spur zu kommen, waren vergeblich.

In seinem Plädoyer räumte Staatsanwalt Jonen zwar das Fehlen von Augenzeugen ein, zeigte sich aber überzeugt, dass die Indizien hinreichend seien, Bösmann des Mordes für schuldig zu erachten.

Wie er sich den Tathergang vorstellte, schilderte Jonen den Geschworenen folgendermaßen:»Der Wilddieb liegt in der Grube geduckt, er hört den Förster und bewegt sich, der Förster sieht das und legt seine Flinte an. Da erhält er einen Schuß ins Gesicht und sinkt hin. Jetzt springt der Mörder auf und schießt nun zum zweiten Male auf den geblendet daliegenden Lindlar, ihn mitten ins Herz treffend. Dann schleppt er ihn in die Grube, legt ihn zusammen, scharrt die Leiche zu und der Mord ist da.«

Auf den anonymen Brief legte Jonen keinen Wert, weil Lindlar »nie sein Gewehr lebend abgegeben haben würde und ein solches Verhältniß mit Frauenzimmern wie das angegebene, hat nicht bestanden«. Vielmehr hielt Jonen die öffentliche Meinung für berechtigt, die in dem notorischen Wilderer Bösmann »den Mörder brandmarkt«. Nach Jonens Dafürhalten waren die Angaben Kochs glaubwürdig, der keinen Grund gehabt habe, Bösmann unberechtigt ins offene Messer laufen zu lassen. Letzterer hielt dem entgegen, dass Koch durch seine Brüder und seinen Anwalt dazu instruiert worden sei, um selbst möglichst ungeschoren aus dem Prozess herauszukommen. Hinsichtlich des mutmaßlichen Verhältnisses des Försters zu einer Frau sagte ein Zeuge aus Refrath aus, dass ihm Äußerungen von Leuten bekannt seien, »wonach Lindlar mit einem Frauenzimmer ein Kind habe«. Oberförster Kettner hielt dem entgegen, »daß den Förstern in dieser Art viel nachgesagt werde«.

In einer eineinhalbstündigen Rede trat der Verteidiger Bösmanns, Rechtsanwalt Zimmermann, nachdrücklich für die Unschuld seines Klienten ein. Es komme hier auf Tatsachen an, so Zimmermann, und nicht auf die öffentliche Meinung, die sich seit einer Verurteilung Bösmanns wegen Wilderei im Jahr 1886 einseitig und unberechtigterweise zuungunsten des »Gebrandmarkten« entwickelt und ihm keine Chance auf ein »normales Leben« mehr gelassen habe. Was die Aussagen

Der Totenzettel des ermordeten Försters.

Kochs betraf, dessen Glaubwürdigkeit als Mitangeklagter zweifelhaft sei, brauche der angeklagte Bösmann »nicht zu beweisen, daß er in der Mühle war, sondern der Staatsanwalt muß beweisen, daß er draußen war«. Hinsichtlich des Dialogs Lindlars mit dem Zeugen Heimann äußerte Zimmermann Zweifel, ob nicht doch der von Lindlar erwähnte Daubenbüscher als Täter in Frage kommen könnte. Im Anschluss an die Plädoyers, denen noch einige Wortgefechte zwischen der Staatsanwaltschaft und der Verteidigung folgten, schlug Bösmann mit der Hand auf die Brüstung des Gefangenenbereiches und rief mit erhobener Stimme: »Im Bewußtsein meiner Unschuld aber kämpfe ich gegen Tausende!«

Die Geschworenen sprachen ihn nach viertägiger Sitzung, am späten Abend des 31. Oktober 1889, für schuldig, in der Nähe der Saaler Mühle »bei Unternehmung einer strafbaren Handlung, um ein der Ausführung derselben entgegentretendes Hindernis zu beseitigen oder um sich der Ergreifung auf frischer That zu entziehen, den Förster Peter Lindlar vorsätzlich getötet und an Orten, an denen zu jagen er nicht berechtigt war, die Jagd ausgeübt zu haben«, worauf ihn das Gericht zu lebenslänglicher Zuchthausstrafe sowie wegen der Wilderei zu fünf Jahren Gefängnis verurteilte. Ein Mord lag der Einschätzung der Geschworenen nicht vor, da Bösmann die Tötung wohl vorsätzlich, aber nicht mit »Ueberlegung« ausgeführt habe. Koch wurde für nicht schuldig erklärt und freigesprochen. Er versank später immer mehr in geistige Umnachtung und malte auf jede erreichbare weiße Fläche merkwürdige Tier- und Menschengestalten, was dazu führte, dass er von der Bevölkerung mit Scheu und Furcht betrachtet wurde.

Was Bösmann angeht, erinnerte sich ein betagter Refrather, dass man den Verurteilten 1918 wegen guter Führung vorzeitig aus der Strafanstalt Siegburg entlassen habe. Er sei dort aufgrund seines freundlichen Wesens sehr beliebt gewesen, hätte besondere Freiheiten genossen und auch im Gefängnis als Gärtner gearbeitet. Nach fast 30 Jahren kehrte er als gebrochener Mann nach Refrath zurück, beteuerte weiterhin seine Unschuld und lebte noch einige Jahre als Gärtner im Linksrheinischen. Mit seinem Namen drohte man unartigen Kindern noch bis nach dem Ersten Weltkrieg: »Paß auf, der Bösmann kommt!« Ob er aber wirklich der

Täter war, bleibt auch weiterhin fraglich. In Bensberg gingen später Gerüchte um, ein dortiger Einwohner habe auf dem Sterbebett eingestanden, damals Lindlar im Wald erschossen zu haben. Auch redete man davon, dass es sich um einen privaten Racheakt gehandelt habe, da der Förster ein Schürzenjäger gewesen sein soll. Hatte vielleicht also doch der anonyme Brief, den das Schwurgericht damals erhielt, einen ernsthaften Hintergrund, und war es nur unglücklichen Umständen zuzuschreiben, dass das von dem Briefschreiber erwähnte Gewehr des Försters nicht gefunden wurde (was ja Bösmann wesentlich entlastet hätte)? War also doch ein rachsüchtiger Ehemann der Täter, der vielleicht zufällig mitbekommen hatte, dass sich Lindlar an jenem Morgen aufmachen würde, um Bösmann am Wildern zu hindern, und war diese Gelegenheit nicht günstig, um mit Lindlar abzurechnen? Die Frage nach einem Justizirrtum bleibt offen, zumal die Berichte über den Prozess deutlich zeigen, wie viele unterschiedliche Ansätze zur Beurteilung der Schuldfrage möglich sind.[2]

Hinrichtungen in Saarbrücken

Seit Beginn der Preußenzeit 1815 war Saarbrücken von Hinrichtungen verschont geblieben. Das änderte sich erst am 13. Februar 1892, als der 24-jährige Hüttenarbeiter Heinrich Lux aus Geislautern (bei Völklingen) im Saarbrücker Gefängnis mittels der aus Köln herbeigeschafften Guillotine vom Leben zum Tod befördert wurde. Die Hinrichtung nahm Scharfrichter Reindel vor, der am Tag zuvor mit seinen Gehilfen in Saarbrücken angereist war. Ihr Erscheinen rief große Bewegung in der Bevölkerung hervor, und das Gasthaus Weil in der Reichsstraße, wo die Genannten wohnten, bot eine Stätte lebhaften Verkehrs.

Der Delinquent hatte Ende Oktober 1891 unter der Anklage vor dem Saarbrücker Schwurgericht gestanden, am 5. September 1891 in Geislautern seine 14-jährige Stiefschwester Franziska Lux durch Durchschneiden des Halses mit einem Rasiermesser ermordet und ihr zwölf Mark geraubt zu haben. Der angeklagte Lux gab hierzu an, seine Freundin aus Völklingen habe von ihm drei Mark gefordert, die sie für Mietzahlungen nötig gehabt habe, und sei gesonnen gewesen, das Verhältnis zu beenden, wenn er das Geld nicht besorge. Er habe sich daraufhin am Tag der Tat in der Nähe

Die Reichsstraße in Saarbrücken und der Bahnhof in den 1890er Jahren.

des elterlichen Hauses im Wald postiert und auf seine Stiefschwester gewartet, von der er zu Hause gehört hatte, dass sie an jenem Tag mit zwölf Mark in der Tasche das Haus verlassen würde. »Als ich meine Schwester kommen sah«, so schilderte Lux die grausige Tat, »trat ich an sie heran und auf meine Frage, wohin sie gehe, antwortete sie: ich bringe Müllers das Milchgeld. Ich ging nun ein paar Schritte hinter ihr und sagte: Gib mir das Geld! und als sie mit einer halben Wendung des Kopfes nach mir zurück mit ›Nein‹ antwortete, legte ich den linken Arm um ihren Hals, bog mit der Hand ihre Stirn zurück und schnitt ihr mit dem Rasiermesser, welches ich geöffnet hinter mich gehalten, in den Hals; dabei fiel sie über die Böschung des Weges, auf dem wir gingen, herab und da ich sie wimmern hörte, sprang ich nach und schnitt ihr den Hals völlig durch.«

Danach versteckte der Angeklagte nach eigenen Angaben den Großteil des geraubten Geldes unter einem Baum und ging dann nach Völklingen, wo er sich rasieren ließ und in einer Wirtschaft ein Glas Bier trank. Alle diese Auslassungen machte er »zwar mit gedämpfter Stimme, aber sonst mit cynischer Ruhe«. Auf die Vorhaltung des Gerichtspräsidenten, ob er denn beim Anblick seiner ermordeten Stiefschwester keine Reue empfunden habe, antwortete Lux nicht. Die Geschworenen bejahten die beiden ihnen vorgelegten Hauptfragen bezüglich Mordes und Raubes in ganzem Umfang, worauf der Gerichtshof die Verurteilung zum Tode verkündete.[1]

Auf den Tag genau zwei Jahre später waltete Reindel in Saarbrücken wieder seines Amtes. Diesmal hatte er sich mit seinen Gehilfen in einem Gasthof in Sankt Johann einquartiert. Unmittelbar nach vollzogener Hinrichtung wurden in Saarbrücken rote Plakate folgenden Inhalts angeschlagen: »Bekanntmachung. Der Tagelöhner und frühere Bergmann Josef Gier aus Püttlingen ist durch Erkenntnis des Königl. Schwurgerichts zu Saarbrücken vom 18. Oktober 1893 wegen Raubes und Mordes, welche Verbrechen er am 17. Juni 1893 bei Püttlingen gegen den Handlanger Peter Speicher-Schackmann verübt hat, in Gemäßheit der §§ 211, 32, 249, 250 Nr. 1, 251, 73 des Deutschen Strafgesetzbuches zum Tode, unter Aberkennung der bürgerlichen Ehrenrechte, verurteilt worden. Dieses Urteil hat die Rechtskraft bestritten. Nachdem durch Allerhöchsten Erlaß vom 31. Januar 1894 bestimmt worden ist, daß der Gerechtigkeit freier Lauf zu lassen sei, ist dieses Urteil auf Anordnung des Unterzeichneten heute Morgen im Hofraum des königlichen Arresthauses hierselbst durch Enthauptung des Verurteilten mittelst des Fallbeiles zur Vollstreckung gelangt. Saarbrücken, den 13. Februar 1894. Der Königliche Erste Staatsanwalt. Krobitzsch.«

Als der ermordete, 16 Jahre alte Handlanger, der seinen Lohn in Höhe von 14 Mark mit sich führte, am Tag der Tat nicht nach Hause gekommen war, wurde der Wald abgesucht. Man fand die Leiche des Vermissten mit durchgeschnittenem Hals unweit des Weges von Völklingen nach Püttlingen im Walddistrikt »Hasselsbruch«. Der nur wenige Jahre ältere Gier hatte sein Opfer wohl unter der Vorspiegelung, ihm ein Hasennest zeigen zu wollen, dorthin gelockt und dann getötet und ausgeraubt. Zwei Tage später, also am 19. Juni 1893, machte Gier unvorsichtigerweise auf sich als Täter aufmerksam, indem er sich in Püttlingen, wo er in bester

Laune mehrere Male mit dem Karussell gefahren war, rühmte, jemanden getötet zu haben.[2]

Ein weiterer Fall, der zu einer Hinrichtung in Saarbrücken führte, ereignete sich in Malstatt-Burbach. Dort wollte der in der Stadt sehr beliebte Wirt Adolf Solbach in der Nacht vom 5. auf den 6. April 1898 seine Restauration »Germania« gerade schließen, als sich der 1874 geborene Erdarbeiter und Koch Primo Mario Fortunato Ciaranfi (alias Malacarni) aus Marradi in der Provinz Florenz noch Eingang verschaffte, den Wirt angriff und ihn durch mehrere Messerstiche tötete. Auch Frau Solbach trug einige Stichverletzungen davon, als sie ihrem Mann zu Hilfe kommen wollte.

Der Italiener hatte die Wirtsleute bereits zwei Jahre zuvor tätlich angegriffen und deshalb eine viermonatige Gefängnisstrafe verbüßen müssen. Seitdem sann er auf Rache und hielt sich als Erdarbeiter in Völklingen und als Wasserbauunternehmer in Bübingen auf. Am 9. Juli 1898 vom Saarbrücker Schwurgericht zum Tode und acht Jahren Zuchthaus verurteilt, wurde Ciaranfi am Morgen des 17. Dezember 1898 durch Reindel auf dem Gefängnishof guillotiniert.[3]

Der ehemalige Saarbrücker Schandpfahl mit einer Höhe von sechs bis sieben Metern. An ihm sollen Verbrecher noch in den dreißiger Jahren des 19. Jahrhunderts in Saarbrücken öffentlich ausgestellt worden sein.

Der Bergmann Nikolaus Trouvain aus Buprich (bei Lebach nördlich von Saarlouis) wäre beinahe einer Bestrafung entkommen, denn als man am Morgen des 1. Dezember 1902 seine Frau Margarete mit tödlichen Kopfverletzungen im Hausflur ihres gemeinsamen Wohnhauses in Buprich fand, ging man zunächst davon aus, dass die Frau durch einen unglücklichen Sturz von der Treppe ums Leben gekommen sei. Eine am 4. Dezember kurz vor der Beerdigung dann doch noch durchgeführte gerichtsärztliche Obduktion ergab indes, dass ein schweres Verbrechen den Tod der Frau herbeigeführt hatte. Die Ermittlungen deuteten bald auf eine Täterschaft ihres Mannes hin, der in seinem Arbeitsort Dudweiler mit einer jungen Frau ein Verhältnis unterhielt, aus dem bereits Nachwuchs herrührte. Verschiedentlich hatte der Bergmann verlauten lassen,

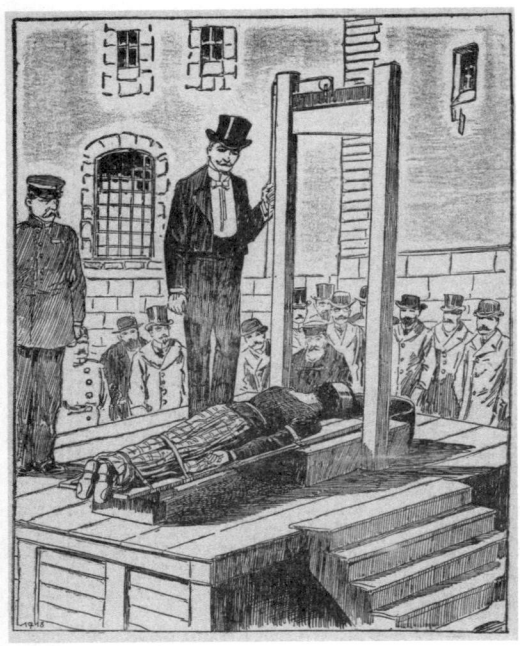

Hinrichtungsszene im Hamburger Gefängnis, 1905. Der Scharfrichter hatte die Guillotine vorher durch das Köpfen einer Strohpuppe auf ihre Brauchbarkeit überprüft.

er werde im Falle eines Versterbens seiner Frau seine Geliebte in Dudweiler heiraten.

Trotz hartnäckigen Leugnens Trouvains in seiner Verhandlung am 4. April 1903 vor dem Schwurgericht in Saarbrücken sahen ihn die Geschworenen für überführt an, seine Frau mit einem Beil erschlagen und dann einen Sturz von der Treppe vorgetäuscht zu haben. Erst später im Gefängnis gab der zum Tode verurteilte Bergmann die Tat zu. Seine Hoffnung, aufgrund dieses reumütigen Geständnisses vom Kaiser begnadigt und somit von der Todesstrafe verschont zu bleiben, erfüllte sich nicht. Am 10. September 1903 wurde seine Hinrichtung auf dem Hof des Saarbrücker Gefängnisses mittels der »Fallschwert-Maschine« durch Scharfrichter Engelhardt vorgenommen.[4]

Im Ersten Weltkrieg diente der Schießstand im Saarbrücker Stadtwald Schanzenberg als Richtstätte für zum Tode Verurteilte. Einer davon war der im März 1895 im italienischen Ravenna geborene und in Dillingen wohnhafte Hüttenarbeiter Alfredo Gennari. Er war am 9. Dezember 1915 vom außerordentlichen Kriegsgericht in Saarbrücken wegen Mordes in Tateinheit mit Raub, begangen am 28. Juli 1915 an einem Landsmann und Arbeitskollegen, zum Tode verurteilt worden. Die Hinrichtung Gennaris durch ein Erschießungskommando erfolgte am frühen Morgen des 6. Mai 1916.[5]

Ein Jahr später, am 4. Mai 1917, trat an gleicher Stelle wieder ein Erschießungskommando an, das ein Todesurteil des außerordentlichen Kriegsgerichts Saarbrücken vom 15. Dezember 1916 vollstreckte. Der Hingerichtete war der 29-jährige Schuhmacher Kamill Ruch aus Mühlhausen, der aus Rache nach einer längeren Auseinandersetzung die ihm gut bekannte Prostituierte Emma Christmann im elsass-lothringischen Bezirk Hagenau, für den das Kriegsgericht Saarbrücken zuständig war, ermordet hatte. Das Todesurteil war vom Kaiser am 22. April 1917 bestätigt worden.[6] Auf dem Weg von Neuweiler nach Dudweiler (bei Saarbrücken) ereignete sich am 2. April 1918 ein Verbrechen, dem Frau Triem, eine siebenfache Mutter aus Neuweiler, zum Opfer fiel. Dieser Tat wegen stand nur drei Wochen später, am 23. April, der in Dudweiler wohnhaft und dort in einem Eisenwerk beschäftigt gewesene Gelegenheitsarbeiter Friedrich Wagner vor dem außerordentlichen Kriegsgericht Saarbrücken, wo er in einer nicht öffentlichen Sitzung die Tat im Einzelnen schilderte: »Als er die Getötete des Weges kommen sah, habe er bei ihr Geld vermutet und sie sofort angepackt. Er habe sie so lange am Halse gewürgt, bis er geglaubt, sie sei tot. Die Frau habe aber noch gelebt und ihn gebeten, sie doch leben zu lassen. Mit einem Messer habe er ihr dann am Unterleibe eine Reihe von Stichwunden beigebracht, die Leiche beraubt und in den Kanal geworfen.«

Nach der Tat ging der wegen eines Sittlichkeitsverbrechens vorbestrafte Wagner nach Dudweiler zurück und kaufte sich dort von der Beute (320 Mark) nach eigenen Angaben Strümpfe, ein Zigarettenetui für 28 Mark, einen Geldbeutel und eine Taschenlampe. Er fuhr dann mit »der Elektrischen« nach Saarbrücken, wo er ein Kino und verschiedene Kneipen besuchte. Auch am nächsten Tag begab er sich wieder nach Saarbrücken, erkundigte sich auf der Straße bei einem Soldaten nach einem Bordell, blieb dort über Nacht und verzechte seine ganze Barschaft. Das wegen Mordes mit Straßenraub über den 27-jährigen Angeklagten ausgesprochene Todesurteil wurde am 24. Juni 1918 an gewohnter Stelle von einem Erschießungskommando vollstreckt.[7]

Niedergang eines Düsseldorfer Sängers

Im Frühjahr 1899 stand der des Mordes angeklagte Cornelius Weiser, geboren am 11. Oktober 1859 in Köln, vor dem Düsseldorfer Schwurgericht. Nach dem Besuch der Elementarschule, eines Gymnasiums und einer Gewerbeschule erlernte er zunächst das Metzgerhandwerk, ehe er nach einer vierjährigen, in Deutz abgeleisteten Militärzeit Sänger wurde und sich in verschiedenen Städten aufhielt. 1885 heiratete er in Aachen eine Österreicherin, die einige Kinder mit in die Ehe brachte. Als er 1893 nach Düsseldorf kam, führten Misshelligkeiten dazu, dass die Eheleute ihrer eigenen Wege gingen. Weiser lernte die geschiedene Chorsängerin Lina Richter (geboren am 23. April 1859 in Bremen) kennen, mit der er zusammen am Düsseldorfer Stadttheater arbeitete, das sich seit 1875 an der heutigen Heinrich-Heine-Allee befand. Dass er sich von seiner neuen Lebenspartnerin, die er, wie er vorgab, nach seiner Scheidung zu heiraten beabsichtigte, habe unterstützen lassen, wies er vor Gericht entrüstet zurück.

In den Jahren 1897/98, so Weiser, sei eine Abkühlung des Verhältnisses erfolgt. Lina Richter hatte zu jener Zeit eine Anstellung in Essen und dann in Koblenz. Auf der Reise dorthin trafen sich beide auf dem Kölner Bahnhof, schieden aber in Unfrieden. Im Juni 1898 lernte die Sängerin in Koblenz Peter Meyer kennen, dem sie einen Abschiedsbrief Weisers zeigte. Später schrieb dieser Drohbriefe an sie, wie Meyer vor Gericht bekundete. Dass er Lina Richter, als beide zusammen in Düsseldorf wohnten, verschiedentlich misshandelt habe, gab Weiser zu.

Als die Sängerin im Sommer 1898 eine Stelle in Dortmund antrat, verfolgte er sie dort wiederholt und bedrohte sie, »auch hat er ein langes Messer bei sich gehabt, welches ihm in einer Restauration aus dem Aermel fiel«. Weiser erlangte im Winter 1898 selbst eine Anstellung als Sänger am Theater in Dortmund, wurde aber entlassen, nachdem er den Theaterdirektor Pollack bedroht hatte. Weiser habe 50 Mark Vorschuss verlangt, so Pollack vor Gericht, und sei »furchtbar grob« geworden, als seinem Ansinnen nicht nachgekommen worden sei.

Das 1875 eröffne-
te Düsseldorfer
Stadttheater.

Wieder zurück in Düsseldorf, verschlechterten sich die Lebensverhältnisse Weisers immer mehr. Nach der Aussage von Kommissar
Vogt war der arbeitslos gewordene Sänger »dem Trunke ergeben,
hatte in der letzten Zeit kein Obdach mehr, er schlief auf Höfen,
in Karren, in der Kirche«. Ein früherer Arbeitgeber Weisers, der
Oberregisseur Oskar Friedler, sagte über den Angeklagten, »derselbe sei ein tüchtiger Sänger gewesen, er habe viel von demselben gehalten, er sei, wie man zu sagen pflegt, ein guter Kerl. Dabei aber sei er leichtsinnig, habe keinen moralischen Halt gehabt
und habe sich leicht verführen lassen, so daß er ihn schließlich
habe entlassen müssen. Weiser habe die Richter mißhandelt und
ihr einmal blaue Augen geschlagen.«
An Fastnacht 1899, als Letztere mittlerweile wieder in Düsseldorf
weilte, kam Meyer dorthin und holte die Sängerin am Morgen des
17. Februar nach einer Probe ab. In der Mühlenstraße begegneten sie Weiser, und Meyer sagte: »Der hat nichts gutes im Sinn.«
»Ach was«, entgegnete seine Begleiterin, »der thut uns nichts, das
ist alles Maulfechterei.« In der Wirtschaft von Wilhelm Kürten am
Marktplatz trafen sie erneut auf Weiser. Meyer und seine Begleiterin setzten sich an einen Tisch und bestellten Bier, und während
Meyer sein Portemonnaie herausholte, um das Bier zu bezahlen,

215

kam Weiser hinzu und versetzte der Sängerin einen Stich in die Brust. Sie tat noch einige Schritte und brach dann tot zusammen.

Weiser sagte aus, er habe an jenem Morgen ein Messer eingesteckt, um es zu schleifen – er habe nämlich neben seinem Geschäft als Sänger auch noch in einer Metzgerei gearbeitet. Er sei zunächst in einer Wirtschaft in der Ritterstraße gewesen, wo er viel Branntwein getrunken habe. Er gab zu, die Sängerin in der Wirtschaft Kürten getötet zu haben, aber er habe dies »in einem Zustande der Wuth, der Eifersucht und des Wahnsinns gethan, die Ueberlegung stellte er in Abrede, er habe keine Sinne mehr gehabt«.

Dem stand entgegen, dass er gleich nach der Tat bei einer Vernehmung eingestanden hatte, die Sängerin »mit vollständiger Ueberlegung« erstochen zu haben. Der zuständige Untersuchungsrichter Landgerichtsrat Engelskirchen sagte aus, Weiser habe in der Voruntersuchung »mit großer Klarheit und Entschiedenheit betont, daß er die Absicht, die Richter zu tödten, schon im August v. J. gefaßt habe, als diese in Dortmund gewesen sei«. Kurz vor der Tat hatte Weiser einer Zeugin das Messer gezeigt und gesagt: »Das bekommt heute einer ins Herz, daß es hinten wieder heraus kommt.« Die wegen Mordes vom Schwurgericht gegen ihn erlassene Todesstrafe wurde später auf dem Wege der Begnadigung in eine lebenslange Zuchthausstrafe umgewandelt.[1]

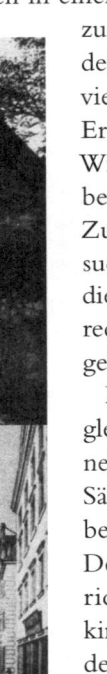

Die Düsseldorfer Mühlenstraße Ende des 19. Jahrhunderts.

Der Marktplatz um 1850. Links das Theater mit der von Vagedes errichteten Säulenvorhalle (Radierung von W. Cooke).

216

Messerattacke beim Brühler Karneval, 1899

Am Abend des 14. Februar 1899, dem Fastnachtsdienstag, befand sich der Gutspächter Gottfried Hartzenbusch in der Wirtschaft des Gastwirtes Kaumanns in Brühl. An einem Tisch saßen dort zudem der Klempner Peter Britz, der Schlosser Christian Klug, der Maurer Peter Charles und der Schneider Joseph Charles, alle aus Brühl, sowie die Prostituierte Elise Mack aus Köln. Auch ein früherer Freund von dieser, der am 23. Juni 1871 geborene Maurer Wilhelm Schneider, wohnhaft in Heide, nahm vorübergehend am Tisch der Gesellschaft Platz.

Die Kölnerin benahm sich in der Wirtschaft recht auffällig, was Hartzenbusch dazu veranlasste, sie als »Dirne« oder mit einem ähnlichen Ausdruck zu betiteln. Hierdurch entstand ein Wortwechsel. Der Wirt Kaumanns forderte Hartzenbusch hierauf auf, zu seiner eigenen Sicherheit das Lokal zu verlassen. Als Letzterer nun hinausging, rief Britz ihm nach, »er solle nicht machen, daß er ihn kalt mache«, während Peter Charles sagte, es tue ihm leid, dass er den Hartzenbusch nicht verhauen habe.

Dieser begab sich nun über die Bahnhofstraße zu der etwa 150 Meter entfernt liegenden Wirtschaft »Belvedere«, wo er aber höchstens fünf Minuten blieb, ehe er in Richtung Bahnhof ging.

Der Brühler Markt mit dem »Bähnchen« im Jahr 1900.

Nachdem er etwa 50 Meter zurückgelegt hatte, sprang ein Mann auf ihn zu und versetzte ihm von hinten einen Messerstich in den Kopf, zwei Stiche in den linken Arm und zwei Stiche in den Rücken. Hartzenbusch fiel bewusstlos nieder und wurde ins Hospital geschafft. Aufgrund der erlittenen Verletzungen blieb er vier Wochen lang arbeitsunfähig.

Der Tat beschuldigt, musste sich Wilhelm Schneider im Mai 1899 vor der Kölner Strafkammer verantworten. Er behauptete, die Wirtschaft Kaumanns erst verlassen zu haben, als er nach der Tat von zwei Polizeibeamten dort herausgeholt worden sei. In der Verhandlung stellte sich hingegen heraus, dass er etwa fünf Minuten nach Hartzenbusch in aufgeregtem Zustand aus der Wirtschaft herausgetreten war und sich in die Bahnhofstraße begeben hatte.

Der Zeuge Nachtwächter Andreas Uhlhaas traf Hartzenbusch, als dieser aus der Wirtschaft »Belvedere« herauskam, und begleitete ihn ein Stück weit in der Bahnhofstraße. Dort kam Christian Klug an beiden vorbei, und Hartzenbusch sagte: »Das ist auch so ein Lump.« Klug blieb daraufhin stehen, ging aber auf Veranlassung des Wächters weiter und betrat die Vorhalle des »Belvedere«. Uhlhaas verließ den Gutspächter kurz nach dieser Begegnung wieder und kehrte in umgekehrter Richtung zurück.

Augenzeugen der Tat waren der Mühlenbauer Jakob Hartmann, der Former Gerhard Schmitz und dessen Schwester Christine. Hartmann hatte den stark blutenden Hartzenbusch direkt nach der Tat an einen Baum gelehnt und war zur Samariterstation gelaufen. Seine Beschreibung des Täters passte genau auf Schneider. Auch Gerhard Schmitz und Hartzenbusch identifizierten den Angeklagten als den Täter. Schneider wurde der Tat für überführt erklärt und zu zweieinhalb Jahren Gefängnis verurteilt.[1]

Ermordung einer jungen Braut vor dem Kölner Severinstor, 1904

In Köln munkelte man »tausenderlei über die obwaltenden Verhältnisse«, die den 1882 in der Domstadt geborenen Jean Nau dazu bewogen haben mochten, am 28. Dezember 1904 seine 18-jährige Braut Gertrud Wollersheim zu erdolchen. Schon am frühen Morgen jenes Tages, einem Mittwoch, begab sich Nau zu ihr und überredete sie, statt zur Arbeit zu gehen, die Zeit mit ihm zu verbringen. Der Kölner war im Prägerhandwerk tätig, und seine Braut arbeitete in der Schokoladenfabrik der Gebrüder Stollwerk.

Um die Mittagszeit gingen sie Arm in Arm in der Gegend vor dem Severinstor, als Nau plötzlich über seine Braut herfiel, sie »geschlechtlich berührte« und ihr schließlich zwei Messerstiche in die Brust versetzte. Einige Leute, die den Vorfall bemerkt hatten, wollten ihn ergreifen, doch Nau rannte davon, die Mordwaffe von sich schleudernd, ehe er dann doch mit Hilfe weiterer Passanten am Agrippinaufer festgenommen werden konnte. Bei seiner Verhaftung, so heißt es in der Presse, »zeigten Viele Lust, ihm die Glieder zu verdreschen, aber er bat, ihn nicht zu schlagen«.

In der gerichtlichen Voruntersuchung gab Nau wiederholt zu,

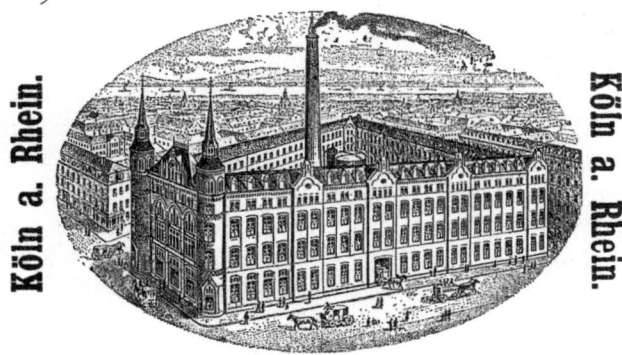

Schokoladenfabrik der Gebrüder Stollwerk, um 1885. Hier arbeitete Gertrud Wollersheim.

die Tat seit einiger Zeit geplant und das Messer schon vor Weihnachten von seiner Arbeitsstätte mitgenommen zu haben. Seine Motive seien gewesen, dass seine Braut von ihrer Mutter wegen des Verhältnisses mit ihm sehr schlecht behandelt worden sei, sodass sie beide, er und Gertrud, gemeinsam in den Tod hätten gehen wollen. Gegen diese Aussage sprach nicht nur die Tatsache, dass Nau nach der Tat die Waffe keineswegs gegen sich selbst richtete, sondern zu entfliehen versuchte. Augenzeugen konnten zudem bezeugen, dass sich die Getötete energisch gegen ihren Angreifer gewehrt und mit ihm gerungen hatte. Der Staatsanwalt führte zu diesem Punkt aus: »Die Mutter war zwar streng, aber die Gertrud auch selten lebenslustig, hinter den Jun-

Das Kölner Severinstor von der Stadtseite aus gesehen, um 1890.

gens drein, mit feurigen Augen, ein richtiges kölsches Mädchen, welches nicht lange den Kopf hängen ließ. Ein solches Mädchen stimmte einem Todesgange nicht zu.«

Wohl um das Strafmaß möglichst gering zu halten, zielte Nau in seinem Prozess im März 1905 vor dem Kölner Schwurgericht entgegen seiner vorherigen Geständnisse darauf ab, die Tat als im Affekt geschehen darzustellen. Zum Tathergang befragt, gab er an: »Um ½ 7 Uhr trafen wir uns an dem Tage der That; wir gingen auf die Mülheimer Haide und frühstückten auf der Riehlerstraße. Gegen Mittag waren wir wieder an St. Severin und da ist das so geschehen. Worum es sich handelte, weiß ich nicht. Sie ließ sich küssen und war auch sonst entgegenkommend – und dann war die Blutthat im Nu geschehen! Das Messer hatte ich eingewickelt in der Tasche und meine Herren, Sie können jetzt mit mir machen, was Sie wollen, ich weiß von nichts. Wenn ich ihr etwas gewollt hätte, so hätte ich sie ja auf der Mülheimer Haide erstechen können, wo Niemand kam.« Später sagte Nau noch aus, er sei an jenem Mittag in Wut geraten, weil seine Braut nun doch noch hätte zur Arbeit gehen wollen.

Der Staatsanwalt, der sich von diesen Ausführungen des Angeklagten wenig beeindruckt zeigte und ihn als feige bezeichnete, weil er nicht bei seinen bisherigen Geständnissen geblieben war, sah andere Gründe für die Tat, denn Nau war nicht der einzige Mann im Leben der Getöteten gewesen – im Sommer 1904 hatte sie ein Verhältnis mit dem Packer Stephan Blum. Obwohl dieser die Beziehung beendete, schien sie nicht von ihm loszukommen. Sie hatte »auf den Blum ihr Auge geworfen, er gefiel der heißblütigen, aufs Aeußere sehenden jungen Person besser und ihre Augen leuchteten auf, wenn man von ihm redete, sie aß nichts, wenn sie Streit mit ihm hatte. Ihre Abneigung gegen Nau nahm zu, zumal sie den Blum wieder traf, sie meinte, Nau sei ihr zu alt, zu eifersüchtig und zu geizig. Blum hatte in Aussicht gestellt, wieder mit ihr zu gehen, 3–4 Wochen vor der That – falls sie Nau laufen lasse.«

Letzterer witterte wohl das Unheil und beklagte bei einem Freund, »die Traudchen sei oft recht freundlich, dann aber auch wieder schrecklich abstoßend«. Der Freund riet ihm, sich von ihr zu trennen, worauf Nau erwiderte: »Ja, eines Tages werde ich der Sache ein Ende machen.« Im November 1904 schrieb er an seinen Kontrahenten Blum, um seine, Naus, Ansprüche klarzustellen. Dass er der Liebe seiner Braut nicht mehr sicher war, geht aus einer seiner Aussagen vor dem Schwurgericht hervor: »Ich hatte das Mädchen sehr lieb und schickte ihr täglich Ansichtskarten. Meine Ansicht war, daß sie mich auch heiß liebte, aber Gedanken lesen kann ich nicht.«

Einiges deutet darauf hin, dass Nau, der seit jeher wegen eines Nervenzuckens gehänselt worden war, ein grundlegend problematisches Verhältnis zum anderen Geschlecht hatte. Eine »Dosis Unterrockstollheit«, so formulierte es die Kölner Gerichts-Zeitung und Rheinische Criminalzeitung, habe sein »ohnehin breitmaschiges Gehirn ganz aus dem Concept« gebracht. Offensichtlich litt Nau umso mehr unter dem drohenden Ende seiner Beziehung,

Der Mörder Jean Nau, der am 28. Dezember seine Braut erdolchte.

als es ihm, der immer abgewiesen worden war, endlich gelungen war, eine so hübsche junge Frau wie Gertrud Wollersheim für sich zu gewinnen. In seinem Plädoyer hob der Staatsanwalt auf Naus Eifersucht als tragendes Tatmotiv ab: »Die Eifersucht zerfraß ihm das Gemüth. Nau war weibstoll, aber er heimste ein Körbchen nach dem andern ein. Auf dem Tanzboden machte er auch Fiasko, war aufdringlich, konnte nicht gut tanzen und vergeht vor Sehnsucht. Da läuft ihm die Wollersheim über den Weg und bändelt mit ihm an, um dem Stephan Blum, mit dem sie Streit hatte, wahrscheinlich zu trotzen.«

Während der Verteidiger des Angeklagten davon ausging, dass dieser die Tat nicht mit »tückischer Ueberlegtheit«, sondern »in der Jähheit seiner Aufwallungen« begangen habe, war der Staatsanwalt der Meinung, dass die Tat »mit Ueberlegung geplant und mit Ueberlegung ausgeführt« worden sei, also den Kriterien des Mordes entspräche. Dieser letzteren Ansicht schlossen sich die Geschworenen an, worauf das Todesurteil gegen den Angeklagten erging. Die Geschworenen wollten aber den Verurteilten der Gnade des preußischen Monarchen empfehlen, und Naus Verteidiger legte Revision beim Reichsgericht in Leipzig ein. Im Fall Nau ist von einer Begnadigung auszugehen, da in den Quellen nichts über eine Hinrichtung zu finden ist.[1]

Die Guillotine in Koblenz und Krefeld zu Beginn des 20. Jahrhunderts

Nach den schon erwähnten öffentlichen Hinrichtungen in Koblenz auf dem Clemensplatz (1824, 1826 und 1827) und dem Platz vor dem Salzmagazin bei der Artilleriekaserne (1848)[1] fanden die ersten nicht öffentlichen Hinrichtungen erst einige Jahrzehnte später statt. Nach der Guillotinierung des Mayener Gattenmörders Nikolaus Wölwerscheid am 14. Dezember 1894 auf einem Hof des Koblenzer Gefängnisses[2] erfolgte am 10. Dezember 1898 an gleicher Stelle die Doppelhinrichtung von Michael Held (geb. in Eltville) und Peter Führ (geb. in Niederbreisig), die im August 1897 einen Oberaufseher im Gefängnis in Arlon (Belgien) ermordet und einige Tage später während ihrer Flucht einen Diebstahl in Klotten an der Mosel verübt hatten.[3]

Während die letzten Hinrichtungen der Jahre 1894 und 1898 von Scharfrichter Reindel vorgenommen worden waren, fand die nächste Guillotinierung im Koblenzer Gefängnis am 20. Juli 1905 unter der Leitung des Scharfrichters Engelhardt statt. Der Delinquent war der am 29. Juli 1847 in Wendelsheim (westlich von Alzey) geborene und zuletzt in Windesheim (nordwestlich von Bad Kreuznach) wohnhafte Schlosser Philipp Stoffel. Wie aus seiner Verhandlung vor dem Koblenzer Schwurgericht vom Januar 1905

Koblenz und Ehrenbreitstein im Jahr 1841.

hervorgeht, hatte Stoffel nach einer Schlosserlehre einige Jahre beim Militär gedient. Im Februar 1868 trat er bei einem hessischen Jägerbataillon ein und erwarb im Deutsch-Französischen Krieg in der Schlacht bei Gravelotte am 18. August 1870 das Eiserne Kreuz. Als er im Frühjahr 1871 einen Vorgesetzten tätlich angriff, belegte ihn ein Kriegsgericht mit der Todesstrafe, die aber in eine lebenslängliche Festungshaft umgewandelt wurde. Nachdem er vom Großherzog von Hessen begnadigt worden war, zog Stoffel zunächst nach Alzey, dann in sein Heimatdorf Wendelsheim und 1876 nach Windesheim, wo er noch im selben Jahr Katharina Steyer heiratete, die zusammen mit ihrem geistig und körperlich behinderten Bruder Johann eine Erbschaft gemacht hatte. Einige Zeugenaussagen ließen darauf schließen, dass Stoffel seinen behinderten Schwager äußerst gewaltsam behandelt hatte. Es ist sogar davon die Rede, dass er ihn mit einem glühenden Eisen geschlagen und ihn entmannt haben soll.

Das Schwurgericht lastete Stoffel an, das Wohnhaus, in dem er und seine Familie sowie sein Schwager lebten, in der Nacht vom 20. auf den 21. Juli 1904 in Brand gesetzt und dadurch seinen Schwager ermordet zu haben, dem einige Jahre zuvor eine Gewährung von Unterkunft und Verpflegung vertraglich zugesichert worden waren. Wie die Rekonstruktion des Tathergangs zeigt, war Stoffel auch in diesem Fall besonders brutal gegen seinen Schwager vorgegangen. Diesen hatte er im Bett festgebunden und dann im Haus Feuer gelegt, sodass sein Opfer bei lebendigem Leib verbrannte. Einiges sprach auch dafür, dass dem Schwager kurz vor der Brandstiftung Teile der Arme und Beine abgeschlagen worden waren. Ein etwa 15 Jahre alter Sohn Stoffels hatte während des Brandes versucht, Johann Steyer zu retten, hatte aber nicht mehr zu ihm durchdringen können. Er hatte ihn nur noch jämmerlich wimmern und den Vornamen des Angeklagten rufen hören. Zum Abschluss der Schwurgerichtsverhandlung am 23. Januar 1905 wurde Stoffel wegen Mordes und Brandstiftung zum Tode und zu 15 Monaten Zuchthaus verurteilt.[4]

Gleich zweifach zum Tode verurteilt wurde Karl Grub aus Mayen, der ebenfalls einige Jahre beim Militär war. Im Mai 1855 in Grumbach geboren, trat er 1875 bei einem Feldartillerie-Regiment in

Koblenz ein und meldete sich nach seiner Entlassung 1877 bei einem Regiment in Trier. Später wurde er nach Straßburg versetzt, von wo er 1883 als Invalide mit einer jährlichen Pension entlassen wurde. Nach einer Anstellung als Gefängnisaufseher im Koblenzer Arresthaus versetzte man ihn 1886 in gleicher Eigenschaft an das Mayener Gefängnis.

In jenem Jahr heiratete Grub seine erste Frau Barbara, die er während seiner Militärzeit in Straßburg kennengelernt hatte. Im Jahr 1900 wurde Grub wegen Misshandlung von Strafgefangenen und später wegen eines Sittlichkeitsvergehens verurteilt. Durch sein Ausscheiden aus dem Gefängnisdienst verschlechterten sich seine finanziellen Verhältnisse deutlich. Im Juli des Jahres 1908 erkrankte seine Frau plötzlich, die ihn einige Monate zuvor als alleinigen Erben eingesetzt hatte. Unter dem Verdacht eines Magenkrebses starb sie am 24. August 1908.

Bereits wenige Monate danach, am 15. Dezember, schritt Grub zur zweiten Ehe. Seine Frau Katharina (geborene Lippacher) brachte verschiedene Möbel und annähernd 7.000 Mark in Pfandbriefen mit in die Ehe. Im September 1909 wurde sie bei einem Versicherungsverein in eine Lebensversicherung von 6.000 Mark aufgenommen. Ende Dezember des gleichen Jahres wurde auch sie unverhofft krank und starb am 18. Januar 1910.

Unter dem Verdacht, seine beiden Ehefrauen vergiftet zu haben, um sich zu bereichern, musste sich Grub unter großem Interesse der Öffentlichkeit in einem mehrtägigen Prozess vor dem Koblen-

Mayen um 1885.

Das Amts- und Landgericht Krefeld.

zer Schwurgericht verantworten, dessen zweifaches Todesurteil am 22. Oktober 1910 erging. Die Guillotinierung Grubs nahm Scharfrichter Gröpler am 29. März 1911 »auf dem zweiten kleinen Hofe« des Koblenzer Gefängnisses vor.[5]

Ende Oktober 1911 wurde vor dem Schwurgericht Koblenz ein Fall verhandelt, der sich am 9. Juli 1911 in Mörz bei Münstermaifeld ereignet hatte. Am Morgen jenes Tages, einem Sonntag, befand sich der 70 Jahre alte Ackerer und Wirt Peter Josef Hürter allein in seiner Wohnung, da seine Frau und sein Sohn Michael zur Kirche gegangen waren. Als sie gegen 9 Uhr zurückkehrten, ahnten sie, dass etwas vorgefallen sein musste, denn einige Türen waren verschlossen, und im Haus herrschte eine große Unordnung. Sie bemerkten auf dem Boden eine Blutspur, die von der Küche zu einer in den Keller mündenden Tür führte. Zu ihrem Entsetzen lag am Fuß der Kellertreppe der am Kopf schwer verwundete Hürter besinnungslos in einer Blutlache. Trotz des sofortigen Erscheinens eines Arztes und einer zügigen Überführung in das Krankenhaus in Münstermaifeld erlag der Mörzer am 15. Juli seinen Verletzungen. Die Tatwaffe, ein blutbespritztes Beil, wurde in einem Holzschuppen gefunden. Die Telefonverbindung war durchtrennt und ein Geldbetrag von annähernd 1.500 Mark geraubt worden.

Der Verdacht der Täterschaft lenkte sich schnell auf den landwirtschaftlichen Arbeiter Stephan Szeliga aus Ditkowce in Galizien, der seit einigen Tagen bei dem Erschlagenen angestellt gewesen und seit dem Tag der Tat verschwunden war. Bei seiner Verhaftung auf dem Bahnhof in Mayen führte er einen Geldbetrag von etwa 1.300 Mark, eine Fahrkarte nach Hannover und einige neue Kleidungsstücke und Gegenstände mit sich, die er in Mayen erworben hatte.

Am 27. Oktober 1911 vom Schwurgericht wegen Mordes zum Tode und wegen schweren Diebstahls zu zwei Jahren und einer Woche Zuchthaus verurteilt, wurde der 20-jährige Szeliga am 28. Februar 1912 durch Scharfrichter Gröpler auf dem Koblenzer Gefängnishof hingerichtet, nachdem Kaiser Wilhelm II. das

Krefeld im Jahr 1903.

Todesurteil am 12. Februar bestätigt hatte. Bei der Hinrichtung gab es einen Zwischenfall, da der kurznackige und sich stark sträubende Szeliga beim Niedergehen des Guillotinenfallbeiles nur am Hinterkopf getroffen und eine Wiederholung des Vorganges notwendig wurde.[6]

Die einzige Hinrichtung, die im Bearbeitungszeitraum von 1815 bis 1918 in Krefeld stattfand, fiel ebenfalls in das Jahr 1912. Auf dem Hof des Krefelder Gerichtsgefängnisses in der Nordstraße guillotinierte Gröpler am Morgen des 17. Dezember 1912 den erst 19 Jahre alten Hilfsarbeiter Theodor de Bruyn aus Krefeld-Bockum. Dieser war am 12. Juli 1912 vom Krefelder Schwurgericht zum Tode verurteilt worden, weil er für schuldig befunden worden war, am 6. April 1912, dem Samstag vor Ostern, in der Nähe von Uerdingen den 16-jährigen Lehrling (Eierhändler) August Engels aus Oppum ermordet und beraubt zu haben. Am gleichen Tag, als der ermordete Lehrling beerdigt wurde, nämlich am 12. April 1912, war die Verhaftung de Bruyns in Hamburg gelungen. Vor seiner Hinrichtung schrieb er Abschiedsbriefe an Angehörige und Freunde, in denen er darauf hinwies, »wie er durch schlechten Umgang und schlechte Lektüre auf Abwege geraten sei«.[7]

Der Tod einer Gärtnersfrau aus Viersen

Als der Gärtner Hubert van der Ruhr aus Viersen am Abend des 7. September 1904 von seiner Arbeit nach Hause kam, war er nicht wenig erstaunt, dass die sonstige Unordnung im Haushalt diesmal einer beachtlichen Sauberkeit Platz gemacht hatte. Seine Frau, Mutter von drei Kindern, war überhaupt an jenem Abend sehr liebenswürdig, und frohgelaunt legte man sich zu Bett. Gegen 21 Uhr stand Frau van der Ruhr aber plötzlich auf, angeblich um in den Hof zu gehen, kam aber nicht mehr zurück. Heimlich hatte sie ein Bündel mit Nahrungsmitteln, Hausgeräten und Kleidern, darunter auch ein Anzug und Hut ihres Mannes, zurechtgemacht und fuhr nun Hals über Kopf nach Kaldenkirchen.

Ihr Ziel war es, am nächsten Tag den für die Provinzialarbeiteranstalt Brauweiler als Aufseher im Straßenbau arbeitenden Hubert Ittenbach, gebürtig aus Bad Bodendorf bei Ahrweiler, zu treffen. Rund ein Jahr zuvor hatte sie ihn kennengelernt, als er mit seiner Sträflingskolonne in der Nähe von Viersen beschäftigt war, und nun wollte sie mit ihm ein neues Leben im niederländischen Venlo beginnen. Der Empfang in Genrohe, wo der etwas über 40 Jahre alte Ittenbach derzeit weilte, fiel aber sehr unterkühlt aus, da der verheiratete Aufseher offenbar um seine Anstellung und sein Ansehen fürchtete. Immerhin ließ er sich zu einem spätabendlichen Treffen in Kaldenkirchen erweichen, das seinen Angaben zufolge aber nur kurz ausfiel. Frau van der Ruhr habe geweint und ihn gebeten, mit ihm zu fliehen, so Ittenbach, er habe ihr aber abgesagt, und gegen Mitternacht hätten sie sich getrennt.

Am nächsten Morgen wurde die Leiche der Viersenerin am Rande Venlos an der Chaussee nach Kaldenkirchen entdeckt. Auf dem Mantel der Verstorbenen fanden sich einige kurze Haare, die man für Schnurrbarthaare hielt. Der Hals war mit einem Strick dreifach umschnürt. Die Enden jenes Seiles waren verknotet und dahinter kurz abgeschnitten, womit sich ein Lösen des Knotens umso schwerer gestaltete. Dicht bei der Erdrosselten lagen die Sachen aus dem Bündel verstreut umher. Die abgeschnittenen Enden des Stricks wurden später in Richtung Kaldenkirchen gefunden.

Der Prozess gegen den kurz nach der Tat verhafteten Aufseher fand im Juli 1905 vor dem Kölner Schwurgericht statt. Über seine persönlichen Verhältnisse gab der Angeklagte, der, wie es in einer Berichterstattung über die Verhandlung hieß,»derbe, martialische Züge« aufwies, an, er habe zuerst das Metzgerhandwerk erlernt und dann in seiner Heimat bei der Ahrregulierung mitgearbeitet, ehe er als Soldat, Gendarm in Lothringen, Gefangenenaufseher in Saarbrücken und seit 1897 in Brauweiler tätig gewesen sei. Was die Beweisführung der Anklageseite betraf, fielen die Untersuchungen des Düsseldorfer Gerichtschemikers Dr. Loock sehr belastend für den Angeklagten aus. Alle bei der Ermordeten vorgefundenen Gegenstände und die von dem Angeschuldigten stammenden Kleidungsstücke waren von ihm einer»eingehenden mikroskopischen und mikrographischen Untersuchung« unterzogen worden. Der Leichenbefund hatte mit ziemlicher Wahrscheinlichkeit ergeben, dass kurz vor der Erdrosselung ein Geschlechtsakt stattgefunden hatte. Dr. Loock wies Samenflecken an und in der Hose des Angeklagten nach. Die auf dem Mantel der Ermordeten befindlichen Haare zeigten nach Dr. Loocks Dafürhalten die gleiche Beschaffenheit wie solche, welche am Beinkleid des Angeklagten vorgefunden wurden. Unter den Fingernägeln der Ermordeten und Ittenbachs entdeckte der Gerichtsmediziner Fasern, die seiner Meinung nach von einer karierten Unterjacke der zu Tode Gekommenen stammten. Wie er ausführte, fanden die Hanf- und Kunstwollfasern»in dem Fingerschmutz der Ermordeten ihre natürliche Erklärung dadurch, daß diese im Todeskampf versucht hat, den Strick zu lösen, wobei ihre Nägel mit der Unterjacke in Berührung kommen mußten«, während aufseiten des Angeklagten die Fasern beim Anlegen des Strickes unter die Fingernägel gelangt seien. Ferner konnten auf der Klinge von Ittenbachs Messer dieselben Fasern nachgewiesen werden, aus welchen der Strick hergestellt war. Die Untersuchungen Dr. Loocks wurden den Geschworenen anhand einer großen Zahl»mikrophotographischer« Aufnahmen erläutert.

Gegen den Angeklagten sprach zudem, dass er bei einer Gegenüberstellung mit der Leiche aus der Fassung geraten war und dass am Tatort ein Hosenknopf gefunden worden war, der anscheinend von Ittenbach stammte. Zu dem Treffen mit ihm in Kaldenkirchen hatte die Gärtnersfrau ihr Bündel bereits mitgenommen. Dass sie allein nach Venlo gegangen sei, erschien der Anklage sehr unwahrscheinlich, da dieses Bündel recht schwer war. Ittenbach meinte dazu: »An der Grenze treibt sich allerlei Gesindel herum; als ich mich umdrehte, weinte die Frau, und da wird sich ein Kerl an sie herangemacht haben.«

Die Schwurgerichtssitzung endete am 6. Juli 1905 mit einem Todesurteil für Ittenbach, das aber am 12. September 1905 vom Reichsgericht aufgehoben wurde, sodass der Fall im Februar 1906 in Köln erneut zur Verhandlung kam. Während die Staatsanwaltschaft erneut auf schuldig wegen Mordes plädierte, warnte die Verteidigung des Angeklagten vor einem Justizirrtum: »Der Herr Erste Staatsanwalt Regout aus Holland«, so führte Ittenbachs Verteidiger, Rechtsanwalt Buhr, aus, »hat mir gestern gesagt, Ittenbach wäre besser in

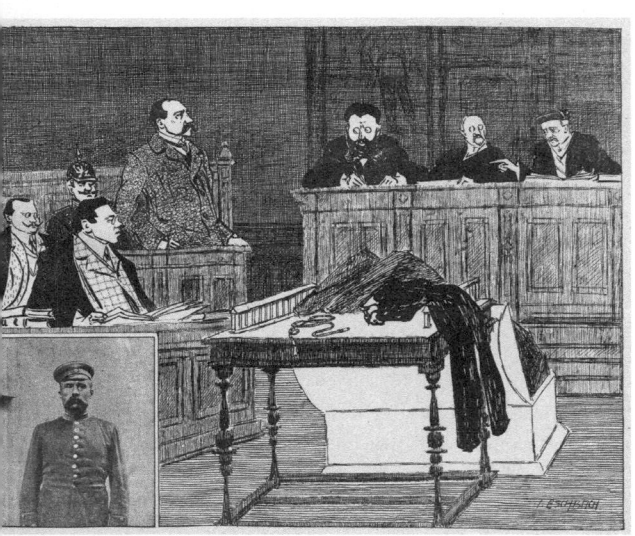

Das Kölner Schwurgericht im Februar 1906. Das Foto unten links von Ittenbach entstand bei seiner Verhaftung. Über ihm ist sein Verteidiger, Rechtsanwalt Buhr, zu sehen.

Holland abgeurtheilt worden, denn dort kenne man die Todesstrafe nicht, und das geschieht mit dem Hinweis auf einen Justizirrthum. Wenn Jemand auf dem Schaffot verblutet ist, so ist eben nichts mehr zu machen. So lange man keine klaren direkten Zeugen hat, die mit den Augen alles sahen, kann Niemand hingerichtet werden.« Die Plädoyers des Staatsanwalts und der beiden Verteidiger des Angeklagten dauerten vier Stunden, während sich die Geschworenen schon nach einer halbstündigen Beratung einig waren, dass Ittenbach des Mordes für schuldig zu erachten sei, sodass er zum zweiten Mal zum Tode verurteilt wurde.[1]

Unseliges Ende eines Bonner Gastronomen

Allgemeines Aufsehen und große Entrüstung erregte bei der Bonner Bevölkerung am frühen Morgen des 2. August 1905 die Nachricht, dass in der vorangegangenen Nacht der in Bonn allgemein bekannte und beliebte Gastronom Peter Baumgarten vor dessen Gasthaus »Alt-Bonn« im Cassiusgraben Nr. 8 erstochen worden sei. Die Gemüter waren umso weniger zu beruhigen, als ein Fremder, der keine 24 Stunden vorher zugereist war, diese Tat begangen hatte. Es handelte sich um den österreichischen Sänger Otto Rudolph Kosterba, der sich Ende Oktober 1905 vor dem Bonner Schwurgericht zu verantworten hatte.

Wie der 1880 in Wien geborene Angeklagte, der in seiner »phantasievollen Kleidung, die dem fahrenden Künstler eigen ist«, einen intelligenten Eindruck« machte, angab, desertierte er im März 1905 aus einem österreichischen Infanterieregiment und schloss sich dann einer Sängergesellschaft an, mit der er am 1. August 1905 in Bonn eintraf. Die anderen Mitglieder dieser Gesellschaft hatten sich schon bei Baumgarten einquartiert, als auch Kosterba dort ankam. Nur auf vieles Bitten, so der Sänger, habe er noch eine Schlafstelle erhalten, da angeblich kein Zimmer mehr frei gewesen sei. Nach einer Unterhaltung mit Baumgarten, durch die der Sänger erfuhr, dass der Wirt in »athletischen Ringkämpfen schon viele Preise errungen« hatte, entschwand der Sänger ins Bonner Nachtleben und kehrte erst gegen 2 Uhr wieder zurück. Da alles bereits verschlossen gewesen sei und die elektrische Schelle nicht funktioniert habe, so Kosterba, sei ihm nichts anderes übrig geblieben, als durch Klopfen an die Tür auf sich aufmerksam zu machen.

Das Hotel »Alt-Bonn« im Cassiusgraben Nr. 8 im Jahr 1953.

Der Mörder Rudolph Kosterba.

aus: Düsseldorfer Gerichts-Zeitung vom 4. November 1905.

Ungefähr eine Stunde habe er fortwährend mit seinem Stock auf die Haustür getrommelt, als Baumgarten endlich erschienen sei, ihm aber den Eintritt verwehrt habe.

Auf die eindringliche Bitte des Sängers, ihm Unterkunft zu gewähren, entgegnete Baumgarten, er werde ihn auf der Stelle wegen ruhestörenden Lärms der Polizei anzeigen. Zu diesem Zweck begab sich der Gastronom, gefolgt von dem Sänger, in Richtung Bahnhof und pfiff verschiedene Male mit einer kleinen Pfeife, doch kein Polizeibeamter ließ sich blicken (zur gleichen Zeit war im Konzertgarten des »Wiener Hofs« eingebrochen worden, und die Polizeiposten am Bahnhof hatten die Verfolgung der Täter aufgenommen, sodass am Bahnhof kein Posten stand). So begab sich Baumgarten wieder zurück zu seinem Gasthaus, wo es zu einem heftigen Streit kam, als er den Sänger nach wie vor nicht hineinlassen wollte.

Ein Nachbar, der Anstreichermeister Haupt, hörte, dass Baumgarten aufgebracht schimpfte: »Sie Lump, Sie Drecksack«, worauf der Angeklagte antwortete: »Ich lasse mich nicht von Ihnen treten und schlagen.« Haupt sagte hingegen mit Bestimmtheit aus, »daß Baumgarten nicht geschlagen oder gestochen hat, sondern er hielt den Angeklagten um den Leib fest umklammert und drängte ihn von seinem Hause weg. Baumgarten hatte Arbeit genug, dem Angeklagten die Arme festzuhalten, denn dieser wehrte sich wie rasend und versuchte immer, Baumgarten zu schlagen.« Baumgarten ließ dann plötzlich los und rief entsetzt, dass ihm ein Messerstich versetzt worden sei. Haupt eilte nun aus der dritten Etage auf die Straße, wo er den Gastronom tot auf dem Gehsteig fand.

Der Angeklagte hielt entgegen, er habe in Notwehr gehandelt, da ihn Baumgarten massiv attackiert und ihm mit einem Messer eine Augenverletzung beigebracht habe. Der Gerichtspräsident machte auf die Möglichkeit aufmerksam, dass sich Kosterba die Wunde selbst beigebracht haben könnte, um das Handeln in Notwehr beweisen zu können, zumal ein anderer Zeuge unmittelbar nach der Tat kein Blut und keine Augenverletzung bei Kosterba hatte feststellen können.

Die Aussage des Gastronomen Andreas Pabst legte dar, dass der Angeklagte schon vorher in einen Streit verwickelt und keineswegs so ruhig und harmlos war, wie er vor Gericht vorgab. Nach Mitternacht hatte er die Restauration von Pabst, den Gasthof »Zum deutschen Haus« auf dem Friedensplatz 8, besucht und war nach kurzer Zeit mit einem anderen Gast aneinandergeraten, »wobei er sich so aufgeregt geberdete«, so der Wirt, »daß ich ihn aufforderte, das Lokal zu verlassen. Da gerieth der Angeklagte so in Aufregung, daß er vor Boßheit blaß im Gesicht wurde; er setzte mir so heftigen Widerstand entgegen, daß wir zu Dreien Mühe hatten, den wie toll sich Sträubenden zu entfernen.« Auf der anderen Seite antwortete die Witwe des Verstorbenen auf die Frage, ob ihr Mann leicht reizbar gewesen sei: »Er war ruhig und besonnen; wenn einmal ein Gast entfernt wurde, hatte er gute Gründe. Ich erinnere mich kaum der Zeit, daß bei uns etwas vorgekommen sein sollte.«

Nach der Beweisaufnahme plädierte der Staatsanwalt für eine Entscheidung der Geschworenen »auf Todtschlag mindestens aber auf Körperverletzung mit tödtlichem Ausgang«. Demgegenüber vertrat der Verteidiger des Angeklagten den Standpunkt, dass sich dieser in Notwehr »gegenüber dem starken Athleten Baumgarten« befunden habe. Die Geschworenen bejahten die Frage nach Körperverletzung mit Todesfolge unter Zubilligung mildernder Umstände, worauf das Gericht eine einjährige Gefängnisstrafe verhängte. Man ging davon aus, dass der Verurteilte nach Verbüßung der Strafe nach Österreich abgeschoben werden würde.[1]

Die »Schmitze Billa« vor Gericht

Welcher Karnevalsfan kennt es nicht, das 1913 erschienene und in jüngerer Zeit von den »Bläck Fööss« gesungene Lied von Willi Ostermann von der »Villa Billa«, in dem es im Refrain heißt: »Jetz hät dat Schmitze Billa en Poppelsdorf en Villa.« Seit vielen Jahren schon bewegt die Historiker die Frage, wo diese Villa in Bonn-Poppelsdorf gelegen haben und wie die »Schmitze Billa« zu dem plötzlichen Geldsegen und zu der Villa gekommen sein mochte. Zweifellos, so die Biographen, nutzte Ostermann im alltäglichen Leben gemachte Erfahrungen und Begebenheiten, um sie in seinen Liedern zu verarbeiten, sodass man mit Recht annehmen konnte, dass auch in dem Villa-Billa-Walzer ein wahrer Kern steckt.[1]

Einen kleinen Hinweis gibt Reinold Louis in seinem 1986 erschienenen Buch »Kölnischer Liederschatz«, in dem es heißt, Ostermann habe das, was damals »hinter der hohlen Hand« gemunkelt worden sei, mit dem Lied ans Licht der Öffentlichkeit gebracht. Hiernach hatte ein »Hochwohlgeboren« aus dem Hause Hohenzollern ein »Malörchen« mit der Billa Schmitz, das er mit jenen 25.000 Mark, die in dem Lied erwähnt sind, vergessen machen wollte.[2]

Was den Standort der Villa betrifft, sind schon einige Vorschläge gemacht worden (Trierer Straße, Meckenheimer Allee), für die aber urkundliche Belege fehlten, sodass die Bonner Rundschau Anfang 1991 zu dem Schluss kommt: »Noch heute beschäftigt viele Menschen die geheimnisumwobene Geschichte der Schmitze Billa, doch aufgeklärt hat sie bisher niemand. Selbst über den Standort der Villa sind die Chronisten uneins.«[3]

Bei der Recherche für dieses Buch fand der Verfasser in der Kölner Gerichts-Zeitung vom 14. April 1906 einen Artikel, der die bisherige Situation auf den Kopf stellt. Endlich erfahren wir Näheres – wenn auch nicht immer Erfreuliches – über Sibilla Schmitz und ihre Villa und wo sie sich befand. In dem Artikel wird über eine Verhandlung der Bonner Strafkammer berichtet, die am 9. April 1906 begann und auf zwei Tage angesetzt war. 35 Zeugen waren erschienen. Der Andrang des neugierigen Publikums war so groß, dass der geräumige Gerichtssaal schon vor Beginn der Verhandlung besetzt war. Der größte Teil der Erschienenen musste jedoch nach der Verlesung der Anklage den Saal verlassen, da die Verhandlung hinter verschlossenen Türen stattfand. Die Neugier war wahrscheinlich deshalb so groß, weil die beiden angeklagten Frauen zuvor für einiges Aufsehen in Bonn gesorgt hatten. Es handelte sich eben um Sibilla Schmitz, die schon damals, so heißt es in dem Artikel, »unter dem Namen ›Et Schmitze Billa‹ allgemein bekannt war«, und ihre Tochter Else (Elsa).[4]

Sibilla Henriette Francisca Maria Schmitz war eine gebürtige Bonnerin. Sie erblickte am 17. Februar 1852 mittags gegen 12 Uhr in der damaligen Straße Am Bahnhof 1 als Tochter

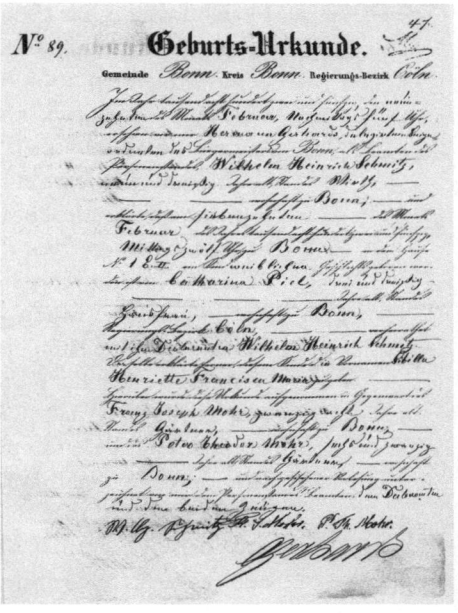

Geburtsurkunde der »Schmitze Billa« von 1852.

des Wirtes Wilhelm Heinrich Schmitz und dessen Frau Catharina, geborene Piel, das Licht der Welt. Der 1813 im Kreis Bergheim geborene Vater Wilhelm Heinrich (gestorben am 7. Dezember 1896 in Bonn in der Bahnhofstraße 10), betrieb in jenem Haus Am Bahnhof 1 (teilweise auch Nr. 1 und 2) einen Gasthof. Spätere Adressen einer von ihm geführten Gastronomie sind die damalige Bahnhofstraße 7/8 (dort war Sibilla Schmitz ab Ende 1882 als wohnhaft gemeldet) und ab 1889 die Bahnhofstraße 10. Die 1820 in Endenich geborene Mutter Sibillas, Catharina (gestorben am 7. Juli 1894), war die zweite Frau des Gastronomen. Vorher war er mit Barbara (geborene Schmitz) verheiratet.[5]

Dass Louis mit seiner Andeutung einer Liebschaft der Sibilla Schmitz mit einem »Hochwohlgeboren« gar nicht so falschlag, geht aus der Tatsache hervor, dass die am 28. Februar 1882 in Berlin geborene Else Schmitz eine uneheliche Tochter des Ulrich Graf von Schack (1853–1923, lange in St. Goar wohnhaft) war. Dieser war zwar mit einer Schwester von Sibilla Schmitz, Gertrud, verheiratet (Heirat in St. Goar), hatte aber auch mit Sibilla eine intime

Beziehung, aus der eben das Kind Else entstammte: »Ihm wurde durch diese Mesalliance sein Majoratserbe entzogen«, wie es in dem Artikel von 1906 heißt. Ein Sohn des Grafen, Adolf Friedrich Graf von Schack, wurde später als Widerstandskämpfer beim Aufstand vom 20. Juli 1944 gegen Hitler bekannt.

Else Schmitz legte man in der Gerichtsverhandlung zur Last, sich unter Führung eines falschen Namens, nämlich als Gräfin von Schack, und unter Vorspiegelung falscher Tatsachen in mehreren Fällen Geld und Waren im Gesamtwert von über 210.000 Mark erschwindelt zu haben. Ihre Mutter war der Beihilfe zu diesem Betrug und der Kuppelei angeklagt. Die beiden erschienen vor Gericht in einfacher Kleidung: »Die Mutter ist trotz ihrer 50 Jahre eine gefällige Gestalt. Ihre Tochter ist eine hübsche imponirende Erscheinung, deren üppige Körperfülle durch die lange Untersuchungshaft beträchtige Einbuße erlitten hat.« Auch über die Einkünfte der »Schmitze Billa« gibt der Artikel Aufschluss: »Von dem Tage der Geburt ihrer Tochter an bis zum 21. Lebensjahre derselben bezog sie eine Alimentation von jährlich 1800 Mark. Nach ihrer Angabe erhielt sie, nachdem die Tochter ihr großjähriges Alter erreicht hatte, noch einmal 1000 Mark baar und die Zinsen von 10.000 Mark. Dieses Kapital soll der Großvater der Else Schmitz für diese auf der Staatsbank deponirt haben.«[6]

Nach Aufenthalten in Honnef und Düsseldorf (Else Schmitz wohnte vorher zeitweise in Hersel) gründete Sibilla Schmitz 1896 in Bonn ein kleines Butter-, Eier- und Käsegeschäft, das sie mit ihrer Tochter Else betrieb, aber schon 1900 aufgeben musste (im Lied Ostermanns ist davon die Rede, dass Sibilla Schmitz einen Laden auf dem Markt aufgegeben habe). Mutter und Tochter Schmitz zogen innerhalb dieser wenigen Jahre mit ihrem Geschäft mehrmals um. In den ersten Jahren befand es sich im Haus Marktbrücke 5 im heutigen Eingangsbereich des Kaufhauses Zara-Mode (Blömerhaus).[7] 1899 war es im Haus Römerplatz 5 (später in Remigiusplatz umbenannt) untergebracht (Bonner Kaffeehaus/Zara-Home) und ein Jahr später im Haus Römerplatz 6 (Zara-Mode). In jener Zeit wohnte Sibilla Schmitz in der Fürstenstraße 4, 1901 zog sie dann in die Bachstraße 28 um, und seit Anfang des Jahres 1902 nannte sie die Kaiserstraße 3 ihr Domizil.[8]

Was den Standort der »Schmitze Villa« betrifft, geht aus dem Artikel von 1906 und weiteren Quellen hervor, dass sie sich in der Weberstraße 49 befand. In den damaligen Adressbüchern ist die Weberstraße 49 nicht unter Poppelsdorf, sondern unter »Stadt Bonn« aufgeführt, und auch heute zählt sie ja nicht zu Poppelsdorf, sondern zur Südstadt – vielleicht zum Leidwesen vieler Poppelsdorfer, die jetzt den Standort der »Schmitze Villa« an die Südstadt abgeben müssen.

In der Weberstraße 49 mietete Sibilla Schmitz ein Haus an, »in der Absicht, möblirte Zimmer an vornehme Herren zu vermiethen«. In Verbindung mit der Anklage der Kuppelei weist dies darauf hin, zu welchem Zweck diese Zimmer gedient haben könnten. Wahrscheinlich waren die etwas delikaten Einzelheiten auch der Grund, warum die Gerichtsverhandlung nicht öffentlich war. Zu erwähnen ist zudem, dass Sibilla Schmitz die im April 1903 bezogene Villa (Else Schmitz war gerade großjährig geworden mit Erhalt der oben erwähnten Mittel) in der Weberstraße nicht kaufte, wie dem Text Ostermanns zu entnehmen ist, sondern nur anmietete.[9]

Um nun das Geschäft richtig in Gang zu bringen, so heißt es in

Der frühere Römerplatz 1939. In dem Bereich, der auf dem Foto durch den Ausstellungspavillon des Warenhauses Blömer verdeckt ist, hatte Sibilla Schmitz 1900 ihr Geschäft im Haus Römerplatz 6, das später in den Neubau des Blömerhauses aufging.

237

dem Artikel von 1906, sollten die Zimmer »recht luxuriös« ausgestattet werden. Zu diesem Zweck begab sich Tochter Else in einer Droschke zum Geschäftshaus eines Bonner Möbelhändlers und stellte sich als Gräfin Else von Schack vor. Ihre Rechnung über einige Hundert Mark bezahlte sie binnen kurzer Frist in bar. Wenige Tage danach hielt der Wagen der »hübschen jungen Gräfin« abermals vor der Tür des Möbelgeschäftes. Jetzt erhielt der Kaufmann den Auftrag, mehrere Zimmer in der Weberstraße für annähernd 30.000 Mark auszustatten, die er nie bekam. Auf diese Art prellte Else Schmitz nicht nur einen weiteren Lieferanten (wieder um rund 30.000 Mark), sondern auch andere Geschäftsleute und Handwerker fast aller Branchen.

Interessant ist auch, wie sich Mutter und Tochter Schmitz Bargeld zu verschaffen wussten. Sibilla Schmitz kannte einen reichen Notar aus Zülpich, der vor 20 Jahren als Student in der Wirtschaft ihrer Eltern gewohnt hatte. Nachdem sich Else vorher eine »prachtvolle Equipage mit zwei hübschen Pferden auf Credit gekauft hatte«, bestieg sie eines Tages mit ihrer Mutter in »Seide und Sammt gekleidet« die glänzende Karosse, auf dem Hintersitz ein Diener in Livree, und stattete dem Notar einen Besuch ab. Diesem als Gräfin und Erbin des Grafen von Schack vorgestellt, brachte sie nun die Bitte vor, »ihr doch ein Kapital auf ihr Vermögen zu besorgen, welches ihr Vater für sie bei verschiedenen Banken deponirt habe und ihr in nicht allzuferner Zeit ausgezahlt würde«. Die Anliegen der beiden Damen fanden bei dem Notar nur allzu bedenkenlos Gehör, und sie erhielten im Zeitraum von drei Jahren eine Gesamtsumme von 95.000 Mark. Innerhalb eines weiteren Jahres verpfändete die »leichtlebige Gräfin« bei dem Notar ihre gesamten Möbel sowie die beiden Pferde und den Wagen für den Betrag von weiteren 19.000 Mark. Davon, so heißt es in dem Artikel, »wird aller Voraussicht nach der leichtgläubige Notar keinen Pfennig zurückerhalten«.

Bei einem Bonner Agenten verpfändete die junge Schwindlerin die bereits bei dem Notar verpfändeten Sachen noch einmal. Der Agent, der sich einen großen Teil des ausbezahlten Geldes als schlichter Arbeiter erworben hatte, wurde durch den Betrug »zum armen, mit Schulden belasteten Manne«. Ein alter Bonner Bauer und dessen Sohn hatten bei der städtischen Sparkasse ihr Vermögen in Höhe von 6.000 Mark angelegt. Auch dieser Betrag fiel den Betrugskünsten Elses zum Opfer, wurde später jedoch durch den Grafen von Schack ersetzt. Diese und weitere ergaunerte Mittel wurden von den beiden Frauen »zum größten Theile leichtsinnig verjubelt und der Rest dazu benutzt, kleinere Schulden zu bezahlen, mit der teuflischen Absicht, um größere zu machen«. Vielen Bonnern war es ein Rätsel, wie aus den ehemaligen Ladenverkäuferinnen so schnell reiche Damen werden konnten. Auch Ostermann wundert sich ja in seinem Lied, wie über Nacht »der Minsch sich verändere kann«. Nicht lange nach der Schließung des Butter-, Eier- und Käsegeschäfts sah man »die Else Schmitz wie eine Gräfin gekleidet in ihrer eigenen Equipage sitzen und selbst kutschiren. In der Weberstraße bewohnte sie mit ihrer Mutter ein herrschaftliches Haus, welches auf das luxuriöseste ausgestattet war.«[10] Wahrscheinlich wegen Renovierungsarbeiten stand das Haus in der Weberstraße 1904 leer. Mutter und Tochter Schmitz hielten sich zu jener Zeit in Berlin (Wilmersdorf) auf, ehe sie im Februar 1905 wieder in die Weberstraße zurückkehrten.[11]

Was den Ausgang der Verhandlung und somit das Urteil vom 10. April 1906 angeht, beantragte der Staatsanwalt gegen Else Schmitz und ihre Mutter je drei Jahre Gefängnis. Das Gericht war etwas gnädiger: Else Schmitz erhielt 16 Monate Gefängnis unter Anrechnung von vier Monaten Untersuchungshaft, ihre Mutter kam mit zwei Monaten Gefängnis davon. Nach Verbüßung ihrer Strafe in Köln hielt sich Sibilla Schmitz in Roisdorf auf, 1907 zogen sie und ihre Tochter nach Nideggen. Während Sibilla Schmitz ab August 1908 in Buschdorf ansässig war, begab sich ihre Tochter Anfang des Jahres 1908 auf Reisen und war in Renens und Lausanne zu finden, 1912 dann in Pfaffendorf im Stadtkreis Koblenz.[12]

Obwohl Ostermann das Lied erst Jahre später herausbrachte, entstand die Idee dazu offensichtlich in jenen Jahren um 1903 bis 1905, als das Leben der »Schmitze Billa« eine so rasante Wende genommen hatte und ihre Villa zum fidelen Treffpunkt geworden war. Dass die finanziellen Mittel dazu aus kriminellen Aktivitäten herrührten, lässt Ostermann unerwähnt. Vielleicht hat er zu der Zeit, als die Idee zu dem Lied aufkam, auch noch nichts

Auf dieser Postkarte von 1905 ist rechts hinten die »Schmitze Villa« in der Bonner Südstadt in der Weberstraße 49 abgebildet, die in ihrem damaligen Aussehen – z. B. bei den Ornamenten über den Fenstern – große Ähnlichkeit zum davorliegenden, niedrigeren Nachbarhaus Nr. 47 hat. Die »Schmitze Villa« wurde 1938 abgerissen.

davon gewusst. Immerhin aber warnte er, dass der Lebenswandel der »Schmitze Billa« nicht von langer Dauer sein könnte, indem er sang (in Übersetzung ins Hochdeutsche): »Wenn Sibilla so voranmacht, dauert es nicht mehr lange, nimmt sie mit dem Kohl und Salat ihren alten Gang.«

Die Villa wurde 1938 abgerissen und durch das heutige Haus Weberstraße 49 ersetzt, das keine Gründerzeitfassade mehr aufweist Die Hausnummer hat sich über die Jahrzehnte nicht verändert, wie die Bonner Adressbücher ausweisen. Auf einer Postkarte von 1905 kann man sehen, dass die ursprüngliche Villa dem Nachbarhaus Nr. 47 sehr ähnelte (beide Häuser werden um 1914 bis 1922 auch als Einheit in den Adressbüchern geführt), das heute noch besteht und erahnen lässt, in welch beeindruckender Gründerzeitarchitektur die »Schmitze Billa« ihre Gäste empfangen hat.[13]

Eine Tat aus Verzweiflung, Düsseldorf, 1906

Am 12. April 1906, Gründonnerstag, brach alles Elend über der jungen Düsseldorfer Dienstmagd Katharina Haupt zusammen. Einige Wochen zuvor hatte sie wegen ihres hochschwangeren Zustandes ihre Anstellung bei einer Düsseldorfer Familie verloren und danach ein kleines Mädchen, ein »ganz mageres Geschöpf« von nur sechs Pfund, zur Welt gebracht. Die Geburt erfolgte in der Wohnung ihrer Schwester, obwohl deren Mann sehr dagegen war und öfters geäußert hatte, das »Frauenzimmer« müsse aus dem Haus. Als die Hebamme am Tag nach der Niederkunft wieder in die Wohnung kam, lag die junge Mutter mit ihrem Kind »in einem dumpfigen Zimmer auf Lumpen und schmutzigem Kartoffelstroh«, woraufhin sie auf Veranlassung der Hebamme in ein Krankenhaus überführt wurde. Als sie dort entlassen wurde, kehrte sie wieder zu ihrer Schwester zurück.

An jenem erwähnten Gründonnerstag kam die Dienstmagd um die Mittagszeit zu der Hebamme und klagte unter Tränen, sie wisse nicht mehr, wohin, und sei völlig mittellos. Ihre Ersparnisse in Höhe von 300 Mark seien von ihrer Schwester und deren Mann aufgebraucht worden. Trotzdem habe ihr Schwager ihr unmissverständlich zu verstehen gegeben, dass sie die Wohnung zu verlassen habe oder er würde gehen. Der Frage der verzweifelten Dienstmagd nach einer Pflegemutter wich die Hebamme aus, »denn so ein schwaches Kind will keiner in Pflege haben«.

Am nächsten Morgen fand der Düsseldorfer Johann Schmitz, der in der Nähe der Fabrik »Germania« (Rather Straße) ein Geschäft hatte, zusammen mit einem Bekannten die Dienstmagd hinter der Fabrik an einer Wassergrube liegend vor. Ihr Oberkörper war voller Schlamm. Die beiden eilten nun davon, um telefonisch die Polizei zu verständigen. Als sie zu der etwa 60 Zentimeter tiefen Wassergrube zurückkamen, war die junge Frau verschwunden. In dem schmutzigen Wasser sahen sie aber Haare an der Oberfläche. Schnell eilten sie hinzu und zogen die bereits Besinnungslose im letzten Moment heraus. Polizeibeamte veranlassten nun ihre Überführung ins Marienhospital. Erst hier erfuhr man, dass auch

Düsseldorfer Rheinansicht um 1850 (Stahlstich von Rehbock und Kolb).

ihr Kind in der Wassergrube liege, woraufhin dieses von Polizei und Feuerwehr tot geborgen wurde.

Aus der Düsseldorfer Schwurgerichtsverhandlung vom Mai 1906 geht hervor, dass die des Kindesmordes angeklagte Dienstmagd ihr sechs Wochen altes Kind und sich selbst ertränken wollte, nachdem sie den ganzen Tag verzweifelt durch die Stadt geirrt und am Abend eher zufällig zu der Wassergrube gekommen war. Während aber das kleine Kind schnell unter der Wasseroberfläche verschwunden war, konnte die Mutter »bei dem niedrigen Wasserstand den Tod nicht finden«. Die ganze Nacht blieb sie nun an dem schlammigen Ufer liegen, bis sie sich nach dem Erscheinen der beiden Düsseldorfer erneut ins Wasser stürzte.

Der Hunger und die Erschöpfung der Angeklagten sprachen nach Ansicht eines Sachverständigen dafür, »daß alles im geistigen Affekt geschehen sei. Ganz unzurechnungsfähig ist das Mädchen aber nicht gewesen, denn alles was passirt ist, kann dieselbe genau erzählen.« Nach dem Dafürhalten des Verteidigers der Angeklagten konnte von Mord, Totschlag oder fahrlässiger Tötung keine Rede sein: »In der Verzweiflung stürzte das Mädchen sich ins Wasser, um eine Welt, die für sie und ihr Kind kein Obdach hatte, zu verlassen.« Die Geschworenen schlossen sich dem an, sodass Freispruch erfolgte.

Die Tatsache, dass die Angeklagte vor ihrer Tat von einem Armenpfleger zum anderen geschickt worden war, ließ Kritik an den sozialen Einrichtungen Düsseldorfs aufkommen. In der Düsseldorfer Gerichts-Zeitung wurde in diesem Zusammenhang besonders der Wert der »philantropischen Wohlthätigkeitsfestlichkeiten« in Frage gestellt: »Es sind meistens weiter nichts als geschickt ausgeklügelte Vergnügungsveranstaltungen der besseren Kreise, in denen man allzugern zeigen will, daß sie mit lächelnder Miene und bizarrer Virtuosität Geld auszuheben verstehen. Es ist ein bezahltes Vergnügen, bei dem der Armen arg wenig gedacht wird.«[1]

242

Der Räuberhauptmann von Unterbach

Als der frühere Maschinenbauer Karl Uthoff Ende 1908 vor dem Düsseldorfer Schwurgericht stand, schien ihm dies »mehr Spaß wie Sorge zu machen; seine Antworten sind dreist und raffiniert, trotzdem er sich den Anschein gibt, als wenn er reumütig eingestehe«. Der 1884 in Celle bei Hannover geborene Angeklagte hatte, ebenso wie sein Vorbild, der Räuberhauptmann von Köpenick, bereits eine recht bewegte Vergangenheit hinter sich und war ein erprobter Zuchthäusler. Seine Eltern waren nach eigenen Angaben beide im Irrenhaus gestorben. Davon, dass er einmal Theologie zu studieren beabsichtigt hatte, wollte Uthoff vor Gericht nichts mehr wissen. Er gab aber zu, in seiner Jugend »viel Räubergeschichten« gelesen zu haben und schon damals auf die Idee gekommen zu sein, sich irgendwann als Geheimpolizist auszugeben, um als solcher Geld »beschlagnahmen« zu können.

Mit 15 Jahren verließ Uthoff Hannover und wurde um diese Zeit auch zum ersten Mal gerichtlich belangt. Sein Vorstrafenregister umfasste außer Diebstahl auch schwere Hehlerei, Sachbeschädigung und »widernatürliche Unzucht«. Um 1903 war der Angeklagte in der Benrather Maschinenfabrik beschäftigt, saß dann wieder für einige Zeit im Gefängnis und arbeitete danach in Köln und Hattingen als Fuhrmann. Auf die Frage des Gerichtspräsidenten, ob er diese Arbeit aufgegeben habe, weil es ihm als Fuhrmann im Winter zu kalt gewesen sei, antwortete Uthoff nicht.

Als er im Herbst 1908 mit nur noch zehn Mark in der Tasche in Düsseldorf weilte und Angst haben musste, seine dortige Unterkunft im »Westfälischen Hof« in der Altstadt nicht mehr bezahlen zu können, schien sich der einfallsreiche frühere Maschinenbauer

Die Benrather Maschinenfabrik zu der Zeit, als Uthoff dort arbeitete.

der Idee aus seiner Jugendzeit erinnert zu haben. Am 26. Oktober 1908 bestellte er sich ein »Automobil« und sagte dem Chauffeur, er möge ihn nach Köln fahren und an den auf dem Weg dorthin gelegenen Pfarrhäusern anhalten. Den jeweiligen Haushälterinnen wollte er in seiner Eigenschaft als vermeintlicher Kriminalbeamter die Mitteilung machen, der Pastor habe Falschgeld in Umlauf gebracht, weswegen er, der »Freund und Helfer«, das im Pfarrhaus befindliche Geld beschlagnahmen müsse. Wenn der Pastor selbst zu Hause sein würde, wollte Uthoff unter irgendeinem Vorwand wieder verschwinden.

Seine erste Station war das Pfarrhaus in Benrath. Der Pastor war zwar nicht anwesend, dafür aber hatte die Haushälterin Besuch von anderen Frauen, sodass Uthoff es vorzog, hier nichts zu wagen. Nach einem ebenfalls erfolglosen Besuch im Langenfelder Pfarrhaus ging es über Mülheim und Köln auf der anderen Rheinseite wieder retour über Worringen und Dormagen nach Stürzelberg. In Uedesheim setzte Uthoff mit der Fähre wieder über den Rhein, und weiter ging die Autoreise, für die der »Kriminalbeamte« nachher 61,50 Mark bezahlen musste, von Himmelgeist, Itter, Holthausen und Wersten nach Unterbach. Hier endlich konnte Uthoff seine Geschichte vom Falschgeld des Pastors anbringen. Als er von der Haushälterin Johanna Schmitz erfuhr, dass noch einige Schreiner in dem Pfarrhaus wohnten, sagte er dreist, das könnten vielleicht die Falschmünzer sein. Mit einem vorgehaltenen Revolver, den Uthoff nur deshalb dabeigehabt haben wollte, um seiner Rolle als Kriminalbeamter Nachdruck zu verleihen, fragte er Frau Schmitz nach dem Geld des Pastors und forderte sie auf, niemandem zu sagen, wer er sei, damit die Falschmünzer nicht gewarnt würden. Vor Gericht gab er an, »die gute Seele von Haushälterin habe ihm die Geldschatulle freiwillig gegeben und sogar noch brav ins Automobil getragen«.

Mit der Geldkassette, die allerdings noch verschlossen war, ging es nun weiter nach Gerresheim, wo sich Uthoff im Gasthaus »Zur Krone« erst einmal Wein und ein Roastbeef gönnte. Dort saß auch ein wirklicher Polizeikommissar, der von Uthoff heimlich beobachtet wurde. Auf die Frage des Präsidenten, ob er von ihm habe lernen wollen, entgegnete Uthoff zur Belustigung des im Gerichtssaal anwesenden Publikums mit einer wegwerfenden Geste: »Von dem? Na, ich brauche nicht mehr zu lernen.«

Von dem Wirt ließ sich der Angeklagte nun Hammer und Meißel geben, angeblich, um an dem Auto etwas zu reparieren. In Wirklichkeit dienten die Gerätschaften sowie auch ein Beil, das er sich noch besorgte, dazu, die Kassette zu öffnen, in der sich rund 5.600 Mark befanden. Den weiteren Aufenthalt in Gerresheim nutzte der »Neureiche« nun kurzerhand dazu, einer Gerresheimerin, die ihm zufällig begegnete, einen Heiratsantrag zu machen. Ob er ihr auch Kleider gekauft und sie ins Theater eingeladen habe, wollte Uthoff nicht mehr beantworten.

Die Haushälterin Schmitz gab an, sie hätte dem Angeklagten das Geld nicht gegeben, wenn er nicht bewaffnet gewesen wäre.

Die Geschworenen sprachen Uthoff der räuberischen Erpressung unter Mitführung von Waffen für schuldig und versagten mildernde Umstände. Der Staatsanwalt beantragte sechs Jahre Zuchthaus, das Gericht verurteilte dagegen den trickreichen »Kriminalbeamten« sogar zu acht Jahren Zuchthaus.[1]

Bestialische Schlägerei in Köln

Dass Fremdenfeindlichkeit zu Beginn des 20. Jahrhunderts, zumindest in bestimmten Bevölkerungskreisen, ein nicht ganz unbekanntes Phänomen war, zeigt ein Fall, der sich am 14. Dezember 1908 in Köln zutrug. Am Abend jenes Tages gegen 21 Uhr kehrte der Italiener Pietro Bellini zusammen mit einem Landsmann in die Wirtschaft der Witwe Kau »Zum Anker« auf dem Holzmarkt ein. Als Bellini anfing, bei einem Bier lautstark über seine frühere Geliebte Maria Lambertz zu schimpfen, und die Tochter der Witwe Kau bedrohte, weil sie ihn zur Ruhe ermahnte, wurde er mit seinem Begleiter von den Kölnern Franz Broichs (genannt »Blotdeufel«/Blutteufel) und Jean Heinrich Dünnwald hinausgeworfen.

In der benachbarten Restauration Schmitz traf Bellini das gleiche Schicksal, nachdem er dort auf die besagte frühere Geliebte Lambertz getroffen war und mit einem Glas nach ihr geworfen hatte. Als dieser Vorfall im »Anker« bekannt wurde, sprangen Broichs und Dünnwald sofort auf, legten die Spielkarten hin und eilten auf die Straße. Dünnwald schlich sich auf einem Umweg an Bellini heran und versetzte ihm, während dieser noch mit einer jungen Kölnerin über die »treulose« Maria Lambertz sprach, mit einem Gummischlauch von hinten mehrere Schläge auf den Kopf. Währenddessen kamen auch Broichs und der Kölner Anton Schüller hinzu, warfen Bellini zu Boden und zerrten ihn unter ständigen Schlägen bis zur Mitte der Straße. Während Schüller den Italiener festhielt, versuchte Broichs, diesem ein Messer, das er in dessen Tasche gesehen haben wollte, abzunehmen. Broichs behauptete, hierbei in das offene Messer gefasst und sich dadurch die Hand aufgeschnitten zu haben.

Obwohl der Italiener verzweifelt rief, er sei von einem Messerstich getroffen worden und könne sich nicht mehr wehren, schlugen die drei unbarmherzig weiter auf ihn ein und traten nach seinem Kopf. Erst nach etwa zehn Minuten ließen sie von ihm ab und gingen zurück zur Witwe Kau. Hier verprügelten sie einige Frauen, die für den wehrlosen Bellini Partei ergriffen hatten. Dieser versuchte mehrfach, sich aufzurichten, schleppte sich noch ein

Stück weiter, blieb dann aber liegen. Zwei Zeugen wollten gesehen haben, dass er vorher ein Messer, das er bis dahin in der Hand gehalten hatte, zuklappte und in die Hosentasche steckte, wo es später auch gefunden wurde. Bellini wurde ins Kölner Bürgerhospital gebracht, wo er bald nach seiner Einlieferung starb. Bei der Obduktion fanden sich überall Wunden und blutunterlaufene Stellen, vor allem aber auch eine tiefe Stichverletzung, welche den Tod des Italieners herbeigeführt hatte. Man musste davon ausgehen, dass ihm ein Messer mehrfach im Leib herumgedreht worden war.

Wer konkret für diese Stichverletzung verantwortlich und mit wessen Messer die Tat verübt worden war, konnte in der Verhandlung dieses Falles im April 1909 vor der Kölner Strafkammer nicht geklärt werden. Nach Paragraph 227 des Strafgesetzbuches genügte aber schon »die bloße Beteiligung am Streite, bei dem der Tod eingetreten ist«, und dass die drei Angeklagten an der Schlägerei maßgeblich beteiligt waren, stand außer Frage. Ein Zeuge stellte »den schrecklichen Vorfall als eine Machtfrage dar, indem er meinte: Wenn man die Fremden nicht schwer schlägt, haben die Kölschen am Rhein nichts mehr zu sagen.« Zu Pfuirufen bei den Besuchern der Verhandlung kam es, als der Fabrikarbeiter Eduard Langen aussagte, Dünnwald habe ihm gegenüber am Tag nach der Tat geäußert: »Ich muß zum Kommissar, denn wir haben gestern Abend einen Italiener kaput gemacht, aber wir kriegen nicht viel, weil es ein Italiener war.«

Der Staatsanwalt betonte noch einmal die Brutalität, mit welcher die drei Angeklagten vorgegangen waren. Sie schlichen sich an Bellini heran, so der Staatsanwalt, »und haben ihn so unsagbar maltraitiert, daß Leute vom Rhein, die gewiß gute Nerven in solchen Sachen haben, sich wegwandten, weil sie's nicht mehr mitansehen konnten«. Der Staatsanwalt beantragte gegen Broichs fünf und gegen die beiden anderen Angeklagten je vier Jahre Gefängnis. Das Gericht setzte eine je vierjährige Gefängnisstrafe fest: »Es mußten strenge Strafen eintreten, damit in Köln endlich ein Mal diesen Exzessen strenge Strafen folgten.«[1]

Köln, Am Leystapel, um 1880.

Der Prozess gegen den Radrennfahrer Breuer wegen Mordes bei Gerolstein

Besonders erfolgreich war er nicht, der Radrennfahrer Peter Joseph Breuer, und doch führte er einen überaus aufwendigen Lebenswandel, der allerdings abrupt endete, als er im Juli 1909 unter Mordanklage vor dem Trierer Schwurgericht stand. Zum Zeitpunkt der Eheschließung mit seiner Frau Albertine im Oktober 1903, so erfahren wir in dem Prozess, war Breuer noch als Handwerker in einer Schmiede bei Aachen tätig. Als er dann Rennfahrer wurde und nach München ging, wo er auch als Pächter der dortigen Rennbahn auftrat, schickte er seiner Frau monatlich 200 Mark nach Aachen. Da dort viel über ihn, der plötzlich so nobel auftrat, gesprochen wurde, zog seine Frau es vor, nach Lüttich umzuziehen.

Ende 1906 und Anfang 1907 wohnte Breuer in Köln im »Belgischen Hof« und verkehrte hauptsächlich in Sportler- und Spielerkreisen. Er gab sich große Mühe, in die sogenannte »bessere Welt« Eingang zu finden, und um dies zu erreichen, gab er Unsummen aus, wie der Kölner Kriminalkommissar Groß vor Gericht ausführte. Bei dem Spiel »Meine, Deine Tante« soll der Rennfahrer in einer Nacht 12.000 bis 14.000 Mark verloren haben.

Auch in Berlin war Breuer in den Kreisen der Rennfahrer und Halbweltdamen als sehr verschwenderisch bekannt. Allein das Sekttrinken kostete ihn mitunter 500 bis 600 Mark pro Nacht. Dabei trat er sehr protzig auf: Er bestellte manchmal fünf bis zehn Flaschen Sekt auf einmal, den er dann in sinnloser Weise ins Lokal oder in den Sektkübel schüttete. Wenn er Konzerten beiwohnte, kam es ihm nicht auf 20 bis 30 Mark Trinkgeld an. Dass er aber auch recht borniert sein konnte, zeigt eine Aussage seines früheren Masseurs Gweder: »Ich war 1906 in München Masseur bei Breuer und war enttäuscht, denn die Bildung des Breuer paßte nicht zu seinem vielen Gelde. Er verbrauchte viel, war mir gegenüber aber sehr kleinlich und roh. Als ich ihn einmal bat, mir Eier zu einem Mittagessen zu bestellen, da bestellte er 25 Stück Eier, die ich essen mußte. 19 Stück bekam ich herunter.« Auch soll Breuer gesagt haben, er würde sich lieber aufhängen, als so zu leben wie

sein Masseur, und er betreibe den Radsport nur aus Liebhaberei, denn »Geld zu verdienen habe er nicht notwendig«. Ein früherer Schrittmacher Breuers sagte aus, dieser sei ihm immer wie ein »großes Kind« vorgekommen, »das auf einmal viel Geld in die Hände bekommt«.

Der Prozess bestätigte, was viele vermuteten, nämlich dass Breuer die enormen Geldsummen nicht auf ehrlichem Wege erlangt haben konnte. Er hatte einen intimen Verkehr mit einem reichen Mühlenbesitzer namens Ferdinand Mattonet aus St. Vith, dessen »krankhafte Veranlagung« (Homosexualität), wie es in der Rheinisch-Westfälischen Gerichts-Zeitung heißt, von Breuer als Mittel zu jahrelangen Erpressungen missbraucht worden war.

Im Herbst 1908 verreiste Breuer von Berlin aus nach St. Vith, um Mattonet zu treffen. Kurz vorher, am 10. Oktober 1908, hatte er noch mit einer Berlinerin namens Nielsen im dortigen »Cafe Grünfeld« gesessen und über seinen Rennfahrerkollegen Robl geschimpft, der ihm noch Geld schulden würde. Plötzlich zog er einen in einem flachen Etui steckenden Revolver aus der Tasche und sagte: »Die Kugeln darin sind für zwei Menschen, die eine für Robl, die andere für den da unten, wo ich hinreise.« Mit »da unten« meinte er St. Vith, wie aus einer Nachfrage der Zeugin hervorging.

Vier Tage später sah man Breuer und den größeren und älteren Mattonet in der Gegend zwischen Gerolstein und Bewingen spa-

251

zieren. Offensichtlich waren sie in ein lebhaftes Gespräch verwickelt. Der Gerolsteiner Briefträger Johann Schend traf die beiden bei einem Brunnen, und als er etwa 60 Schritt weiter war, fiel ein Schuss. Schend drehte sich sofort um und sah, wie Breuer einen weiteren Schuss abgab. Andere Zeugen beobachteten, dass Breuer die Waffe lange in der Hand hielt und schließlich neben die Leiche legte. Den hinzueilenden Passanten und auch dem am Tatort eingetroffenen Gerolsteiner Ortsvorsteher erklärte Breuer, Mattonet habe sich selbst erschossen, während er selbst gerade einen Felsen betrachtet habe. Als die Leute aber riefen:»Der Kleine hat geschossen«, wurde Breuer sehr unruhig und hätte am liebsten den Ort des Geschehens sofort verlassen.

Vor Gericht wandte sich Breuer vehement gegen die Behauptung, er habe unmittelbar nach dem Fallen der Schüsse den Revolver in der Hand gehabt. Auch sei die Tatwaffe, eine Browning-Pistole, nicht sein Eigentum, sondern habe Mattonet gehört, was einige Zeugen bezweifelten. In den späteren medizinischen Gutachten kam man zu dem Schluss, dass ein Selbstmord auszuschließen sei, wovon auch ein Sohn Mattonets fest überzeugt war. Die Geschworenen bejahten die Schuldfrage auf Mord, woraufhin Breuer am 10. Juli 1909 zum Tode verurteilt wurde.[1]

Dieser Fall sollte aber die Öffentlichkeit noch längere Zeit beschäftigen. Nachdem das Reichsgericht das ergangene Todesurteil wegen eines Formfehlers aufgehoben hatte und zwei weitere Termine für eine Neuverhandlung ausgelassen werden mussten, begann eine weitere Sitzung des Trierer Schwurgerichts am 10. Oktober 1910, die nach vielen Zwischenfällen allerdings erst am 12. November – wiederum mit einem Todesurteil für Breuer – ihr Ende nahm. Im Juni 1911 wandelte der preußische König auf dem Begnadigungswege die Todesstrafe in eine lebenslängliche Zuchthausstrafe um, eine Wendung, über welche der Betroffene allerdings wenig erfreut gewesen zu sein schien:»Breuer hat die Nachricht seiner Begnadigung mit großer Erschütterung aufgenommen. Der Gedanke, fürs ganze Leben im Zuchthaus zu sein, hat ihn vollständig niedergedrückt.« Durch eine Versteigerung einiger bei seiner Verhaftung vorgefundener Habseligkeiten konnte ein kleiner Teil der Prozesskosten gedeckt werden.[2]

Der Tod eines Wirtssohns in Essen

Selten mussten bei einer Gerichtsverhandlung so viele Sicherheits-
kräfte aufgeboten werden wie in Essen, als dort im Januar 1910
in einer mehrtägigen Sitzung zwei einschlägig vorbestrafte Ge-
walttäter wegen Raubmordes auf der Anklagebank des Schwurgerichts saßen. Es galt, eine ganze »Klique hauptsächlich Freunde
und Genossen der Angeklagten« in Schach zu halten. Eine Belas-
tungszeugin, die Dienstmagd Anna Verposten, wurde am zweiten
Verhandlungstag beim Verlassen des Gerichtsgebäudes von dieser
Clique mit Gegröle und Schmährufen empfangen. Seitdem war
sie zu ihrer eigenen Sicherheit in Schutzhaft in einer Fürsorge-Er-
ziehungsanstalt untergebracht und wurde auf Anordnung des Gerichtspräsidenten während der Verhandlungen von mehreren Polizeibeamten begleitet, um etwaigen Attentatsgelüsten vorzubeugen.
»Der gesamte Mob von Essen ist auf den Beinen«, so schrieb die
Rheinisch-Westfälische Gerichts-Zeitung, »und hält die angrenzenden Straßen am Gerichtsgebäude trotz des Polizeiaufgebots besetzt. Einem der Herren Geschworenen ist, als er sich etwas eilig

Das Essener Land-
gerichtsgebäude
zwischen Logen-
und Kibbelstra-
ße um 1913. Am
14. Mai 1884 wur-
de es der Jus-
tizverwaltung
übergeben, die
Schwurgerichts-
sitzungen muss-
ten aber aus Platz-
mangel mitunter
wieder in ande-
ren Räumlichkei-
ten abgehalten
werden, zum Bei-
spiel im Amts-
gericht, das links
neben dem Land-
gericht zu erken-
nen ist (Recherche
Christian Schrep-
per, Essen).

in das Gedränge wagte, bei dieser Gelegenheit das Portemonnaie mit 80 Mark aus der Hosen-Tasche geklaut worden.«

Angeklagt waren der 1881 in Essen geborene Emil Girleit, der in Verbrecherkreisen unter dem Namen »der schlaue Emil« bekannt war, und der sechs Jahre jüngere Steinträger Fritz Storbeck, der in puncto seines Vorstrafenregisters seinem Genossen

Der mehrfach vorbestrafte Angeklagte Storbeck.

in nichts nachstand. Girleit, der angab, durch Alkohol und Frauen zu seinem »Faulenzerleben« gekommen zu sein, bestritt ebenso wie sein Mitangeklagter, an dem fraglichen Raubmord beteiligt gewesen zu sein, dem der 23-jährige Essener Wirtssohn Wilhelm Röttger, von Beruf Polsterer, in der Nacht vom 2. auf den 3. Juni 1909 zum Opfer gefallen war. Er war am Morgen jenes 3. Juni, einem Donnerstag, am Ufer der Berne zwischen der Brücke an der Grillostraße und dem Klärbassin des Essener Fuhrparks mit einer klaffenden Wunde an der rechten Schläfe aufgefunden worden. Der Tod war jedoch nicht durch diese Kopfverletzung eingetreten, sondern durch Ertrinken. In der Nähe des Tatortes wurde ein Revolver gefunden, der dem Wirtssohn wohl von den Tätern abgenommen worden war.

Eine unmittelbare Zeugin der Tat war die erwähnte Dienstmagd Verposten, deren Angaben aber genau geprüft wurden, da sie in Zuhälterkreisen nicht ganz unbekannt war und ihr Vorleben »manches Unerfreuliche« bot. Auch Girleit und Storbeck hatten ihr schon wiederholt Zuhälterdienste angeboten. Mit diesen beiden war die Dienstmagd ihren eigenen Angaben zufolge am Tag der Tat zufällig auf der Straße zusammengetroffen. Sie fragten, ob sie etwas verdient habe, dann solle sie einen ausgeben, doch es waren keine Mittel vorhanden. So gingen sie ein Stück zusammen und kamen allmählich an die Berne. Girleit sagte unterwegs: »Und wenn wir uns ein Faktum machen [ein Verbrechen begehen], Geld müssen wir haben.« Als er dann auf der Bernebrücke einen Mann (Röttger) sah, meinte er: »Der ist besser in Kluft und muß Geld haben.«

Die beiden Angeklagten gingen nun auf den Wirtssohn zu und

254

forderten ihn auf, sein Portemonnaie herauszugeben. Sie standen jetzt schon auf der anderen Seite der Berne, und Röttger drehte sich in Richtung der Altenessener Straße, Girleit aber versetzte ihm einen Schlag auf den Kopf, und beide stürzten sich jetzt auf ihr Opfer. Wohl durchwühlten sie seine Taschen, dass dem Wirtssohn etwas gestohlen worden war, konnte aber nicht nachgewiesen werden. Als sie sich für diesen habe einsetzen wollen, so die Dienstmagd, sei sie von Girleit geschlagen worden und vom Tatort fortgelaufen. Fingerspuren am schlammigen Ufer der Berne deuteten darauf hin, dass sich Röttger an der Uferkante festklammern wollte, nachdem er in den Fluss geworfen worden war. In diesem Moment wird ihm ein Schlag an den Kopf versetzt worden sein, sodass er bewusstlos ertrank. Verschiedene Zeugen wollten auch Schüsse gehört haben, eine entsprechende Verletzung wies der Getötete aber nicht auf.

Emil Girleit, genannt der »schlaue Emil«.

Am zweiten Verhandlungstag fand ein Lokalbesichtigungstermin statt, bei dem die Zeugin nochmals die Vorgänge in der Mordnacht in allen Einzelheiten schilderte. Die beiden Angeklagten stritten nach wie vor alles ab. Girleit, der sich durch die überzeugenden Aussagen der Zeugin in die Enge gedrängt fühlen mochte, drohte dieser: »An dir werde ich noch ein Faktum machen. Warte!« Auf die Frage, wie Menschenblut an sein Taschentuch gekommen sei, antwortete er: »Meinem Bruder habe ich eins auf die Nase gehauen, davon wird es sein.«

Der Wahrspruch der Geschworenen lautete am Ende der sechstägigen Verhandlung auf versuchten Raub »in Tateinheit mit Körperverletzung und Todeserfolg«. Der erste Staatsanwalt beantragte je 14 Jahre Zuchthaus. Das Gericht ging aber über diesen Antrag hinaus, »weil ein Fall, wie der gegenwärtige krasser nicht gedacht werden könne«, und verhängte eine Strafe von je 15 Jahren Zuchthaus. Dieses Urteil wurde »vom ganzen Saal mit lauten Beifallsbezeugungen aufgenommen«.[1]

»Messeraffären« an Weihnachten und Silvester, Düsseldorf, 1910

Zwei blutige Verbrechen, die sich in Düsseldorf kurz nacheinander am ersten Weihnachtsabend und an Silvester 1910 ereigneten und denen je ein Menschenleben zum Opfer fiel, fanden im März 1911 vor dem Düsseldorfer Schwurgericht ihre Aburteilung. Angesichts einer zunehmenden »Verrohung der Masse« und eines Überhandnehmens von Gewalttätigkeiten – oft als Folge eines erhöhten Alkoholkonsums – wurde in der Rheinisch-Westfälischen Gerichts-Zeitung in der Berichterstattung über die beiden Verhandlungen die Befürchtung geäußert, dass im Düsseldorfer Gerichtsbezirk bald ähnliche Zustände herrschen könnten, wie sie »von den kriminalistischen Kapacitäten im Industrie-Gebiet beklagt werden«. Scharf wird in diesem Zusammenhang die »gar zu humane« Justiz der »Herren vom grünen Tisch« und eine zu geringe Bestrafung insbesondere der »Messerhelden« kritisiert: »Was nützt denn unsere humane Gesetzgebung? Was nützt die heutige humane Strafanstaltsbehandlung gegenüber diesen Blutgesellen? Ist das ein halbwegs gerechter Ausgleich für all den Jammer, dem eine geachtete Familie manchmal ausgesetzt worden ist, der die bestialische Tat eines feigen Messerhelden den Vater und Ernährer geraubt hat?«

Opfer eines solchen »feigen Messerhelden« wurde der 47 Jahre alte Düsseldorfer Gastronom Johann Neukirchen, dessen Wirtschaft in der Ellerstraße lag und der nicht nur im Kreis seiner Kollegen, sondern auch bei der Bevölkerung von ganz Oberbilk allgemein geachtet war. Man musste ihm zugestehen, so heißt es in der erwähnten Gerichts-Zeitung, dass er in den ganzen 18 Jahren, während derer er in seiner Wirtschaft schaltete und waltete, »unbestechlich Sitte und Anstand stets hochgehalten und mit allen Mitteln in seinem Lokal zu wahren gewußt hat«, obwohl sich die dortige Umgangsweise, »den Bevölkerungskreisen des Oberbilker Viertels entsprechend, naturgemäß nicht immer im Salonton« abspielte.

Für feine Umgangsformen sorgte auch nicht gerade eine Horde von etwa acht angetrunkenen Niederländern, als sie am Abend des ersten Weihnachtstages des Jahres 1910 in die Wirtschaft Neukirchens einkehrte. Dort hielten sich normalerweise vornehmlich polnische Gäste auf, die allgemein nicht das beste Verhältnis zu Niederländern hatten. Deren anmaßendes Verhalten, »wie Indianer« um den Musikautomaten herumzutanzen und die anderen Gäste zu belästigen, führte schnell zu einer Konfrontation mit den Polen, sodass Neukirchen zu beschwichtigen suchte: »Seid doch zufrieden! Die Zankerei hat keinen Zweck auf Weihnachten. Heut ist Feiertag.«

Der erstochene Gastwirt Johann Neukirchen.

Dies fruchtete allerdings wenig, was dazu führte, dass die niederländische Gruppe aus dem Lokal gewiesen wurde. Der große, muskulöse und etwa zweieinhalb Zentner schwere Neukirchen stellte sich in die Tür, um ein Wiedereintreten der ungebärdigen Gäste zu verhindern. Plötzlich warf einer der Niederländer, der Erdarbeiter Franz Goldschmitz, ein mitgenommenes Bierglas in Richtung des Wirtes, traf ihn aber nicht, sondern das Glas flog in die Wirtsstube. Als nun auch noch einige Fensterscheiben des Wirtshauses klirrend in Stücke gingen, eilte Neukirchen in Begleitung seines mit einem Gummiknüppel bewaffneten Sohnes auf die Straße. In dem Moment aber, als er Franz Goldschmitz packte, sprang dessen Bruder Theodor Goldschmitz hinzu und versetzte dem Wirt einen Messerstich in den Hals. Neukirchen schleppte sich mit den Worten »Ich bin fertig« noch in das Lokal zurück, wo er kurz darauf verstarb, ehe ein Arzt dort sein konnte. Der Sohn des Getöteten und andere Zeugen gingen davon aus, dass die Tat schon vor dem Heraustreten des Wirtes verabredet worden war und Theodor Goldschmitz das aufgeklappte Messer verborgen bereitgehalten hatte, denn »sonst hätte er es nicht so schnell in der Sekunde parat haben können«. Schon am Morgen waren einige der Niederländer in der Wirtschaft gewesen, und es soll die Drohung geäußert worden sein: »Wenn wir den alten oder den jungen Neukirchen kriegen, dann gibt's was.«

Der 21-jährige Theodor Goldschmitz wurde kurz nach der Tat in seiner Unterkunft bei einem niederländischen Verwandten in der Düsseldorfer Querstraße unter Beschlagnahmung seines blutigen Messers verhaftet, während sein Bruder Franz in jener Nacht zu Fuß nach Benrath floh. Vorher hatte er sich aus Tarnungszwecken noch schnell seinen Spitzbart abrasieren lassen, und einige

Der in der Silvesternacht erstochene Heinrich Henkes.

Niederländer hatten eine Geldsammlung unter sich veranstaltet, um seine Flucht zu begünstigen. Schon am Benrather Bahnhof aber lief er einem Wachtmeister in die Arme, der ihn wegen der blutigen Hände festnahm. Vom Schwurgericht wurde er zu zwei Jahren und einer Woche Haft verurteilt, während sein Bruder Theodor als Haupttäter zehn Jahre Zuchthaus erhielt. Ein weiterer Angeklagter, der Niederländer Andries Zentjens, wurde wegen einfacher Sachbeschädigung (Einschlagen der Fensterscheiben) mit zwei Monaten Gefängnis belegt.

Kaum hatte sich die Entrüstung der Düsseldorfer über die Bluttat in der Ellerstraße ein wenig gelegt, kam es schon zu neuen Aufregungen. In der Silvesternacht 1910/11 wurde gegen 2 Uhr in der Schützenstraße der 25-jährige Düsseldorfer Dekorationsmaler Heinrich Henkes erstochen aufgefunden. Er war zuvor mit einem ehemaligen guten Freund, seinem Berufskollegen Franz Kluger, von einer Wirtschaft zur anderen gezogen, ohne dass zunächst Misshelligkeiten zwischen den beiden beobachtet worden wären.

Anschließend aber wurden sie von dem Schreiner Karl Fritz und anderen Zeugen gesehen, wie sie sich in der Schützenstraße hin und her schubsten und schließlich schlugen, was zunächst für einen Scherz gehalten worden war. Plötzlich, so sagte Fritz vor Gericht aus, sei Kluger fortgelaufen und von Henkes verfolgt und niedergerissen worden, wobei Henkes in Todesangst geschrien habe: »Er hat mich ins Herz gestochen.« Fritz und die anderen liefen hinzu, und Kluger sagte, er habe in Notwehr von seinem Messer Gebrauch gemacht, wobei er nach den Angaben des Schreiners vor Wut mit den Zähnen geknirscht habe. Fritz forderte die Umstehenden auf, einen Schutzmann zu holen, und drohte Kluger: »Wenn Du Dich rührst, kriegst Du Senge, Du Messerheld.«

Ein Sachverständiger hielt es auf Anfrage des Gerichtspräsidenten durchaus für möglich, dass der schwer verletzte Henkes den Täter noch eine Zeit lang verfolgt und zu Boden geworfen haben könnte und dass dann erst der Tod eingetreten ist. Kluger, der auch vor Gericht dabei blieb, nach einem Streit mit Henkes in Notwehr gehandelt zu haben, wurde zu vier Jahren Zuchthaus verurteilt.[1]

Das erste Todesurteil des Mönchengladbacher Schwurgerichts, 1912

Anfang 1907 erhielt Mönchengladbach sein eigenes Schwurgericht, eine Verhandlung größerer Kriminalfälle kam aber lange Zeit nicht vor. Seit der erwähnten Bluttat, der im Oktober 1905 Oberstleutnant Roos aus Mönchengladbach zum Opfer gefallen war (siehe das Kapitel: Die Guillotine in Düsseldorf), war die Mordkommission, die an jedem Landgericht mit Schwurgerichtskompetenz eingerichtet zu sein pflegte, in Mönchengladbach nicht mehr in Erscheinung getreten. Dies lässt darauf schließen, dass der Landgerichtsbezirk Mönchengladbach zumindest bis dahin ein sehr ruhiger gewesen sein muss. Am Donnerstag, dem 13. Juni 1912, stand dann zum ersten Mal seit 1907 am dortigen Schwurgericht ein Mordfall zur Verhandlung an.

Vorgeführt aus der Untersuchungshaft wurde der Ackersknecht Heinrich Heinrichs, der angeklagt war, in der Nacht vom 21. auf den 22. Januar 1912 seinen Paten und Onkel, den 82-jährigen Rentner Rüllenrat aus Oberkrüchten, durch Erwürgen ermordet und ihm zwei Sparkassenbücher über mehrere Tausend Mark entwendet zu haben. Der getötete Rentner hatte seinen unehelichen Neffen, als dieser nach dem Tod der Mutter kein Heim mehr hatte, bei sich aufgenommen. Mitangeklagt war wegen Hehlerei die Braut des Angeklagten, die 24-jährige Näherin Hubertine Raß, in deren Wohnung man die in einer Nähmaschine versteckten Sparkassenbücher und eine größere Geldsumme entdeckt hatte, die von den Sparkonten abgehoben worden war. Die Näherin war allerdings von einem Erscheinen vor Gericht entbunden worden, da sie wegen einer schweren Lungenerkrankung nicht vernehmungs- oder transportfähig war, und »es dürfte sehr fraglich sein«, so hieß es in der Rheinisch-Westfälischen Gerichts-Zeitung aufgrund der bedenklichen gesundheitlichen Lage der Angeklagten, »ob das Strafverfahren gegen sie jemals wieder zum Austrag gebracht wird«.

Gleich nach der Tat klopfte Heinrichs einen Verwandten Rüllenrats aus dem Schlaf, um ihm mit-

Amts- und Landgericht Mönchengladbach.

zuteilen, dass der Onkel im Sterben liege. In dessen Haus, das sie schnell erreicht hatten, erzählte Heinrichs, der bereits Tote habe Krämpfe gehabt, denn er habe mit Armen und Beinen um sich geschlagen. Der Verwandte wunderte sich, weil er am Hals der Leiche mehrere blaue und rote Flecken wahrnahm. Diese und einige Gesichtsverletzungen, die der Tote aufwies, ließen nach der gerichtlichen Obduktion darauf schließen, dass der Tod durch gewaltsame Strangulation herbeigeführt worden war.

Der Angeklagte, der sich vorerst aufs Leugnen beschränkte, musste die Tat unter dem Druck der Beweisaufnahme schließlich zugeben. Seiner Einlassung, er sei von seinem Onkel angegriffen worden und habe in Notwehr gehandelt, konnte der Gerichtspräsident nicht viel Überzeugungskraft abgewinnen. Er machte den Angeklagten darauf aufmerksam, dass dieser »sehr energisch zugepackt haben müsse. Er sei ein kräftiger Mensch von etwa 30 Jahren, während sein Onkel ein 82jähriger Greis« gewesen sei.

Nach der Beweisaufnahme, die bis zur späten Abendstunde andauerte, zogen sich die Geschworenen zu einer kurzen Beratung zurück. Sie sahen den Angeklagten des Mordes für überführt an, was eine Verurteilung zum Tode nach sich zog. Seiner »geringwertigen Erziehung wegen« und unter »Berücksichtigung der Verhältnisse an sich« beschlossen die Geschworenen, Heinrichs der Begnadigung zu empfehlen, die offensichtlich auch erfolgte, denn eine Hinrichtung des Verurteilten erfolgte nicht, wie denn überhaupt von 1907 bis 1918 keine Hinrichtung in Mönchengladbach stattfand.[1]

Ausschnitt aus der Titelseite der Rheinisch-Westfälischen Gerichts-Zeitung vom 22. Juni 1912, in der über das erste Mönchengladbacher Todesurteil berichtet wurde.

Eine Godesberger Bluttat bei einem Uhrmachermeister

Der Mayener Peter Josef Kuck besuchte bis zu seinem zehnten Lebensjahr die dortige Elementarschule und bis zum 14. Jahr das Gymnasium, ohne aber den Abschluss zu schaffen. Nur mit Widerwillen und auf ausdrücklichen Wunsch seiner Mutter erlernte er das Uhrmacherhandwerk, zu welchem Zweck er in Boppard drei Jahre in die Lehre ging. Seine Gesellenprüfung in Koblenz bestand er nicht, da ihm nach eigenen Angaben der Prüfungsleiter nicht mit Wohlwollen begegnet sei. Dieser habe ihm gesagt, er solle die Gründe für seinen Misserfolg nicht bei anderen suchen, sondern bei sich selbst. Dann ging Kuck als Uhrmachgehilfe nach Dortmund und Elberfeld, wo er aber nach kurzer Zeit entlassen wurde.

Am 1. März 1912 trat der mittlerweile 19 Jahre alte Mayener eine Stelle beim Godesberger Uhrmachermeister Gesler an. Dort arbeitete er bis zu seiner erneuten Entlassung, die nicht lange auf sich warten lassen sollte, mit seinem sieben Jahre älteren Kollegen Heinrich Neu zusammen. Von ihm, so Kuck, sei er stets schikaniert und mit Vorwürfen wegen zu geringer Leistungsfähigkeit überhäuft worden. Nur wegen der dauernden Streitigkeiten mit diesem Kollegen sei er dann von Gesler entlassen worden.

Am Abend des Tages jener Entlassung, dem 23. April 1912, durchdrang die Schreckenskunde »das friedliche und schöne Gartenstädtchen Godesberg«, dass ein Uhrmachergehilfe aus Rache von seinem Arbeitskollegen durch mehrere Revolverschüsse ermordet worden sei. Es stellte sich schnell heraus, dass es sich bei diesem Arbeitskollegen um Kuck handelte. Bei seiner Verhaftung – er hatte sich in einem Zimmer unter einem Tisch versteckt – konnte auch die Tatwaffe beschlagnahmt werden, eine Browning-Pistole, die sich Kuck über einen Mayener Händler nur deshalb besorgt haben wollte, um sich in seiner »freien Zeit damit zu beschäftigen«.

In seiner Verhandlung im Herbst 1912 vor dem Bonner Schwurgericht, die von vielen Godesbergern besucht wurde, gab Kuck zum Tathergang Folgendes an: »Als ich am nachmittag des 23. April von meinem Meister aus der Arbeit entlassen wurde und am Abend dem Neu auf dem Hofe begegnete, der mich höhnisch aus-

Eigenwerbung der Rheinisch-Westfälischen Gerichts-Zeitung in der Ausgabe vom 18. März 1911. Hier sollte auch gegen die »Schundliteratur« vorgegangen werden.

lachte, hat mich die Wut derart ergriffen, daß ich meines Willens nicht mehr mächtig war. Ich sprang auf Neu zu und verhaute ihn. Dieser lief ins Haus die Treppe hinauf. Ich verfolgte ihn und gab zwei Schüsse auf ihn ab. Neu flüchtete in sein Zimmer und hielt die Tür zu, die ich gewaltsam aufdrückte, und abermals einige Revolverschüsse auf ihn abgab, worauf er zusammenbrach. Ich lief in mein nebenanliegendes Zimmer und ladete den Revolver aufs neue und ging wieder zurück zu Neu, der noch am Boden lag. Ich gab noch zwei Schüsse auf ihn ab und sagte zu ihm, das müsse er büßen.«

Der Getötete hatte zuvor verschiedenen Personen gegenüber seine Befürchtung geäußert, Kuck habe sich die Waffe nur deshalb angeschafft, um ihn damit zu erschießen. Dem Dienstmädchen Geslers schenkte er am Mittag vor der Tat eine Hutnadel mit den Worten,»die sei zum Andenken, für den Fall, daß er abends schon eine Kugel im Kopf habe«. Auch beim Turnwart des Godesberger Turnvereins, in dem der Ermordete und der Angeklagte Mitglieder waren, erweckte Neu den Eindruck, als sei er »von Todesahnungen ergriffen gewesen«. Der Turnwart gab weiter an, Kuck sei ein eifriger Romanleser gewesen: »Sofort nach den Turnübungen habe er sich von den anderen abgesondert in eine Ecke gesetzt und gelesen. Er habe dem Angeklagten einmal darüber Vorwürfe gemacht und ihm gesagt, daß er durch das Lesen der Schundromane noch verrückt werde.«

Auch der Staatsanwalt sah den jungen Angeklagten als »ein Opfer der Schundliteratur« an, die »wie eine Giftpflanze fortwuchere« und in den Köpfen der Jugend »die verderblichsten Folgen« zeitigen würde. Ein Sachverständiger aus Bonn erklärte, Kuck leide an Wahnvorstellungen, »wodurch er glaube, Jedermann, der seine Tätigkeit kritisiere, wolle ihm ein Unrecht zufügen. Dies sei ein gewisser Grad Verfolgungswahn.« Aufgrund des jugendlichen Alters des Angeklagten wurde ein Strafmaß von zehn Jahren Zuchthaus festgesetzt.[1]

Nächtliche Raubzüge mit dem Fahrrad im Siegkreis

Mit zehn Jahren Zuchthaus bestrafte die Bonner Strafkammer im Februar 1913 den berüchtigten Einbrecher Philipp Heidel aus Eitorf an der Sieg. Über 40 Einbruchsdiebstähle wurden ihm zur Last gelegt, die alle in einem Zeitraum von nur sechs Monaten von ihm auf die verwegenste Art ausgeführt worden waren. Mit einem Revolver bewaffnet und auf seinem Fahrrad führte er Mitte des Jahres 1912 seine nächtlichen Beutezüge durch und machte den ganzen Siegkreis unsicher. Die Landbevölkerung lebte in ständiger Angst, da kein Haus vor ihm sicher war. Bei den Einbrüchen nahm er alles Erreichbare, Geld, Uhren, Fahrräder, Nahrungsmittel, Kleidungsstücke, mit, selbst lebendes Vieh war ihm eine willkommene Beute.

Es wurde festgestellt, dass er in einer einzigen Nacht, und zwar vom 20. auf den 21. Juni 1912, in drei 15 bis 20 Kilometer voneinander entfernt liegenden Ortschaften – Schladern, Litterscheid (Ruppichteroth) und Engelsbruch – Einbrüche verübt hatte. In Siegburg brach er in die Wohnung eines Wachtmeisters ein, um sich verschiedene Sachen wiederzuholen, die der Wachtmeister tags zuvor in der Wohnung Heidels als Diebesgut konfisziert hatte. Da er bei seinen Raubzügen stets die Richtung wechselte, war es schwer, dem »fleißigen Radler« auf die Schliche zu kommen. Gelang es den Polizeibeamten, ihn zu verfolgen, so schoss er wie wild mit seinem Revolver um sich.

Mitte Juli 1912 wurde Heidel dann offensichtlich doch der Boden zu heiß unter den Füßen, und er flüchtete nach Luxemburg. Von dort schrieb er am 13. Juli einen Brief an den Amtsrichter in Siegburg, in dem es hieß, er habe seine Heimat in der Absicht verlassen, nicht mehr nach Deutschland zurückzukommen. Zum Abschluss bat er den Amtsrichter, seiner (Heidels) Frau schöne

Eitorf 1940. Alte Schulz'sche Apotheke und Rathaus.

Grüße zu bestellen. Einige Wochen später sorgte die Rückkehr Heidels im Siegkreis für ein sprunghaftes Anwachsen der Diebstahlsrate. Nur durch vermehrte Anstrengungen der Polizeiorgane und mit Hilfe der Bevölkerung gelang schließlich seine Verhaftung.

Zum Strafkammerprozess waren 60 Zeugen geladen, wodurch der ganze Tag bis gegen 19 Uhr in Anspruch genommen wurde. Heidel bestritt jede Schuld, doch durch das umfangreiche Beweismaterial konnte er in 38 Einbruchsfällen der Täterschaft überführt werden. Zahlreiche Gegenstände, die bei dem Angeklagten beschlagnahmt worden waren, lagen vor dem Richtertisch ausgebreitet und wurden von den Bestohlenen als ihr Eigentum identifiziert. In seinem Plädoyer beantragte der Staatsanwalt zwei Jahre Zuchthaus mehr, als vom Gericht festgelegt wurden.[1]

Ein neuer
Revolver für Kriminalbeamte

Der Leuchtrevolver
eine interessante waffentechnische Neuerung.

Interessante Werbung in der Rheinisch-Westfälischen Gerichts-Zeitung aus dem Jahr 1912: Ein neu erfundenes Lichtzielrohr sollte ein sicheres Vorgehen gegen einen vom Licht geblendeten Täter ermöglichen.

264

Zwei Beziehungsdramen in Düsseldorf

Die im Oktober 1883 in Dortmund geborene Paula Bocks erwies sich schon früh als »talentvolles Mädchen«, wie es in der Rheinisch-Westfälischen Gerichts-Zeitung heißt. Mit 16 Jahren war sie bereits Inhaberin eines Bochumer Zigarrengeschäftes, welches über einen großen Kundenkreis »besserer Herren« verfügte. Paula verstand es, den Wünschen ihrer Kunden in jeder Beziehung gerecht zu werden, was größere Geldsummen in ihre Kasse fließen ließ. Da sich die Eltern allerdings mit einem solchen Gebaren nicht einverstanden erklärten, wiesen sie der Tochter, die kraft ihrer Einnahmen wie eine Prinzessin einherzustolzieren pflegte, die Tür. Zwischenzeitlich hatte sie sich auch in Köln aufgehalten, wo sie unter sittenpolizeilicher Kontrolle gestanden haben soll. Wegen Übertretung sittenpolizeilicher Vorschriften wurde sie zu einer geringen Haftstrafe verurteilt.

Wieder nach Bochum zurückgekehrt, mochte Paula Bocks wohl gemerkt haben, dass es langsam Zeit zum Heiraten sei. Der in Bochum als Lehrer tätige Konrad Schröder, ein seinerzeit »gern gesehener und gut verträglicher Mensch«, war, vom schönen Äußeren seiner Angebeteten geblendet, »derjenige, der anbiß und – hereinfiel«. Ob es seine eigene oder die Schuld seiner jungen Frau war, ist ungewiss, jedenfalls musste Schröder seinen Dienst als Pädagoge aufgeben und war fortan für ein Entgelt von 100 Mark pro Monat im Bochumer Stahlwerksverband tätig.

Auch nach der Geburt eines Kindes und dem Umzug nach Düsseldorf, wo die Eheleute Schröder eine Wirtschaft am früheren Alexanderplatz 8 übernahmen, blieb die Ehe eine unglückliche, wobei auch Schröder, der wohl Gleiches mit Gleichem zu vergelten suchte, mitunter »auf die Bummelbahn geriet und dort Vergnügungen fand, wo er sie suchte«. Die eheliche Misere kam beispielsweise bei der Gelegenheit eines Eröffnungsessens in der Wirtschaft zum Ausdruck, als Schröder mit seiner Köchin tanzte und die eifersüchtige Gattin in der Küche aus lauter Wut mehrere Stöße des teuersten Porzellans und anderes zerstörte: »Volle Sekt-, Wein- oder Liqueurflaschen an die Wände zu zertrümmern, be-

265

deutete für sie sozusagen eine Wollust, die ihren inneren Menschen wieder herstellte.«

Am 16. Dezember 1912, als Schröder es wagte, mit seinem Dienstmädchen an einem Ausflug des Westfalen-Vereins nach Köln teilzunehmen, kam es zu einem erneuten, weit schwereren Zwischenfall. Kaum hatte seine Frau von diesem Ausflug erfahren, kaufte sie in einem Düsseldorfer Geschäft einen Revolver (»Der schärfste, der da ist!«) und wartete solchermaßen bewaffnet auf ihren Mann. Als dieser um Mitternacht nichts ahnend von dem Ausflug zurückkehrte, stürmte »sein anscheinend zur wilden Furie gewordenes Weib« mit erhobenem Revolver auf ihn zu und gab einen Schuss auf ihn ab, der nur allzu gut traf, denn die Halsschlagader wurde durchbohrt. Der Gastwirt starb innerhalb weniger Minuten. Einen Tag nach der Tat versuchte die Festgenommene im Derendorfer Gefängnis, sich zu erhängen, ein Gefängniswärter konnte sie aber retten. Seitdem wurde die Inhaftierte streng bewacht, um weitere Selbstmordversuche zu verhindern.

Schon vor der Eröffnung der Schwurgerichtssitzung am 26. April 1913 hatte sich eine große Menschenmenge vor dem Düsseldorfer Gerichtsgebäude versammelt. Alles wartete auf die Ankunft des Gerichtswagens, um einen Blick auf die angeklagte Wirtsfrau werfen zu können, aber, so heißt es in einem Bericht über den Prozess, durch»den fensterlosen, mit starken Blechplatten überzogenen Wagen vermögen selbst Röntgenstrahlen nicht zu leuch-

266

ten. Der alte Kutscher Martin, nochmals seine Gäule peitschend, ist schon am großen Einfahrtstore, welches sich wie durch Zauberhand öffnet, angelangt und im Augenblick den sensationslüsternen Blicken der Menge entschwunden; niemand ist auf seine Kosten gekommen.«

In der Verhandlung, die mit Tränenausbrüchen und einem Ohnmachtsanfall der Angeklagten begann, versuchte diese, die Sache so hinzustellen, dass sie nicht den Vorsatz gehabt habe, ihren Mann zu erschießen, sondern dass dieser sie am Handgelenk gefasst habe und der Schuss versehentlich ausgelöst worden sei. Zum Abschluss der Sitzung am späten Abend erkannten die Geschworenen auf Totschlag unter Zubilligung mildernder Umstände, was auf eine fünfjährige Gefängnisstrafe hinauslief.[1]

In der gleichen Schwurgerichtsperiode wurde ein Fall verhandelt, der sich am Aschermittwoch 1913 in der Bilker Allee in Düsseldorf zugetragen hatte. Der im Mai 1873 in Düsseldorf geborene Angeklagte Karl Schäfer hatte schon einiges von der Welt gesehen. Nach dem frühen Tod seiner Mutter und einem langjährigen Aufenthalt im Waisenhaus in Oberbilk machte er seine Lehre als Schmied und begab sich dann auf Wanderschaft. 1896 gelangte er in die Niederlande, wo er in die Kolonialarmee eintrat. Im Anschluss an eine dort erhaltene Ausbildung kam er mit einem Truppentransport nach Indien. Dort war er als Pionier tätig und wurde zum Unteroffizier befördert. Infolge einer Krankheit musste er jedoch in die Niederlande zurück und begab sich nach seiner Genesung im August 1907 wieder nach Düsseldorf.

Ein dortiger Arbeitskollege war der einige Jahre jüngere Schlosser Albert Hübner, dessen 27-jährige Frau Maria Anfang Oktober 1912 mit Schäfer bekannt wurde. Bereits beim ersten näheren Kennenlernen anlässlich eines gemeinsamen Mittagessens zu dritt und anschließendem Biertrin-

Die Düsseldorfer Dienstvilla des Oberlandesgerichtspräsidenten. Ansicht der Hauptfassade (Rheinseite) und Südfassade an der Klever Straße. Zustand 1910.

Der Schmied
Karl Schäfer.

ken habe ihm, so Schäfer vor Gericht, Frau Hübner sehr zugesetzt: »Die Frau wurde hier schon sehr zudringlich, spielte alle Reize aus und setzte sich auf einmal auf meinen Schoß, mir gleichzeitig in die Beine kneifend.«

In der Folgezeit wurde der Kontakt Schäfers zu Frau Hübner immer enger, die diesen allerdings auch immer wieder um kleinere Geldbeträge bat. Einmal sagte sie zu ihm, sie wolle sich von ihrem Mann trennen, »da sie keine Lust habe, diesen am Essen zu halten«. Am 22. Oktober 1912 weigerte sich Frau Hübner nach einem Stadtbummel mit Schäfer, in ihre eheliche Wohnung zurückzukehren, doch Schäfer brachte sie trotzdem dorthin. Empfangen wurden sie vom Ehemann, der mit einem Beil an der Tür stand und drohte: »Der erste, der zur Tür hereinkommt, den schlage ich mit dem Beil tot!« Nachdem Hübner seine Frau dann doch hereingelassen hatte, hörte Schäfer nach eigenen Angaben, wie sie von ihrem Mann geschlagen wurde, worauf Schäfer die Tür eintrat und mit Frau Hübner gemeinsam die Wohnung verließ: »In dieser Nacht«, so Schäfer, »schliefen wir zum ersten Male zusammen in einem hiesigen Hotel. Auch in meiner Wohnung, in der Karlstraße gelegen, nächtigte die Frau mehrere Male bei mir. Dann kam eine Zeit, in welcher sie wieder mit ihrem Manne zusammenlebte, trotzdem aber immer bei mir Geld leihend. Dieses Geld wollte sie für den nötigsten Lebensunterhalt, hat es aber stets, wie ich hörte (hier brauchen wir den Ausdruck des Angeklagten) versoffen.«

Als sich der Kontakt im Januar 1913 wieder intensivierte, bezogen Schäfer und Frau Hübner eine gemeinsame Wohnung in der Berger Straße 19. Zuerst war seine Mitbewohnerin »ganz brav«, aber schon nach wenigen Tagen musste Schäfer ihr wiederholt Geld geben, »welches sie mit anderen Kerlen versoff, um dann abends spät betrunken nach Hause zu kommen«. Am Karnevalsmontag, dem 3. Februar 1913, brachte Frau Hübner Schäfer das Mittagessen in die Fabrik und bat ihn, nachmittags mit ihr feiern zu gehen. Diesem Wunsch wollte Schäfer auch nachkommen, doch inzwischen hatte Frau Hübner ihren Ehemann getroffen. Mit ihm besuchte sie nun die verschiedensten Kneipen, woraufhin sie nicht mehr nach Hause in die Berger Straße zurückkehrte.

Zwei Tage später, also am Aschermittwoch, begab sich Schäfer zur Mutter der Ausgerissenen, Frau Zimmer, in die Bilker Allee 202. Dort gab er seinem Missfallen darüber Ausdruck, dass er der treulosen und verschwenderischen Tochter all sein Geld gegeben und nun selbst nichts mehr zum Leben habe. Als Frau Zimmer ihm zu verstehen gab, dass sie ihm da auch nicht helfen könne, zog Schäfer aufgeregt einen Revolver und drohte: »Willst Du mir Geld geben, oder ich schieße Dich tot, aber 100 Mark müssen es sein!« In dem Moment betrat der Ehemann Hübner die Wohnung und bat seine Schwiegermutter, den Ernst der Lage erkennend, Schäfer etwas Geld zu geben. Zeugin all dieser Vorgänge war Frau Hübner, die sich die ganze Zeit in einem Nebenzimmer versteckt gehalten hatte. Als sie die Tür einen Spalt weit öffnete und Schäfer dies bemerkte, stürzte er sofort in das Nebenzimmer und ging auf seine Geliebte los. Den Moment nutzte die Mutter, um zu Nachbarn zu fliehen, während Herr Hübner hinauseilte, um die Polizei herbeizuholen.

Schäfer, der nun mit Frau Hübner allein war, forderte diese zornig und in höchster Aufregung auf, ihm Geld zu geben, das sie so leichtfertig verschleudert habe. Als ihm dann die Antwort: »Du bist wohl verrückt, Du bekommst kein Geld!« gegeben wurde, »da war es um ihn geschehen: Die Schüsse knallten und die Mordwaffe hatte nur zu gut getroffen. Der durch Weiberlist betörte und irregeführte Mörder hastete die Treppe hinunter, wo er dem Polizeibeamten Lemke in die Hände lief.« Wegen Totschlags, allerdings unter Zuerkennung mildernder Umstände, wurde Schäfer zu vier Jahren Gefängnis verurteilt.[2]

Den Freund erschossen und beraubt, Neuss 1913

Der 19-jährige Arbeiter Peter Dorsten wurde seit dem Abend des 19. Juni 1913 vermisst, nachdem er vorher noch seinen Arbeitslohn abgehoben hatte. Acht Tage später entdeckte man rund drei Kilometer von Neuss entfernt in einem hohen Kornfeld eine in Verwesung übergegangene und von Tieren angefressene Leiche, die man als die des Vermissten identifizierte. Am Kopf des Toten, der verschiedene Schusswunden aufwies, stand ein Esskessel in braunem Papier eingewickelt, auf dem mit Bleistift geschrieben stand: »Peter Lambertz hat mich getötet!« Der Bleistift, mit dem diese Mitteilung gemacht worden war, konnte nicht gefunden werden. Der beschuldigte Lambertz wurde in Haft genommen, doch stellte sich bald dessen Unschuld heraus.

Stattdessen fiel der Verdacht auf den im Januar 1894 in Korschenbroich geborenen und dort wohnhaften Fabrikarbeiter Paul Faßbender, der auf seiner Arbeitsstelle in Rheydt verhaftet wurde und sich im November 1913 vor dem Düsseldorfer Schwurgericht zu verantworten hatte. Er war, ebenso wie sein Vater, gelernter Seidenweber, stand aber in schlechtem Ruf und wechselte sehr oft seine Arbeitsstellen. Das verwunderte auch den Gerichtspräsidenten, der den Angeklagten provokant fragte:»Fußball spielen, sich mit Frauensleuten herumtreiben, Zigaretten rauchen, Vogelnester ausnehmen und den Vögeln die Hälse abdrehen, Fahrräder stehlen, das konnten Sie wohl besser?«, was Faßbender mit einem »Ja« beantwortete.

Hatte er in den Voruntersuchungen noch hartnäckig geleugnet, so gestand der Angeklagte in der Schwurgerichtssitzung nach intensivem Drängen des Gerichtspräsidenten die Tat. An jenem 19. Juni 1913 sei er in Neuss gewesen, um sich Arbeit zu suchen. Gegen 18 Uhr habe er seinen Schulfreund Dorsten getroffen, und nachdem sie noch ein Bier zusammen getrunken hätten, seien sie zu Fuß in Richtung Büttgen aufgebrochen. Faßbender hatte seinem Begleiter in Aussicht gestellt, unterwegs ein Mädchen zu treffen, mit dem er sich vergnügen könnte. Stattdessen aber, so der Angeklagte, habe er während des Marsches Streit mit Dorsten bekom-

270

men und auf diesen geschossen, weil er von ihm angegriffen worden sei. Der Grund für den Streit sei gewesen, dass er mit Dorsten »Unsittliches zu tun« im Sinn gehabt habe, womit jener aber nicht einverstanden gewesen sei. »Dorsten lief fort«, so der Angeklagte, »brach jedoch im Rübenfeld zusammen. Als ich nach einer halben Stunde zu ihm hinging, war er tot. Da ich nicht wußte, was machen, schleifte ich den Körper in das Kornfeld, nahm dem Toten das Geld ab, um einen Raubmord vorzutäuschen und schrieb die Worte auf den Zettel. Dann bin ich nach Hause gegangen.«

Ein Bekannter Dorstens hatte gehört, wie Faßbender in Neuss im Flüsterton mit Dorsten über das angeblich wartende Mädchen geredet hatte − da könnte, so die Worte Faßbenders, »was zu machen« sein. Der Bekannte ermahnte Dorsten vergeblich, sich nicht darauf einzulassen und stattdessen zu seinen Eltern nach Hause zu gehen. Auch ein Schwager Dorstens, bei dem die beiden auf ihrem Weg nach Büttgen vorbeikamen, forderte Dorsten auf, umzukehren, doch dieser entgegnete, »daß auch er einmal verbotene Freuden durchkosten wolle«. Unterwegs begegneten die beiden einem weiteren Zeugen, der etwas später die Todesschüsse hörte. Bei einer Hausdurchsuchung bei Faßbenders Eltern wurde das Portemonnaie des Getöteten gefunden. Ein Sachverständiger führte aus, dass dem Angeklagten eine außerordentliche Verlogenheit und Heuchelei eigen sei − er »spiele den Frommen und reiße zu gleicher Zeit Blätter aus dem Gebetbuche, die er in der Zelle mit Hülfe von Seegras aus der Matratze zu Zigaretten drehe«.

Der ermordete
19-jährige Peter
Dorsten.

Für den Staatsanwalt war es nach dem Abschluss der Beweisaufnahme offenkundig, dass der bewaffnete Angeklagte seinen früheren Schulfreund »in kaltberechneter Weise in den Hinterhalt gelockt« hatte, um ihn dort zu ermorden und auszurauben. Der Angeklagte habe, so der Staatsanwalt, Dorsten in Neuss abgefangen, wohl wissend, dass dieser gerade seinen Lohn bekommen hatte, habe ihn dann unter Vorspiegelung falscher Tatsachen fortgelockt und seinen Plan in die Tat umgesetzt: »Auf freiem Felde, jeder Beobachtung, jedes Menschen Blick entzogen, hat er den Freund niedergeknallt.«

Das Urteil gegen Faßbender lautete am 27. November 1913 nach dreitägiger Verhandlung auf Todesstrafe wegen Mordes in Tateinheit mit Raub. Nach Verkündung des Urteils fiel der Delinquent in Ohnmacht und musste von zwei Gerichtsbeamten aus dem Saal getragen werden. Am 8. Oktober 1914 wurde der Verurteilte zusammen mit dem Raubmörder Ernst Georg Tetzlaff im Kölner Klingelpütz-Gefängnis mittels der Guillotine hingerichtet.[1]

Hinrichtungen in Aachen von 1907 bis 1916

Nachdem in Aachen von 1815 bis 1902 bereits 14 Hinrichtungen vollzogen worden waren, über die schon an anderer Stelle berichtet worden ist,[1] fand dort die nächste Guillotinierung im Jahr 1907 statt. Bei dem Hingerichteten, Wilhelm Schilly aus Aachen, handelte es sich um einen sehr jungen Delinquenten: Am 9. März 1907 wurde er guillotiniert, am 29. März des gleichen Jahres wäre er 20 Jahre alt geworden. Bei seiner Verhandlung am 2. Oktober 1906 vor dem Aachener Schwurgericht gab er an, er habe nach dem Besuch der Volksschule als Tagelöhner nicht immer Arbeit gehabt und seiner Mutter viele Sorgen bereitet, mit der er seit dem Tode des Vaters allein zusammenlebte. Auch mit seinem 1904 erhaltenen Erziehungsbeistand, dem Lehrer Jakobs, sei er, so Schilly, schlecht ausgekommen:»Jakobs habe ihn einmal mit einem Stock auf den Kopf geschlagen und sich sehr häufig, schon Morgens früh, erkundigt, ob er auch Arbeit habe und ob er zur Kirche gehe.«

Aus der Fürsorgeerziehung, die Anfang Februar 1905 in Bonn-Josefshöhe begann, flüchtete Schilly vier Mal, zuletzt im Sommer 1906, worauf er sich oft auch außerhalb seiner Heimatstadt Aachen aufhielt. Er äußerte wiederholt, sich nicht wieder verhaften und in die Bonner Erziehungsanstalt zurückbringen lassen zu wollen, da er für seine Mutter sorgen müsse, und drohte:»Auf den ersten Schutzmann, der mich verhaften will, schieße ich.«

Seine Mutter lebte zu jener Zeit nach mehreren Umzügen in Aachen-Mühlenberg, wo auch Schilly selbst in einem benachbarten Haus eine Wohnung hatte. Dorthin begab er sich am Abend des 8. September 1906 in Begleitung eines Bekannten, des mitangeklagten Eisendrehers Matthias Dinnenthal. Wie ein im gleichen Haus wohnender Zeuge aussagte, dauerte es nicht lange, bis sich der Aachener Schutzmann Jungnickel, der Schilly schon einmal verhaftet hatte, Zugang zu der in der zweiten Etage befindlichen Wohnung verschaffte und den Ausbrecher am Arm haltend abführen wollte. Auf der kaum beleuchteten Treppe, so der Zeuge, habe sich Schilly aber plötzlich in Richtung des Schutzmanns gedreht, einen Revolver direkt gegen dessen Brust gerichtet und abgedrückt. Der Zeuge hatte den Eindruck, dass Dinnenthal durch das Leuchten mit einer Lampe diesen gezielten Schuss ermöglicht hatte.

Dann flüchtete Schilly »wie ein brüllender Löwe« die Treppe hinunter, wobei er auf den im unteren Teil des Hauses wohnhaften Schreinermeister Joseph Beckers traf. Als dieser ihn aufzuhalten versuchte, so sagte Frau Beckers aus, habe Schilly ihren Mann mit dem Revolver bedroht, mit einer raschen Bewegung habe ihr Mann jedoch die Waffe zur Seite gedrückt, Schilly gefasst und zu Boden geworfen. In dem Moment sei auch der verwundete Jungnickel hinzugekommen, und obwohl er Schilly mit einem Stock einen wuchtigen Schlag auf den Kopf gegeben habe, sei es diesem gelungen, aus dem Haus zu entkommen. Als sich ihm auf der Straße der Schutzmann Koop entgegenstellte, schlug er diesem ins Gesicht und biss ihm in die Hände. Nicht viel später konnte Schilly auf der Straße von Schutzleuten festgenommen werden, während der schwer verletzte Jungnickel etwa zur gleichen Zeit in der Wohnung der Beckers verstarb.

Wegen dieses Mordes verhängte das Gericht die Todesstrafe über Schilly. Ferner wurde er wegen des Tötungsversuche an Beckers,

Körperverletzung und Diebstahls eines Fahrrads, aus dessen Erlös er sich den Revolver gekauft hatte, zu einer Gesamtzuchthausstrafe von drei Jahren und einem Monat verurteilt, die er nicht mehr anzutreten brauchte. Dinnenthal belegte das Gericht wegen Beihilfe mit einer Zuchthausstrafe von einem Jahr und sechs Monaten.

Die Hinrichtung Schillys nahm Scharfrichter Gröpler auf dem an der westlichen Seite der Aachener Strafanstalt gelegenen sogenannten Isolierhof vor. Nach der Exekution, die nur wenige Minuten dauerte, wurde die Guillotine von Gefangenen gereinigt und auseinandergenommen, bevor sie wieder nach Köln zurücktransportiert wurde. Wie es in einem Zeitungsbericht über die Hinrichtung heißt, war in das Messer der Guillotine – der einzigen im ganzen Oberlandesgerichtsbezirk – die Jahreszahl 1792 und eine Jakobinermütze eingraviert.[2]

Hierzu sei erwähnt, dass die 1794 von den Franzosen eroberten rheinischen Gebiete erst vier Jahre später mit Guillotinen »versorgt« wurden. In Köln trafen am 16. Oktober 1798 drei Guillotinen ein, die für das Roerdepartement (Köln), das Saardepartement (Trier) und das Donnersbergdepartement (Mainz) vorgesehen waren.[3]

In einer Verhandlung des Aachener Schwurgerichts vom 18. und 19. Februar 1910 ging es um ein Sittlichkeitsverbrechen und Mord an dem neunjährigen Wilhelm Haller aus Dorff bei Kornelimünster. Dieser Fall sorgte in der Öffentlichkeit auch deshalb für großes Aufsehen, weil in den vorangegangenen zwei Jahrzehnten mehrere Morde besonders an Mädchen und Frauen vorgekommen waren, ohne dass man des Täters oder der Täter hätte habhaft werden können. Nach der Verlesung des Anklagebeschlusses wurde die Öffentlichkeit für die ganze Dauer der Verhandlung ausgeschlossen, dabei aber der Presse die Anwesenheit unter der Bedingung gestattet, dass in der Berichterstattung in keiner Weise auf gewisse Details eingegangen werden dürfe.

Die Tat hatte sich am Mittwoch, dem 21. Juli 1909, bei Dorff zugetragen. An jenem Tag wurde Wilhelm gegen 7 Uhr morgens von seiner Mutter ausgeschickt, um dem in einem Feld mit Mäharbeiten beschäftigten Vater Kaffee zu bringen. Auf dem Rückweg traf der Junge nur etwa 150 Meter von der Arbeitsstelle seines Vaters entfernt auf den ihm unbekannten, wegen zwei Sittlichkeits-

delikten bereits vorbestraften Tagelöhner Johann Cornelius Niederau aus Kornelimünster. Wie dieser in der Voruntersuchung gestand, habe er beim Anblick des Jungen sofort den Entschluss gefasst, sich an ihm zu vergehen. Nach dieser Tat schnitt er dem Neunjährigen den Hals durch, »damit er ihn nicht wegen des an ihm begangenen Sittlichkeitsverbrechens verraten könne«. Der Vorgang spielte sich ab, während der ahnungslose Vater in geringer Entfernung bei seinem Frühstück saß. Infolge des aus der entgegengesetzten Richtung kommenden Windes war das Jammern des Jungen nicht bis zu dessen Vater gedrungen. Die Schwurgerichtsverhandlung, während der sich Niederau geistesgestört stellte, endete mit einem Todesurteil, das von Scharfrichter Gröpler am 12. Mai 1910 auf dem Isolierhof vollstreckt wurde.[4]

Als Nächstes reiste Gröpler in Aachen an, um eine Doppelhinrichtung vorzunehmen. Am 29. April 1914 guillotinierte er den 26-jährigen Dienstknecht und Schuhmachergehilfen Johann Martin Stegers aus Beggendorf und die über zehn Jahre ältere Witwe Maria Elisabeth Kochs aus Blaustein (Gut Blaustein) in Übach-Palenberg. Beide waren im »Blausteiner Mordprozeß« vor dem Aachener Schwurgericht wegen gemeinschaftlich begangener Er-

276

mordung des Ehemanns von Frau Kochs, Peter Joseph Kochs, zum Tode verurteilt worden. Der Prozess hatte sich am 26. November 1913 so lange hingezogen, dass die beiden Todesurteile erst nach Mitternacht verkündet werden konnten.

Wie aus der Verhandlung hervorgeht, hatte Frau Kochs ihren Mann im August 1895 geheiratet und war Mutter von elf Kindern. Nachdem Stegers Ende 1912 zur Bedienung der Dreschmaschine bei den Kochs in Diensten getreten und Frau Kochs auch zwischenmenschlich nähergekommen war, sei er von dieser, so Stegers, wiederholt aufgefordert worden, den Ehemann, der sie so schlecht behandle, aus der Welt zu schaffen, damit sie ihn, Stegers, heiraten könne. Auf die ständigen Bitten hin sei er schließlich zu dem Entschluss gekommen, ihr zu Willen zu sein und eine Gelegenheit abzupassen, den Hausherrn zu erschießen. Als Stegers Frau Kochs gesagt habe, der von ihr beschaffte 7-Millimeter-Revolver sei nicht zweckentsprechend, habe sie ihm 20 Mark gegeben mit dem Auftrag, einen schwereren Revolver zu kaufen, woraufhin er in Heinsberg einen 9-Millimeter-Revolver besorgt habe.

Am 20. Juli 1913 schien eine günstige Gelegenheit zur Ausführung des Mordplanes gekommen zu sein. Ohne etwas zu ahnen, besuchte Herr Kochs an jenem Tag zusammen mit seinem Knecht Stegers das Kriegerfest in Lindern. Nach der Darstellung des Letzteren vor dem Schwurgericht verließen sie gegen 19 Uhr das Vereinslokal in Lindern und kehrten nach Beggendorf zurück. Hier trennten sich beide. Während Kochs vorerst noch im Dorf blieb, eilte Stegers in Richtung Blaustein, wo er sich am Weg versteckte, um seinem Dienstherrn aufzulauern. Als dieser in der Dunkelheit an ihm vorbeiging, folgte ihm Stegers und gab aus naher Distanz fünf Schüsse auf sein Opfer ab. Unter Aufbietung aller Kräfte gelang es diesem trotzdem, nach Hause zurückzukehren. Im Hausflur brach Kochs zusammen und wurde nun von seiner Frau und Stegers in die Küche geschleppt. Letzterer fasste hierauf den röchelnden Mann an der Kehle und würgte ihn. Frau Kochs hielt einen Arm ihres Mannes fest und drückte ihm mit der anderen Hand den Mund zu. Als Kochs sich nicht mehr rührte, eilte Stegers zurück nach Beggendorf und legte sich ins Bett, um ein Alibi nachweisen zu können.

Beide Täter versuchten, das Geschehene als Raubüberfall von unbekannter Seite darzustellen, was aber schnell widerlegt werden konnte. Stegers gab vor Gericht an, Frau Kochs habe schon vor der Tat versucht, ihren Mann zu vergiften. Dreimal habe sie ihm Arsenik in Nahrungsmitteln verabreicht, doch der Plan sei nicht gelungen, weil er jedes Mal sofort den bitteren Geschmack bemerkt habe. Bei einer Hausdurchsuchung im Hause Kochs fand man das angeblich gestohlene Geld und eine kleine Flasche mit Gift. Wegen des Vergiftungsversuchs wurde Frau Kochs außer der verhängten Todesstrafe zusätzlich zu fünf Jahren Zuchthaus verurteilt.[5]

Noch jünger als der 1907 hingerichtete Wilhelm Schilly war der 18-jährige Bergmann Bonifazius Ruffing aus Oberbexbach (bei Homburg), als er im Juli 1916 seinen letzten Gang antrat. Er war überführt worden, in der Nacht zum 11. Januar 1916 den 55-jährigen Bergmann Schaffrath ermordet und beraubt zu haben. Trotz seiner Jugend war Ruffing schon wegen Sachbeschädigung, Diebstahls und Körperverletzung (einmal an seinem eigenen Vater) vorbestraft.

Der Ermordete hatte zuvor allein in einer Wohnung in Kellersberg bei Alsdorf gelebt. Nachdem er am 10. Januar 1916 seinen Lohn erhalten hatte, wurde er nicht mehr gesehen. Bei angestellten Nachforschungen fand man am 17. Januar seine Leiche in der Abortgrube seiner mit vielen Blutspuren versehenen Wohnung. Die Schädeldecke des Toten war durch eine Anzahl Axthiebe zertrümmert worden. Hinter einem Vorhang versteckt, wurden eine Kiste mit blutbefleckten Wäschegegenständen und ein schweres Grubenbeil entdeckt, welches nach dem Befund als Mordwaffe gedient hatte.

Der Tatverdacht fiel sofort auf Ruffing, der einige Tage bei dem Ermordeten zu Besuch und seit dessen Verschwinden selbst auch nicht mehr zu sehen gewesen war. Der in seiner Heimat in Oberbexbach verhaftete junge Bergmann bequemte sich erst nach langem Zögern zu einem Geständnis, wonach der Verstorbene »ungehörige Sachen« von ihm verlangt habe. Dadurch sei er derart in Wut geraten, dass er blindlings mit einem Beil auf den im Bett liegenden Schaffrath eingeschlagen habe. Erst dann sei er auf den Gedanken gekommen, »etwas mitzunehmen«. Die aus Geld, einigen Kleidungsstücken und sonstigen Gegenständen bestehende Beute wurde bei der Festnahme des Täters teilweise bei diesem aufgefunden.

Der Fall kam am 6. März 1916 vor dem in der Presse so bezeichneten »Zivilkriegsgericht« in Aachen zur Verhandlung. Es kam zu der Überzeugung, dass der Angeklagte sein Opfer vorsätzlich und mit Überlegung getötet habe, um es seiner Habseligkeiten zu berauben, sodass das kriegsgerichtliche Urteil auf Todesstrafe wegen Raubmordes lautete. Das Urteil wurde am 6. Juli 1916 in Aachen am Scheibenstand durch Erschießen vollstreckt, nachdem ein Gnadengesuch des Verurteilten abschlägig beschieden worden war. Der Oberstaatsanwalt am Oberlandesgericht Köln hatte in einem Bericht vom April 1916 die Hinrichtung auch deshalb befürwortet, da sie in der Öffentlichkeit mit Genugtuung aufgenommen werden dürfte, zumal gerade im Oberlandesgerichtsbezirk Köln »während der Zeit des Krieges die schweren Bluttaten sich bedenklich gehäuft« hätten.[6]

Liste der Hinrichtungen in der Rheinprovinz, 1815–1918

Im Folgenden finden wir 127 Hinrichtungen aufgeführt, die von 1815 bis 1918 in der preußischen Rheinprovinz vorgenommen wurden. Der größte Teil davon entfiel auf Köln (32 Hinrichtungen), gefolgt von Aachen (19), Düsseldorf (14), Koblenz (elf), Trier (neun), Bonn und Duisburg (jeweils acht), Essen und Saarbrücken (jeweils sieben), Elberfeld (sechs), Kleve (vier) sowie Krefeld und Werden (jeweils eine Hinrichtung). Nach der letzten öffentlichen Hinrichtung am 26. August 1850 auf dem Kölner Neumarkt (Peter Schenkel) fanden die Hinrichtungen in der Folgezeit in den Gefängnissen der jeweiligen Städte statt. Davon ausgenommen sind die Hinrichtungen durch Erschießen in Köln (Wahner Heide), Bonn (Venusberg), Saarbrücken (Stadtwald Schanzenberg) und Aachen (Scheibenstand).

	Datum	Name und letzter Wohnort	Ort der Hinrichtung
1	1818, Oktober	Roeder, Peter, unbekannt	Trier (öffentlich)
2	1819, 20.09.	Moelders, Christina, aus Kleve	Aachen (Vaalser Tor)
3	1823, 11.07.	Lüders, Johann Karl, aus Rees	Werden/Ruhr (Markt)
4	1824, 23.02.	Pickartz, Friedrich, aus Rödingen	Aachen (Vaalser Tor)
5	1824, 26.04.	Kleingans, Johann, aus Saeffelen	Aachen (Vaalser Tor)
6	1824, 03.05.	Moll, Adolph, aus Bonn-Beuel	Köln (Margarethenplatz)
7	1824, 08.05.	Dieter, Christoph, aus Wallhausen	Koblenz (Clemensplatz)
8	1825, 02.08.	Kilian, Johann, aus Troyes	Trier (öffentlich)
9	1826, 21.12.	Jussen, Stephan, aus Koblenz	Koblenz (Clemensplatz)
10	1827, 15.02.	Weber, Mathias, aus Bell	Koblenz (Clemensplatz)
11	1831, 19.02.	Fasbender, Johann, aus Alfter	Köln (Eselsmarkt/Marsilstein)
12	1835, 03.04.	Lohmann, Wilhelm Heinrich, aus Bönning	Kleve (Großer Markt)
13	1841, 20.07.	Brochhausen, Jakob, aus Köln	Köln (Frankenplatz)
14	1842, 05.02.	Binz, Johann, aus Trier	Trier (Palast-Paradeplatz)
15	1845, 04.04.	Jacobs, Peter, aus Marienbaum	Kleve (Großer Markt)
16	1847, 03.09.	Becker, Christian, aus Groß–Königsdorf	Köln (Gereonsdriesch)
17	1848, 16.06.	Birkenheuer, Johann, aus Saffig	Koblenz (Platz Salzmagazin)
18	1848, 16.06.	Dötsch, Barbara, aus Saffig	Koblenz (Platz Salzmagazin)
19	1850, 09.07.	Mertens, Hermann Josef, aus Pannesheide	Aachen (Templergraben)

Datum	Name und letzter Wohnort	Ort der Hinrichtung
20	1850, 18.07.	Plum, Joseph, aus Aachen	Aachen (Templergraben)
21	1850, 25.07.	Wettschreck, Carl Fr. Aug., aus Elberfeld	Elberfeld (Brausenwerther Platz)
22	1850, 26.08.	Schenkel, Peter, bei Longerich	Köln (Neumarkt)
23	1851, 12.12.	Cajetan, Peter, aus Bonn	Bonn
24	1853, 10.01.	Terry, Gereon, aus Lövenich	Aachen
25	1853, 17.06.	Holthausen, Joseph, aus Duffenter	Aachen
26	1853, 07.07.	Stein, Wilhelm, aus Peppinghausen	Köln
27	1853, 27.09.	Hoffmann, Johann Peter, aus Ormont	Trier
28	1855, 10.02.	Knipprath, Christoph, aus Schleiden	Aachen
29	1855, 10.02.	Wershoven, Anton, aus Düren	Aachen
30	1855, 23.06.	Rausch, Friedrich, aus Köln	Köln
31	1855, 23.06.	Rausch, Valentin, aus Köln	Köln
32	1855, 23.06.	Waldenburg, Lucas, aus Köln	Köln
33	1855, 22.11.	Roß, Johann, aus Thuir	Aachen
34	1856, 16.07.	Gerhards, Peter, aus Birgden	Aachen
35	1856, 26.11.	Wiesel, Werner, aus Vussem	Aachen
36	1857, 14.10.	Kämmerich, Amalie, aus Scheel	Köln
37	1857, 22.10.	Clefisch, Engelbert, aus Ramrath	Düsseldorf
38	1860, 10.02.	Steiniger, August, aus Elberfeld	Elberfeld
39	1863, 03.07.	Purrio, Anna Margaretha, aus Koch	Düsseldorf
40	1863, 03.07.	Purrio, Peter Anton, aus Koch	Düsseldorf
41	1865, 23.11.	Thelmann, Anton, aus Köln-Kalk	Köln
42	1867, 15.11.	Göbbels, Winand, aus Venlo	Kleve
43	1882, 11.01.	Schiff, Wilhelm, aus Weitmar	Essen
44	1883, 19.05.	Muntz, Adolph, aus Sombers	Düsseldorf
45	1885, 20.08.	Dahlhausen, Peter, aus Vinxel	Bonn
46	1885, 31.08.	Peters, Franz Gottfried, aus Lürrip	Düsseldorf
47	1887, 02.07.	Overkamp, Johann, aus Wesel	Duisburg
48	1890, 19.04.	Schmidt, Friedrich, aus Bulmke	Düsseldorf
49	1891, 03.01.	Kohlbecher, Franz, aus Volmerswerth	Düsseldorf
50	1892, 13.02.	Lux, Heinrich, aus Geislautern	Saarbrücken
51	1892, 18.08.	Klonisch, Johann, aus Dülken	Düsseldorf
52	1892, 29.09.	Eckard, Ignaz, aus Remscheid	Elberfeld
53	1893, 03.08.	Brendgen, Hermann, aus Düsseldorf	Düsseldorf
54	1893, 08.08.	Krickel, Angela, aus Pohlbach	Trier
55	1893, 10.11.	Übelgünn, Friedrich Gustav, aus Sprockhövel	Essen

Datum		Name und letzter Wohnort	Ort der Hinrichtung
56	1894, 13.02.	Gier, Josef, aus Püttlingen	Saarbrücken
57	1894, 22.02.	Pötz, Wilhelm, aus Niederweyer	Duisburg
58	1894, 17.03.	Am Winkel, Bernhard, aus Köln	Köln
59	1894, 15.09.	Hoeck, Hermann Joseph, aus Köln	Köln
60	1894, 27.11.	Lethen, Heinrich, aus Godesberg	Bonn
61	1894, 14.12.	Wölwerscheid, Nikolaus, aus Mayen	Koblenz
62	1895, 23.04.	Küpper, Konrad, aus Titz	Aachen
63	1895, 05.07.	Wirtz, Franz Josef, aus Vennheide (Lehe)	Düsseldorf
64	1895, 05.07.	Wirtz, Karl Theodor, aus Lehe	Düsseldorf
65	1895, 02.11.	Brosius, Friedrich, aus Essen	Essen
66	1895, 31.12.	Bläsing, Friedrich, aus Solingen	Elberfeld
67	1896, 12.06.	Henzerling, Adolf, aus Elberfeld	Elberfeld
68	1896, 04.07.	Meurer, Lorenz, aus Stipshausen	Trier
69	1896, 04.07.	Schneider, Elisabeth, aus Stipshausen	Trier
70	1896, 20.08.	Thomas, Joseph, aus Köln	Köln
71	1896, 25.09.	Blaes, Franz, aus Michelbach	Trier
72	1898, 21.05.	Schmitz, Anton, aus Hamborn	Duisburg
73	1898, 21.05.	Sauter, Franz, aus Schmidthorst	Duisburg
74	1898, 21.05.	Graat, Theodor, aus Hamborn	Duisburg
75	1898, 21.05.	Schula, Karoline, aus Meiderich	Duisburg
76	1898, 10.12.	Führ, Peter, aus Arlon (Niederbreisig)	Koblenz
77	1898, 10.12.	Held, Michael, aus Arlon (Eltville)	Koblenz
78	1898, 17.12.	Ciaranfi, Primo Mario Fortunato, aus Marradi	Saarbrücken
79	1900, 18.08.	Wiegand, Paul, aus Köln (Stuttgart)	Köln
80	1902, 15.11.	Frank, Ludwig, aus Aachen	Aachen
81	1903, 10.09.	Trouvain, Nikolaus, aus Buprich	Saarbrücken
82	1904, 16.01.	Wengust, Johann, aus Asberg	Duisburg
83	1905, 01.04.	Stankiewicz, Johann, aus Düsseldorf	Düsseldorf
84	1905, 20.07.	Stoffel, Philipp, aus Windesheim	Koblenz
85	1906, 28.04.	Körtgen, Mathias, aus Köln–Mülheim	Köln
86	1906, 13.08.	Sobolewski, Adalbert, aus Gladbeck	Essen
87	1906, 01.09.	Bloemers, Adolf, aus Mönchengladbach	Düsseldorf
88	1906, 01.09.	Bloemers, Leonhard, aus Mönchengladbach	Düsseldorf
89	1907, 09.03.	Schilly, Wilhelm, aus Aachen	Aachen
90	1907, 15.11.	Muckel, Anton, aus Hervest (Dorsten)	Essen
91	1908, 02.04.	Baic, Nikolaus, aus Mayen	Bonn

	Datum	Name und letzter Wohnort	Ort der Hinrichtung
92	1908, 02.04.	Beslac, Daniel, aus Mayen	Bonn
93	1908, 02.04.	Kantar, Milos, aus Mayen	Bonn
94	1909, 27.08.	Maagh, Franz, aus Trier	Trier
95	1910, 12.05.	Niederau, Johann Cornelius, aus Kornelimünster	Aachen
96	1910, 07.07.	Felix, Wilhelm, aus Winterborn	Köln
97	1910, 03.09.	Oste, Hermann, aus Utfort	Kleve
98	1911, 29.03.	Grub, Karl, aus Mayen	Koblenz
99	1912, 28.02.	Szeliga, Stephan, aus Mörz	Koblenz
100	1912, 05.11.	Knopp, Johann Peter, aus Köln	Köln
101	1912, 13.11.	Schobbenhaus, Karl, aus Cronenberg	Elberfeld
102	1912, 17.12.	Bruyn, Theodor de, aus Krefeld-Bockum	Krefeld
103	1914, 20.03.	Nowack, Peter, aus Marl	Duisburg
104	1914, 29.04.	Stegers, Johann Martin, aus Beggendorf	Aachen
105	1914, 29.04.	Kochs, Maria Elisabeth, vom Gut Blaustein	Aachen
106	1914, 12.05.	Reuter, Johann Wilhelm, aus Köln	Köln
107	1914, 08.10.	Tetzlaff, Ernst Georg, aus Köln	Köln
108	1914, 08.10.	Fassbender, Paul, aus Korschenbroich	Köln
109	1915, 18.02.	Schwarz, Max, aus Solingen	Köln
110	1915, 12.05.	Pfaff, Adam, aus Elversberg	Köln
111	1915, 11.06.	Rein, Karl, geb. in Dudweiler	Köln (Erschießungskommando)
112	1915, 17.07.	Szymanski, Franz, aus Köln	Köln (Erschießungsk.)
113	1915, 03.09.	Völker, Josef	Köln
114	1915, 06.10.	Müller, Heinrich, aus Saarbrücken	Köln
115	1915, 06.10.	Wagner, Franz, aus Saarbrücken	Köln
116	1916, 22.01.	Höfer, Agnes, aus Bonn	Bonn (Erschießungsk.)
117	1916, 06.05.	Gennari, Alfredo, aus Dillingen	Saarbrücken (Eschießungsk.)
118	1916, 06.07.	Ruffing, Bonifazius, aus Oberbexbach	Aachen (Erschießungsk.)
119	1916, 21.07.	Geleen, Hermanus van, geb. in Haarlem	Köln (Erschießungsk.)
120	1917, 10.02.	Früh, Christian	Köln (Erschießungsk.)
121	1917, 27.02.	Hahn, Franz, geb. in Essen-Borbeck	Köln (Erschießungsk.)
122	1917, 27.02.	Kaefer, Peter, geb. in Lank	Köln (Erschießungsk.)
123	1917, 04.05.	Ruch, Kamill, aus Mühlhausen	Saarbrücken (Erschießungsk.)
124	1918, 14.06.	Erdveld, Camille, aus Anderlecht	Essen
125	1918, 14.06.	Kodat, Georg, aus Sutki	Essen
126	1918, 24.06.	Wagner, Friedrich, aus Dudweiler	Saarbrücken (Erschießungsk.)
127	1918, 17.08.	Baier, Heinrich	Bonn (Erschießungsk.)

La
GUILLOTINE
DE FEURS
AYANT EXÉCUTÉ
DES
TERREUR

Anmerkungen

Die Entscheidung für die Guillotine:

1 Wolffram, Josef/Klein, Adolf: Recht und Rechtspflege in den Rheinlanden, Köln 1969, S. 78–98; Ramlau, Max: Wie wird im Deutschen Reiche die Enthauptung vollstreckt? Berlin 1900, S. 42–47, 52 und 95.

2 Zur Häufigkeit der Begnadigungen s. beispielsweise: GStA Berlin, Rep. 84a Nr. 8143; Bürger, Udo: Schurken, Schande & Schafott. Zur Kriminalgeschichte in Aachen und Umland von 1794 bis 1900, Aachen 2004, S. 72.

3 Niederrheinisches Archiv für Gesetzgebung, Rechtswissenschaft und Rechtspflege, Hrsg.: von Sandt und Zum Bach, Bd. 1, Köln 1817, S.189–204; Bürger (wie Anm. 2), S. 73.

4 GStA Berlin, Rep. 84a Nr. 8143; Landesarchiv NRW, Abt. Rheinland, Regierung Aachen, Nr. 919 (Schreiben vom 14. September 1818; hier heißt es, Jansen sei am 15. November 1817 gestorben).

5 Ramlau (wie Anm. 1), S. 40 und 44; Kölnische Volkszeitung vom 12. September 1926.

6 Kölnische Zeitung Nr. 205 vom 27. August 1850, auch Nr. 280 vom 22. November 1850; Elberfelder Zeitung Nr. 204 vom 27. August 1850 und Nr. 275 vom 17. November 1850; Kölner Stadt-Anzeiger Nr. 30 vom 19. Januar 1894; GStA Berlin, Rep. 84a Nr. 8144; Bürger, Udo: Bleche Botz und Klingelpütz. Kölner Kriminalfälle von 1815–1918, Köln 2009, S. 77; ausführlicher in: Rheinisch-Westphälische Zeitung Nr. 200 vom 27. August 1850 (Beilage).

7 Bürger (wie Anm. 2), S. 92/93; zum Fall Terry vgl. auch: Neue Preußi-

sche Kreuz-Zeitung vom 14. Januar 1853, Echo der Gegenwart nebst Aachener Anzeiger vom 10. Januar 1853 und Magdeburgische Zeitung vom 20. Juni 1852; zu weiteren Quellen, die in Bürger (wie Anm. 2) zu den Hinrichtungen in Aachen nicht angegeben sind, vgl.: Hinrichtung Christina Moelders: Stadt-Aachener Zeitung vom 17. September 1818 und 20. September 1819 sowie Magdeburgische Zeitung vom 28. September 1819, Hinrichtung Johann Kleingans: Stadt-Aachener Zeitung vom 27. April 1824, Magdeburgische Zeitung vom 4. Mai 1824 und Münchener Politische Zeitung vom 18. Dezember 1823, Hinrichtung Hermann Josef Mertens: Der Bayerische Landbote vom 15. Juli 1850 und Aachener Anzeiger vom 9. Juli 1850, Hinrichtung Joseph Plum: Aachener Post vom 12. Mai 1910 und Aachener Anzeiger vom 18. Juli 1850, Hinrichtung Joseph Holthausen: Echo der Gegenwart nebst Aachener Anzeiger vom 17. Juni 1853, Hinrichtungen Christoph Knipprath und Anton Wershoven: Neue Preußische Kreuz-Zeitung vom 16. Februar 1855 und Echo der Gegenwart nebst Aachener Anzeiger vom 22. bis 26. Juni 1854 sowie vom 11. Februar 1855, Hinrichtung Peter Gerhards: Echo der Gegenwart vom 17. Juli 1856, Hinrichtung Werner Wiesel: Echo der Gegenwart vom 23. Juli 1856, Hinrichtung Konrad Küpper: Norddeutsche Allgemeine Zeitung vom 24. April 1895, Tagebuch Friedrich Reindel (Braunschweigisches Landesmuseum), unveröffentlicht, 119. Hinrichtung, Hinrichtung Ludwig Frank: Landesarchiv NRW, Abt. Rheinland, Rep. 145 Nr. 327.

8 Saar- und Mosel-Zeitung vom 29. Januar und 12. Juli 1853; Magdeburgische Zeitung vom 10. Juli 1853; Kölnische Zeitung Nr. 187 vom 8. Juli 1853, auch Nr. 173 vom 24. Juni 1855; GStA Berlin, Rep. 84a Nr. 8144; Kölner Stadt-Anzeiger Nr. 30 vom 19. Januar 1894; Aachener Zeitung Nr. 188 vom 9. Juli 1853; zu weiteren Hinrichtungen in Köln vgl.: Bürger (wie Anm. 6).

Öffentliche Hinrichtungen in Trier, 1818, 1825 und 1842:

1 Vossische Zeitung vom 22. Oktober 1818.

2 GStA Berlin, Rep. 84a Nr. 8143 (eine der Begnadigten von 1818 war Margaretha Beuth aus der Rheinprovinz, deren wegen Kindesmordes über sie verhängte Todesstrafe in lebenslange Zuchthausstrafe umgewandelt wurde; 1821 wurden Johann Joseph Schönen, wegen Totschlags und Raubes zum Tode verurteilt, sowie Jacob Alwitz, wegen Mordes zum Tode verurteilt, beide aus der Rheinprovinz, begnadigt).

3 Trierische Zeitung vom 4. August 1825; Amtsblatt Regierung Trier 1825 (Trier, den 2. August 1825); GStA Berlin, Rep. 84a Nr. 8143.

4 Magdeburgische Zeitung vom 17. Juni 1824.

5 Aachener Zeitung vom 9. und 15. Februar 1842; Trierische Zeitung vom 6. Februar 1842; Kölnische Zeitung Nr. 39 vom 8. Februar 1842; Amtsblatt Regierung Trier 1842, S. 54–56; GStA Berlin, Rep. 84a Nr. 8143; Bürger, Udo: Mord aus »Melancholie«. Eifeler Kriminalfälle von 1675 bis 1898, Aachen 2006, S. 71; Angabe »Palast-Paradeplatz«: www.volksfreund.de (Archiv: 1892 in Pohlbach: Mord an Bahnwärter).

6 Bürger (wie Anm. 5), S. 28.

7 Bürger, Udo: Die Guillotine im Schatten des Domes. Zur Kriminalgeschichte Kölns in der Franzosenzeit (1794–1814), Aachen 2001, S. 77/78.

8 Bürger, Udo: Bleche Botz und Klingelpütz. Kölner Kriminalfälle von 1815–1918, Köln 2009, S. 30–38, 42–47 und S. 74–77.

9 Bürger, Udo: Schurken, Schande & Schafott. Zur Kriminalgeschichte in Aachen und Umland von 1794 bis 1900, Aachen 2004, S. 51–62, 75–79, 90–92 und S. 135; zum Fall Pickartz vgl. das Kapitel: Gemeinsame Ermordung einer Ehefrau in Rödingen, 1823.

Nicht öffentliche Hinrichtungen in Trier:

1 Saar- und Mosel-Zeitung vom 30. März 1853; Neue Triersche Zeitung (vormals Saar- und Mosel-Zeitung) vom 28. September 1853; Aachener Zeitung Nr. 272 vom 1. Oktober 1853; Intelligenz-Blatt für die Kreise Prüm, Bitburg und Daun Nr. 79 vom 9. Oktober 1853; Neue Preußische Kreuz-Zeitung vom 30. September 1853; Amtsblatt Regierung Trier 1853, S. 226; GStA Berlin, Rep. 84a Nr. 8144; Bürger, Udo: Mord aus »Melancholie«. Eifeler Kriminalfälle von 1675 bis 1898, Aachen 2006, S. 73/74.

2 Bürger (wie Anm. 1), S. 128–130; vgl. zu dem Fall auch: Kölner Gerichts-Zeitung Nr. 469 vom 25. März 1893, Trierer Zeitung vom 18. März 1893, Neue Preußische Kreuz-Zeitung vom 9. August 1893, Saar- und Mosel-Zeitung vom 18. und 20. März sowie vom 8. August 1893, Trierische Zeitung Nr. 231 vom 8. August 1893, Tagebuch Friedrich Reindel, unveröffentlicht, 82. Hinrichtung, und GStA Berlin, Rep. 89 Nr. 18580.

3 Trierische Landeszeitung Nr. 88, 89 und Nr. 90 vom 22. und 23. Februar 1895 sowie Nr. 299 vom 3. Juli 1895 und Nr. 302 vom 4. Juli 1896; Kölnische Zeitung vom 2. Mai 1895; Trierische Zeitung Nr. 195 vom 4. Juli 1896; Norddeutsche Allgemeine Zeitung vom 5. Juli 1896; Tagebuch Friedrich Reindel, unveröffentlicht, 160. und 161. Hinrichtung; Amtsblatt Regierung Trier 1896, S. 267; GStA Berlin, Rep. 89 Nr. 18580.

4 Trierische Zeitung vom 28. und 29. Februar sowie vom 25. September 1896; Trierische Landeszeitung Nr. 97, 98 und 99 vom 28. und 29. Februar 1896 sowie Nr. 444 vom 25. September 1896; Tagebuch Friedrich Reindel, unveröffentlicht, 169. Hinrichtung; Amtsblatt Regierung Trier 1896, S. 367; LHA Ko Best. 403 Nr. 6814; GStA Berlin, Rep. 89 Nr. 18580.

5 Trierische Zeitung vom 18., 19. und 20. März sowie vom 27. August 1909; Düsseldorfer Gerichts-Zeitung und Rheinische Criminalzeitung Nr. 13 vom 27. März 1909; Trierische Landeszeitung vom 27. August 1909; Berliner Tageblatt vom 27. August 1909; Landesarchiv NRW, Abteilung Rheinland, Rep. 145 Nr. 328; GStA Berlin, Rep. 89 Nr. 18580.

Hinrichtung in Werden durch das Henkersbeil, 1823:

1 Amtsblatt für den Regierungsbezirk Arnsberg, Stück 32 vom 18. August 1823, S. 330–332; Werdener Nachrichten vom 12. Juli 1952 (die »alten Zeitungsbände« als Ursprungsquelle sind nicht benannt).

Gemeinsame Ermordung einer Ehefrau in Rödingen, 1823:

1 Hecker, Klemens: Historisch-psychologische Darstellung merkwürdiger, beim Königl. Assisenhofe zu Aachen verhandelten Kriminal-Fälle, Aachen 1826, S. 5–45; Stadt-Aachener Zeitung und Kölnische Zeitung vom 24. Februar 1824; Recherchen Hans Bert Cremer, Rödingen; GStA Berlin, Rep. 84a Nr. 8143; Bürger, Udo: Schurken, Schande & Schafott. Zur Kriminalgeschichte in Aachen und Umland von 1794 bis 1900, Aachen 2004, S. 78/79 und S. 135.

Mord im Koblenzer »Bauhof«, 1825:

1 Grebel, von: Stephan Jussen, gebürtig zu Aachen, zuletzt in Coblenz wohnhaft, vor dem Königl. Assisenhofe zu Coblenz, wegen Ermordung des Bauschreibers Gottlieb Göbel und schwerer Verwundung der Ehefrau desselben, Koblenz (Pauli, 2. Auflage) 1826; vgl.: Huelke, Hans-Heinrich/Etzler, Hans: Verbrechen, Polizei, Prozesse. Ein Verzeichnis von Büchern und kleineren Schriften in deutscher Sprache, Teil 1 und 2, Wiesbaden 1959, Nr. 790.

2 Bürger, Udo: Mord aus »Melancholie«. Eifeler Kriminalfälle von 1675 bis 1898, Aachen 2006, S. 39.

3 Bürger, Udo: Schurken, Schande & Schafott. Zur Kriminalgeschichte in Aachen und Umland von 1794 bis 1900, Aachen 2004, S. 79/80 (s. dazu auch: Magdeburgische Zeitung vom 15. Mai und 22. Juli 1824, Trierische Zeitung vom 16. Mai 1824 und GStA Berlin, Rep. 84a Nr. 8143); in der Magdeburgischen Zeitung vom 22. Juli 1824 heißt es, die Guillotine sei in Koblenz vor der Hinrichtung Dieters länger als ein Jahrzehnt nicht mehr zum Einsatz gekommen.

4 Bürger (wie Anm. 2), S. 39/40 (s. dazu auch: Magdeburgische Zeitung vom 3. März 1827).

5 Bürger (wie Anm. 2), S. 71–73 (s. dazu auch: Koblenzer Tage-

blatt und Koblenzer Anzeiger vom
17. Juni 1848; Koblenzer Zeitung
vom 14. Dezember 1894).

Die Guillotine in Kleve:

1 Amtsblatt Regierung Düsseldorf
vom 3. April 1835 (auch in: Amtsblatt Regierung Koblenz Nr. 20
vom 26. April 1835, S. 172/73);
Kölnische Zeitung vom 11. April 1835; Magdeburgische Zeitung
vom 15. April 1835; Schmitter, Peter: Geschichte der Alpener Juden,
Alpen 1986, S. 37–39 (1875 wurde
eine Tochter Lohmanns, Frau Gries,
wegen Kindsmordes zu fünf Jahren
Zuchthaus verurteilt).

2 Düsseldorfer Zeitung vom 10. April
1835.

3 Vgl. Quellen unter Anm. 1.

4 Lehmann, Michael: Der Giftmord in
Marienbaum, in: Jahrbuch Kreis We-
sel 2007, S. 190–196; Kölnische Zei-
tung vom 7. April 1845; Amtsblatt
Regierung Düsseldorf Nr. 20 vom
24. April 1845; Herrenkohl, F. G./
Müller, Joh.: Gerichtlich-chemische
Untersuchung über die von Peter
Jacobs aus Marienbaum im Kreise
Cleve bewirkte Arsenik-Vergiftung,
Leipzig und Kleve 1845.

5 Goltdammer (Hrsg.): Archiv für preußisches Strafrecht, 16. Bd., Berlin 1868, S. 703–710 (hier wird der
22. November 1866 als Tag der Hinrichtung angegeben).

6 Neue Preußische Kreuz-Zeitung vom
20. November 1867; Aachener Zeitung vom 18. November 1867; National-Zeitung vom 19. November
1867; Hinrichtung im Gefängnis:
Clevischer Volksfreund vom 3. September 1910.

7 Clevischer Volksfreund vom 3. September 1910.

8 Westdeutsche Landeszeitung, Gladbach, vom 9. März 1910; Kölner Gerichts-Zeitung und Rheinische Criminalzeitung Nr. 12 vom
19. März 1910 (gleichlautend: Rheinisch-Westfälische Gerichts-Zeitung Nr. 12 vom 19. März 1910);
Clevischer Volksfreund vom 3. September 1910; Berliner Tageblatt
vom 3. September 1910; Kölnische
Zeitung vom 3. September 1910;
Landesarchiv NRW, Abt. Rheinland, Rep. 27 Nr. 40; GStA Berlin,
Rep. 89 Nr. 18580.

Delikte in der Grafschaft Neuwied:

1 Hitzig, Julius Eduard: Annalen der
deutschen und ausländischen Criminal-Rechtspflege, 12. Bd. (Jahrgang 1840, 3. Bd.), Altenburg 1840,
S. 129–255.

2 Hitzig, Julius Eduard: Annalen der
deutschen und ausländischen Criminal-Rechtspflege, 32. Bd. (Jahrgang 1845, 3. Bd.), Altenburg 1845,
S. 241–299, und 33. Bd. (Jahrgang 1845, 4. Bd.), Altenburg 1846,
S. 183–202; vgl. zu einem Überfall in der Nacht vom 17. auf den
18. Dezember 1848 auf das Haus des
Vikars Anton Wester in Marialinden: Kölnische Zeitung Nr. 173 vom
21. Juli 1849 (Todesstrafe durch den
Assisenhof Köln am 19. Juli 1849 für
die Gebrüder Johann Laurenz und
Goswin Theel aus Schachenauel); vgl.
zu einer Räuberbande, die im Raum
Düsseldorf tätig war und unter anderem den Pfarrer in Odenkirchen
bestohlen hatte: Düsseldorfer Zeitung Nr. 74 vom 27. März 1851 und
Kölnische Zeitung Nr. 176 vom
24. Juli 1851 (Umwandlung einer
am 26. März 1851 vom Assisenhof
Düsseldorf ausgesprochenen Todesstrafe für Odenthal, Koch, Wirges,
Schäfer und Mädder in lebensländli-
che Zuchthausstrafe).

3 Hitzig, Julius Eduard: Annalen der
deutschen und ausländischen Criminal-Rechtspflege, 45. Bd. (Jahr-

gang 1848, 4. Bd.), Altenburg 1848, S. 109–145; vgl. zu einem Fall in Gersweiler: Annalen der deutschen und ausländischen Criminal-Rechtspflege, 4. Bd. (Jahrgang 1838, 1. Bd.), Altenburg 1838, S. 15–49 (lebenslängliche Zwangsarbeit für den Metzger Johann Jacob Georg, der am 7. Juni 1835 in Gersweiler den Bergmann Jacob Schumann erstochen hatte).

Bluttat in der Düsseldorfer Altstadt, 1847:

1 Aktenmäßige Darstellung des in der Nacht vom 18. auf den 19. Dezember 1847 verübten furchtbaren Raubmordes an einer Mutter von 10 Kindern, der Frau Louise Morschheuser. Verhandelt in den Sitzungen der Assisen zu Düsseldorf den 26., 27., 28. und 30. Juni und 1. Juli 1848. Nebst den getreuen Bildnissen der Ermordeten und der Angeklagten, so wie einem Grundrisse der Wohnung, in welcher die That verübt worden, Düsseldorf 1848.

Hinrichtungen in Elberfeld:

1 Kölnische Zeitung Nr. 39 vom 14. Februar 1850 und Nr. 178 vom 26. Juli 1850; in der Elberfelder Zeitung vom 26. Juli 1850 heißt es außerdem: »Die Hinrichtung dauerte nur gegen 5 Minuten, worauf die anwesenden vielen Tausend Menschen, die sich heute weit ruhiger als vor 10 Tagen verhielten, wo sich zu demselben Zwecke eine ähnliche Menschenmenge eingefunden hatte, in die Stadt zurückströmte«; Aachener Zeitung Nr. 207 vom 26. Juli 1850; Landesarchiv NRW, Abteilung Rheinland, Rep. 11 Nr. 1458 (Übersicht Transportkosten der Guillotine, Köln, 6. Juli 1855); GStA Berlin, Rep. 84a Nr. 8144.

2 Bürger, Udo: Bleche Botz und Klingelpütz. Kölner Kriminalfälle von

1815–1918, Köln 2009, S. 77; Loroch, Stefanie Jessica: Zeitungsrubrik: Gerichtssaal. Strafprozessberichterstattung in Münster im 19. Jahrhundert (1848–1890), Rechtshistorische Reihe Bd. 398, Frankfurt/Main 2009, S. 80–82.

3 Vgl. das Kapitel: Vergiftungen in Scheel und Elberfeld, 1856 und 1857.

4 General-Anzeiger für Düsseldorf und Umgegend vom 30. September 1892; Remscheider Zeitung vom 3. Mai und 30. September 1892; Tagebuch Friedrich Reindel, unveröffentlicht, 61. Hinrichtung; Landesarchiv NRW, Abteilung Rheinland, Rep. 27 Nr. 40 (OStA Düsseldorf); GStA Berlin, Rep. 89 Nr. 18580; in den Quellen wechselt die Schreibweise des Namens des Hingerichteten (z. B. auch Ignatz Eckardt).

5 Hagener Zeitung vom 27. Dezember 1893; Kölnische Zeitung vom 22. Juni 1895; General-Anzeiger für Elberfeld-Barmen vom 31. Dezember 1895; Neueste Nachrichten Elberfeld vom 13. November 1912; Tagebuch Friedrich Reindel, unveröffentlicht, 142. Hinrichtung; Landesarchiv NRW, Abteilung Rheinland, Rep. 27 Nr. 40; GStA Berlin, Rep. 89 Nr. 18580.

6 General-Anzeiger für Elberfeld-Barmen vom 12. Juni 1896; Neue Preußische Kreuz-Zeitung vom 14. Juni 1896; Kölner Gerichts-Zeitung Nr. 25 vom 20. Juni 1896; Neueste Nachrichten Elberfeld vom 13. November 1912; Tagebuch Friedrich Reindel, unveröffentlicht, 151. Hinrichtung; Landesarchiv NRW, Abteilung Rheinland, Rep. 27 Nr. 40; GStA Berlin, Rep. 89 Nr. 18580.

7 General-Anzeiger für Solingen und Umgegend vom 3. und 4. Juli sowie vom 14. November 1912; Walder Zeitung, Allgemeiner Anzeiger für

die Stadtgemeinde Wald, Gräfrath und Umgegend vom 2. und 4. Juli 1912; Rheinisch-Westfälische Zeitung vom 13. November 1912; Bergisch-Märkische Zeitung vom 13. November 1912; General-Anzeiger Elberfeld vom 13. November 1912; Neueste Nachrichten Elberfeld vom 13. November 1912; Landesarchiv NRW, Abteilung Rheinland, Rep. 27 Nr. 41; GStA Berlin, Rep. 89 Nr. 18580.

Hinrichtungen in Bonn:

1 Bonner Zeitung Nr. 139 und 149 vom 15. und 28. Juni 1851 sowie Nr. 293 vom 13. Dezember 1851 (Bestätigung des Todesurteils durch König Friedrich Wilhelm IV. am 24. November 1851); Saar- und Moselzeitung vom 17. Dezember 1851; Aachener Zeitung Nr. 347 vom 14. Dezember 1851; GStA Berlin, Rep. 84a Nr. 8144; Bürger, Udo: Bleche Botz und Klingelpütz. Kölner Kriminalfälle von 1815–1918, Köln 2009, S. 77/78.

2 Bürger (wie Anm. 1), S. 223–225; außer den dort angegebenen Quellen vgl. auch: Kölnische Zeitung vom 23., 24. und 25. Januar 1885, Rheinische Gerichts-Zeitung Nr. 32 vom 22. August 1885 und GStA Berlin, Rep. 89 Nr. 18580.

3 Kölner Gerichts-Zeitung Nr. 21 vom 19. Mai 1894, Nr. 26 und 27 vom 23. und 30. Juni 1894 und Nr. 49 vom 1. Dezember 1894; Kölnische Volkszeitung vom 23. Juni 1894; General-Anzeiger für Bonn und Umgegend vom 27. und 28. November 1894; Koblenzer Volkszeitung Nr. 173 vom 31. Juli 1894 und Nr. 274 vom 28. November 1894; Kölnische Zeitung Nr. 953 vom 27. November 1894; Hamburger Fremden-Blatt vom 28. November 1894; Tagebuch Friedrich Reindel,

unveröffentlicht, 108. Hinrichtung; LHA Ko Best. 403 Nr. 6814; GStA Berlin, Rep. 89 Nr. 18580.

4 Düsseldorfer Gerichts-Zeitung und Rheinische Criminalzeitung Nr. 32 vom 10. August 1907, Nr. 44 und 45 vom 2. und 9. November 1907 und Nr. 15 vom 11. April 1908; Koblenzer Zeitung vom 24., 25., 26. und 28. Oktober 1907; General-Anzeiger Bonn vom 2. April 1908; Berliner Tageblatt vom 29. März 1908; Landesarchiv NRW, Abt. Rheinland, Rep. 145 Nr. 327; GStA Berlin, Rep. 89 Nr. 18580.

5 Hoffknecht, Simone: Die Todesstrafe im Deutschen Reich während des Ersten Weltkrieges (Magisterarbeit), Bayreuth 2001, S. 16–18 und S. 128–130.

6 Landesarchiv NRW, Abt. Rheinland, Rep. 195 Nr. 12 (LG und StA Bonn) und Rep. 145 Nr. 168 (OStA Köln); GStA Berlin, Rep. 89 Nr. 18583; Hoffknecht (wie Anm. 5), S. 45/46 und S. 123–127.

7 Landesarchiv NRW, Abt. Rheinland, Rep. 145 Nr. 180.

Anna Barbara Zisgen und ihre Stieftochter, Weitersburg, 1855:

1 Hitzig, J. E./Häring, W.: Der neue Pitaval. Eine Sammlung der interessantesten Criminalgeschichten aller Länder aus älterer und neuerer Zeit, 25. Teil (3. Folge, 1. Teil), Leipzig 1858, S. 209–255.

Die Guillotine in Düsseldorf:

1 Goltdammer (Hrsg.): Archiv für preußisches Strafrecht, 8. Bd., Berlin 1860, S. 509–512; Düsseldorfer Zeitung vom 29. April und 23. Oktober 1857; Neue Preußische Kreuz-Zeitung vom 25. Oktober 1857; GStA Berlin, Rep. 84a Nr. 8144.

2 Düsseldorfer Zeitung vom 5. Dezember 1862 und 4. Juli 1863; Aachener Zeitung vom 7. Dezember 1862

(hier »Anhausen« statt »Amhausen«);
Kölnische Zeitung vom 5. Juli 1863;
Neue Preußische Kreuz-Zeitung
vom 5. und 7. Juli 1863; GStA Berlin, Rep. 84a Nr. 8145.

3 General-Anzeiger für Düsseldorf und
Umgegend vom 31. Januar, 1. und
2. Februar sowie 20. Mai 1883; General-Anzeiger Düsseldorf vom
20. Mai 1883; Rheinisch-Westfälische Zeitung Nr. 7 vom 21. Mai
1883; Norddeutsche Allgemeine Zeitung vom 22. Mai 1883; Magdeburgische Zeitung vom 22. Mai 1883;
GStA Berlin, Rep. 84a Nr. 8145 und
Rep. 89 Nr. 18580.

4 General-Anzeiger für Düsseldorf
und Umgegend vom 23. Juni und
1. September 1885; Rheinische Gerichts-Zeitung Nr. 23 und Nr. 34
vom 27. Juni und 5. September
1885; Gladbacher Volkszeitung vom
4. April und 25. Juni 1885; Trierische Zeitung vom 4. und 7. April 1885; Neue Preußische Kreuz-Zeitung vom 2. September 1885;
Landesarchiv NRW, Abt. Rheinland, Rep. 27 Nr. 40; GStA Berlin,
Rep. 89 Nr. 18580.

5 General-Anzeiger für Düsseldorf und
Umgegend vom 12. bis 16. November 1889 sowie vom 20. April 1890;
Tagebuch Friedrich Reindel, unveröffentlicht, 18. Hinrichtung; Norddeutsche Allgemeine Zeitung vom
22. April 1890; Landesarchiv NRW,
Abt. Rheinland, Rep. 27 Nr. 40;
GStA Berlin, Rep. 89 Nr. 18580.

6 General-Anzeiger für Düsseldorf und
Umgegend vom 8. Juli, 30. September und 1. Oktober 1890 sowie
vom 4. Januar 1891; Norddeutsche
Allgemeine Zeitung vom 6. Januar
1891; Tagebuch Friedrich Reindel,
unveröffentlicht, 29. Hinrichtung;
Landesarchiv NRW, Abt. Rheinland, Rep. 27 Nr. 40; GStA Berlin,
Rep. 89 Nr. 18580.

7 General-Anzeiger für Düsseldorf und
Umgegend vom 9., 12., 14. und
16. Februar sowie vom 19. August
1892; Tagebuch Friedrich Reindel,
unveröffentlicht, 56. Hinrichtung;
Landesarchiv NRW, Abt. Rheinland, Rep. 27 Nr. 40; GStA Berlin,
Rep. 89 Nr. 18580.

8 General-Anzeiger für Düsseldorf und
Umgegend vom 16. und 17. Februar sowie vom 4. August 1893; Tagebuch Friedrich Reindel, unveröffentlicht, 81. Hinrichtung; Bösken,
Clemens-Peter: Tatort Düsseldorf.
Kriminales aus 100 Jahren, Düsseldorf 1997, S. 16; Landesarchiv NRW,
Abt. Rheinland, Rep. 27 Nr. 40;
GStA Berlin, Rep. 89 Nr. 18580.

9 General-Anzeiger für Düsseldorf und
Umgegend vom 13. und 14. November 1894 sowie vom 6. Juli
1895; Kölner Gerichts-Zeitung
Nr. 42 vom 13. Oktober 1894 und
Nr. 28 vom 13. Juli 1895; Tagebuch Friedrich Reindel, unveröffentlicht, 125. und 126. Hinrichtung;
Kölnische Zeitung vom 5. Juli 1895;
Landesarchiv NRW, Abt. Rheinland, Rep. 27 Nr. 40; GStA Berlin,
Rep. 89 Nr. 18580.

10 General-Anzeiger für Düsseldorf und
Umgegend vom 15. Mai 1904 und
2. April 1905; Düsseldorfer Gerichts-Zeitung Nr. 14 vom 8. April 1905;
Rheinisch-Westfälische Zeitung vom
1. April 1905; Landesarchiv NRW,
Abt. Rheinland, Rep. 27 Nr. 40;
GStA Berlin, Rep. 89 Nr. 18580.

11 Düsseldorfer Gerichts-Zeitung Nr. 3
vom 20. Januar 1906, Nr. 12 und 13
vom 24. und 31. März 1906, Nr. 31
vom 4. August 1906 und Nr. 36
vom 8. September 1906; Friedlaender, Hugo: Interessante Kriminal-Prozesse von kulturhistorischer Bedeutung. Darstellung merkwürdiger
Strafrechtsfälle aus Gegenwart und
Jüngstvergangenheit, Bd. 2, Berlin,

o. J., S. 144–155; General-Anzeiger
für Düsseldorf und Umgegend vom
22. und 23. März 1906 sowie vom
2. September 1906; Degen, Richard
(Hrsg.): Das Tagebuch des Scharfrichters Schwietz aus Breslau, Breslau, o. J., S. 47/48; Düsseldorfer
Neueste Nachrichten vom 2. September 1906; GStA Berlin, Rep. 89
Nr. 18580.

Raubmord in Laupendahl bei Heiligenhaus, 1856:

1 Düsseldorfer Zeitung Nr. 313
und 314 vom 15. und 16. November
1857.

2 GStA Berlin, Rep. 84a Nr. 8145.

Johann Meisterburg und die Brandstiftungen in Bernkastel, 1857:

1 Goltdammer (Hrsg.): Archiv für
preußisches Strafrecht, 7. Bd., Berlin 1859, S. 185–206; Trierische Zeitung Nr. 64, 65 und 67 vom 18.,
19. und 21. März 1858 (in Beilage zu
Nr. 67: Anklageakt); Schmitt, Franz:
Bernkastel im Wandel der Zeiten,
Trier o. J. (1985), S. 266–273; Bürger, U./Pitzen, H./Serve, H./Zäck,
W.: »Die Hölle schien losgelassen zu
sein.« Aus der Katastrophengeschichte des Eifeler Raumes, Aachen 1999,
S. 79/80; Amtsblatt Regierung Trier
1857, S. 313; Molz, Albert: Feuer-
löschwesen und Brände in früheren
Zeiten, in: Heimatkalender Bernkastel 1960, S. 118–121; zu den Bränden in Bernkastel s. auch: LHA Ko
Best. 403 Nr. 6666 und Best. 442
Nr. 921 und 1483.

2 Kölnische Zeitung Nr. 273 vom
2. Oktober 1858; zu einem Brandstiftungsdelikt in Hillesheim 1856
vgl.: Bürger, Udo: Mord aus »Melancholie«. Eifeler Kriminalfälle von
1675 bis 1898, Aachen 2006, S. 105–
111 (vgl. dazu außerdem: Goltdammer, wie Anm. 1, S. 36–55); zu

einem Brandstiftungsdelikt in Goch
vgl.: Köpp, Hans-Joachim: Kelten,
Kirche und Kartoffelpüree. Chrono-
logie der 750-jährigen Geschichte
der Stadt Goch, Bd. 2. Vom Drei-
ßigjährigen Krieg bis zur Deutschen
Revolution (1615–1846), Goch
2006, S. 374 (Todesurteil in Kleve
am 7. Januar 1846 gegen den Klein-
händler Mathias Jackschlaeger aus
Goch); zu weiteren Brandstiftungs-
delikten vgl.: Kölnische Zeitung
vom 16. November 1876 (Strom-
bach in Bürgermeisterei Gummersbach), Aachener Zeitung Nr. 47 vom
24. Februar 1877 (Kreuzrather Hof
bei Gangelt sowie Brandstiftung in
Ouren) und Kölnische Zeitung vom
16. März 1877 (Köln, Heinrichstra-
ße).

Späte Strafe für Franz Peter Herweg aus Blecher:

1 Goltdammer (Hrsg.): Archiv für
preußisches Strafrecht, 8. Bd., Berlin 1859, S. 513–523; GStA Berlin,
Rep. 84a Nr. 8145; Kölnische Zeitung Nr. 25 vom 25. Januar 1858.

Vergiftungen in Scheel und Elberfeld, 1856 und 1857:

1 Kölnische Zeitung vom 29. und
30. April sowie vom 1. Mai 1857.

2 Kölnische Zeitung vom 14. und
15. Oktober 1857; Aachener Zeitung
Nr. 286 und Nr. 324 vom 16. Oktober und 24. November 1857; GStA
Berlin, Rep. 84a Nr. 8144; Kölner
Stadt-Anzeiger Nr. 30 vom 19. Januar 1894; Bürger, Udo: Bleche Botz
und Klingelpütz. Kölner Kriminalfälle von 1815–1918, Köln 2009, S. 94.

3 Vgl. Aachener Zeitung Nr. 167 vom
19. Juni 1858; vgl. zum Fall Brück-
mann in Köln: Bürger (wie Anm. 2),
S. 116–119; vgl. zum Fall Adelheid
Stein, geborene Körchgen, die im
Oktober 1868 vom Kölner Assisen-

hof von der Anklage freigesprochen wurde, ihren Mann, den Bierbrauer Heinrich Stein (mit Restauration in der Breitestraße), mit Phosphor zu vergiften versucht zu haben: Stenographischer Bericht des Anklage-Actes und der Verteidigungs-Rede des Advokat-Anwaltes Herrn Dr. Grommes in der Criminal-Prozedur gegen Adelheid Körchgen verehelichte Stein wegen des Versuchs der Vergiftung ihres Mannes, verhandelt vor dem Königl. Assisenhofe zu Köln, am 27., 28. und 29. October 1868, Köln o. J. (1868); vgl. zum späteren Fall des Schmiedes Philipp Orben, der in Dörrebach bei Stromberg im Dezember 1880 seine Schwiegermutter (Witwe Gerhard, geborene Altmeyer) und im März 1881 seine Schwägerin Franziska Gerhard mit Arsenik vergiftet hatte, zum Tode verurteilt und dann zu lebenslänglichem Zuchthaus begnadigt wurde: Koblenzer Volkszeitung Nr. 266 vom 19. November 1881 und GStA Berlin, Rep. 84a Nr. 8145; vgl. auch: Düsseldorfer Gerichts-Zeitung und Rheinische Criminalzeitung Nr. 49 und 50 vom 7. und 14. Dezember 1907 (15 Jahre Zuchthaus für Sophia Sieger wegen Vergiftung ihres Ehemanns Hubert Sieger in Ratingen) und: Rheinisch-Westfälische Gerichts-Zeitung Nr. 28 vom 11. Juli 1914 (zwei Jahre Zuchthaus für Josef Piro wegen Giftmordversuchs in Düsseldorf).

4 Lüders, H.: Der Giftmord in Elberfeld. Wörtliche Berichte über den Criminal-Prozeß gegen August Steiniger und Gertrud Kruse, Wittwe August Herken, verhandelt vor dem Königl. Assisenhofe zu Elberfeld vom 16. bis 21. Juni 1858. Stenographisch aufgenommen von H. Lüders, Stenograph bei dem Herrenhause aus Berlin, Elberfeld 1858, S. 1–228; Goldammer

(Hrsg.): Archiv für preußisches Strafrecht, 8. Bd., Berlin 1860, S. 494–508; Aachener Zeitung Nr. 167 und 171 vom 19. und 23. Juni 1858.

5 Elberfelder Zeitung vom 11. Februar 1860; Aachener Zeitung Nr. 43 vom 12. Februar 1860; GStA Berlin, Rep. 84a Nr. 8145; Neue Preußische Kreuz-Zeitung vom 10. und 12. Februar 1860.

Verschiedene Tötungsdelikte:

1 GStA Berlin, Rep. 84a Nr. 17053; Personalverzeichnis der Universität Bonn; zu einem späteren Duell vgl.: Kölner Gerichts-Zeitung Nr. 45 vom 1. März 1885 (Freispruch für den Kölner Kaufmann Karl Rogge).

2 Trierische Zeitung Nr. 63 und 64 vom 17. und 18. März 1858.

3 Bonner Zeitung Nr. 150 und 227 vom 6. Juli und 3. Oktober 1858.

4 Kölnische Zeitung Nr. 295 bis 298 vom 23. bis 26. Oktober 1864 (nach der Rhein- und Ruhr-Zeitung).

5 Marialinden: Kölnische Zeitung Nr. 126 vom 7. Mai 1865; Lindenthal: Kölner Gerichts-Zeitung Nr. 171 vom 17. Juli 1887.

6 Goldammer (Hrsg.): Archiv für preußisches Strafrecht, Bd. 16, Berlin 1868, S. 710–712.

7 Goldammer (Hrsg.): Archiv für preußisches Strafrecht, Bd. 18, Berlin 1870, S. 558–561.

8 Bonner Zeitung Nr. 122 vom 4. Mai 1882; GStA Berlin, Rep. 84a Nr. 8145.

9 Koblenzer Volkszeitung Nr. 52 vom 6. März 1883; GStA Berlin, Rep. 84a Nr. 8145.

10 Kölner Gerichts-Zeitung Nr. 171 vom 17. Juli 1887 und Kölnische Zeitung Nr. 191 vom 12. Juli 1887; Auskunft Lungenschwimmprobe: Prof. Dr. Markus Rothschild, Institut für Rechtsmedizin der Universität Köln.

11 Kölner Gerichts-Zeitung Nr. 11 vom 17. März 1894; Adressbuch der Stadt Bonn, 1893.

12 Kölner Gerichts-Zeitung Nr. 18 und 19 vom 30. April und 7. Mai 1898.

13 Düsseldorfer Gerichts-Zeitung Nr. 8 vom 25. Februar 1905.

14 Rheinisch-Westfälische Gerichts-Zeitung Nr. 39 vom 30. September 1911.

15 Rheinisch-Westfälische Gerichts-Zeitung Nr. 50 vom 16. Dezember 1911.

16 Rheinisch-Westfälische Gerichts-Zeitung Nr. 3 vom 18. Januar 1913.

17 Rheinisch-Westfälische Gerichts-Zeitung Nr. 18 vom 3. Mai 1913; zu weiteren Tötungsdelikten vgl.: Kölnische Zeitung Nr. 18 vom 18. Januar 1854 (zwei Jahre Zuchthaus in Koblenz für Wilhelm Wagner wegen Tötung seiner Frau mit einem Kaffeetopf), Auszüge aus der sechstägigen Assisen-Verhandlung wegen Ermordung der Ehefrau Huhn.

Verhandelt vor dem Schwurgericht zu Düsseldorf, Unna 1860 (Todesstrafe für den Schuster Friedrich Huhn aus Unterbach, Bürgermeisterei Gerresheim, der im Juli 1859 in Unterbach seine Frau Catharina Margaretha ermordet hatte), Kölnische Zeitung Nr. 34 vom 3. Februar 1864 (zwölf Jahre Zuchthaus für Joseph Johann Fahlenbach wegen Tötung des Postillons Joseph Sülzer am 26. September 1863 in Wipperfürth), Trierische Zeitung Nr. 10 und 11 vom 13. und 14. Januar 1864 sowie Nr. 69 vom 22. März 1864 (Todesstrafe, dann lebenslängliche Zuchthausstrafe für Mathias Bleser, Sandformer aus Trier, wegen Tötung des Soldaten Gintz in der Nähe der »Maximin-Caserne« bei Trier, mit dem er wegen eines Mädchens in Streit geraten war. Auch wollte er sich offensichtlich rächen, da er am Abend

zuvor von anderen Soldaten des betreffenden Regiments Säbelhiebe erhalten hatte – s. auch: GStA Berlin, Rep. 84a Nr. 8145), Aachener Zeitung Nr. 14 vom 14. Januar 1866 (Todesstrafe für Gertrud Schröder aus Tenholt wegen Kindstötung bei Doveren am 15. Oktober 1865), Kölnische Zeitung Nr. 115 vom 26. April 1866 (zehn Jahre Zuchthaus für Heinrich Bertus aus Birkerhöhe wegen eines Tötungsdeliktes nach einem Wirtshausbesuch am 26. Dezember 1865 in Herkenrath, Bürgermeisterei Bensberg), Aachener Zeitung Nr. 192 vom 13. Juli 1867 (Todesstrafe für Heinrich Hillers wegen Raubmordes in Beeckerheide bei Erkelenz), Kölnische Zeitung Nr. 54 vom 23. Februar 1876 (Todesstrafe in Koblenz für Peter Jung aus Hundsbach wegen Tötung der Katharina Threin), Kölnische Zeitung Nr. 179 vom 29. Juni 1876 (sechs Jahre Zuchthaus für Theodor Hölzer aus Dorpen wegen Tötung des Bernhard Höller in Spitze), Kölnische Zeitung vom 20. Juni 1877 (drei Jahre Gefängnis für Johann Görtz aus Gleuel wegen Tötung des Peter Brüggen in Gleuel), Kölnische Zeitung Nr. 184 vom 4. Juli 1877 (Todesstrafe in Bonn für J. Reinhardt aus Honnef wegen Tötung seines Kindes), Kölnische Zeitung Nr. 196 bis 202 vom 16. bis 22. Juli 1877 (Freispruch für Daniel Blech aus Siegburg, angeklagt wegen Tötung seines Bruders Wilhelm auf der Rambrücker Mühle), Kölnische Zeitung Nr. 329 vom 26. November 1877 (15 Jahre Zuchthaus für August Heikaus aus Sengelbusch/Brüchermühle zwischen Wiehl und Waldbröl wegen Tötung des Christian Deubel), Kölnische Zeitung Nr. 329 und 330 vom 26. und 27. November 1877 (fünf Jahre Zuchthaus für Hein-

rich Frühling wegen Tötung des Tagelöhners Schenkel in Merkenich),
Kölnische Zeitung Nr. 50 und 51
vom 19. und 20.

Februar 1878 (zehn
Jahre Zuchthaus für Heinrich Hei-
nen und fünf Jahre Gefängnis für
Gerhard Müller wegen Tötung des
Peter Meinertzhagen in Hand),
Aachener Zeitung Nr. 247 vom
20. Oktober 1878 (zwölf Jahre
Zuchthaus für Joseph Dreßen wegen
Tötung des Bartholomäus Pickartz in
Boslar), Kölnische Zeitung Nr. 225
vom 15. August 1879 (drei Jahre Ge-
fängnis für Peter Joseph Höhner we-
gen Tötung des Anton Rottländer in
Federath bei Overath), Trierische
Zeitung Nr. 1 vom 2. Januar 1880
(Todesstrafe in Saarbrücken für
Georg Schultgen wegen Mordes an
Johann Schokola in Burbach bei
Saarbrücken, März 1881, Umwand-
lung in lebenslängliche Zuchthaus-
strafe – s. GStA Berlin, Rep. 84a
Nr. 8145), Koblenzer Volkszeitung
Nr. 268 vom 22. November 1881
(Gefängnisstrafen für Josef und Jakob
Brochsitter aus Brück nach Tötung
Wienand Hupperich), GStA Berlin,
Rep. 84a Nr. 8145 (Todesstrafe am
28. Juni 1882 in Elberfeld für den
Metzger Samuel Tillmanns aus Lüt-
tringhausen wegen Ermordung sei-
nes Schwiegervaters, Umwandlung
in lebenslängliche Zuchthausstrafe
am 6. Oktober 1882), GStA Berlin,
Rep. 84a Nr. 8145, und Trierische
Zeitung Nr. 60 vom 2. März 1883
(Todesstrafe am 28. Februar 1883 in
Saarbrücken für den Tagelöhner Jo-
hann Guthoerl aus Wiesbach wegen
Mordes, Umwandlung in lebensläng-
liche Zuchthausstrafe am 18. Juni
1883), Koblenzer Volkszeitung
Nr. 289 vom 17. Dezember 1883
(Todesstrafe in Koblenz für Philipp
Boos aus Laudert wegen Tötung sei-
nes Schwiegervaters Jakob Vogel),

Kölnische Zeitung Nr. 351 vom
19. Dezember 1883 (Todesstrafe in
Kleve für Jakob Wefels aus Rhein-
berg wegen Mordes und Notzucht),
Kölnische Zeitung Nr. 18 vom
18. Januar 1884 (dreifacher Mord,
dann Selbstmord, durch Fuchs in
Neuenkamp bei Opladen), Kölner
Gerichts-Zeitung Nr. 10 vom
29. Juni 1884 (Gefängnisstrafen für
Bertram Fendel, Christian Schuster
und Anton Krings wegen Schlägerei
mit tödlichem Ausgang in Amt-
mannscherf in der Bergisch Gladbacher Gegend), Kölnische Zeitung
Nr. 54 vom 23. Februar 1886 (zwei
Jahre Gefängnis für Heinrich
Schmitz aus Bonn wegen Tötung der
Katharina Müller, geborene Künstler), Kölner Gerichts-Zeitung
Nr. 250 vom 20. Januar 1889 (sechs
Jahre Zuchthaus für Joseph Meurer
wegen Tötung des Karl Funk bei
Sand nahe Bergisch Gladbach), Kölner Gerichts-Zeitung Nr. 272 vom
23. Juni 1889 (fünf Jahre Zuchthaus
für Wilhelm Knüttgen wegen Tötung des Nachtwächters Rheindorff
in Bonn), Kölner Gerichts-Zeitung
Nr. 400 vom 6. Dezember 1891
(acht Jahre Zuchthaus für Louis
Rumpf wegen Tötung des Peter Ne-
bel in Steeg), Kölner Gerichts-Zeitung Nr. 446, 447 und 448 vom
22. und 29. Oktober sowie vom
5. November 1892 (15 Jahre Zuchthaus für Lorenz Bartol aus Österreich wegen Tötung seiner Frau bei
Dannenberg), Kölner Gerichts-Zeitung Nr. 42 und 50 vom 15. Oktober und 10. Dezember 1898 (drei
Jahre Gefängnis für Christian Philipp
Strabel wegen Tötung Julius
Schweitzer in Ründeroth), Kölner
Gerichts-Zeitung Nr. 49 vom 3. Dezember 1898 (fünf Jahre Gefängnis
für Kaspar Kluth wegen Bruder-
mords in Worringen), Kölner Ge-

richts-Zeitung Nr. 25 vom 24. Juni 1899 (je vier Jahre und zwei Monate Gefängnis für Wilhelm Reif und Bernhard van Genabith, beide aus Wesseling, wegen Tötung eines Wirtes in Berzdorf), Kölner Gerichts-Zeitung Nr. 8 vom 24. Februar 1900 (zwei Jahre Freiheitsstrafe für Peter Krämer wegen Tötung des Jakob Flemm in Seelsheide bei Bergisch Gladbach), Düsseldorfer Gerichts-Zeitung Nr. 3 vom 20. Januar 1906 (neun Jahre Zuchthaus für Philipp Lüdenberg wegen Tötung von Enders in Düsseldorf), Düsseldorfer Gerichts-Zeitung Nr. 4 vom 26. Januar 1907 (fünf Jahre Zuchthaus für Hermann Eich wegen Tötung von Nickenich in Düsseldorf), Friedlaender, Hugo: Interessante Kriminal-Prozesse von kulturhistorischer Bedeutung. Darstellung merkwürdiger Strafrechtsfälle aus Gegenwart und Jüngstvergangenheit, Bd. 2, Berlin, o. J., S. 118–143 (Freispruch des Essener Landgerichts im September 1907 für Alfred Land, der sich selbst des Mordes an der englischen Sprachlehrerin Madelaine Lake bezichtigt hatte, den er im Oktober 1906 im Essener Stadtwald begangen haben wollte), Düsseldorfer Gerichts-Zeitung und Rheinische Criminalzeitung Nr. 49 vom 7. Dezember 1907 (fünf Jahre Gefängnis für Johann Küppernuß wegen Tötung von Inderhees in Düsseldorf), Düsseldorfer Gerichts-Zeitung und Rheinische Criminalzeitung Nr. 40 vom 3. Oktober 1908 (acht Jahre Zuchthaus für Vincenz Kern wegen Tötung des Ferdinand Riggemann in Worringen), Düsseldorfer Gerichts-Zeitung und Rheinische Criminalzeitung Nr. 44 vom 31. Oktober 1908 (zwölf Jahre und einen Monat Zuchthaus für Wilhelm Dönges wegen Tötung des Wilhelm Schmidt in

Piene/Kreis Gummersbach), Düsseldorfer Gerichts-Zeitung und Rheinische Criminalzeitung Nr. 18 vom 1. Mai 1909 (zehn Jahre Zuchthaus für Balthasar Lange wegen Tötung des Fritz Dicke in der Düsseldorfer Wirtschaft »Zur ewigen Lampe«; vgl. auch: Bösken, Clemens-Peter: Tatort Düsseldorf. Kriminales aus 100 Jahren, Düsseldorf 1997, S. 24–26), Bösken (wie Anm. 17), S. 28–33 (Freispruch im September 1909 für Heinrich Ratte, der wegen Ermordung seiner Stiefmutter in Eller/Lierenfeld angeklagt war; Abbildung des Gehöftes der Familie Ratte in: Düsseldorfer Gerichts-Zeitung und Rheinische Criminalzeitung Nr. 18 vom 1. Mai 1909), Rheinisch-Westfälische Gerichts-Zeitung Nr. 51 vom 11. Dezember 1909 (vier Jahre Gefängnis für Abarianne Nowitzki wegen Kindstötung in Essen), Rheinisch-Westfälische Gerichts-Zeitung Nr. 11 vom 12. März 1910 (zwei Jahre Gefängnis für Wilhelm Heß wegen Tötung seiner Frau in Düsseldorf), Bösken (wie Anm. 17), S. 33–35 (15 Jahre Zuchthaus für Joseph Muszynski wegen Tötung des Wilhelm Picard in Düsseldorf-Rath; vgl. auch: Rheinisch-Westfälische Gerichts-Zeitung Nr. 4 vom 27. Januar 1912), Bösken (wie Anm. 17), S. 35–37 (15 Jahre Zuchthaus für Jakob Roth wegen schweren Raubes in Tateinheit mit Totschlag an Johann Rahn in Düsseldorf-Golzheim; vgl. auch: Rheinisch-Westfälische Gerichts-Zeitung Nr. 5 und 13 vom 3. Februar und 30. März 1912), Rheinisch-Westfälische Gerichts-Zeitung Nr. 26 vom 29. Juni 1912 (15 Jahre Zuchthaus für Stanislaus Schlief wegen Mordes an der Witwe Bulich auf einem Gut bei Bergheim/Dorsfeld), Rheinisch-Westfälische Gerichts-Zeitung Nr. 3 vom 18. Januar 1913 (vier Jahre Zuchthaus für Mathias Becker wegen Tötung des Friedrich Karl in Düsseldorf) und Rheinisch-Westfälische Gerichts-Zeitung Nr. 27 vom 4. Juli 1914 (zweieinhalb Jahre Gefängnis für Heinrich Graf und anderthalb für Leonhard Amman wegen Tötung an »blauem Montag« in Leverkusen-Wiesdorf); zu Fällen von versuchter Tötung vgl.: Kölnische Zeitung vom 21. November 1875 (fünf Jahre Zuchthaus für Franz Kluth aus Worringen), Kölnische Zeitung Nr. 71 vom 11. März 1876 (drei Jahre Gefängnis für Johann Petry aus Bergisch Gladbach), Kölnische Zeitung vom 18. Mai 1878 (acht Jahre Zuchthaus für Johann Eliab aus Mülheim/ Rhein), Kölner Gerichts-Zeitung Nr. 290 vom 27. Oktober 1889 (fünf Jahre Gefängnis für Faßbender wegen Tötungsversuchs an Ella Heusinger auf der Kölner Sportausstellung), Kölner Gerichts-Zeitung Nr. 42 vom 19. Oktober 1895 (15 Jahre Zuchthaus und sieben Jahre Gefängnis für Karl Amandus Waasen und Julius Altenhofen wegen Tötungsversuchs an Peter Greuel auf der Mülheimer Heide), Düsseldorfer Gerichts-Zeitung Nr. 3 vom 21. Januar 1905 (24 Monate Freiheitsstrafe für Jacob Hägen wegen versuchter Tötung in Mülheim/Rhein), Düsseldorfer Gerichts-Zeitung Nr. 4 vom 28. Januar 1905 (drei Jahre Gefängnis für Wilhelm Hodes aus Düsseldorf), Düsseldorfer Gerichts-Zeitung und Rheinische Criminalzeitung Nr. 12 vom 20. März 1909 (acht Jahre Zuchthaus für Hermann Lennartz aus Fürth bei Grevenbroich wegen Mordversuchs an Maria Linnen aus Frimmersdorf), Düsseldorfer Gerichts-Zeitung und Rheinische Criminalzeitung Nr. 20 vom 15. Mai 1909 (zehn Jahre Zuchthaus durch

das Düsseldorfer Kriegsgericht für Anton Maraun wegen Tötungsversuchs an Rump in Essen), Rheinisch-Westfälische Gerichts-Zeitung Nr. 22 vom 28. Mai 1910 (fünf Jahre Zuchthaus durch das Kriegsgericht Düsseldorf für Wilhelm Theisen wegen versuchter Tötung der Amalie Kopleck), Rheinisch-Westfälische Gerichts-Zeitung Nr. 52 vom 28. Dezember 1912 (acht Jahre Zuchthaus für Paul Kaerger wegen Mordversuchs an Gertrud Pinders in Düsseldorf) und Rheinisch-Westfälische Gerichts-Zeitung Nr. 49 vom 6. Dezember 1913 (acht Jahre Zuchthaus für Heinrich Joeres wegen Raubmordversuchs am Rentner Theegarten in Düsseldorf).

Verhängnisvolle Affäre in Waldweiler:

1 Trierische Zeitung Nr. 71 bis Nr. 78 vom 25. März bis 2. April 1859; Kölnische Zeitung Nr. 88 und Nr. 90 vom 29. und 31. März 1859; GStA Berlin, Rep. 84a Nr. 8145.

Der Rinaldo Rinaldini vom Niederrhein: Wilhelm Brinkhoff aus Alpen:

1 Vgl. dazu: Bröcheler, Karl: Ein Bestseller von der Bönninghardt. Hermann Jung und seine »Vogelfreien der Bönninghardt«, in: Jahrbuch des Kreises Wesel 2011, S. 55 ff.

2 Temme, Jodokus Deodatus Hubertus: Criminal-Bibliothek, Eisenbahn-Ausgabe, 5. Bd., Berlin, o. J., S. 23–80; gleichlautend in: Schild, W.: Erlebnisse eines Polizei-Beamten, 2. Heft, Düsseldorf und Elberfeld 1869 (Selbstverlag), S. 1–48.

3 Temme (wie Anm. 2), S. 63; vgl. auch: Aachener Zeitung Nr. 49, 51 und 54 vom 18., 20. und 23. Februar 1860; zu den Verurteilungen 1856/57 vgl.: Jung, Hermann: Die Vogelfreien der Bönninghardt. Die tolldreiste Räuberpistole des

Wilhelm Brinkhoff, Moers 1976
(6. Auflage), S. 5.

4 Temme (wie Anm. 2), S. 63–75; Bröcheler, Karl: Criminal-Geschichten von der Bönninghardt, hrsg. durch die Interessengemeinschaft für Geschichte und Natur Bönninghardt e. V., 1995, Heft 3 (Sammlung zeitgenössischer Quellen); Criminal-Prozedur gegen Wilhelm Brinkhoff … Cleve am 28. und 29. März 1860, Cleve o. J. (1860); vgl. zum Prozess auch: Aachener Zeitung Nr. 80 und 92 vom 20. März und 1. April 1860.

5 Temme (wie Anm. 2), S. 75/76; Aachener Zeitung Nr. 282 vom 10. Oktober 1860.

6 Temme (wie Anm. 2), S. 76–80; vgl. auch: Loroch, Stefanie Jessica: Zeitungsrubrik: Gerichtssaal. Strafprozessberichterstattung in Münster im 19. Jahrhundert (1848–1890), Rechtshistorische Reihe, Band 398, Frankfurt/Main 2009, S. 201–205; vgl. zu Einzelheiten der Flucht: Aachener Zeitung Nr. 283 und 288 vom 11. und 16. Oktober 1860; vgl. zu Brinkhoff auch: Rheinische Post Nr. 190 vom 17. August 1857 und Neue Rhein-Zeitung Nr. 75 vom 29. März 1979.

Gattenmord in Ehrenbreitstein, 1860:

1 Hitzig, J. E./Häring, W.: Der neue Pitaval. Eine Sammlung der interessantesten Criminalgeschichten aller Länder aus älterer und neuerer Zeit, 32. Teil (3. Folge, 8. Teil), Leipzig 1862, S. 285–356; Temme: Criminal-Bibliothek, Eisenbahn-Ausgabe, 5. Bd., Berlin, o. J., S. 93–193; Vollständige Criminal-Procedur gegen den Privatlehrer Jos. Keller in Coblenz und die Wittwe Johann Meder, geb. Christine Erkert, von Ehrenbreitstein wegen Mordes, verhandelt vor dem Königl. Schwurgerich-

te zu Neuwied am 5. September und den folgenden Tagen, Neuwied 1860 (2. Auflage); Kölnische Zeitung Nr. 112 vom 22. April 1860, Nr. 121 vom 1. Mai 1860, Nr. 127 bis Nr. 129 vom 7. bis 9. Mai 1860, Nr. 162 vom 12. Juni 1860, Nr. 249 bis Nr. 260 vom 7. bis 18. September 1860 und Nr. 264 vom 22. September 1860.

2 Düsseldorfer Gerichts-Zeitung Nr. 12 vom 25. März 1905; s. zu dem Prozess auch Düsseldorfer Gerichts-Zeitung Nr. 13 bis Nr. 26 vom 1. April bis 1. Juli 1905.

Schreckenstat auf der Buschbacher Mühle bei Roden nahe Saarlouis, 1860:

1 Criminal-Anklage nebst vollständigem Anklage-Akt gegen Nicolaus Herrig, Johann Peter Buschbacher, Jacob Buschbacher, Margaretha Buschbacher, Wittwe von Georg Goutt, Elisabeth Senzig, Wittwe von Johann Buschbacher, Elisabeth Buschbacher, Wittwe von Nicolaus Hesse, wegen Mordes respective Verleitung zum Morde des Gerbers Georg Goutt. Verhandelt vor dem Königlichen Assisen-Hofe zu Saarbrücken in der Sitzung vom 5. Februar 1861 und den folgenden Tagen, Saarlouis o. J. (1861); Schmidt, Uwe Eduard: Bänkelgesang – eine außergewöhnliche genealogische und sozialgeschichtliche Quelle, in: Unsere Heimat. Mitteilungsblatt des Landkreises Saarlouis für Kultur und Landschaft, Heft 3/97, S. 146–48; s. auch: Mayer, Klaus: Buschbacher. Müller und Schmiede im Saarraum, in: Unsere Heimat. Mitteilungsblatt des Landkreises Saarlouis für Kultur und Landschaft, Heft 4/98, S. 180–184; in den Quellen gibt es keine Hinweise auf eine Vollstreckung der Todesurteile.

Diebstähle in der Köln-Mindener Eisenbahn:

1 Kölnische Zeitung Nr. 59 bis 61 vom 28. Februar bis 2. März 1861.

Hinrichtungen in Essen:

1 Vgl. dazu: Bürger, Udo: Bleche Botz und Klingelpütz. Kölner Kriminalfälle von 1815–1918, Köln 2009, S. 130–134.

2 Vgl. das Kapitel: Die Guillotine in Kleve.

3 Essener Zeitung vom 11. Januar 1882.

4 Rheinisch-Westfälische Gerichts-Zeitung Nr. 11 vom 12. März 1910 (gleichlautend auch in: Kölner Gerichts-Zeitung und Rheinische Criminalzeitung Nr. 11 vom 12. März 1910).

5 Schmidt, Maximilian: Julius Krautz der Scharfrichter von Berlin – Ein Kulturbild aus dem neunzehnten Jahrhundert, Berlin 1893 (Selbstverlag), S. 34–36.

6 Essener Zeitung vom 11. Januar 1882; Schmidt (wie Anm. 5); Norddeutsche Allgemeine Zeitung vom 11. Januar 1882; GStA Berlin, Rep. 84a Nr. 8145.

7 Rheinisch-Westfälische Gerichts-Zeitung Nr. 11 vom 12. März 1910; vgl. zum Fall Schiff und zu den Bochumer Mädchenmorden auch: Westfälischer Telegraph Nr. 66 vom 19. August 1879 und Nr. 92 vom 16. November 1880, Dortmunder Zeitung Nr. 105 vom 17. April 1881, Nr. 315, 316 und 318 vom 17., 18. und 20. November 1881, Nr. 11 und 12 vom 11. und 12. Januar 1882 sowie Nr. 145 vom 30. Mai 1882.

8 Essener Volkszeitung vom 22. Juni und 11. November 1893; Tagebuch Friedrich Reindel, unveröffentlicht, 90. Hinrichtung; Norddeutsche Allgemeine Zeitung vom 12. November 1893; GStA Berlin, Rep. 89 Nr. 18580.

9 Essener Volkszeitung vom 23. Juni und 4. November 1895; Tagebuch Friedrich Reindel, unveröffentlicht, 134. Hinrichtung; Norddeutsche Allgemeine Zeitung vom 3. November 1895; Kölnische Zeitung vom 2. November 1895; National-Zeitung vom 2. November 1895; GStA Berlin, Rep. 89 Nr. 18580.

10 Rheinisch-Westfälische Zeitung vom 17. Februar und 13. August 1906; Essener Volkszeitung vom 14. August 1906; Düsseldorfer Gerichts-Zeitung Nr. 35 vom 1. September 1906; Degen, Richard (Hrsg.): Das Tagebuch des Scharfrichters Schwietz aus Breslau, Breslau, o. J., S. 46; GStA Berlin, Rep. 89 Nr. 18580.

11 Essener General-Anzeiger vom 16. November 1907 (Todesurteil des Essener Schwurgerichts vom 28. Juni 1907; Muckels Beute bestand lediglich aus einem Fünfmarkstück); Kölnische Zeitung vom 15. November 1907; GStA Berlin, Rep. 89 Nr. 18580.

12 Landesarchiv NRW, Abt. Rheinland, Rep. 6 Nr. 44–47; GStA Berlin, Rep. 89 Nr. 18584; Hoffknecht, Simone: Die Todesstrafe im Deutschen Reich während des Ersten Weltkrieges (Magisterarbeit), Bayreuth 2001, S. 66/67.

13 Recherche Christian Schrepper, Essen; Quellen Schreppers: Landesarchiv NRW, Abt. Rheinland, Rep. 6 Nr. 46, Blatt 32–35 (hier heißt es zur Doppelhinrichtung von 1918: »Zu diesem Zwecke war auf dem von allen Seiten mit Gefängnisgebäuden umgebenen, an der Andreasstrasse belegenen Hofe der Richtblock aufgestellt«), und Rep. 6 Nr. 40, Blatt 41–43 (hier heißt es zur Hinrichtung Muckels von 1907: »Als Richtstätte war der südöstliche Teil des Gefängnishofes, welcher von den

Nachbargrundstücken durch eine hohe Gefängnismauer abgeschlossen ist, gewählt, weil diese Stelle im wesentlichen nur von den benachbarten fiskalischen Gebäuden (Amtsgericht) eingesehen werden kann, dessen Abschluß vorher veranlaßt worden war«).

Der Fall Ziethen – ein Irrtum der Strafjustiz?

1 Lindau, Paul: Der Mörder der Frau Marie Ziethen. Ziethen oder Wilhelm?, Breslau 1892, S. 88.

2 Sello, Erich: Die Irrtümer der Strafjustiz und ihre Ursachen, Bd. 1, Berlin 1911, S. 128–159; Der Prozess gegen die des Mordes angeklagten Barbier und Wirth Albert Ziethen und dessen Lehrling Karl August Wilhelm zu Elberfeld. Verhandelt vor dem kgl. Schwurgericht zu Elberfeld am 28., 29., 30. und 31. Januar und 1. und 2. Februar 1884, Elberfeld 1884; Prozess Ziethen. Die gesamten Verhandlungen (28. Januar bis 2. Februar 1884) vor dem Königlichen Landgericht zu Elberfeld gegen Albert Ziethen und August Wilhelm. Beide angeklagt, im October 1883 zu Elberfeld gemeinschaftlich die Ehefrau Albert Ziethen geborene Marie Hertel vorsätzlich getödtet und diese Tödtung mit Ueberlegung ausgeführt zu haben, Elberfeld 1887; Barre, Ernst: Der Prozeß Ziethen in Elberfeld, Berlin 1893; Mannes, Wilhelm: Ist Ziethen noch zu retten? Neues Thatsachen-Material und neue Ermittlungen als Unterlagen für ein erfolgreiches Wiederaufnahme-Verfahren zu Gunsten Albert Ziethens, Berlin 1898; Der Fall Ziethen. Ein Appell an die öffentliche Meinung, Berlin 1898; Fraenkl, Viktor: Der jetzige Stand des Rechtsfalls Ziethen, Wiesbaden 1902; V. Sonnenberg/Trettin: Kriminalfälle, Berlin 1934, S. 120–129; Kölner Gerichts-Zeitung Nr. 194 und 195 vom 25. Dezember 1887 und 1. Januar 1888, Nr. 4 vom 26. Januar 1895, Nr. 50 vom 11. Dezember 1897 und Nr. 49 vom 9. Dezember 1899.

Hinrichtungen in Duisburg:

1 Rheinisch-Westfälische Zeitung vom 2. und 3. Juli 1887; Schmidt, Maximilian: Julius Krautz der Scharfrichter von Berlin – Ein Kulturbild aus dem neunzehnten Jahrhundert, Berlin 1893 (Selbstverlag), S. 66/67; Rhein- und Ruhr-Zeitung vom 2. Juli 1887; Norddeutsche Allgemeine Zeitung vom 5. Juli 1887; GStA Berlin, Rep. 89 Nr. 18580.

2 General-Anzeiger für Duisburg und Umgegend vom 28. und 30. Oktober 1893 sowie vom 23. Februar 1894; Norddeutsche Allgemeine Zeitung vom 25. Februar 1894; Tagebuch Friedrich Reindel, unveröffentlicht, 93. Hinrichtung; Rhein- und Ruhrzeitung vom 1. Juli und 28. Oktober 1893 sowie vom 22. Februar 1894; GStA Berlin, Rep. 89 Nr. 18580.

3 Degen, Richard (Hrsg.): Das Tagebuch des Scharfrichters Schwietz aus Breslau, Breslau, o. J., S. 4 (hier irrtümlich: 28. Mai 1898 in Duisburg); Recherche Christian Schrepper, Essen (außer den 194 Hinrichtungen, die bis 1897 im Tagebuch Reindels aufgelistet sind, hat dieser im Jahre 1898 noch weitere 19 Hinrichtungen vorgenommen, insgesamt also 213); General-Anzeiger für Bonn und Umgegend vom 28. November 1894.

4 General-Anzeiger für Duisburg und Umgegend vom 17., 18. und 19. Februar 1897, vom 19. und 23. Juni 1897 sowie vom 23. Mai 1898; Rhein- und Ruhrzeitung vom 18. Februar 1897; Essener Volkszeitung und Essener General-An-

zeiger vom 23. Mai 1898; Norddeutsche Allgemeine Zeitung und Rheinisch-Westfälische Zeitung vom 22. Mai 1898; GStA Berlin, Rep. 89 Nr. 18580.

5 Rhein- und Ruhrzeitung vom 16. Januar 1904.

6 Rhein- und Ruhrzeitung vom 7. Oktober 1903 und 16. Januar 1904; Kölner Gerichts-Zeitung und Rheinische Criminalzeitung Nr. 42 vom 17. Oktober 1903; Rheinisch-Westfälische Zeitung vom 15. und 16. Januar 1904; Landesarchiv NRW, Abt. Rheinland, Rep. 27 Nr. 41; GStA Berlin, Rep. 89 Nr. 18580.

7 Frankfurter Zeitung und Norddeutsche Allgemeine Zeitung vom 21. März 1914; Berliner Tageblatt vom 20. März 1914; Rheinisch-Westfälische Zeitung vom 25. März 1914; Landesarchiv NRW, Abt. Rheinland, Rep. 27 Nr. 41; GStA Berlin, Rep. 89 Nr. 18582.

Die Ermordung des Försters Lindlar im Wald bei Bensberg, 1889:

1 Hanrath, Annemarie: Der Mord an Förster Lindlar im Saalermühlenwald, in: Rheinisch Bergischer Kalender 1989, S.179–185; Kölner Stadt-Anzeiger vom 25. Juli 1989 (Annemarie Hanrath) und vom 13. September 1984; Bürger- und Heimatverein Refrath e.V. (Hrsg.): Historischer Rundgang. Informationen zu Straßen und Standorten, 2010, S. 31/32.

2 Ebda.; Kölner Gerichts-Zeitung Nr. 291 vom 3. November 1889; Kölnische Zeitung Nr. 299 vom 28. Oktober 1889 bis Nr. 303 vom 1. November 1889 sowie Nr. 311 vom 9. November 1889 (Revision Bösmanns); zu einem ähnlichen Fall in Brühl vgl.: Kölnische Zeitung vom 26. Oktober 1881.

Hinrichtungen in Saarbrücken:

1 Trierische Zeitung vom 30. Oktober 1891; Koblenzer Zeitung vom 15. Februar 1892; Sammlung Paprotka, Berlin (Quelle unbekannt); Tagebuch Friedrich Reindel, unveröffentlicht, 40. Hinrichtung; GStA Berlin, Rep. 89 Nr. 18580.

2 Trierische Zeitung vom 20. Oktober 1893; Saarbrücker Zeitung vom 13. Februar 1894; Koblenzer Zeitung vom 14. Februar 1894; Tagebuch Friedrich Reindel, unveröffentlicht, 91. Hinrichtung; GStA Berlin, Rep. 89 Nr. 18580.

3 Trierische Zeitung vom 7. und 9. April sowie vom 12. Juli 1898; Koblenzer Zeitung vom 12. Juli und 19. Dezember 1898; Neue Saarbrücker Zeitung und Saarbrücker Zeitung vom 17. Dezember 1898; GStA Berlin, Rep. 89 Nr. 18580.

4 Trierische Zeitung vom 6. April 1903 (hier heißt es zur Ausführung der Tat, Trouvain habe seine Frau die Treppe hinuntergestürzt); Saarbrücker Zeitung vom 10. September 1903; Rheinisch-Westfälische Zeitung vom 6. und 10. September 1903; Landesarchiv NRW, Abteilung Rheinland, Rep. 145 Nr. 327; GStA Berlin, Rep. 89 Nr. 18580.

5 Neue Preußische Kreuz-Zeitung vom 7. Mai 1916; Landesarchiv NRW, Abteilung Rheinland, Rep. 145 Nr. 170; GStA Berlin, Rep. 89 Nr. 18583.

6 Landesarchiv NRW, Abteilung Rheinland, Rep. 145 Nr. 175; GStA Berlin, Rep. 89 Nr. 18583.

7 Pfälzer Volksbote, Kaiserslautern, vom 24. April 1918; Landesarchiv NRW, Abteilung Rheinland, Rep. 145 Nr. 179; Hoffknecht, Simone: Die Todesstrafe im Deutschen Reich während des Ersten Weltkrieges (Magisterarbeit), Bayreuth 2001, S. 71/72.

Niedergang eines Düsseldorfer Sängers:

1 Kölner Gerichts-Zeitung Nr. 13 vom 1. April 1899; Bösken, Clemens-Peter: Tatort Düsseldorf. Kriminales aus 100 Jahren, Düsseldorf 1997, S. 16/17.

Messerattacke beim Brühler Karneval, 1899:

1 Kölner Gerichts-Zeitung Nr. 20 vom 20. Mai 1899.

Ermordung einer jungen Braut vor dem Kölner Severinstor, 1904:

1 Kölner Gerichts-Zeitung und Rheinische Criminalzeitung Nr. 11 und 12 vom 18. und 25. März 1905 (gleichlautend und unter gleichem Datum auch in der Düsseldorfer Gerichts-Zeitung).

Die Guillotine in Koblenz und Krefeld zu Beginn des 20. Jahrhunderts:

1 Vgl. das Kapitel: Mord im Koblenzer »Bauhof«, 1825.

2 Bürger, Udo: Mord aus »Melancholie«. Eifeler Kriminalfälle von 1675 bis 1898, Aachen 2006, S. 131/32 (s. zu dem Fall außerdem: Koblenzer Zeitung vom 4. und 5. Juli sowie vom 14. Dezember 1894, Norddeutsche Allgemeine Zeitung vom 14. Dezember 1894, Hamburger Fremden-Blatt vom 15. Dezember 1894, Tagebuch Friedrich Reindel, unveröffentlicht, 109. Hinrichtung, GStA Berlin, Rep. 89 Nr. 18580).

3 Bürger (wie Anm. 2), S. 132–135 (s. auch: Koblenzer Zeitung vom 14. und 16. März sowie vom 20. und 22. Juni 1898 und GStA Berlin, Rep. 89 Nr. 18580).

4 Koblenzer Zeitung vom 19. und 24. Januar sowie vom 20. Juli 1905; Düsseldorfer Gerichts-Zeitung Nr. 4 und Nr. 30 vom 28. Januar und 29. Juli 1905; Rheinisch-Westfälische Zeitung und Münchener

Neueste Nachrichten vom 21. Juli 1905; Landesarchiv NRW, Abteilung Rheinland, Rep. 145 Nr. 327; GStA Berlin, Rep. 89 Nr. 18580.

5 Koblenzer Zeitung vom 19., 20., 21., 22. und 24. Oktober 1910 sowie vom 29. März 1911; Berliner Tageblatt und Rheinisch-Westfälische Zeitung vom 29. März 1911; Landesarchiv NRW, Abteilung Rheinland, Rep. 145 Nr. 328; GStA Berlin, Rep. 89 Nr. 18580.

6 Koblenzer Zeitung vom 26. und 27. Oktober 1911 sowie vom 28. Februar 1912; Rheinisch-Westfälische Zeitung vom 28. Februar 1912; Rheinische Zeitung vom 9. November 1912; Volksblatt für Mühlhausen-Langensalza vom 24. November 1912; Landesarchiv NRW, Abteilung Rheinland, Rep. 145 Nr. 179; GStA Berlin, Rep. 89 Nr. 18580.

7 General-Anzeiger für Krefeld und den Niederrhein vom 17. Dezember 1912; Berliner Tageblatt und Rheinisch-Westfälische Zeitung vom 17. Dezember 1912; Norddeutsche Allgemeine Zeitung vom 18. Dezember 1912; Landesarchiv NRW, Abteilung Rheinland, Rep. 27 Nr. 41; GStA Berlin, Rep. 89 Nr. 18580.

Der Tod einer Gärtnersfrau aus Viersen:

1 Düsseldorfer Gerichts-Zeitung Nr. 27 vom 8. Juli 1905; Kölner Gerichts-Zeitung und Rheinische Criminalzeitung Nr. 8 vom 24. Februar 1906; im Fall Ittenbach ist von einer Begnadigung auszugehen, da in den Quellen nichts über eine Hinrichtung zu finden ist.

Unseliges Ende eines Bonner Gastronomen:

1 Düsseldorfer Gerichts-Zeitung Nr. 44 vom 4. November 1905; Bonner Zeitung Nr. 254 vom

27. Oktober 1905; Adressbuch der Stadt Bonn 1905.

Die »Schmitze Billa« vor Gericht:

1 Signal. Informationen für Poppelsdorf, 20. Jahrgang, Nr. 3/1990.

2 Louis, Reinold: Kölnischer Liederschatz. Wat kölsche Leedcher vun Kölle verzälle, Köln 1986, S. 25.

3 Bonner Rundschau vom 12. Februar 1991; Signal (wie Anm. 1); General-Anzeiger vom 17. Februar 1972; Alt/Faber/Kleist/Uessem: Poppelsdorf. Chronik 1904–2004. Festschrift 100 Jahre Ortsteil von Bonn, Bonn 2004, S. 14.

4 Kölner Gerichts-Zeitung und Rheinische Criminalzeitung Nr. 15 vom 14. April 1906; gleichlautend in: Düsseldorfer Gerichts-Zeitung Nr. 15 vom 14. April 1906. Hier heißt es, die Verhandlung habe am 8. April 1906 angefangen, das war aber ein Sonntag. Da die Urteile am 10. April 1906 ausgesprochen wurden (s. Anm. 12) und die Verhandlung auf zwei Tage angesetzt war, kann man davon ausgehen, dass sie am 9. April begann.

5 Stadtarchiv Bonn, Standesamtsregister Bonn 1852 (Geburten) sowie 1894 und 1896 (Sterbefälle); Stadtarchiv Bonn, alte Einwohnermeldekartei 1880–1919 (unter Schmitz Sibilla und Schmitz Wilhelm Heinrich); Adressbücher der Stadt Bonn (Am Bahnhof, Bahnhofstraße).

6 Kölner Gerichts-Zeitung (wie Anm. 4); Geburtsdatum Else Schmitz: Stadtarchiv Bonn, alte Einwohnermeldekartei (wie Anm. 5) – dort sind auch Sibillas Geschwister aufgeführt: Hubert August (geb. 31. Januar 1844 in Köln, aus 1. Ehe), Hubert Ernst (geb. 7. März 1865 in Bonn), Gertrud (geb. 18. November 1855 in Bonn), Margarethe (geb. 3. Januar 1860 in Bonn, verheiratet

mit Robert Ermekeil in Endenich), Lorenz (geb. 22. November 1857, Kaufmann), Clementine (verheiratet mit Odenkirchen in Köln, aus 1. Ehe) und Mathias (Weinhändler, wohnhaft in Bonn, Münsterstraße 4, aus 1. Ehe).

7 Kölner Gerichts-Zeitung (wie Anm. 4, hier heißt es, das Geschäft sei erst 1897 gegründet worden, was aber durch das Adressbuch der Stadt Bonn von 1896, S. 224, widerlegt wird); Honnef, Düsseldorf und Hersel: Stadtarchiv Bonn, alte Einwohnermeldekartei (wie Anm. 5); in den Adressbüchern der Stadt Bonn von 1896–1898 heißt es unter B. (Billa) Schmitz: »Inhab. Der Firma G. Wienert's Filiale, Butter-, Eier- und Käsegeschäft«.

8 Adressbücher der Stadt Bonn 1899, S. 90 und 233, und 1900, S. 91 und 240 (ab 1901 war Hintze der Betreiber des Geschäfts); Adressen der Wohnorte: Stadtarchiv Bonn, alte Einwohnermeldekartei (wie Anm. 5), Adressbuch der Stadt Bonn 1898 (S. 225), 1901 (S. 258) und 1902 (S. 271).

9 In dem Artikel von 1906 ist die Hausnummer nicht genannt. Diese ergibt sich aus den Adressbüchern der Stadt Bonn von 1903 (S. 151 und 274, mit Angabe der vierstelligen Telefonnummer) und 1905 (S. 178 und 353) sowie aus: Stadtarchiv Bonn, alte Einwohnermeldekartei (wie Anm. 5).

10 Kölner Gerichts-Zeitung (wie Anm. 4).

11 Adressbuch der Stadt Bonn 1904, S. 170, und 1905, S. 178 und 353; Stadtarchiv Bonn, alte Einwohnermeldekartei (wie Anm. 5, in Wilmersdorf wohnten sie in der ehemaligen Achenbachstraße).

12 Kölner Gerichts-Zeitung (wie Anm. 4); Stadtarchiv Bonn, alte Einwohnermeldekartei (wie Anm. 5, in

Pfaffendorf wohnte sie in der Hochstraße 19; in der Meldekartei sind auch die Verurteilungen von Mutter und Tochter vom 10. April 1906 erwähnt).

13 Zeitangabe 1938: Robert van Dorp, Bonn. Nach Sibilla Schmitz lebte ab 1906 laut den Adressbüchern der Stadt Bonn ein Dr. Gerber in dem Haus Nr. 49. Von etwa 1911 bis 1920 war ein Düsseldorfer namens J. Schunk der Besitzer des Hauses, wohnte aber nicht selbst darin. In jener Zeit war eine »Einkommensteuer-Veranlagungs-Kommission« des Besitzsteueramtes in dem Haus eingerichtet, um 1926 das Vermessungsamt des Kulturamtes. Weitere langjährige Besitzer des Hauses waren »Raab, Karcher & Cie.« (etwa 1920–1925), die »V.C. Turmerschaft ›Cimbria‹« (etwa 1926–1937) und nach dem Neubau die »Eos u. Excelsior«-Versicherungs-AG (etwa 1938–1990); bisherige Veröffentlichungen zu dem Fall: Blick aktuell – AW-Journal am Samstag für den Kreis Ahrweiler Nr. 37/2011 vom 17. September 2011, S. 6/7; Express Bonn Nr. 232 vom 6. Oktober 2011, S. 27; VIP. Nachrichten für den Pfarrverband Bonn-Melbtal, 9. Jahrgang, 4/2011, S. 6–9; Bönnsches Karnevals-Magazin Session 2012/2013, S. 40–44.

Eine Tat aus Verzweiflung, Düsseldorf, 1906:

1 Düsseldorfer Gerichts-Zeitung Nr. 21 vom 26. Mai 1906.

Der Räuberhauptmann von Unterbach:

1 Düsseldorfer Gerichts-Zeitung und Rheinische Criminalzeitung Nr. 49 vom 5. Dezember 1908.

Bestialische Schlägerei in Köln:

1 Düsseldorfer Gerichts-Zeitung und

Rheinische Criminalzeitung Nr. 18 vom 1. Mai 1909.

Der Prozess gegen den Radrennfahrer Breuer wegen Mordes bei Gerolstein:

1 Rheinisch-Westfälische Gerichts-Zeitung Nr. 29 vom 17. Juli 1909.
2 Rheinisch-Westfälische Gerichts-Zeitung Nr. 44 vom 29. Oktober 1910 sowie Nr. 20 und 24 vom 20. Mai und 17. Juni 1911.

Der Tod eines Wirtssohns in Essen:

1 Düsseldorfer Gerichts-Zeitung und Rheinische Criminalzeitung Nr. 26 vom 26. Juni 1909; Rheinisch-Westfälische Gerichts-Zeitung Nr. 5 vom 29. Januar 1910.

»Messeraffären« an Weihnachten und Silvester, Düsseldorf, 1910:

1 Rheinisch-Westfälische Gerichts-Zeitung Nr. 53 vom 31. Dezember 1910 und Nr. 11 vom 18. März 1911.

Das erste Todesurteil des Mönchengladbacher Schwurgerichts, 1912:

1 Rheinisch-Westfälische Gerichts-Zeitung Nr. 25 vom 22. Juni 1912.

Eine Godesberger Bluttat bei einem Uhrmachermeister:

1 Rheinisch-Westfälische Gerichts-Zeitung Nr. 44 vom 2. November 1912.

Nächtliche Raubzüge mit dem Fahrrad im Siegkreis:

1 Rheinisch-Westfälische Gerichts-Zeitung Nr. 7 vom 15. Februar 1913.

Zwei Beziehungsdramen in Düsseldorf:

1 Rheinisch-Westfälische Gerichts-Zeitung Nr. 18 vom 3. Mai 1913.
2 Rheinisch-Westfälische Gerichts-Zeitung Nr. 7 und Nr. 18 vom 15. Februar und 3. Mai 1913.

Den Freund erschossen und beraubt, Neuss 1913:

1 Rheinisch-Westfälische Gerichts-Zeitung Nr. 48 und Nr. 49 vom 29. November und 6. Dezember 1913 sowie Nr. 4 und Nr. 12 vom 24. Januar und 21. März 1914; Düsseldorfer General-Anzeiger vom 26. November 1913; Bürger, Udo: Bleche Botz und Klingelpütz. Kölner Kriminalfälle von 1815–1918, Köln 2009, S. 266–268.

Hinrichtungen in Aachen von 1907 bis 1916:

1 Vgl.: Bürger, Udo: Schurken, Schande & Schafott. Zur Kriminalgeschichte in Aachen und Umland von 1794 bis 1900, Aachen 2004; s. auch: Anm. 7 des Kapitels: Die Entscheidung für die Guillotine.

2 Echo der Gegenwart vom 3. Oktober 1906 (2. und 3. Blatt) sowie vom 10. März 1907; Düsseldorfer Gerichts-Zeitung Nr. 42 vom 20. Oktober 1906 und Nr. 13 vom 30. März 1907; s. auch: Bürger (wie Anm. 1), S. 135 (schon im Zusammenhang mit der Hinrichtung Ludwig Franks im November 1902 wurde auf die eingravierte Jahreszahl 1792 hingewiesen).

3 Bürger, Udo: Die Guillotine im Schatten des Domes. Zur Kriminalgeschichte Kölns in der Franzosenzeit (1794–1814), Aachen 2001, S. 21.

4 Echo der Gegenwart vom 19. Februar und 12. Mai 1910; Aachener Anzeiger und Politisches Tageblatt vom 13. Mai 1910; Aachener Post vom 12. Mai 1910; Landesarchiv NRW, Abt. Rheinland, Rep. 145 Nr. 328.

5 Echo der Gegenwart vom 27. November 1913 und vom 29. April 1914; GStA Berlin, Rep. 89 Nr. 18582; Landesarchiv NRW, Abt. Rheinland, Rep. 145 Nr. 163.

6 Aachener Rundschau vom 7. März 1916; Aachener Post und Echo der Gegenwart vom 6. Juli 1916; Hoffknecht, Simone: Die Todesstrafe im Deutschen Reich während des Ersten Weltkrieges (Magisterarbeit), Bayreuth 2001, S. 50–52; GStA Berlin, Rep. 89 Nr. 18583; Landesarchiv NRW, Abt. Rheinland, Rep. 145 Nr. 172.

Erscheint in Düsseldorf wöchentlich einmal Samstags.

Abonnements-Preis
bei freier Zusendung in die Wohnung vierteljährlich
1 ℳ 20 ₰, wöchentlich 10 ₰.
Durch die Post bezogen vierteljährlich 1 ℳ 35 ₰
Direkt unter Kreuzband 1 ℳ 40 ₰.

Erscheint in Düsseldorf wöchentlich einmal Samstags.

Preis der Anzeigen
pro sechsgespaltene Petitzeile oder deren Raum 20 ₰.
Anzeigen-Annahme durch:
Haasenstein & Vogler und Rudolph Mosse in Cöln, sowie
G. L. Daube & Cie. in Frankfurt a. M. und sämmtl.
Filialen d. Geschäfte.

Düsseldorfer

Gerichts Zeitung

Mit illustrirter Unterhaltungs-Beilage.

Einzel-Nummer 10 Pfg.

Nr. 8. Samstag, 25. Februar 1905.

2. Jahrgang.

Verlag: J. Röder. — Redaction: Karl Schänzler, Thalstraße 26.

Ein Ehedrama.

Die von ihrem Gatten getötete Anna Bohr.

Der Tapezierer Franz Bohr, der seine Frau und sich tötete.

(Text Seite 6)

Aus den Gerichtssälen.

Köln, Strafkammer.

(:) **Zurückverwiesen und doch verknackt.**

Am 27. Juli verurtheilte die 2. Ferienstrafkammer hierselbst den Fuhrmann Wilhelm Peters aus Sülz wegen schwerer Körperverletzung, Bedrohung, Beleidigung und Ruhestörung zu einer einjährigen Gefängnißstrafe.

Es handelte sich um eine brutale Affaire, in der dem Schutzmann Schmidt ein Finger total abgebissen wurde; Peters bestritt, der Thäter zu sein, aber man hielt ihn für unbedingt überführt.

Rechtsanwalt Justizrath Schumacher wandte sich ans Reichsgericht, welches am 8. Dezember das Urtheil aufhob und den Prozeß nach Köln vor die 5. Strafkammer retournirwies.

Verhaftet wurde Peters damals nicht, sodaß er noch nichts verbüßt hatte.

Das Reichsgericht erklärte: Das Urtheil wird, soweit es wegen schwerer Körperverletzung verurtheilt, nebst den getroffenen Feststellungen aufgehoben. Nach den Gründen hat die erste Urtheil sowohl aus der Aussage des Schutzmanns Schmidt, als aus einer Reihe anderer Thatsachen unter Berücksichtigung der zu Gunsten des Angeklagten sprechenden Aussagen des

Zeugen Fahnenstich die Ueberzeugung geschöpft, daß Peters nicht im Zustande der Bewußtlosigkeit gewesen sei. Eine Verletzung des § 266 der St.-P.-O. liege also nicht vor. Dagegen sei schwere Körperverletzung nicht als bewiesen anzuziehen. Aus der Annahme, daß die Faust nicht geschlossen werden könne, sei die Wichtigkeit des Fingers für den Gesammtorganismus nicht bewiesen. Zu prüfen sei also, ob eine Beeinträchtigung der Funktionsfähigkeiten des Angeklagten vorliege.

So stand denn der neue Termin an, der im Wesentlichen die früheren Aussagen zu Tage förderte.

Peters will total betrunken gewesen und überhaupt den Schutzmann nicht gesehen haben.

Es kam z. Bt. in Haft und die wegen Ruhestörung verhängte Strafe wurde durch den Vorarrest für verbüßt erklärt.

Schutzmann Wilhelm Schmidt sagt aus: Um ½ 12 Uhr nachts ging ich von Weyerthal, dem protestantischen Hospital nach der Herrenratherstraße. Unter einer Laterne fing der Angeklagte an zu singen und meine Mahnungen waren vergebens; als ich energischer wurde, drohte Peters mit einem Ziegelstein. Ich habe den Angeklagten genau gekannt und habe am Tage nachher mit ihm vor Gericht. Ich bemerkte, daß er einen Ziegelstein in der Hand und rief, er solle die Finger frei machen. Da warf er den Stein fort und

faßte mich an. Ich hatte b'ant gezogen, er hielt mir ein Füßchen und wir stürzten. Dabei gerieth mein Mittelfinger der losten Hand in einen Mund und ehe ich ihn mir völlig ab. Das But ließ ihm am Munde herunter. Als ich Ostersonntag im Hospital lag, kam der Zeuge Fahnenstich, der seinen Bruder besuchte und sagte: Ich hab den Peters Kromm getroffen. Ich hab ihm gesagt: Wie konntest du Schweinehund 'em Schutzmann den Finger abbeißen.

Zeuge Wilhelm Fahnenstich sagt: Peters behauptete, einen Zusammenstoß mit dem Schutzmann gehabt zu haben, aber er sei betrunken gewesen und wisse von nichts.

Joseph Bernau, Tagelöhner Sülz, sah den Peters vor seiner früheren Wohnung bis auf's Hemd entkleidet auf der Straße liegen.

Restaurateur August Schwarz in Sülz bekundet gleichfalls, daß Peters stark betrunken gewesen, habe längere Zeit so um eine Stunde herum bei ihm am Brunnen gelegen. Beim Feierabend habe er ihn am Arme genommen und hinaus gethan. Bestimmt zu sagen, welcher Tag es gewesen, könne er nicht übernehmen. 4—5 Tage später habe er von dem abgebissenen Finger gehört und in beide Vorgänge zusammen in Verbindung gebracht.

Justizrath Schumacher sagt, ob nicht gerade dieser Zeuge getäuscht habe, Peters sei es nicht gewesen. Nach

Anhang

Abonnements-Preis
vierteljährlich Mk. 1.20, wöchentlich
10 Pfg.
Durch die Post bezogen vierteljährlich
Mk. 1.25.
Unter Kreuzband Mk. 1.40.

Erscheint einmal wöchentlich Samstags.
Preis der Anzeigen
die sechsgespaltene Petitzeile oder deren
Raum 30 Pfg.
Beilagen nach Uebereinkunft.

Rheinisch=Westfälische
Gerichts Zeitung

Mit zwei Unterhaltungs=Beilagen.

Einzel-Nummer 10 Pfg.

Nr. 36   Samstag, den 14. September 1912   9. Jahrgang.

Telefon 2487.   Geschäftsstelle: Düsseldorf, Mühlenstraße 30.   Telefon 2487

Ein neuer
Revolver für Kriminalbeamte.

Der Leuchtrevolver
eine interessante waffentechnische
Neuerung.

Aus den Gerichtssälen.

Düsseldorf. Strafkammer.

§ Ein Blutsauger

var:e sich in der Person des Fuhrmanns Jakob Jeding, geboren am 27. Mai 1887 zu Düsseldorf zu verantworten. Der Angeklagte befindet sich seit dem 19. Juli ds. Js. in Haft und hat bereits eine Menge Vorstrafen in seinem Vorleben zu verzeichnen., Den größten Raum nimmt hierin das Konto Gewalttätigkeit ein.

Als Zeugen in dieser Angelegenheit sind geladen: Fabrikarbeiter Wilhelm Mertensmeyer, Hilden, Paul Schmitz, Werften; Stanislaus Philipiak, Benrath und der aus der Haft vorgeführte Arbeiter Peter Görß.

Präs.: Angeklagter, Sie haben im Juni ds. Js. den Arbeiter Wilhelm Mertensmeyer zu Benrath durch Drohung dazu genötigt, Ihnen 1 Mark auszuhändigen, welche Sie gar nicht von ihm zu fordern hatten. Als Ihnen die Mark verweigert wurde, drohten Sie, den Zeugen mit seinem Rade kaput zu schlagen. Als diese teilvolle Aufforderung fruchtlos blieb, drohten Sie noch weiter und sagten, falls Sie die Mark nicht bekämen, käme er nicht lebend nach Hause und sähe seine Frau nicht wieder. Aus lauter Angst hat Mertensmeyer Ihnen dann die Mark gegeben.

Angekl.: Ich habe vor einem Jahre dem Zeugen 1 Mark gel eben.

Präs.: Sie sind ja ein angenehmer Genosse! Sie glauben mit Drohungen zu erzwingen, was andere Leute erst durch Klagen usw. erzwingen können.

Durch den Zeugen Mertensmeyer wurde jedoch nachgewiesen, daß weder er noch seine Frau von dem Ang=klagten je eine Mark geliehen habe.

Mit dem Zeugen Stanislaus Philipiak unternahm der ausgesprochene rote Ge:elle ganz unglaubliche Geschichten.

Präs.: Mit dem Arbeiter Philipiak, der ein ebenso ängstlicher, wie Sie gewalttätiger Mensch sind, unternahmen Sie Sachen, die Ihnen verabscheuen Charakter in dem rechten Lichte erscheinen lassen. Durch Drohung und Mißhandlung zwangen Sie ihren so auf sein Seelenheil bedachten Drohet ihrer so auf sein Seelenheil bedachten, schlugen Sie ihn mit einer Schnuzel und einem Riemen ins Kreuz.

Angekl.: Die Köpfe und Schwänze von den Heringen hat er ohne meine Bedrohung gegessen.

Präs.: Glauben Sie vielleicht, daß er die Köpfe und Schwänze aus Liebhaberei gegessen habe?

Machen Sie dies vielleicht auch? Dann mußte er sich vom Rücken auf den Bauch und dem Bauch auf den Rücken wänzeln und wurde von Ihnen andauernd maltraitiert.

Am 3. Juli arbeitete Philipiak auf dem Bahnhof in Benrath. Er hat mit mehreren anderen Personen einen Waggon Koks leer gemacht und im Schweiße seines Angesichts 4 Mark verdient. Der Angeklagte als notorischer Bummler kam natürlich an, als die Arbeit getan war. Die letzte Arbeit ist die beste, dachte er sich und warf mit ge Schaufeln Koks, die letzten, aus dem Waggon in den Karren. Für diese Schaufeln mußte der allerdings etwas schwachsinnig veranlagte Philipiak 3,60 Mark bleeken, die ihm von dem Angeklagten unter Bedrohungen abgenommen wurden. Von seinem sauer verdienten Gelde blieben ihm also noch 40 Pfennig. Der Unhold biß ihm in die Kehle, drehte ihm den Kopf nach allen Himmelsrichtungen und drohte ihm zuguterletzt noch mit Totschlag. Es war herzzerreißend, den armen mißhandelten Zeugen zu sehen, als er die Bewegungen nachmachte, mit denen der Unhold seine Mißhandlungen an ihm vornahm. Unter quellenden Tränen, die er in Ermangelung eines Taschentuches abwechselnd mit dem rechten und linken Rockärmel abputzte, stiete er von dem Richter, um zu zeigen, wie er habe beten müssen. Hätte ihn der Präsident keinen Einhalt getan, er hätte sich auch noch auf Bauch und Rücken gewänzelt. Doppelt traurig ist es, daß sich der Angeklagte ein solch schwaches Geistesfund zum Opfer erkor und doppelt verwerflich darum die Tat.

Wegen Nötigung, Erpressung und Körperverletzung wurde der Angeklagte zu 8 Monaten Gefängnis verurteilt. Während dieser Periode hat Philipiak nun wenigstens Ruhe von dem Nachstellungen seines Peinigers. Möchte derselbe doch als Mensch wieder zum Menschen werden.

§ Ein alter Sünder.

Um 30 000 Mark schädigte den Agent Heinrich Clajen, geboren am 30. März 1855, vorbestraft wegen Betrugs, Unterschlagung, Urkundenfälschung die Firma Paul Tienes u. Sohn in Barmen.

Als Zeugen in dieser Sache, für welche das Gericht eine Nachmittags-Sitzung anberaumen mußte, wurden aufgeführt: Tienes Klingemann, Kaufmann, Barmen; Tenes, Otto, Kaufmann, Barmen; Schoeps, Sparkassenrendant, M.-Gladbach; Schmacf, Wilhelm, Rentner, M.-Gladbach; Dr. Lauff, Geschäftsführer der Rh.-westf. Diskonto-Ges., M.-Gladbach; Böttger Heinrich, Architekt, M.-Gladbach; Rothschild S., Agent, M.-Gladbach; Rosenthal L., Kaufmann, M.-Gladbach; Huylen, Unterscheitermeister, M.-Gladbach; Hermes, H., Düsseldorf; Ehefrau Hermes, Düsseldorf.

Der Angeklagte wandte sich im Juni ds. Js. an die Firma Tienes in Barmen und ersuchte um ein Darlehn von 30 000 Mark, da er in Düsseldorf das Hotel Kaiserhof zu kaufen gedenke. Auf dieses Objekt mußten bereits 100 000 Mark angezahlt werden. Clajen versicherte nun dem Kaufmann Otto Tienes, aus Barmen, daß

Bildnachweis

Aktenmäßige Darstellung des in der Nacht vom 18. auf den 19. Dezember 1847 verübten furchtbaren Raubmordes an einer Mutter von 10 Kindern, der Frau Louise Morschheuser. Verhandelt in den Sitzungen der Assisen zu Düsseldorf den 26., 27., 28. und 30. Juni und 1. Juli 1848. Nebst den getreuen Bildnissen der Ermordeten und der Angeklagten, so wie einem Grundrisse der Wohnung, in welcher die That verübt worden, Düsseldorf 1848: S. 61, 62 und 64

Alt-Cleve in fast vergessenen Bildern. Bilder einer niederrheinischen Stadt 1890–1944, herausgegeben mit Unterstützung der Stadtverwaltung Kleve, Kleve 1974: S. 42

Amtsblatt Regierung Koblenz 1826, S. 459: S. 40

Architekten- und Ingenieur-Verein zu Düsseldorf (Hrsg.): Düsseldorf und seine Bauten, Düsseldorf 1904 (S. 553 und 559): S. 152 und 243

Archiv Gemeindeverwaltung Titz: S. 37

Barre, Ernst: Der Prozeß Ziethen in Elberfeld, Berlin 1893: S. 189

Beilecke, Paul: Eine Führung durch Alt-Moers, Moers 1955 (Abb. 34): S. 48/49

Bildarchiv Heimat- und Bürgerverein Marienbaum e. V.: S. 44

Born, Heinrich (Hrsg.): Die Stadt Elberfeld. Festschrift zur Dreijahrhundert-Feier 1910, Elberfeld 1910 (S. 68): S. 70

Bröcker, Wilhelm: Die schöne Heimat. Ein Buch des Gaues Köln-Aachen, Köln 1943 (Abb. 68): S. 276

Budde, Otto: Waldbröl wie es wurde, was es ist, Gummersbach o. J. (1981, S. 40 und 217): S. 139 und 140

Bürger, Udo: Die Guillotine im Schatten des Domes. Zur Kriminalgeschichte Kölns in der Franzosenzeit (1794–1814), Aachen 2001 (S. 65 und 39): S. 56 und 91

Bürger, U./Pitzen, H./Serve, H./Zäck, W.: »Die Hölle schien losgelassen zu sein«. Aus der Katastrophengeschichte des Eifeler Raums, Aachen 1999 (S. 79 und 74): S. 111 und 113

Clemen, Paul (Hrsg.): Die Kunstdenkmäler des Kreises Rees, Düsseldorf 1892 (S. 100): S. 30

Daners, Hermann: »Ab nach Brauweiler ...!« Nutzung der Abtei Brauweiler als Arbeitsanstalt, Gestapogefängnis, Landeskrankenhaus ..., Pulheim 1996 (S. 40): S. 94

Denecke, Christl: Mülheim an der Ruhr in Stadtansichten aus vier Jahrhunderten, Horb am Neckar 1972 (S. 42): S. 132

Dieck, Walter (Hrsg.): Trier und die Mosel. Ansichten aus alter Zeit, Honnef 1962 (Abb. 33 und 91): S. 28 und 38

Düffel, Jakob: Bilder aus der Vergangenheit der Stadt und Festung Rees, Kleve 1972 (S. 105): S. 31

Düsseldorfer Gerichts-Zeitung (und Rheinische Criminalzeitung): Nr. 13 vom 31. März 1906: S. 4/5 und 107; Nr. 6 vom 11. Februar 1905: S. 6/7 und 212; Nr. 2 vom 14. Januar 1905: S. 59; Nr. 15 vom 11. April 1908: S. 78; Nr. 44 vom 2. November 1907: S. 84; Nr. 36 vom 8. September 1906: S. 104 und 105; Nr. 8 vom 25. Februar 1905: S. 149 und 306; Nr. 44 vom 4. November 1905: S. 232

Festschrift. 75 Jahre Turnverein 1894 Eitorf e. V. im Deutschen Turnerbund, o. O. o. J. (1969): S. 263

Gandelheid, H.: Alte Aachener Bilder, Aachen 1989 (S. 102): S. 274

Grebel, M. J.: Stephan Jussen, gebürtig zu Aachen, zuletzt in Coblenz wohnhaft, vor dem Königl. Assisenhofe zu Coblenz, wegen Ermordung des Bauschreibers Gottlieb Göbel und schwerer Verwundung der Ehefrau desselben, 2. Auflage, Koblenz 1826: S. 39

Grefe, Uta: Köln in frühen Photographien 1847–1914, München 1988 (Abb. 45 und 5): S. 220 und 248/49

Hässlin, J. J.: Der Rhein von Mainz bis Köln (in der Reihe: Die Rheinbücher, Neue Folge III, hrsg. von H. Peters), Honnef 1953 (Abb. 48): S. 223

Huber, Traudel: Saarlouis. Beispiel einer barocken Festungsstadt im Vergleich mit Longwy, Landau und Neubreisach, Saarbrücken 1980 (S. 39): S. 177

Kentenich (Bearb.): Deutschlands Städtebau. Trier, Berlin-Halensee 1922 (Abb. 47 und 8) S. 20 und 22

Kloevekorn, Fritz: Saarbrückens Vergangenheit im Bilde, Frankfurt/Main 1976 (Nachdruck von 1934, Abb. 207 und 122): S. 208 und 211

Kölner Gerichts-Zeitung (und Rheinische Criminalzeitung): Nr. 7 vom 17. Februar 1900: S. 25; Nr. 3 vom 15. Januar 1910: S. 72 und 284; Nr. 40 vom 25. Januar 1885: S. 74; Nr. 26 vom 23. Juni 1894: S. 76; Nr. 28 vom 13. Juli 1895: S. 101; Nr. 8 vom 24. Februar 1906: S. 103; Nr. 43 vom 15. Februar 1885: S. 182; Nr. 34 vom 25. August 1900: S. 186; Nr. 49 vom 9. Dezember 1899: S. 193; Nr. 39 vom 22. September 1894: S. 196; Nr. 8 vom 24. Februar 1906: S. 230

Kölnische Zeitung: Nr. 28 vom 16. Februar 1817: S. 16

Kölnisches Stadtmuseum: S. 202

Köppen, Ernst: Altes Crefeld, Frankfurt/Main 1978 (S. 61): S. 51

Köppen, Ernst: Krefelder Leben in alten Photographien 1880–1930, Krefeld 1986 (S. 61): S. 227

Kremer: Neuester Orientierungs-Plan der Stadt Düsseldorf, 1885 (Werbung): S. 219

Krohne/Uber (Hrsg.): Die Strafanstalten und Gefängnisse in Preußen, 1. Teil, Berlin 1901, Atlas, Blatt 79: S. 24

Landesarchiv NRW, Abteilung Rheinland, Gerichte, Rep. 7 Nr. 141: S. 45

Lindau, Paul: Der Mörder der Frau Marie Ziethen. Ziethen oder Wilhelm?, Breslau 1892: S. 191

Linnicher Geschichtsverein (Hrsg.): Linnich im Wandel der Zeiten, Jülich 1992 (S. 200): S. 136

Lüders, H.: Der Giftmord in Elberfeld. Wörtliche Berichte über den Criminal-Prozeß gegen August Steiniger und Gertrud Kruse, Wittwe August Herken, verhandelt vor dem Königl. Assisenhofe zu Elberfeld vom 16. bis 21. Juni 1858. Stenographisch aufgenommen von H. Lüders, Stenograph bei dem Herrenhause aus Berlin, Elberfeld 1858: S. 123

Mainzer, Udo: Köln in historischen Ansichten, Wuppertal 1977 (S. 61): S. 17

Mainzer, Udo: Stadttore im Rheinland, Neuss 1976 (Abb. 3): S. 278

Meinhardt, Albert: Neuwied einst und heute, Gummersbach 1978 (S. 53 und 36): S. 54 und 55

Michel, Fritz (Bearb.): Die Kunstdenkmäler der Stadt Koblenz. Die profanen Denkmäler und die Vororte, o. O., 1954 (S. 306): S. 41

Mißling, Heinz E. (Hrsg.): Boppard. Geschichte einer Stadt am Mittelrhein, Bd. 2, Boppard 1994 (S. 102): S. 141

Rheinisches Bildarchiv, Nr. 90714: S. 181

Rheinisch-Westfälische Gerichts-Zeitung: Nr. 39 vom 30. September 1911: S. 150 und 151; Nr. 29 vom 17. Juli 1909: S. 251; Nr. 5 vom 29. Januar 1910: S. 254 und 255; Nr. 11 vom 18. März 1911: S. 257 und 258; Nr. 36 vom 14. Septem-

ber 1912: S. 264 und 308; Nr. 19 vom
7. Mai 1910: S. 266 und 312; Nr. 18
vom 3. Mai 1913: S. 268; Nr. 48 vom
29. November 1913: S. 271; Nr. 49
vom 6. Dezember 1913: S. 272;
Nr. 25 vom 22. Juni 1912: S. 318
Rieth, Hugo: Essen in alten Ansichten, Bd. 2, Zaltbommer (Niederlan-
de) 1978, 7. Auflage 1991 (Bild 71):
S. 185
Rosenthal, Heinz: Solingen. Geschich-
te einer Stadt, 3. Bd., Duisburg 1975
(S. 279): S. 69
Sammlung Hans Bert Cremer, Rödin-
gen: S. 35
Sammlung Hans Peter Müller, Bergisch
Gladbach (Bürger- und Heimatverein
Refrath e. V.): S. 200, 201 und 205
Sammlung Todesurteile, Öffentliche Bi-
bliothek Aachen (Nr. 36): S. 21
Schleiden, Karl August: Illustrierte Ge-
schichte der Stadt Saarbrücken, Dillin-
gen/Saar 2009 (S. 181): S. 209
Schüller, Hans/Heyen, Franz-Jo-
sef (Hrsg.): Geschichte von Mayen,
Mayen 1991 (S. 246): S. 225
Sonntag, Jakob: Brühl. Geschichte
und Geschichten, Brühl 1976 (S. 19
und 83): S. 142/43 und 217
Stadtarchiv Bonn: S. 75, 80, 126, 145,
231, 235, 237 und 240
Stadtbildstelle Essen: S. 253
Stadtmuseum Simeonstift Trier: S. 19
Stamm, E. (Hrsg.): Ansichten. Album
von Elberfeld o. J.: S. 67
Strauch, Dieter/Arntz, Hans-Joachim/
Schmidt-Troje, Jürgen (Hrsg. und
Bearb.): Der Appellhof zu Köln. Ein
Monument deutscher Rechtsentwick-
lung, Bonn 2002 (Abb. 2): S. 118/19
Tauch, Max (Hrsg.): Neuss in alten
Graphiken, Köln 1984 (Abb. 45):
S. 156/57
Temme, J. D. H.: Criminal-Bibliothek,
Eisenbahn-Ausgabe, 5. Bd., Berlin
o. J.: S. S. 2/3, 161, 163, 165, 168,
169 und 170

Verschönerungsverein Werden (Hrsg.):
Werden an der Ruhr, Ausgabe 1909:
S. 32
Weidenhaupt, Hugo: Kleine Geschich-
te der Stadt Düsseldorf, Düssel-
dorf (3. Auflage) 1964: S. 215, 216
und 242
Wiesen, Heinrich (Hrsg.): 75 Jahre
Oberlandesgericht Düsseldorf, Kas-
sel 1981 (S. 148, 156, 160 und 190):
S. 195, 226, 259 und 267
Wildermann, Rudolf: Mönchenglad-
bach, Würzburg 1979 (S. 5): S. 97

Rheinisch-Westfälische

Abonnements-Preis
vierteljährlich Mt. 1,20, wöchentlich
10 Pfg.
Durch die Post bezogen vierteljährlich
Mt. 1,20.
Unter Kreuzband Mt. 1,40.

Erscheint einmal wöchentlich Samstags.
Preis der Anzeigen
die sechsgespaltene Petitzeile oder deren
Raum 30 Pfg.
Beilagen nach Uebereinkunft.

Gerichts ⚖ Zeitung

Mit zwei Unterhaltungs=Beilagen.

Einzel=Nummer 10 Pfg.

Nr. 19. **Samstag, den 7. Mai 1910.** **Telephon 4623 Amt Düsseldorf.** **7. Jahrgang.**

Herausgeber: Karl Schänzler. **Geschäftsstelle: Düsseldorf, Gustav-Poensgenstr. 29.**

Das neue Oberlandesgericht zu Düsseldorf.

Eine ungarische Aristokratin.

Gräfin Török als Haremsdame.

Ein Muttermord in Paris.

Gustav Wache (X), der seine Mutter, die mehrfache Millionärin
Rachel Wache wegen deren Wiederverheiratung erschoß, mit seinem
Verteidiger.

Ortsverzeichnis

Rheinisch-Westfälische
Gerichts Zeitung

Abonnements-Preis vierteljährlich Mk. 1.20, wöchentlich 10 Pfg. Durch die Post bezogen vierteljährlich Mk. 1.25. Unter Kreuzband Mk. 1.40.

Erscheint einmal wöchentlich Samstags. Preis der Anzeigen die sechsgespaltene Petitzeile oder deren Raum 80 Pfg. Beilagen nach Uebereinkunft.

Mit zwei Unterhaltungs-Beilagen.

Einzel-Nummer 10 Pfg.

Nr. 25   Samstag, den 22. Juni 1912   9. Jahrgang.

Herausgeber: Karl Schänzler.   Geschäftsstelle: Düsseldorf, Aberstraße 69.

M.-Gladbach Schwurgericht.
Das erste Todesurteil des M.-Gladbacher Assisenhofes.

M.-Gladb. Schwurgericht

§ Das erste Todesurteil.

M.-Gladbach hat seit Anfang 1907 auch sein Schwurgericht. Größere Kriminalfälle sind indessen in den ganzen Jahren nicht zu verhandeln nötig gewesen. Seit der scheußlichen Bluttat, der am 23. Oktober 1905 Oberstleutnant Roos zum Opfer gefallen, ist die sogenannte Mordkommission, die an jedem Landgericht mit Schwurgerichtskompetenz eingerichtet zu sein pflegt, nicht mehr in Tätigkeit getreten. Der Landgerichtsbezirk M.-Gladbach scheint also ein sehr ruhiger zu sein.

Am vergangenen Donnerstag den 13. Juni des Jahrs stand zum ersten Male nach all den Jahren eine Mordaffäre zur Verhandlung im Gladbacher Assisenhofe.

Vorgeführt aus der Untersuchungshaft wurde der 21jährige Ackerknecht Heinrich Heinrichs, der angeklagt ist, in der Nacht vom 21. zum 22. Januar seinen Paten und Onkel, den 83jährigen Rentner Müllenrat aus Oberkrüchten durch Erwürgen gemordet und demselben zwei Sparkassenbücher über mehrere Tausend Mark entwendet zu haben.

Mitangeklagt ist die Braut des Angeklagten, die 24jährige Näherin Hubertine Raß, in deren Wohnung die Sparkassenbücher und an barem Gelde etwa 100 Mark, die von den Sparkontos abgehoben worden waren, gefunden und beschlagnahmt wurden, wegen Verdachts der Hehlerei. Der ermordete alte Mann hatte seinem Patenkind als nach dem Tode der Mutter der Neffe sein Heim mehr hatte, Obdach und Unterkunft gewährt. Der Bewegungrund, der ihn zu dem Junristendeutsch heißt, das Motiv zur Tat, war mithin gemeine Habgier. Um die Entdeckung des Diebstahls der Bücher zu verhindern, hat der Angeklagte seinen Wohltäter in der Nacht im Bett überfallen und erwürgt.

Die der Hehlerei beschuldigte Braut des Angeklagten, die vorhin genannte Näherin, ist vom Erscheinen entbunden. Sie liegt schwer erkrankt wegen Lungenleidens im Hospital und ist weder vernehmungs- noch transportfähig und es dürfte sehr fraglich sein, ob das Strafverfahren gegen sie jemals wieder zum Austrag gebracht wird. Festgestellt wurde, daß auf die Sparkassenbücher im ganzen 1500 Mark abgehoben wurden.

Festgestellt wird sodann noch, daß nur der Angeklagte Heinrichs in der fraglichen Nacht mit dem erdrosselten Rentner zusammen gewesen ist und das Zimmer mit ihm geteilt, auch im selben Bett mit ihm zusammen geschlafen hat.

Der alte Rentner Müllenrat ist zu seinem Patenkinde stets fürsorglich und gut gewesen, um ihm seine Heimatlosigkeit vergessen zu lassen. Heinrichs ist nämlich ein uneheliches Kind. Nach dem Gutachten der medizinischen Sachverständigen der Kreisärzte Dr. Krause aus M.-Gladbach und Dr. Herkipus aus Erkelenz, ist der Tod des alten Mannes nach Mitternacht, jedenfalls aber ei-

Teilnehmer am Fernflug Berlin-Wien.

Wienczers — Thelen — Hirth — Oberlt. Bier — Oblt. Miller

Sablatnig — Stanger — Krieger — Lt. Frhr. v. Thüna — Stiploschek

Teilnehmer des Fernfluges Berlin-Wien.

Zur Pulverexplosion in Möllersdorf.

Zur Pulverexplosion in Möllersdorf: Blick vom Flugfeld auf Möllersdorf mit der Pulverfabrik.

Mit 3 Illustrationen.

Zum Autor

Udo Bürger, Autor, geboren am 8. Juli 1958 in Bonn, wohnhaft in Remagen-Unkelbach. Studium der Germanistik, Philosophie und Kunstgeschichte in Bonn und Innsbruck, Abschluss Magister.

Bisherige Veröffentlichungen:

Chronik Niederzissen. Geschichtliches der Brohltal-Gemeinde in Wort und Bild, Niederzissen 1992

Zum Erziehungswesen der Juden im Kreis Ahrweiler und zu den Synagogenverhältnissen allgemein, in: Sachor. Beiträge zur jüdischen Geschichte und zur Gedenkstättenarbeit in Rheinland-Pfalz, Heft Nr. 12 – 2/96

Henker, Schinder & Ganoven. Unbekannte Kriminalfälle aus der Eifel des 18. Jahrhunderts, Aachen 1997

Mitarbeit an dem Buch: Zeugnisse jüdischen Lebens im Kreis Ahrweiler, Ahrweiler 1998

Mitarbeit an dem Buch:»Die Hölle schien losgelassen zu sein«. Aus der Katastrophengeschichte des Eifeler Raumes, Aachen 1999

Mitarbeit (Redaktion) an einer Chronik des Ortes Unkelbach: Traditionsverein Unkelbach e. V. (Hrsg.): Unkelbach. Geschichte des Ortes von den Anfängen bis zur Gegenwart, Meckenheim 1999

Henker, Schinder & Ganoven, Teil II. Neuigkeiten zur Kriminalgeschichte der Eifel des 18. und 19. Jahrhunderts, Aachen 1999

Die Guillotine im Schatten des Domes. Zur Kriminalgeschichte Kölns in der Franzosenzeit (1794–1814), Aachen 2001

Schurken, Schande & Schafott. Zur Kriminalgeschichte in Aachen und Umland von 1794 bis 1900, Aachen 2004

Mord aus»Melancholie«. Eifeler Kriminalfälle von 1675 bis 1898, Aachen 2006

Bleche Botz und Klingelpütz. Kölner Kriminalfälle von 1815–1918, Köln 2009

Mitarbeit an einer Chronik des Ortes Burgbrohl: Degen, Kurt (Hrsg.): Burg, Bach, Tal. Burgbrohl 900 Jahre, Koblenz 2012

Udo Bürger
Bleche Botz und Klingelpütz.
Kölner Kriminalfälle von 1815 –1918
Gebunden, zahlreiche Abbildungen, 304 Seiten
ISBN 978-3-89705-696-1

»Zum Gruseln schön! So mordete das alte Köln.« Bild Köln

»Das Thema Kriminalität in der Preußenzeit ist noch nie so ausführlich und anschaulich beschrieben worden.« Kölner Stadt-Anzeiger

»Kölner Kriminalfälle aus der Preußenzeit schildert Udo Bürger in seinem neuen Buch ›Bleche Botz und Klingelpütz‹ so anschaulich wie auch informativ. Die Geschichten um Mord, Raub und Zuhälterei sind nicht nur ein Stück Kriminalgeschichte, sondern auch ein Spiegel der Zeit, in der die Preußen am Dom den Ton angaben.« Westdeutsche Zeitung